실존치료의 실제

Ernesto Spinelli 저 | 이상훈 · 김예인 · 신성만 공역

PRACTISING EXISTENTIAL THERAPY

The Relational World Second Edition

학지사

Practising Existential Therapy: The Relational World, 2nd Edition.
by Ernesto Spinelli

Korean Translation Copyright © 2023 by Hakjisa Publisher, Inc.
The Korean translation rights published by arrangement with
SAGE Publications Ltd.

역자 서문

좋은 책을 번역하고 소개하는 일은 항상 설레는 일이다. 이 책에는 저자가 가진 오랜 임상과 교육 현장에서의 경험들이 잘 담겨 있다. 또한 현상학적 방법론의 엄밀성을 따라 우리가 자칫 간과해 왔을지 모를 치료의 여러 요소에 대해서 깊이 고민한 결과물들이 담겨 있다. 이는 역자들에게 그러했듯이 많은 독자에게 좋은 도전이 될 것이다.

이 책을 번역하는 일은 설레면서 동시에 조심스럽고 고된 작업이기도 했다. 언어와 문화가 가진 본질 중심의 고정성 영향을 최소화하기 위한 저자의 노력과 의도를 자칫 훼손하지는 않을지, 혹은 이러한 저자의 노력에 번역의 불가피한 한계가 더해져 과도한 낯섦으로 독자들에게 전달되지는 않을지 하는 부담과 고민은 이 작업을 보다 길어지게 했다. 이 자리를 빌려 긴 시간을 기다려 주신 학지사에 감사의 말씀을 전한다.

이 책은 여타 다른 실존치료에 대한 책들이 세계 여러 지역에서 다양한 형태로 발전하고 있는 실존치료의 갈래들을 각기 인물별로 혹은 특성별로 설명하고 그 실제를 소개한다거나 혹은 하나의 특정한 접근에 대해서 다루는 것과는 달리 다양한 형태의 실존치료를 실존치료라는 이름으로 묶을 수 있는 특성과 원리가 무엇인지를 탐구하고 정리하는 방식으로 실존치료를 설명하고 있다. 이는 확실히 실존치료라고 하는 치료 이론을 통합적으로 설명하고 이해하는 데 도움이 되었다. 또한 실존철학 혹은 실존치료의 용어가 다소 익숙하지 않다고 하더라도 이 접근을 이해하고 활용할 수 있도록 친절하게 쓰였다.

이 책은 크게 2부로 구성되어 있다. 제1부는 실존치료의 세 가지 핵심 특성을 설명하는 것을 시작으로 실존치료의 이론을 다루고 있고, 제2부에서는 3단계로 구성된 구조적 모형을 중심으로 실존치료의 실제를 다루고 있다. 각각의 주제에 따라서 이해를 돕기 위한 활동들도 함께 제시되어 있어 교육 및 임상 장면에서 활용할 수 있다. 그리고 부록에서 특정 조건하에서 이루어지는 실존치료나 실존적 슈퍼비전에 대해서도 간략하게 다루고 있어서 아마도 실존치료와 관련해서 독자들이 가지고 있는 의문을 해소하거나 또는 이를 위한 실마리를 발견하는 데 도움이 될 것이다.

삶과 죽음, 의미, 실존적 불안과 같은 실존의 주제는 우리의 관심에서 결코 멀어질 수 없기 때문에 실존치료도 계속해서 발전할 것이며, 이에 대한 관심 또한 계속될 듯하다. 실존주의 철학이라고 하는 영역에 대한 낯섦과 실존치료에 대한 여러 오해가 이 관심이 전문성으로 나아가도록 하는 데 걸림돌이 되지 않기를 바란다. 그리고 이 책이 실존치료에 관심을 갖고 실존치료에 대한 실제적이고 구체적인 전문성을 갖추고자 하는 사람들에게 좋은 출발점이 되고 이정표가 될 수 있기를 바란다. 그리고 번역과 교정에 도움을 준 한동대학교 상담대학원 최유리 선생님에게도 고마움을 전한다.

2023년

역자 일동

2판을 소개하며

나에게 '정답'을 묻는 사람들에게 나는 "이것은 현재 나의 방법입니다. 당신의 방법은 무엇인가요?"라고 응답한다. 정답…… 그것은 존재하지 않는다.

–프리드리히 니체(Friedrich Nietzsche)

수년 전 나는 우연히 미국의 실존심리치료자이자 현상학 연구자인 폴 콜라이치(Paul Colaizzi)의 소논문을 알게 되었다. 「심리치료와 실존치료(Psychotherapy and existential therapy)」라는 제목의 그 저술은 실존치료의 독특성을 증명해 내기 위해서 애쓰고 있었다. 나는 이 책의 첫 번째 장에서 그의 관점 중 일부를 다루었다. 이제부터 이 까다로운 저술과 나의 여전히 진행 중인 어려운 관계를 이에 흥미를 가지고 있는 독자들에게 알리고자 한다. 물론, 이는 어려운 작업이 될 것이다. 왜냐하면 이 저술에서 말하고자 하는 많은 내용이 매우 도전적이기 때문이다. 이를 인정하고 싶지는 않지만 이는 나의 지적 한계를 직면하는 일이기도 하다. 이는 내가 그 저술에서 중심이 되는 논점 중 일부에 대해서 정확히 이해하고 있는지에 대해서 확신할 수 없다는 말이기도 하다. 하지만 대부분의 어려움은 내가 잊어버리고 다시 되찾고 다시 잊어버린다는 우스꽝스러운 사실에 있다. 2판을 준비하는 과정에서 나는 내가 이 내용을 언급하기 원했었고, 그래서 이를 어딘가 찾기 쉬운 곳에 두어야 한다고 하고는 이내 어디에 두었는지를 잊어버렸다는 사실을 알게 되었다. 지금의 나는 그 논문이 내가 알지 못하는 곳과 진배없는 어딘가에 안전하게 보관되어 있다는 것을 알고 있다. 다만, 나의 동료들[레 토드레스(Les Todres), 스콧 처칠(Scott Churchill), 프레드 워츠(Fred Wertz) 그리고 모 맨딕(Mo Mandic)]의 사려 깊고 또 고마운 노력을 통해서 나는 온라인을 통해서 이 논문을 찾고 접근할 수 있었다. 나는 왜 이런 일이 계속적으로 일어나고, 이것이 의미하는 것이 무엇인지를 판독해 내기 위해서 분석적으로 접근하는 동료들을 떠나게 되었다. 내가 콜라이치의 논문과 관련된 '지금 있는'/'지금은 떠나고 없는' 나의 관계에 대해서 적는 것은 실존치료와 나의 관계에 대한 결론에 이르게 된 과정의 전반을 담은 축소판을 여러 가지 방법으로 보여주기 위해서였다. 다른 말로 하면, 내가 그것을 손아귀에 쥐었다고 생각하는 순간에 그것은 결국 내 손을 빠져나갔고, 자신의 비밀을 알려 주지 않은 채 나를 계속해서 애타게 하다가는 내가 알지 못하는 불가사의한 '어딘가'로 사라져 버렸다.

그렇기는 하지만, 콜라이치의 소논문이 나에게 미친 영향을 인정하는 것과 함께 꽤 오랜 기간 동안 유지해 왔던 태도에 관하여(Spinelli, 1994), 나는 내가 1판 제목에서 등장했던 '심리치료(psychotherapy)'라는 용어를 '치료'라는 용어로 대신하였고, 그 결과 이 새로운 개정판의 제목은 '실존치료의 실제(Practising Existential Therapy: The Relational World)'로 정해지게 되었다. 보다 큰 의미를 가진 단어로의 변화는 이 책에서 설명하고 있는 관점들과 실제들이 마치 심리치료에서 상담과 상담심리학이 고안된 것과 같이 관련 있는 전문 영역들에 적용될 수 있다는 사실을 보다 더 명확히 하기 위한 의도를 가진다. 실제로 이 책의 목적을 넘어서는 일이기는 하나, 이 책에서 설명하고 있는 내용의 대다수는 확신하건대 코칭이나 명상 리더십 훈련의 영역에서도 적용될 수 있다(Spinelli, 2014b; Spinelli et al., 2000; Spinelli & Horner, 2007; Strasser & Randolph, 2004). 하지만 콜라이치(2002)의 소논문에 나로 하여금 이 책의 제목을 바꾸도록 한 보다 더 직접적이고 중요한 이유는 따로 있다. 콜라이치는 심리치료에서 '심리'라는 용어가 실존치료가 제공할 수 있는 혁명적 도전을 심각하게 제한할 뿐만 아니라 동시대의 여러 형태의 다른 치료들과의 차별점을 모호하게 한다고 주장하였다. 나는 이 점이 제목을 변경한 핵심이라고 생각하며, 이는 나 또한 이에 동의한다는 것을 반영하고 있다(비록 내가 콜라이치의 다른 주장에 대해서는 여전히 동의하지 않지만 말이다). 독자들이 책의 전반에서 그 영향을 알아차릴 수 있기를 바란다.

나는 지금까지 약 30여 년 동안 실존치료를 연습하고 교육하고 관련된 글을 써 왔을 뿐만 아니라, 전문가들을 훈련시켜 왔다. 나는 스스로 이 영역에서 전문가임을 주장할 수 있는 자격과 소속, 직함을 가졌고 또한 인정받아 왔다. 하지만 이 전문성은 무엇을 의미하는가? 그리고 이렇게 주장된 전문성이 그 자체로 '실존적'이라고 명명되게 하는 것은 무엇인가? 이러한 질문들이 나로 하여금 글을 쓰게 했고, 지금 이 책을 다시 쓰게 했다.

현대의 다른 모든 치료 체계와 마찬가지로 실존치료는 불안과 장애, 보다 광범위하게는 '삶의 딜레마'라고 불릴 수 있는 주제들에 관심을 가진다. 하지만 대다수의 현대의 치료가 약물과 자연과학과 관련해서 부채를 지고 있는 것과는 달리, 실존치료의 중심이 되는 초점은 가장 일반적으로는 실존적 현상학(existential phenomenology)으로 알려진 철학적 체계로부터 발달해 온 다양한 독창적인 사상과 결론에 기초하고 있다(Barnett & Madison, 2012; Cohn, 1997; Cooper, 2003; Jacobsen, 2007; Langdridge, 2013; Spinelli, 2005; Strasser & Strasser, 1997; Valle & King, 1978; van Deurzen & Arnold-Baker, 2005; Yalom, 1980). 이러한 헌신으로, 최소한 내가 이해한 것에 따르면 실존치료는 변화를 지향하는 직접적인 다양한 개입들을 제공하는 것으로부터 한 걸음 물러서서 대신에, 주요 이슈들과 함께 '가만히' 있는 시도를 강조함으로써 그들과 동반하는 체현된 가치, 의미, '정서', 그리고 행동들에 대한 묘사, 설명 등에 개방적이 될 수 있다. 그 이유는 무엇인가? 단순하고 간단하게 설명할 수 없는 그렇게 되게 하는 무엇이 실존적 현상학에 있는 것인가. '무엇이든지 빠른 것'을 요구하는 문화 속에서 실존치료는 '그 흐름을 따라가기'에 그다지 적응적이지 않다. 실제로 실존치료를 둘러싼 매우 이해하기 어려운 것들 중 하나는 이 접근이 어떻게 현재에서 여전히 존재하고 지속적으로 훈련되고 사용되고 있는가이다. 아마도 제1부에서 논의하겠지만 이는 실존치료가 삶의 문제들에 대한 매우 독특하고 다른 관점을 제공하기 때문일 것이다. 그렇다면 이 관점은 무엇이 그렇게 다른 것일까?

실존적 현상학은, 예를 들면 “존재하는 것은 무엇인가?”, “인간으로 존재한다는 것은 무엇인가?”와 같은 존재에 대한 질문을 중심으로 밀접하게 연관되어 있으면서 또한 동시에 유의미하게 대립적인 철학적 연구들로 구성되어 있다. 이와 같은 질문은, 예를 들면 삶과 죽음, 의미와 무의미, 관계와 소외 그리고 선택과 결정과 같은 몇 가지 ‘거대한 주제’에 초점을 둔 다양한 답변을 생산해 낸다. 실존적 현상학에 영향을 받은 치료자들 중 다수에게서 이러한 실존적 주제는 이 접근의 중심이 되는 특징으로서 확인되는 경향이 나타난다. 비록 이들이 여러 특정 주제에 대해서 서로 동의하지 않는 경우도 있지만 실존치료의 이론적 토대를 묘사하고 기술하기 위해서 노력해 온 다수의 학자는 이러한 주제를 강조하는 경향을 보인다(Barnett & Madison, 2012; Boss, 1963, 1979; Cohn, 1997, 2002; Cooper, 2003; Jacobsen 2007; Langdridge, 2013; May, 1969, 1983; van Deuzen-Smith, 1997; Yalom, 1980). 또한 보다 최근에는 이러한 주제에 초점을 맞추는 것을 통해서 실존치료의 실제나 기술 중심의 특성에 주목하여 다루는 시도들도 이어지고 있다(Adams, 2013; Langdridge, 2013; van Deurzen & Adams, 2011; van Deurzen & Arnold-Baker, 2005; van Deurzen-Smith, 1997).

제1부에서 표현하기 위해서 노력한 바와 같이 실존치료의 근본적 특성으로 이러한 실존적 주제들을 강조하는 것으로 실존치료의 차별성에 대해서 논하는 것은 종종 실존치료의 보다 혁신적인 영향을 무디게 한다. 결과적으로 너무도 자주 실존치료의 실제(practice)는 다른 치료 접근에 적용된 틀이나 구조적 가정, 즉 가장 두드러지게는 정신역동 접근이나 인본주의 접근의 체계 내에 결국 맞춰지게 된다. 이와 같은 통합적인 시도는 비록 고려할 만

한 가치를 갖고 있지만 부지불식간에 실존치료의 실제에 있어서 그 핵심이 되는 철학적 토대에 적합하지 않거나 때로는 모순되는 결과로 이어지게 된다. 실존적 주제에 초점을 둔다는 점에 있어서 실존치료는 매우 유사하게 삶의 광범위한 이슈들을 다루는 다른 모든 모형이나 접근들과 별반 차이가 없는 것으로 스스로를 나타낸다. 이러한 주제들을 통해서 실존치료가 정당화되거나 또는 단지 실존치료가 실존의 문제에 관심을 가진다는 이유로 이에 대한 소유권을 주장하는 것은 정당화될 수 없다. 여러 실존치료 저자들과 실존치료자들이 탐색해 온 다양한 실존적 주제들과 궁극적인 관심사들이 중요하지 않다고 말하는 것은 터무니없기는 하나 실존치료를 이해하기 위한 시작점이나 기준점으로 이들을 강조하는 것은, 내가 생각하기에 잘못된 것이다. 제1부에서 논의할 것이지만, 이러한 주제 그 자체가 아니라 오히려 이러한 주제들을 다루는 실존치료의 방식이 실존치료를 다른 치료 접근들과 구별하는 근거가 된다. 제1장에서 다루고 있는 것과 같이 이 방식은 실존적 현상학의 기본 원리들을 따르고 있다. 나는 실존치료의 고유한 특성이 무엇인지 그리고 실존치료의 목적과 실제가 다른 치료 모형이나 접근들과 어떻게 대비되는지를 분명히 보여 주는 핵심으로서 특히 이 세 가지 원리, 즉 관계성, 불확실성, 그리고 실존적 불안을 강조한다.

추가적으로 이 책은 기타 피할 수 있었을 몇 가지 다른 혼란들과 우려들을 일으킨 실존적 현상학의 원리들보다 광범위한 실존적 주제들을 강조하는 경향에 대해서도 논의하고 있다. 이러한 것들 중에서 일반적으로 되풀이되는 것은 실존치료의 특이성이 다른 치료 접근들이 주로(또는 배타적으로) 심리학에서 유래된 것과는 달리 유일하게 철학적 기반을 갖고 있다는 사실에 있다는 자주 반복되는 오해에 초점을 두고 있다. 물론, 이는 완전히 터무니없는 이야기이다. 모든 치료 이론이 철학적 가정을 근거로 하고 있지만 많은 경우에 이러한 가정들은 대다수의 지지자와 치료자에게 암묵적으로 숨겨져 있다. 실존치료가 그 기반이 되는 철학적 가정들을 명백히 인정하고 명시적으로 이를 사용하기 때문에 다른 접근들과 구별된다는 주장은 상당 부분 타당할 수 있다. 하지만 이러한 사실이 누군가를 공인된 철학적 기반이 실존철학의 차별점이라는 결론에 이르게 해서도 안 된다. 이와 계열을 같이하는 유효한 주장들은 다른 여러 치료 모형에 의해서 만들어져 왔다(Lundin & Bohart, 1996; Thorne & Henley, 2004). 우려되는 것은 실존치료를 현저하게 또는 배타적으로 철학 내에 두려는 일부 학자들의 경향성이 이 접근이 오직 철학에 깊이 빠져 있는 훈련된 사람들에게만 열려 있다는 잘못된 결론으로 이어진다는 점이다. 물론, 최소한 그 철학적 기초를 다루는 주요 문헌들과 기꺼이 씨름하고 계속해서 훈련하지 않으면서 실존치료에 전념하고 있다고 주장하는 것은 우스꽝스러운 일일 것이다. 그러나 실존치료를 실행하기 위해서 필요한 이해가 오로지 그 문헌들을 읽는 것을 통해서만 얻어질 수 있다는 주장도 마찬가지로 우스꽝스러운 일이다.

문제의 핵심은 수많은 의견 차이와 불일치에도 불구하고 현대 서양의 치료 모형들의 대다수는 으레 동일하거나 매우 유사한 철학적 기본 원리를 공유한다는 사실이다. 비록 이 차이가 아주 작거나 많은 경우 악의를 의미하는 것이 아니지만 이는 이러한 원리들로부터 생겨난 주요 이슈들에 대한 서로 다른 해석으로부터 기인한다. 이와 대조적으로 실존치료의 토대가 되는 원리는 다른 철학적 기초를 갖고 있다. 이러한 이유로, 실존치료는 치료 장면으로 가져온 이슈를 이루는 실존적 문제들에 대안적이고, 때로는 근본적으로 다른 관점으로 접근한다. 요컨대, 중요한 이슈는 실존치료가 철학적인 근거를 갖고 있다는 사실이 아니라 그 특정 철학적 근거가 무엇을 주장하는지이다.

이와 관련된 간단한 예로서 '자기(self)'라는 주제에 대해서 생각해 보자. 표면적 수준에서 실존치료와 다른 치료 접근은 모두 '자기'라는 주제를 크게 강조한다. 그러나 이러한 표면적 동의를 넘어서는 순간, 결정적인 차이점들이 나타나기 시작한다. 실존치료를 받치고 있는 원리는 대다수의 치료 접근

뿐만 아니라 일반적인 서양 문화권에서 지지되고 있는 '자기'에 대한 변하지 않는 가정에 모순되는데, 다시 말해서 이 '자기'는 분리된 서로 다른 개별적 독립체로서 분리주의적 관점으로 볼 때 가장 잘 이해된다. 소위 말하는 주요 치료 사조는 분리된 개인적 주체의 기본적인 최고 지위를 가정한다. 그렇게 함으로써 '자기'는 단지 언젠가 한번 '발견되었고', '받아들여졌고', '진짜였던' 또는 '(자아)실현되었던', 그래서 대개는 그 후에 타인과 세계와의 관계의 가능성에 초점을 맞추고 다룰 수 있음을 시사하는 흔한 것이 된다. 이러한 관점과는 대조적으로 실존적 현상학의 토대가 되는 원리는 '자기'는 관계에 우선하는 조건이 아니며, 어떤 '자기'도 '발견되거나' '드러날' 수 있는 것이 아니라는 주장과 연결된다. 이러한 관점으로 볼 때 어떤 형태의 자기인식이든 어디론가 이어지는 시작점이라기보다는 관련된 이슈들의 결과물인 것이다. 이러한 결론은 이 책 전반에서 다루어질 치료적 실제에 있어서 많은 것을 시사한다.

우리는 또 다른 보편적인 이슈들을 마주하고 있다. 비록 실존치료의 실제를 설명하고 논의하는 작업이 결코 쉽지 않다는 사실을 기꺼이 증명할 수 있지만, 그렇다고 하더라도 실존치료를 설명하고자 시도하는 것에 대한 다소 일반적이지 않은 침묵이 이 접근에 스며들어 있다. 부분적으로, 이러한 침묵은 많은 실존치료 상담자가 공유하고 있는 우려, 즉 실존치료의 실제를 설명하고자 하는 시도가 오직 실존치료를 '기술화'하거나 또는 '조작화'하는 것에만 성공함으로, 이어 치료자와 내담자 사이의 즉시적이고 개방적인 만남이라고 하는 실존치료의 목적과는 심각하게 모순되는 경직된 일련의 기술들로 실존치료를 제한한다는 우려를 두드러지게 한다. 간단히 말하면, 이는 실존치료의 실제에 대한 논의가 무엇이 전형적인 실존치료인지에 대한 설명이 무엇이든지 실존치료의 실제를 설명하고자 하는 그간의 시도를 부정하고 왜곡하여 전달하는 방식으로 논의를 진행한다고 주장한다(Korzybski, 1995). 그러나 이러한 저항에는 또한 잘 드러나지 않고 거의 인정되지 않는 또 다른 요인이 감춰져 있다. 내가 보기에 이는 치료 장면에서 상담의 실제가 가진 신비해 보이는 특성과 기술들을 다소 과도하게 혼란스럽게 하는 실존치료자의 경향성으로 판단된다. 후자에서 언급된 이러한 태도는 자기-과장적인 불명료한 '특별한' 느낌을 일으키는, 결코 좋다고는 할 수 없는 우월성의 조짐을 가진다. 매우 여러 차례 몇몇 동료들에게 상담의 실제에 대한 설명을 시도하는 것의 거리낌에 대해서 질문할 때면 나는 '말할 수 없는 것에 대해서 우리는 침묵해야 한다'(Wittgenstein, 2001: 90)는 비트겐슈타인(Wittgenstein)의 유명한 경고를 연상시키는 답변을 듣게 되었다. 여러 해 동안 개인적으로 나는 이 말을 거의 흠모하는 듯이 말하는 나의 동료들에게 내가 점점 더 격양되어 왔다는 사실을 알게 되었다. 만약 실존치료의 실제가 필연적으로 말할 수 없는 것이라면, 어쩔 수 없다. 하지만 개인적으로 나는 여전히 이를 납득할 수 없다.

이 책의 제2부에는 이에 대한 나의 반론을 담았다. 나는 2부에서 실존치료의 실제 적용에서 비롯된 기본 원리들에 민감한 실존치료의 실제를 위한 구조적 모형을 제공했다. 추가로 이 책 전반을 통한 나의 목적은 다음의 네 가지로 정리할 수 있다.

- 실존적 현상학에 기반하고 있는 치료적 실제에 대한 일관적이고 통일성 있는 구조를 제공하는 것
- 다른 치료와 구별되는 실존치료의 실제의 특징으로 말할 수 있는 것이 무엇인지 독자들에게 명확하게 알리는 것
- 제시된 관점과 논지를 통해서 독자들이 채택하고 있는 접근이나 치료 모형과 상관없이 치료의 이론과 실제에 대해서 비판적으로 재고하고 재평가하도록 하는 것
- 앞의 사항들을 포함한 도전들을 통해서 독자들이 치료의 실제에 대한 자신의 방식에 대해서 보다 명확히 표현할 수 있고 보다 더 깊은 이해와

전념을 통해서 자신의 것으로 만들도록 하는 것

이러한 종합적인 목적을 돕기 위해서 나는 이 책의 모든 장에 다양한 연습 활동들을 포함시켰으며, 이러한 활동들은 (바라기는) 독자들이 고민 중인 이슈와 실무에서 제기되는 도전을 보다 더 경험적인 방식과 연결해 줄 수 있을 것이다. 부디 독자들이 이 책의 유용함뿐만 아니라 이 책을 통해서 즐거움과 자극을 받게 되기를 바란다.

마지막으로, 이 책으로 인해서 잠재적으로 원하지 않았던 결과들이 발생할 수 있다는 나의 개인적인 우려와 나의 동료들과 내가 모두 가장 두려워하는 일이 일어날 가능성을 가능한 낮추기 위한 시도로서 할 수 있는 한 명확히 다음의 두 가지를 언급하고자 한다. 첫째, 정신분석 또는 CBT, 인간중심치료, 그 밖에 현대의 다른 모든 치료를 연습하고 숙련하기 위한 방법이 단 하나만 존재하지 않는 것과 마찬가지로 실존치료의 경우에도 어떤 독점적이거나 단일한 형태의 숙련법이 있는 것은 아니라는 점을 명확히 하고자 한다. 일관적이고 설명 가능한 구조적 모형을 제시하는 것이 불가능하지 않다는 사실을 인정한다면, 다른 구조들, 그것이 실존치료의 구조틀이건 혹은 어쩌면 중요할 수도 있지만, 다른 대립되는 치료 모형이나 치료체계이론과 관계없이 비판적으로 그 차이점과 공통점을 고찰해 볼 수 있을 것이다. 둘째, 이 책은 실존적 현상학을 이해하고 설명하고 실제 현장에 적용하기 위해서 내가 시도했던 것들을 반영하고 있다. 만약 나의 독자적 설명이 다른 사람에게 가치가 거의 없다고 생각했다면 나는 이 책을 쓰지 않았겠지만, 동시에 여기에서 논의된 것이 실존치료를 활용하는데 '최종 결정'을 내려 주는 어떤 '도구 세트'로 취급되어야 한다고 독자들을 설득하는 것 또한 나의 목적은 아니다.

종합하면 이 두 가지 포인트는 이 책이 독자들에게 이해하기 쉬우면서 생각할 거리를 주는 하나의 설명으로서 고려되었으면 하는 나의 바람을 강조하고 있다. 나는 이 책이 실존치료를 정의하고 적용하는 방식과 관련해서 일부, 어쩌면 다수의 실존치료자들에게 무시할 수 없는 도전이 될 것이라는 사실을 알고 있다. 나의 의도는 대안적 관점이나 접근들을 무시하거나 폄하하는 것에 있지 않으며, 오히려 열린 대화와 열린 대화의 가능성을 고무시키고 격려하는 것에 있다. 요약하면, 이 책에서 제시하는 것은 실존치료를 적용하는 정답이라기보다 하나의 방식이라는 것이다.

차례

제**1**부

이론

제1장 실존적 현상학의 세 가지 기본 원리

관계성
불확실성
실존적 불안

↓

제2장 실존적 현상학으로 본 실존의 문제

실존은 본질에 선행한다
의미/무의미
선택, 자유 그리고 책임
본래성과 비본래성
고립과 관계
죽음 불안
시간성
공간성

↓↑

제3장 세계화와 세계관

지속성, 기질적 특성, 정체성으로 체현된 실존적 불안정성
세계관의 주요 구조
자기-구조
타인-구조
세계-구조
세계관의 침전과 분리

↓↑

제4장 치료의 기본적 핵심 신념에 대한 실존적 현상학의 비판

변화
인과성
갈등
증상
성과 영성
의식

↓

제5장 실존치료의 이해: 개관

역사적 배경
세 가지 기본 원리의 관점에서 본 실존치료
연구 과제로서 실존치료
실존치료와 치료적 관계
실재하는 타자로서 실존치료자
실존치료자의 수용
실존치료자의 경험적 즉시성
실존치료자의 대화 방식
알지 못함

제**1**장

실존치료의 세 가지 기본 원리

실존치료의 (불)가능성

실존치료는 치료의 한 종류가 아니다.

—콜라이치(Paul F. Colaizzi)

실존치료 분야의 선두 주자이며, 현대 실존치료와 매우 깊은 관련이 있는 어빈 얄롬(Irvin Yalom)은 전문가들과 대중들에게 인정받는 학자로 여전히 활동하고 있다. 예를 들어, 그는 최근 1,300명이 넘는 실존치료자들을 대상으로 실시한 설문에서 로고테라피의 주창자인 빅터 프랭클(Viktor Frankl, 1905~1997)에 이어 가장 영향력 있는 치료자 2위를 차지하였는데, 이는 현재 살아 있는 치료자들 중에는 가장 상위에 해당하는 순위였다(Correia, Cooper, & Berdondini, 2014; Iacovou, 2013). 이미 모순이 넘쳐 나는 접근에 또 다른 모순을 추가하는 것이 되겠지만 그럼에도 불구하고 얄롬은 그 자체로 실존치료라고 말할 수 있는 것은 없다고 진술하였다(Yalom, 2007). 대신에 그는 실존치료는 치료적 만남을 통해서 죽음, 자유, 의미 그리고 소외감과 같은 다양한 실존적 주제나 궁극적 문제를 얼마나 적극적으로 다루고자 하며 얼마나 다룰 수 있는지 그 정도에 따라서 구별될 수 있다고 주장하였다(Cooper, 2003; Yalom, 1980, 1989). 이러한 얄롬의 관점에 따르면 실존적 문제와 관련된 주제로 그 특징이 설명되며 상담 장면에서 이를 직접적으로 다루는 치료 접근이라면 어느 접근이나 실존치료가 될 수 있는 것이다.

실존치료자로서 나는 얄롬의 업적을 존경하고 있으며, 그의 저서와 세미나를 통해서 지속적인 배움을 얻고 있다. 그와 함께 서로 자신의 생각과 관점을 설명하면서 진행했던 세미나는 나에게 매우 자랑스러운 일이었다(Yalom & Spinelli, 2007). 그렇다고 하더라도 이 책의 제목에서 분명하게 드러나듯이 나는 얄롬과는 달리, 실존치료는 치료의 핵심, 즉 문제에 접근하는 방법에 있어서 그 자신만의 고유하고 구체적인 방법을 가지고 있으며, 다른 접근과는 뚜렷이 구별되는 특성을 '가지고' 있다는 관점을 갖고 있다. 여기에 추가하여 내가 이해한 바에 따르면 실존적 주제들에 대한 실존치료의 관점은 대다수의 현대의 치료 접근이 암묵적으로 합의하고 실행하고 있는 치료와 그 목적에 대한 일련의 주요한 비판을 제기하며 동시에 이에 관한 대안을 제시한다(Spinelli, 2005, 2007, 2008).

실존치료에 대해서 서로가 가지고 있는 두 가지 관점으로 볼 때 흥미롭고 유용한 설명을 할 수 있는데, 가장 중요한 차이는 실존적 문제에 대한 주제들을 다루는 치료 접근들과 실존치료라고 이름 붙여진 특정 치료 접근 사이에서 나타날 수 있다.

스스로 실존치료자로 여기는 나와 같은 다수의 저자, 연구자 그리고 치료자들은 실존치료 접근이 다른 치료와 구별되지 않는다는 얄롬의 주장에 동의하지 않을 것이다. 그렇지만 내가 보기에 실존치료를 정의하고 다른 접근과 구별하는 핵심 요소로 실존치료가 죽음, 죽음에 관한 불안, 의미와 무의미, 자유와 선택과 같은 여러 가지 실존적 문제에 초점을 두고 있다는 사실을 든다는 점에서는 얄롬에게 전적으로 동의할 것이다. 도입부에서 논의했던 것과 같이 나는 이 부분에 근본적인 오류가 있다고 생각한다. 엄밀히 말하자면, 얄롬의 주장과 같이 이러한 실존적 문제에 관한 주제들을 다루는 것은 수많은, 아마도 모든 치료 접근에서 확인된다. 예를 들면, 실존치료가 아닌 다른 다양한 접근도 의미의 상실, 의미의 부재, 의미의 변화로 인한 결과뿐만 아니라, 의미의 역할과 중요성에 초점을 둔 주제들을 다룬다(Siegelman, 1993; Wong, 2012). 또한 죽음에 관한 불안은 실존치료만큼이나 정신역동 접근의 바탕에 자리하고 있는 주제이기도 하다(Gay, 1988).

이뿐만 아니라 이러한 관점은 그 자체로서 또 다른 문제를 야기하는데, 만약 단지 실존적 문제에 대한 주제만이 실존치료를 정의하는 요소로서 강조된다면, 모든 철학자, 심리학자, 과학자, 또는 정신적 지도자들을 '실존주의 저자, 사상가, 심리치료자'로서 호명하는 것이 정당하다는 주장이 가능해진다. 이와 마찬가지로 다양한 치료 접근들은 마치 실존치료가 주장하는 것과 같이 자신들도 얼마든지 '실존적'이라고 주장할 수 있으며, 마음속으로 결국 모든 치료 접근은 실존적이라고 주장할 수도 있다. 이와 같은 주장들을 계속하는 것이 그럴만한 가치가 있는 것이라고는 할 수 없지만, 그렇다고 하더라도 이는 실존치료의 특성을 찾고자 하는 모든 시도를 지연시킨다.

나는 실존적 문제들에 관한 주제들 너머로 한 걸음 나아가는 것과, 이에 관한 논의를 하는 대신에 실존치료가 다루는 주제들로부터 실존적 '기초' 또는 기본 원리를 찾아내 강조하는 것이 필요하다고 생각한다. 이렇게 함으로써 실존치료가 어떤 접근이며 하나의 치료적 접근으로 실존치료를 구분 짓는 특성이 무엇인지를 명확히 하는 과정에서 수많은 어려움이 경감될 수 있을 것이다.

나는 매우 극소수의 실존치료자들만이 이 두 가지 서로 다른 관점의 중요성에 직면해 왔다고 생각한다. 이 책에 대한 소개에서 제시했던 것과 같이 폴 콜라이치는 이 문제에 직면해 온 사람들 중 한 명이다. 콜라이치는 「심리치료와 실존치료」(Colaizzi, 2002)에서 실존치료와 다른 모든 심리치료 간의 근본적인 차이점이라고 생각하는 것을 강조하였는데, 그는 다른 심리치료 모형은 삶의 문제들에 직면하여 이를 다루고 고치는 방법을 찾는 데 비해서, 실존치료는 삶의 문제를 바탕이 되는 실존적 문제 그 자체에 관심을 가진다고 언급하였다. 이러한 구별점을 명확히 하기 위해서 콜라이치는 다리(bridge)를 예로 들었다. 그는 만약 우리가 다리를 세우는 데 들어가는 재료 요소들 전부를 확인한다고 하더라도 그 재료들 중 어느 것도 다리로 존재한다고 주장할 수는 없다고 하였으며, 재료 요소들이 다리의 존재에 있어서 필수적인 것은 사실이지만 다리의 건축양식을 이루는 것은 재료가 아닌 '다리의 모양' 그 자체라고 하였다. 즉, 다리가 존재하기 위해서는 각 재료 요소들로부터 '다리의 다리됨'을 가능하게 하는 실재할 가능성으로의 '경계의 연결'이 요구된다는 것이다. 동일한 관점에서 보면,

> 삶은 실재하는 다리와 모양이 다른 연결되어 있지 않은 재료와 같다. 그리고 삶의 부분들로서 삶의 행위는 존재의 이어짐에 잘 맞는 재료들의 조각들과 같다. 그러나 이러한 삶의 요소들은 그 자체로는 존재하지 않으며, 개인을 온전히 연결하거나 이어 주지 않는다. 유한하며, 일시적이다.

> 마치 다리의 재료들을 연결하는 것이 다리의 재료들이 가진 의미를 다리의 재료들에 불어넣는 행위인 것과 같이, 실존은 삶의 요소들이 가진 의미를 삶의 요소들에 불어넣는 것이다. 마치 다리의 어떤 부분도 경계를 넘어 연결되지 않고 다만 서로 잘 들어맞아 연결되듯이, 삶의 어떤 요소도 시간과 공간을 넘어서서 이어지지는 않는다(Colaizzi, 2002: 75-76).

콜라이치는 삶의 이슈들을 다리가 존재하기 위한 필수적인 재료 요소들과

상응하는 것으로 보았는데, 심리치료는 이러한 삶의 이슈에 관한 것으로 그 자체를 한정하는 반면에, 실존치료는 '경계의 연결' 또는 삶의 이슈들의 '이어짐'에 관한 것이어야 하며, 그 결과 (마치 '다리의 다리됨'과 같이) '삶의 이슈들의 삶됨(the lifeness of life issues)'이 실존치료의 주요 초점이 된다고 주장하였다.

콜라이치의 주장은 대개 시적이며 규정하기 어렵다. 하지만 나는 그가 다루는 주제들이 실존치료 이론의 핵심이라고 생각한다. 비록 그의 주장의 몇몇 특정 측면들에 대해서 모두 동의하는 것은 아니지만, 실존치료자가 실존의 '재료들'을 구성하는 주제들을 과도하게 강조하는 경향을 가지고 있다고 한 그의 지적은 옳다고 생각한다. 만약 우리가 그의 문제 제기에 반응하고 '실존치료의 실존됨(existentialness of existential therapy)'이 무엇인지에 보다 초점을 맞춘다면 우리는 무엇을 더 깨달을 수 있을까?

본질적인 의미를 규정하는 핵심 원리는 무엇인가

> 우리는 우리 둘 사이의 사이에서 서로를 마주한다.
>
> —와츠지 데츠로(Watsuji Tetsurô)

대부분의 치료 모형은 이론과 실제의 일부 혹은 모든 측면에 대한 모순되는 해석들을 받아들인다. 서로가 얼마나 다른지와는 상관없이 이러한 모순되는 해석들은 공동의 모형 내에 '보관된 채' 남겨지게 된다. 이를 가능하게 하는 것은 무엇인가? 모든 모형과 접근은 공동의 기본 원리를 가지고 있는데, 그렇다면 실존적 현상학자들이 실존치료 내의 여러 가지 관점 모두를 뒷받침하는 '보편적 구조'로서 언급하고 있는 것은 무엇인가? 그리고 이를 통해서 실존치료를 다른 접근들과 구분되는 다른 것이 되게 하는 것은 무엇인가?

예를 들어, 정신분석과 인지행동치료(CBT) 모두 이와 같은 기본 원리를 통해서 구분되며 독특한 것이 된다. 즉, 정신 작용의 체계가 분리되어 별개로 이루어져 있다는 가정(의식적인 작용과 대비되는 개념인 무의식)은 다른 모든 정신분석적 사상에서 발견되는 기본 원리이다. 마찬가지로 전이와 역전이의 기본 원리는 정신분석 상담의 실제에 있어서 모든 방식을 관통하고 있다(Ellenberger, 1970; Smith, 1991). 이와 유사하게 매우 다양한 관점과 때론 매우 극명하게 대조되는 강조점들로 구성되어 있는 CBT 내에서도, 임상적 가정들을 확인하고 수정하기 위한 비판적인 방법으로서 정식 실험 설계에 대한 공통되는 충성과 신뢰라고 하는, 다양한 형태의 CBT에서 발견되는 통일된 최소 한 가지 근본적인 핵심 원리가 존재한다(Salkovskis, 2002).

하나의 치료 모형을 식별하고 그것의 고유함을 드러내는 방법을 제시하는 데 있어서 기본 원리가 중요한 만큼이나 이러한 기본 원리가 다수의 실무 상담자에게 거의 밝혀지지 않았다는 사실은 매우 놀라운 발견이다. 이는 다소 이상하게 보이는데, 왜냐하면 어떤 치료 모형의 고유함은 이와 같은 원리들을 통해서 드러나기 때문이다. 이러한 사실이 현대의 치료 양상에 대해서 말하는 것이 무엇이든지 현재의 논의에서 중요한 것은 실존치료에 대한 합의된 일련의 기본 원리를 알 수 있다면 각양각색의 다양한 해석을 통합하는 것이 무엇인지 밝혀낼 가능성이 더 높아질 것이라는 사실이다.

실존치료에 대해서 생각할 때 마치 실존치료에 대한 수많은 독자적인 표현만큼 이 치료와 관련된 일에 종사하고 이를 현장에서 사용하는 독자적인 사람들이 있다는 결론에 이르지 않기는 어려운 일이다. 따라서 누군가 어떤 하나의 우세한 원리가 다른 기본 원리를 받아들이지 않는다고 주장하는 것이 아니라면 실존치료를 실행함에 있어서 공유된 기본 원리가 실제로 존재한다고 주장하고 더 나아가 그 근거를 제공하는 것은 일종의 도전이다. 이 책은 전자의 결론에 이르지 않기 위해서 실존치료가 세 가지 핵심 원리에 기초하고 있다고 주장한다. 이에 대해서는 다음에 이어서 논의할 것이며, 제2부에서는 실존치료의 적용에 있어서 내 생각에는 이 원리들에 충실하다고 판단되는 구조화된 실존치료 모형을 제공하려고 한다.

이러한 계획 속에 내재되어 있는 바람은 실존치료자들에게 실존치료를 '실행하는' 자신의 방식이 실존치료의 목적과 뜻에 잘 '맞지' 않는 것은 아닌지, 혹은 맞는다 하더라도 그것이 다른 접근에서 유래된 관점이나 가설 그리고 행동 양식을 받아들이고 있는 것은 아닌지에 대해서 비판적으로 생각해 보도록 도전하는 것이다. 예를 들어, 치료자의 자기개방과 익명성과 같이 다른 접근으로 간주될 수 있는, 그래서 다른 접근들과 구분되지 않는 방식들을 실존치료자들이 불필요하게 채택하고 있을 수도 있다. 하지만 다른 관점으로 생각해 보면, 이와 같은 접근을 채택하는 결정은 합리적이고 적절한 것으로 확인될 수도 있을 것이다. 이는 정신분석 접근의 기본적 구조 및 방식을 유지하는 반면에, 명백히 다른, 심지어 모순적인 치료 체계를 그 안에 담은 메다드 보스(Medard Boss)의 **현존재분석**(daseinsanalysis; Boss, 1963, 1979)과 매우 유사할 수 있는데, 실존치료자들은 자칫 이러한 가정에 대해서 충분히 의문을 제기하지 않은 채 치료 장면에서 요구된다고 해서 자신의 판단만으로 다른 기존의 접근으로부터 그 관점이나, 방식, 구조 등을 빌려와 취했다고만 생각할 수도 있다. 다시 말하지만, 제2부에서 나는 실존치료의 기본 원리와 일치하지 않는 다른 접근들로부터 파생된 구조적 관점, 가설, 적용으로 인한 불필요한 책임을 피하면서 동시에 다른 접근들의 여러 공헌을 인정하고 활용하여 실존치료의 실제를 위한 구조적 모형을 제안하고자 한다.

이러한 도전들에 대응하기 위해서 아무리 방대한 계획을 세운다고 하더라도 치료전문가협회가 기술한 현재의 치료 기준들과 윤리들을 무시하거나 부정하지 않아야 한다는 것은 분명하다. 이러한 협회들에서 인정되고 인준되기를 원한다면 실존치료의 모든 접근은 전문적 규칙과 규정들의 현사실성(facticity) 내에 위치해야 한다. 따라서 이 책에서 고려하고 논의하는 내용들은 현재 존재하는 영국을 비롯한 국제적인 주요 전문가협회에서 제시하고 있는 실무 지침들을 고수하고 있다. 그렇다고 하더라도 이 모형은 가장 광범위한 수준에서 현시대의 치료 개념을 테라피아(therapeia, 그리스어, therapy의 어원)의 본래 의미 내에 담겨 있는 근본적 측면을 다시 강조하는 개념으로 회복시키기 위해서 애써야 하는데, 이는 이 세계에 존재하고 행동하는 타인의 곁에 있기 또는 타인과 함께 있기를 애쓰는 방식으로 타인을 '돌보고자 하는' 것을 의미한다(Evans, 1981). 비록 나는 이 개념이 모든 실존치료자와 광범위하게 공유되고 있다고 믿지만 이 관점이 실존치료의 기본 원리와 연결될 때 비로소 실존치료자들이 이 관점을 취해야 하는 이유는 가장 명확해질 것이다.

이는 다음과 같은 뻔한 질문으로 이어진다. 그렇다면 실존치료의 기본 원리는 무엇인가?

실존치료의 세 가지 기본 원리

언어로 표현되지 않은 것은 표현된 것이 아니다.

–마르틴 하이데거(Martin Heidegger)

실존적 현상학은 철학에 맞춰진 고유한 연구 체계로서 20세기 초에 발달하기 시작했다. 비록 해석상의 많은 여지와 강조점들이 있지만 그 핵심은 이원론의 딜레마에 대한 해결책을 찾고자 하는 시도들을 담고 있다. 이원론은 복합적으로 나타나는데, 예를 들어 정신과 물질의 구분은(또는 결핍은) 이상주의자와 물질주의자 사이에서 수 세기 동안 이어져 온 논쟁의 원천이 되었다. 이 논쟁은 차례차례로 전반적인 현실의 속성들에서부터 생각과 뇌, 자신과 타인, 지성과 감성, 선과 악, 남성과 여성 사이의 이분에까지 모든 것에 초점을 맞춘 이슈들에서 맞서 왔다. 서양 과학의 특징인 구조화된 연구들의 관점으로 볼 때, 이원적 논쟁은 '주체(subject)'(관찰자/연구자)와 '객체(object)'(관찰대상/연구의 목적) 사이에서의 상호작용에 집중해 왔으며 객관적인 자료로 간주된 주장들이든 아니든 전적으로 연구자의 영향으로부터 분리시키는 것이 타당하고 신뢰할 수 있다는 것에 집중해 왔다.

이와 관련하여 다소 다를 수는 있지만, 특정 원리를 가장 적절하게 이해하는 데 있어서 두 개의 상호 배타적인 메커니즘이 동일하게 요구된다는 점에서 이원론적 특성은 현시대의 물리학 이론에서도 찾아볼 수 있으며, 파장과 입자의 이중성 문제를 다루는 이론들이 이에 대한 예시가 될 수 있다(Selleri, 2013). 초점에 따라 모순된 범주들을 분리하여 '이것 또는 저것'으로 나누는 일반적인 방식을 채택하지 않는다는 점에서 이원론에 대한 이 두 번째 설명이 유의미하게 다르다는 사실을 인정하는 것은 중요하다. 대신에 이러한 모순된 범주들은 불가피하게 상보적 공존(co-existence)의 '모두/그리고'의 관점으로 보일 수 있다.

이러한 '모두/그리고'의 관점은 서양 사상에서 일반적인 것은 아니다. 우리는 상보적이고 때로는 모순적인 것보다 상호 배타적이고 분리되어 있는 이원론을 선호한다. 우리의 언어는 매우 두드러지게 이러한 선호를 따라서 설계되어서 '모두/그리고'의 관점을 표현하려고 할 때 모순/분리라는 용어를 상보성/역설이라는 용어에 부과하는 것으로 인한 딜레마를 가중시킨다. 예를 들어, 수학의 힘을 빌리지 않는다면, 모순/분리된 언어에 의지하지 않고 '파장–입자 이론'의 상보적/역설적 관점을 표현하는 것은 불가능해 보인다.

내가 이 문제를 제기하는 이유는 이 부분이 대단히 중요한 딜레마를 강조하고 있기 때문이다. 실존적 현상학은 우리의 사상과 실제로부터 이원론의 우위를 제거하고자 하는 접근으로서 제시된다. 틀린 것은 아니지만 이러한 결론은 실존적 현상학이 단일한 통합적 구조나 실체를 환원적으로 강조하는 것을 통해서 누가 봐도 이원성이 분명한 것을 부정하는 일원론적 관점과 깊이 관련되어 있다는 가설로 종종 이어지게 된다. 예를 들어, 육체와 정신의 이원성에 대한 우세한 일원론적 관점은 '정신'은 구별되고 분리되어 존재하지 않으며 정신 작용으로 보이는 모든 것은 오직 신체적으로(예: 뇌에서) 유발된 것이거나 또는 정신적 현상이 확인된다고 하더라도 오직(의심할 여지없이 복잡한) 뇌의 활동의 결과로서만 확인된다고 주장한다. 이러한 일원론적 태도에 따라 신경과학자들은 의식(consciousness)이 일련의 상호 연결된 네트워크가 모인 뉴런 조직의 전기적 활동이라는 것에 대체로 동의한다 (Smythies, 2014).

많은 사람이 실존적 현상학의 관점이 이원론을 거부하고 어떤 점에서는 일종의 일원론적 태도를 옹호해야 한다고 주장하지만, 나는 이런 강경한 태도가 이로 인한 저항의 영향이 감소되지 않은 채 채택될 필요가 있다고 생각하지는 않는다. 그 대신에 나는 실존적 현상학의 기본 관점이 배타적 관념주의나 또는 배타적 물질주의보다는 물리학 이론에 의해 채택된 상보적/역설적 관점과 유사함을 제안하고자 한다. 이러한 '모두/그리고'의 관점을 촉진하는 데 있어서 이는 인지된 이원성의 특성에 편중되지 않고 오히려 두 개의 반대편이 서로에게 영향을 주는 연속선에 있는 양극으로서 분리될 수 없는 동등하게 동시에 존재하는 것이라고 주장함으로써 이원성의 문제를 다룬다. 예를 들어, 이러한 실존적 현상학의 관점으로 볼 때 몸과 마음의 이원성은 어느 하나가 다른 것보다 더 우세하다는 '이것 또는 저것'의 양자택일식 논쟁으로부터 벗어나 외견상으로 분리되어 존재하는 요소들(예: 몸 그리고 마음)에 대해서 역설적으로 양극을 통해 표현되는 '나누어질 수 없는 이원성'[예: '심신(mindbody)' 또는 '신심(bodymind)']을 주장함으로써 동등한 가치를 부여하기를 시도한다.

그럼에도 불구하고 이러한 전환은 파장-입자의 관점에서 야기된 문제를 다루는 다양한 이론을 설명하기 위한 현대물리학의 시도에서 보이는 것과 동일한 언어의 문제들을 가진다. 예를 들어, 영어는 실존적 현상학의 관점에 따른 표현에 반하는 방식으로 구성되어 있는 것처럼 여겨진다. 그 결과로,

실존적 현상학의 관점을 표현하고자 하는 모든 시도는 불가피하게 근본적으로 분리주의적인, '이것 또는 저것'의 이원성으로 물들어 있어서 진술의 의미를 혼란스럽게 하고 그것의 의도를 혼돈스럽게 하는 진술에 의지할 수밖에 없다. 예를 들어, 불가분한(나눠질 수 없는) 관계의 핵심 원리를 주장하기 위해서(다음에서 논의할 것과 같이), 실존치료자들은 종종 세계-내-존재(being-in-the-world; Cooper, 2003)라는 용어를 사용한다. 그렇지만 각 단어들 사이에 하이픈으로 연결된 것을 통해서 양극성에서 유래된 것에 대한 통합된 이중성을 표현하고자 하는 시도에도 불구하고 이 용어는 여전히 대개는 '존재'와 '세계'라고 하는 두 개의 분리되고 구별된 독립체의 결합을 시사한다. 좀 더 깊이 생각해 보면, 예를 들어 이러한 양극성을 전달하기 위한 시도로 현존재(dasein; Heidegger, 1962)라는 새로운 용어를 소개하는 데 있어서 모순되는 분리주의로 물든 설명적인 언어에 의지하지 않고는 이를 정의할 수 없다. 일반적으로 실존적 현상학의 '생경한 언어'가 그것의 의도를 실현하지 못할 뿐만 아니라, 이는 많은 사람이 가지고 있는(내 생각에는 잘못된) 관점, 즉 치료에 적용하여 활용하기에는 너무 어렵고 추상적이며 제한적이라고 제기되어 온 생각과 개념을 상당히 증가시킨다.

이와 같은 언어적 딜레마를 벗어날 수 있는 길이 있는지 묻는다면 나는 아마도 없을 것이라고 생각한다. 그럼에도 불구하고 새로운 용어는 문제가 될 수 있겠지만 최소한 우리의 생각과 언어 속에 녹아 있는 분리주의적 이원론을 드러내 주는 기여를 한다. 이러한 문제 제기는 그 자체로 비록 온전히 더 나은 대안을 제공하지 못하지만 유의미한 영향을 미칠 수는 있다. 아마도, 비유와 암시를 통한 대안적 관점에 우리를 주목하게 하는 간접적인 문제 제기는 우리로 하여금 우리가 사용하고 있는 언어의 한계 너머로 건너가게 해 줄 경험적 이해를 이끌어 낼 수도 있다. 그 결과, 우리는 그것이 표현하고자 하는 것에 대해서 보다 더 온전히 이해할 수 있을 것이다. 그럼에도 분명한 것은 이와 같은 어려움에도 불구하고 실존적 현상학의 주장과 그 관련 사항들은 지속적으로 이를 마주하는 많은 사람, 즉 그들이 철학자나, 심리학자, 또는 치료자이든 이들의 마음을 애타게 한다는 사실이다. 나는 이러한 어려움들이 실존적 현상학의 지속적인 매력의 핵심이라는 데에는 의구심을 갖고 있다. 중요한 것은 상보적이고 역설적인 관점('모두/그리고')으로 실존에 대한 근본적 이슈들을 탐구하고자 하는 시도에서 실존적 현상학의 기본 원리들이 훨씬 더 손쉽게 확인 가능하다는 점이다. 특히 이러한 원리들 중 세 가지, 즉 **관계성**, **불확실성** 그리고 **실존적 불안**은 나의 관점으로 볼 때 실존적 현상학 전반에서 매우 중요할 뿐만 아니라 실존치료를 실제 사용하는 모든 시도에 있어서 근본적인 근거가 된다.

첫 번째 원리: 실존적 관계성

> 세상과 나는 서로의 안에 있다.
>
> —모리스 메를로퐁티(Maurice Merleau-Ponty)

관계성의 원리는 그 실재와 영향이 실존적 현상학의 모든 주장 및 논점과 공명한다는 점에서 실존적 현상학의 이론적 근거 전반에 있어서 매우 중요하다. 이 원리는 매우 기초적이면서 동시에 서양 사상과는 직관적으로 반하는 것이기 때문에 사고의 확장을 필요로 한다.

관계성은 표면적 수준과 심층적 수준에서 이해될 수 있다. 전자는 후자보다 초기에 쉽게 접근할 수 있으나 내 생각에는 근본적으로 그 의도하는 바가 너무 한정적이다. 후자는 앞에서 논의했던 언어적 이유들 때문에 직접적으로 표현되기는 어렵지만 적절한 비유를 통해서 접근할 수 있다. 그러나 일반적으로 어떤 비유도 그 원리가 제안하는 것 전부를 표현하거나 담아내는 것은 여전히 불가능하다.

가장 간단하고 표면적인 수준에서 관계성은, 존재하는 모든 것은 항상 그 밖에 다른 모든 것과 분리될 수 없는 관계에 있다고 주장한다. 관계성에 대한 이러한 이해에 따르면 나로부터 시작되어 경험되는 모든 생각, 느낌 그리고 행동은 어떤 체계 내에서 경계가 있는 유기체로서 내 안의 요소들과의 상호작용으로 발생하는 것일 뿐만 아니라, 경계가 있는 유기체들(자신과 타인 사이 그리고 자신과 세계 사이로 말할 수 있는) 사이의 상호작용이라고 말할 수 있다. 비록 표면적 수준이라 하더라도 관계성의 원리는 최소한 존재하는 경험에 대한 존재의 내면에서 일어나는 자신만의 반성이 가능한 배타적이며 분리주의적인 주관성을 허용하지 않는다는 점에서 수많은 함의를 가지고 있다고 볼 수 있다. 동시에 다수의 다른 접근들, 아마도 가장 분명하게는 체계 이론들이 이 관점과 매우 동일한 것을 주장할 것이다(Hills, 2012). 관계성에 대한 실존적 현상학의 관점을 유의미하게 구별해 주는 것은 오직 더 깊은 수준에서의 함의에 대한 숙고가 이루어질 때만 가능하다.

한 잔의 실재하는 차: 관계의 비유

> 그럼에도 불구하고 데카르트가 얘기한…… '우리는 생각한다. 고로 존재한다.'라는 말에 대해서 생각해 보자. 유아론(solipsist, 唯我論)의 영향력은 약해지고, 상호주관성이 자연적 가설로서 받아들여지는 것을 가정해 보자.
>
> – 존 지만(John Ziman)

한 잔의 차를 상상해 보라. 자, 모든 존재가 나타남으로 인해서 이것이 차가 되었다는 사실을 바탕으로 이 차가 '실재하는 차'라고 상상해 보라. 한 스푼으로 뜰 때마다 실재하는 차의 각 '부분'은 유일하고 특별하고 반복될 수 없으며 개별적인 존재를 만들어 내고 표현한다. 또한 연구를 위해서 실재하는 차에서 몇 스푼 추출해서 잠시 보유하고 있다가 다시 실재하는 차로 되돌려지는 실재하는 차의 각 '부분'은 결코 이전의 혹은 앞으로 뜨게 될 어떤 스푼과도 결코 정확히 같다고 할 수 없다. 스푼으로 뜬 실재하는 차의 어떤 '일부분'을 다른 어떤 것에 비교하면서 보다 더 실재하는 차라고 할 수도, 보다 덜 실재하는 차라고 할 수도 없다. 실재하는 차의 모든 '부분'은 유일하며 차의 모든 '부분'은 실재하는 차인 것이다.

실재하는 차의 한 스푼 한 스푼이 각각 스스로를 유일하고 다시 반복될 수 없는 것일 뿐만 아니라, 자신이 원조라고 주장한다고 상상해 보자. 그것은 그 자신이 만든 것과 별개로 존재하며, 다른 어떤 또는 모든 실재하는 차의 일부와 관계적 의존 없이 그것 자체로 이해되고 정의될 수 있는 다른 그리고 모든 실재하는 차의 일부분과 그 경계가 정해져 있으며, 분리되고 구별되는 것으로서 이해되고 정의될 수 있을 것이다. 이와 같은 선언은 실재하는 차의 각 '부분'이 마치 그것이 공유하고 있는 실재하는 차와는 어떤 관계도 없는 것과 같이 존재하게 한다. 실제로 이와 같은 선언은 실재하는 차의 각 '부분'들로 하여금 그것의 근원점을 망각하거나 혹은 부정하게 한다.

누가 봐도 어리석은 이 비유는 실존적 현상학이 배타적이고 개인에게서 유래된 분리주의적 주관성을 우리의 존재 경험의 시작점으로서 가정하는 관점과 체계 모두에 대해서 강하게 도전하고 있다는 사실을 강조한다. 명백하게 이 도전은 주관적으로 유래한 일련의 의미, 정서적 경험과 행동 내에서 완전히 이해될 수 있는 분리된 자기를 으뜸에 두고 다양한 방식으로 시작되는 모든 관점을 다루고 있다. 관계성의 원리는 우리에게 이러한 관점에 대한 대안을 제시해 준다. 관계성의 원리는 자기의 독특하고 고유한 존재감이 가능하게 되는 것은 우선하는 관계성의 기초를 통해서만 가능하다고 주장한다. 더 분명히 하자면, 관계성에 대한 실존적 현상학의 관점은 분리된 존재로서 우리 개개인이 항상 다른 모든 분리된 존재들과 연관되어 있고 함께 있다는 것보다 훨씬 높은 수준의 관계성을 주장한다. 이 점에 훨씬 더 강조점을 두고 실존적 현상학은 겉보기에 분리되어 존재하는 것처럼 보이는 것은 기본적으로 오직 관계성이라는 전제조건이 있기 때문이라고 주장한다. 각 존재는 완전히 고유하며 반복될 수 없는 방식으로 존재하는 것이 분명하며 그리고 단지 모든 존재가 공유하고 있을 뿐만 아니라, 개별적 존재로서 나타나는 데 있어서 필수 조건인 기본적 관계성을 통해서 존재하고 행동할 수 있다.

내가 보기에 실존적 현상학은 존재에 대한 서양의 관점이 특히 데카르트 이후, 해석학적 성찰에 있어서 명확히 구분된 이원론적 형태로 발전해 왔다고 주장한다. 더 넓은 의미에서 이와 같은 성찰 방식은 존재를 오로지 '경계로 구분된' 또는 '구분된' 것(Gergen, 2009)으로 볼 뿐만 아니라 관계적인 조정이 없는 개체성 혹은 주관성에 의해 주도된 것으로만 해석하게 한다. 요약하면, 이와 같은 성찰 방식은 관계성을 한낱 관계로 바라본다. 즉, 개체주의의 한정된 관점에 따라 실존의 기원이 어디인지를 이해하고 설명할 수 있는 분리된 존재들에 의한, 그 존재들 간의 상호작용 정도로 축소시킨다. 하지만 실존적 현상학의 관점으로 볼 때 관계를 향한 태도가 무엇이든지, 즉 바람직하든 문제가 있든 수용적이든 회피적이든 충분하든 부족하든 상관없이 관계성에 대한 태도는 언제나 관계성에 대한 표현이다. 피할 수도 거부할 수도 있고 심지어는 자신이 어떤 관계 '안'에 있다는 사실을 부정할 수도 있다. 하지만 이는 동시에 이들이 태어나서부터 주어진 기본적인 관계성을 드러내는 것에 대해 회피하거나 거절 또는 부정한다는 사실을 강하게 주장하는 것이기도 하다. 관계성은 어떤 특정 상황 아래에서만 만들어지거나 또는 어떤 특정 조건의 결과이거나 우리가 그것을 위해서 노력해야 하는 것이 아니다. 오히려 '관계'는 언제나 있는 것이다.

이 첫 번째 기본 원리에서의 중요한 함의는 주관성(subjectivity)과 개인(the individual)의 개념에 관해서 깊이 숙고할 때 보다 분명해진다.

관계성과 주관성

왜 건강한 손이 부상당한 발을 돌봐야만 하는가?

—석가모니(The Buddha)

최근 서양의 사상에 있어서 주관성의 우세에 도전한 여러 시도 중 가장 흥미롭고 중요한 하나는 케네스 거겐(Kenneth Gergen)의 『관계적 존재: 자신과 사회를 넘어서(Relational Being: Beyond Self and Community)』(2009)에서 찾아볼 수 있다. 거겐은 개인을 분리된 단일한 존재로 보는 이 관점이 불과 4세기 전 서양에 뿌리를 내리기 시작한 개념이라고 주장한다. 오늘날 서양인들 사이에서는 이 관점이 합리적이고 당연한 것으로 여겨지지만, 광범위한 문화적 맥락에서 이 관점은 드물게 나타난다. 거겐은 존재가 경계로 구분되어 있다는 생각을 관계적으로 연결되어 있다는 생각으로 대체할 수 있는 방법들을 탐색했다. 이는 실존적 현상학의 관계성 원리와 마찬가지로 일종의 도전이었다.

> 경계로 구분된 자아들(selves)이라는 가정을 대체할 수 있는 인간 행동에 대해 설명하고자 하는데…… 이는 서로 구분된 자아들 간의 관계를 의미하거나 자아라는 개념 자체에 선행하여 하나의 정합의 과정을 말하는 것이 아니다. …… 고립된 자아나 온전히 개인적인 경험은 없다. 오히려 우리는 공동으로 조직된 세계에 존재한다(Gergen, 2009: xv).

거겐은 자신의 목적을 명확히 했는데, 그는 독립적으로 존재하는 주관성에 우선순위를 두지 않는 관계성을 깊이 반영하는 관점을 발달시키고자 했다. 이를 시도하는 과정에서 그는 이러한 변화로 인한 행동 중심의 결과들을 강조했다. 예를 들어, 그는 독자들에게 우리의 언어가 어떤 명사도 포함하고 있지 않을 가능성을 고려해 볼 것을 제안하였다. 그러자 '사물에 기반한' 명사로 구성된 세계의 고정성은 유동적인 행동 중심의 과정으로 대체되었다. 이와 같은 새로운 언어에서 행동의 흐름을 구별된 명사와 같은 독립체들에 담아내기는 마치 바다에서 파도의 움직임의 시작과 끝이 어디인지 분명하지 않은 것과 같이 어려울 것이다. ……세계는 우리에게 분리된 독립체들로 나타나지 않는다. ……세계는 분리된 '형태'가 아니라, 계속해서 '형태를 만들어 감'으로써 자신을 드러낸다(Gengen, 2009: 30).

『관계적 존재』의 논점과 주제는 너무 광범위하고 많은 내용을 담고 있어서 어떤 방식으로도 요약하여 제공하기에는 어려움이 있다. 나는 독자들이 직접 이 책을 찾아서 읽어 보기를 강력하게 권한다. 비록 여기에서 제시된 내용만으로도 언어적 어려움이 초래되었다는 점은 유감스럽지만, 관계성에 대한 거겐의 견해는 여전히 강한 울림을 준다.

존 지만(John Ziman)은 2005년 죽기 전에 집필한 마지막 저서 중 하나에서 거겐과 유사한 결론을 제시하였다. 지만은 물리학 이론을 배경으로 과학 연구 전반에 만연한 '주관성의 원리'를 대항하는 관계성의 관점을 제시했는데(Ziman, 2006: 18), 지만은 "나는 의식의 주관적 상태가 개체의 종 안에 또는 현대 개체의 표현형 안에서 상호주관적 구성원에 선행한다는 어떤 증거도 찾을 수 없었다."라고 주장하였다(Ziman, 2006: 23). 인류학자 앨런 맥팔레인(Alan Macfarlane)은 이 관점에 동의하면서 동시에 이 관점에 대한 초점을 확장하며 지만의 결론에 다음과 같은 주장으로 반응하였다.

> 비교인류학의 발달과 함께 우리의 개인주의적이고 자본주의적인 자기인식은 어떤 일반적인 상태라기보다는 오히려 기이한 형태의 개인주의이며 일신론적 종교 그리고 서구사회의 법과 경제에 의해서 생산된 특성이라는 점이 명확해졌다. 인류학자들이 남아메리카나 동남아시아의 정글 또는 뉴기니나 호주에 사는 원주민들에게서 발견한 것들에 따르면, 그들의 세계관은 관계적이고 상호

> 주관적으로 묘사되었으며 이는 지만이 제안한 것과 전반적으로 다르지 않았다 (Macfarlane, 2006: 46).

또한 그는 '이러한 특성들은 사라져 가는 세상의 일부 지엽적인 흔적이기 때문에 무시할 수도 있다'는 생각이 잘못된 것일 수도 있다고 주장하며 (Macfarlane, 2006: 47), 다음과 같이 진술하였다.

> 인류학자들과 역사학자들은 그들의 관심을 서유럽 밖의 거대한, 문자를 가진, 시장 중심의 농경문화로 돌리면서 이러한 문화권 또한 상호주관성이라는 전제 조건에 기반하고 있다는 사실을 발견하게 되었다. ……그 한 가지 예는 중국 문명이었고, 두 번째는 인도였으며, 세 번째는 일본 문명을 이해하기 위한 시도를 통해서…… (Macfarlane, 2006: 47).

이러한 모든 주장은 주관성이 우선하는 기본적인 관계성의 상태의 단지 하나의 변형에 불과하다는 실존적 현상학의 주장과 맥을 같이한다. 이러한 관점으로 보면, 주관성은 관계성과 반대되거나 또는 구별되어 존재하는 것이 아니며, 존재와 경험에 있어서 분리되어 있어 대체가능한 형태로서 관계성과 평행선을 그리는 것도 아니다. 오히려 주관성은 특정한, 아마도 문화적으로 독특한 관계성의 결과로서 나타난 것으로 보인다.

관계성과 개인

> 개인이 있기 때문에 경험이 있는 것이 아니라, 경험이 있기 때문에 개인이 있는 것이다.
>
> —기타로 니시다(Kitaro Nishida)

거겐은 개인이라는 개념을 둘러싼 이슈들을 다룸에 있어서 '나'는 행동의 기원을 가리키는 것이 아니라 관계적 결과를 가리킨다고 주장해 왔다(Gergen, 2009: 133). 이러한 관점에 근거해서 철학자 데이비드 미즐리(David Midgley, 앞에서 언급한 존 지만의 글에서 발췌)는 "극단적 개인주의에 대한 편향은 인간을 괴롭힐 뿐만 아니라 사회과학 분야에도 큰 장애가 되며, 즉 전체 자연 철학을 왜곡시킨다."라는 지만의 견해에 동의했다(Ziman, 2006: 21). 미즐리는 "개인의 의식은 실제로 더 거대한(상호 관계적) 의식의 일부 또는 하위체계"라는 주장으로 이 관점을 확장했다(Midgley, 2006: 100).

개인을 둘러싼 현대의 주류적 관점에 대한 가장 혁명적인 재고는 아마도 마르틴 부버(Martin Buber)의 저서에서 찾아볼 수 있는데, 그의 철학적 사상은 실존적 현상학에 지대한 영향을 미쳤다. 부버는 '나–너' 그리고 '나–그것'의 유명한 대비를 통해 자기와 타자 사이의 관계가 두 가지 방식으로 나타날 수 있음을 보여 주었다. '나'는 '타자'를 하나의 분리된 객체로서 자신이 선호하는 의미를 부여하거나 혹은 강요하고 면밀히 조사하는 태도를 취할 수도 있고, 이와 다르게 '나'는 그 스스로를 펼쳐 보이는 예측할 수 없고 영속하지 않는 의미 있는 가능성들을 상호 간에 드러내는 과정을 통해 공동 주관으로서 '타자'에게 접근할 수도 있다(Buber, 1970, 2002).

전자는 '나–그것' 태도로서 이는 객체 중심의 분리와 통제적 태도에 기반하고 있다. 후자는 '나–너' 태도로서 사람들 사이에서 항상 나타나고 공동으로 만든 연대의 불안정성을 표현한다. 만약 전자의 태도에서 '내'가 권위적인 태도로 그 또는 그녀를 '고쳐야'만 한다고 요구한다면, 후자의 관계에서는 타자를 향해 평등한 태도를 취하며 그것 자체가 지닌 의미의 기반을 재수립하고 재정의하도록 '나'를 개방시킨다. 만약 '나–그것'의 태도가 '나'와 타자('그것')를 모두 객체화한다면 '나–너'의 태도는 '나'와 타인('너')이 객체화에 과정에 의해서 그 진정한 의미가 양도되지 않으며, 그 방향이 돌려지거나 강요되거나 미리 예정되지 않는 불가분의 상호적인 관계로서 공존한다는 사실을 드러내 준다(Buber, 1970). 우리는 부버가 이 두 가지 태도 모두를 관계성이 표현된 것으로 보았다는 사실을 명확히 할 필요가 있는데, 그의 사상은 또 다른 '이것 또는 저것'의 양자택일적 입장이 아니며 오히려 그는 비록 관계성이 서로 다른 기초에 놓여 있다고 하더라도 '나-너' 관계는 관계성을 수용하는 방향으로 다가가는 반면에, '나-그것' 관계는 관계성을 부정함으로써 이를 표현하려 한다고 주장하였다.

나아가 부버는 관계성에 대한 이러한 반응의 차이를 '개인'과 '사람'을 구별하는 것을 통해서 분명히 한다. 그는 서양의 문화(그리고 치료의 많은 부분)에서 분리나 자립을 시도하는 개인의 지위를 격상시키는 것에 대해서 강도 높게 비판하였다. 그는 서양 사상에 만연해 있는 일종의 '자기-자율성(self-autonomy)의 파시즘'에 강하게 반대하였으며 세상의 수많은 다른 철학과 체계들이 가진 관점에 대해서도 매우 생경한 태도를 취했다(Kirschenbaum & Henderson, 1990). 그에게 사람이 된다는 것은 세계와의 불가분의 관계 속에서 살아가는 것이자, 그 관계에 대한 표현이었다. 부버에게 있어서 사람이 된다는 것은 단순히 어떤 개인이 된다는 것 이상을 의미하였다. 사람이 된다는 것은 포함되는 것, 즉 세계와의 실제적인 상호성에 참여하는 것을 요구한다(Kirschenbaum & Henderson, 1990: 63).

이러한 관점을 받아들이는 것과 관련하여 나는 부버가 비상한 선견지명을 가졌다고 생각한다. 오늘날 '개인'의 존엄성 및 보호에 관해서 경제 및 정치계에서 반복되는 실없는 말과 이를 추구하고 원하는 것은 사람들로 하여금 자신의 존재의 목적, 열망 그리고 존재를 단순하고 평범하며 예측할 수 있고 조작할 수 있는 것으로서 경험하도록 만들었다. 우리의 개인성으로부터 관계성의 기본적 구성성분을 제거하거나 그럴 수 없다면, 최소화함으로써 '나' 또는 타인과 우리의 관계는 '나-그것'의 태도로 이루어지는 만남을 객체화하는 한계에 너무 쉽게 빠지게 된다.

관계성: 요약

내가 나인 것은 다른 모든 사람 때문이다.

–2008년 오렌지 통신사 광고 캠페인

실존적 현상학의 관계성 원리를 전달하고자 하는 시도에 있어서 대부분의 어려움은 언어적 한계에서 기인한다. 앞선 논의들을 예로 들자면, 영어는 직접적으로 관계성을 표현하는 모든 담론에 있어서 '분리'를 강조한다. 이를테면, 만약 당신과 내가 모두 **실존**이 공동으로 정의되고 공동으로 표현된 것이라고 말한다면, 나는 핵심이 되는 상호 관계적 원리를 '나'와 '너'라는 '분리된' 언어를 통해서 전달하고자 시도하게 될 것이다. 이와 같은 시도는 의도된 바를 둔화시키고 약화시킨다. 사실상 이는 기껏해야 '나'와 '너', '우리' 그리고 '그들'과 같이 용어를 뛰어넘는 불가분적 특성을 이해하기 어렵게 하는 언어를 통해서 관계성을 표현하는 것에 불과하다. 이와 마찬가지로, 이러한 단어들을 뒷받침하고 있는 관계성을 표현하는 새로운 방법을 만들어 내기 위한 시도들은 '나' 또는 '너'에 대한 무엇인가를 설명하고 어떤 정보를 전달하고자 시도하는 것이 주요한 문제라는 사실을 드러낸다. 그러나 관계성이 사실로 가정하는 것은 **과정**에 보다 가깝다. 바꾸어 말하면, 관계성은 **명사와 유사**(noun-like)하기보다는 **동사와 유사**(verb-like)하다는 점을 시사한다고 표현할 수 있다. 명사와 유사하다는 관점으로 관계성에 대해서 고려할 때 긴장과 문제는 이미 혼란스러운 과제를 더 복잡하게 만든다.

다시 말해서, 이러한 혼란은 현대물리학의 다양한 개념들과 견해들을 전달하려는 시도와 아주 유사한 면을 가지고 있는 것으로 보인다. 수학적 등식으로부터 이끌어 낸 결론이 일상적인 언어로 전달될 때에 나타나는 일은 비록 '진실'을 담고 있음에도 불구하고 분명하게 서로 다르고 모순된 진술들로 인한 혼란이다. 만약 우리가 양자 물리학의 시간, 공간, 장소 그리고 물질과 관련된 수많은 개념적 난제들에 대해서 깊이 생각해 본다면, 이와 같은 난제들이 관계성의 원리에 의해서 제시된 것들과 얼마나 긴밀하게 공명하는지를 알게 될 것이 자명하며, 이는 어떤 의미에서 놀랍기도 하다(Bohm & Hiley, 1995).

우리가 관계성을 이해하고 표현하기 위해서 선택한 단어들은 제한적이다. 이 용어들은 수동성을 부과하며, 또는 전달하고자 열망하는 움직임, 개방성 그리고 지속적인 '생성'과 같은 개념들에 비활동성 그리고/또는 경계를 부과한다. 같은 맥락에서 '세계-내-존재'나 '현존재' 또는 '전경/배경'과 같이 실존적 현상학자들이 사용해 온 용어들은 역동성과 불확실성을 제거하고 과도하게 명사와 유사하며, 그들이 담고자 추구한 것들에 대해서 지나치게 정적인 형태를 취하고 있다. 동시에 관계성과 같은 용어들도 분리주의, 즉 명사와 유사한 관점으로 인식되어 온 대상이기도 하다. 관계성은 행동이나 어떤 상태도 아니며, 그렇다고 동사와 유사하거나 명사와 유사한 것도 아니다. 다만, 그것은 항상 '모두/그리고'이다. 그럼에도 불구하고 관계성은 각각의 핵심에 집중할 때 중요한 차이가 나타나게 된다. 제3장에서 논의하겠지만, 나는 관계성으로 표현되는 일반적인 실존의 경험과 또 현저하게 다른 실존의 경험 모두를 표현하기 위해 **세계화**(worlding)와 **세계관**(worldview)이라는 용어를 사용하기로 선택했다. 우선, 언어적 한계에도 불구하고 지금으로서는 실존적 현상학의 관계성 원리에 대해 표현한 것들이 충분하기를 바랄 뿐이다.

관계성의 원리에 대한 핵심 주제들을 요약하는 방법으로 나는 앞으로 남아프리카의 **우분투**(ubuntu)라는 개념을 사용하고자 한다. 우분투는 다양한 문화적 해석들이 가능한데(Gade, 2012), 이 용어에 담겨 있는 의미를 되짚어 보면서 인간을 상호 연결적인 관점이 아닌 고립된 개체로 다루는 대부분의 관점에 도전할 수 있을 것이다. 실제로 우분투는 인간이 되는 것은 자신을 더 이상 고립되고 분리되어 타인과 구분된 개인으로서 인식하지 않을 때에만 가능하며, 그럴 때에야 비로소 인간됨을 경험할 수 있다고 제안한다. 마이클 온예부치 에제(Michael Onyebuchi Eze)는 우분투에 대해서 다음과 같이 언급하였다.

> 인간됨은 단지 개인으로서 인간인 내 안에 담겨져 있지 않으며 타자와 나에게 공동으로 실재하는 것이다. 인간됨은 서로에게 빚지고 있는 것이다. 우리는 서로를 창조하고 이렇게 만들어진 타자됨을 지속하기 위해서 서로가 필요하다. 만약 서로에게 속해 있다면, 그것은 우리의 창조에 참여하는 것이다. 우리는 당신이 있기 때문에 있고 당신은 명백히 내가 있기 때문에 있다. '내가 있다'는 것은 경직되어 있는 주체가 아니라, 관여함과 관여하지 않음을 만들어 내는 타자됨에 의존하는 역동적인 자기-구조이다(Eze, 2010: 190-191).

우분투와 같은 용어를 통해서 우리는 실존적 현상학의 관계성 원리가 의도하는 의미를 좀 더 잘 이해할 수 있다. 그것의 함의는 고립되고 분리된 주관성의 우세함에 대한 도전으로 이어질 수 있으며, 우리에게 모든 주관성을 포함한 존재 경험의 기초를 상기시켜 준다.

연습 실존적 관계성 탐색하기

1. 당신이 누구인지, 혹은 당신 자신이나 타인 또는 사건에 대해서 어떻게 생각하는지, 혹은 당신이 오늘 이전에 무엇을 했는지, 혹은 나중에 무엇을 하려고 의도하는지에 대한 내용을 담고 있는 진술 5개를 적어 보라.
2. 진술들이 얼마나 명사에 기반하고 있는지 검토하고 적어 보라.
3. 케네스 거겐의 도전에 따라 당신이 적은 5개의 진술에서 모든 명사를 제거하고 그 대신에 그 명사들이 담고자 하는 것들을 동사 또는 행동 중심의 언어로만 표현해서 5개의 진술을 다시 작성해 보라. 혹은 5개의 진술을 몸짓이나 댄스와 같은 행동으로만 전달해 보라. 예를 들어, "나는 올 5월에 이탈리아에서 휴가를 보내려고 한다."와 같은 진술을

'나-이기(I-ing)', '휴가-가기(holiday-ing)', '이탈리아-이기(Italy-ing)' 그리고 '5월-되기(May-ing)'를 담고 있는 행동 중심 방식으로 표현하기를 시도해 보라.

4. 명사 중심 진술을 행동 중심 언어로 변환하는 과정에서의 경험에 대해서 생각해 보고 탐색해 보라. 예를 들어, 이 변환의 과정이 자신에 대한 느낌에 영향을 주었다면 그 영향은 무엇인가? 만약에 당신이 만든 진술과 그 진술 안에 포함되어 있는 사람, 사건, 또는 감정과 행동과의 관계에 영향을 주었다면 그 영향은 무엇인가?

두 번째 원리: 불확실성

해석은 존재한다. 해석은 언제나 존재해 왔다. 모든 인간 문제에 대한 잘 알려진- 깔끔하고 그럴듯한 그리고 잘못된…… 해석은 항상 있어 왔다.

–멘켄(H. L. Mencken)

실존적 현상학의 두 번째 기본 원리인 **불확실성**(uncertainty)은 관계성의 즉시적인 결과로서 발생한다. 불확실성은 존재에 대한 우리의 특정 혹은 모든 반성에 있어서 필연적이고 불가피한 모든 가능성을 표현한다.

관계성의 원리에 관한 결론에서와 같이 존재에 대한 우리의 반성, 즉 일반적으로나 또는 '나 자신의 존재'에 대한 반성은 더 이상 나에 의해서만 단독으로 유지될 수 없으며, 내 '안에' 배타적인 어떤 방식으로 존재할 수도 없다. 대신 관계성은 존재에 대해 반성하고자 하는 모든 시도에 악영향을 미치는 여러 가지 불확실성을 드러낸다. 불확실성의 원리는 내가 완벽함과 궁극적 확실성에 따라서 결코 결정할 수 없으며, 나의 경험을 자극하는 것으로서 무엇이 나타날지 뿐만 아니라 내가 그 자극을 어떻게 경험하고 반응하게 될지 또한 통제할 수 없다고 주장한다. 이러한 입장은 심지어 상이한 자극 상황에서 자기 자신을 어떻게 경험할지 마저도 미리 정할 수 없다는 즉각적인 결론으로 이어진다.

이는 실존적 현상학이 그 무엇의 확실성도 인정하지 않는다는 것을 의미하는 것인가? 결코 그렇지 않다. 생명을 설계하고 유지하는 데는 환경이나 생화학적 변인을 포함한 몇 가지 전제 조건들이 요구되며 이러한 조건들이 없이는 어떤 생명도 유지될 수 없다. 이러한 조건들은 생명의 존재와 지속에 대한 확실성의 측면이다. 이 두 번째 원리는 이러한 전제 조건들의 맥락 내에서 발생하는 불확실성 그 자체와 관련된다. 이는 존재함의 확실한 전제 조건들 내에서 인간의 실제적 경험은 다양한 가능성에 열려 있으며, 이런 이유로 불확실성이 유지된다고 주장한다. 시몬 드 보부아르(Simone de Beauvoir)가 우리에게 상기시켜 준 것과 같이, "초기부터 실존주의는 그 자체를 모호함의 철학으로서 정의했다"(de Beauvoir, 1986: 9). 불확실성의 원리는 이러한 결론의 전형적인 예시가 된다. 예를 들어, 자기, 타인, 세계에 관한 모든 선행 지식, 가치, 가정들 그리고 신념들은 언제나 일반적으로 충격적이거나 불안을 일으킬 수 있는 여러 방식들에 의한 도전, 재고, 또는 해체될 가능성에 열려 있다. "내가 그렇게 행동할 줄은 전혀 생각하지 못했어요.", "그녀가 내가 알지 못했던 다른 사람인 것처럼 변한 것 같았어요.", "세계적으로 일어나는 사건들을 보면서 내가 더 이상 이런 일들을 설명할 수 없다는 사실을 알게 되었어요."라는 평범한 진술들은 최소한 일시적으로나마 우리가 존재적 불확실성을 인정한다는 우리의 태도를 보여 준다. 권위에 대한 복종 및 사회적 순응에 관련된 사회심리학 연구들은 우리가 얼마나 쉽게 결코 예상할 수 없는 방식들로 사고하고 느끼고 행동할 수 있는지에 대한 강력한 증거를 제시해 준다(Milgram, 1974; Zimbardo, 1969).

현대물리학과 가치의 다원성에 대한 이사야 벌린(Isaiah Berlin)의 주장을 살펴보는 것은 불확실성의 원리에 대해서 보다 명확히 하는 데 도움이 된다. 비록 실존적 현상학의 관점이 아닌 다른 관점을 통해 접근하는 것이기는 하지만 불확실성에 대한 이 관점의 결론은 실존적 현상학과 양립할 수 있을 뿐만 아니라, 이 원리에 더 쉽게 접근할 수 있게 해 주는 역할을 할 수 있을 것이다.

현대물리학에서의 불확실성

> 당신의 이론이 말도 안 된다는 것에 우리 모두 동의한다. 다만, 우리를 둘로 나누는 질문은 그 이론의 말도 안 되는 수준이 개선될 가능성이 있는가이다.
>
> −닐스 보어(Neils Bohr)가 볼프강 파울리(Wolfgang Pauli)에게

나는 실존적 현상학의 발달과 서양의 물리학에서 일어난 혁명적 변화 간의 일시적인 공명에 오랫동안 매혹되어 왔다. 나는 한 가지 사상이 어떤 방식으로 다른 것에 영향을 주는지에 대해 자주 궁금해했다. 비록 이러한 기조를 따라 수행된 역사적 연구들이 무엇인지는 알지는 못하지만, 수학적 배경을 가진 에드문트 후설(Edmund Husserl)과 같은 철학자들이 그들의 과학계 동료들에 의해서 제기된 혁명적인 이론들에 대해서 인지하지 못한 채 있었을 것이라고는 상상하기 어렵다고 생각한다.

20세기 초반의 물리학 이론들은 빛을 파장으로서 가장 잘 이해할 수 있다고 가정했다. 이에 반하여, 알베르트 아인슈타인(Albert Einstein)은 빛을 에너지 입자들의 흐름 또는 '다발'이라고 주장하며 이를 양자(quanta)라고 명명했다. 초기에 이러한 관점은 기이한 것으로 보였는데, 왜냐하면 빛이 무게를 갖는다는 것이 불가능하기 때문이다. 그럼에도 불구하고 아인슈타인의 가정이 틀렸다고 누구도 입증할 수 없었다. 빛이 양자로 이루어졌다는 주장에 있어서 아인슈타인이 옳았다고 하더라도, 빛이 파장과 같다는 것을 보여 준 이전에 실행된 실험들도 여전히 유효했다. 연구자들이 관찰한 결과들에 근거할 때 빛은 에너지(양자)의 다발인 동시에 파장일 수 있다. 물리학에서 불확

실성의 입지는 확고하다(Al-Khalili, 2009, 2012).

아인슈타인의『특수 상대성 이론(Theory of Special Relativity)』(1905)에 따르면 기계적 확실성과 예측 가능한 우주는 해체되기 시작했다(Einstein, 2001). 상대성 이론에 따르면, 일정하게 고정되어 있는 것(예: 빛의 속도)은 그것이 놓인 조건들에 상관없이 변하지 않았다. 하지만 공간과 시간에 있어서는 달랐다. 이 모든 것은 상대적인 것으로 보였다. 예를 들어, 거리는 더 이상 두 지점 간의 관계로서 이해될 수 없고, 측정 결과에 직접적으로 영향을 줄 수 있는 두 지점의 관측자와 연관되어 있다. 이와 마찬가지로 시간의 흐름은 대상과 관측자 사이의 관계에 종속하는 것으로 입증되었으므로(Einstein et al., 2000) 시간의 간격에는 절댓값이 존재하지 않는다.

이처럼 모순되고 상반되는 두 가지 진리가 함께 공존할 수 있다. 불확실성은 세계와 우리의 관계에 기본적으로 주어진 조건의 하나로서 소개되었고, 시간과 공간의 상대성은 지식의 상대성으로까지 연장되었다. 19세기 물리학은 우리가 이해하면 할수록 더 절대적인 확실성을 얻을 수 있을 것이라고 가정했으나, 20세기 물리학은 이해하면 할수록 알 수 있는 것은 예상에 비해 덜 확실하게 된다는 사실을 밝혀내기 시작했다(Al-Khalili, 2009).

카오스 이론과 같은 현대물리학의 역학 체계 이론들은 대개 복합적인 행동 체계는 예측될 수 없다고 주장한다고 잘못 이해되고 있는 경우가 종종 있다. 이론물리학자 짐 알칼릴리(Jim Al-Khalili, 2009)는 "우주의 모든 복잡성은 비정하고 간단한 규칙들로부터 나타났으며, 그 규칙은 계속해서 반복된다. 그러나 이 과정이 확실한 만큼 이는 또한 본질적으로 예측할 수 없다."라고 주장하였다. 다른 말로 하면, 모든 확실성의 중심에는 불확실성이 자리 잡고 있다는 말이다. 고전물리학은 예측하지 못하는 사건은 그것의 시스템에 대한 외부의 간섭에 의해서 야기된다고 주장하며 외부의 간섭이 없다면 일관적이고 예측 가능하다고 가정하였으나, 역학 체계 이론은 예측 불가성이 체계 그 자체로서 형성된다는 사실을 보여 준다. 즉, 우리가 패턴과 구조로서 경험하는 것을 만들어 내는 것은 바로 이 체계의 예측 불가성이다. 현대물리학 이론은 질서와 혼돈, 파장과 물질, 구조와 과정을 모순적 양극성들이 잘 짜여 있는 것으로서 바라본다(Al-Khalili, 2012).

확실할 수 없다는 사실은 모순적이지만 불확실성의 확실성을 가정하게 한다. 이것 또는 저것의 태도로는 어떤 것이 확실하거나 불확실하다고만 말할 수 있다. 만약 내가 어떠한 것을 확실하다고 선언한다면 나는 확실성의 태도를 채택하고 있는 것이다. 하지만 이와 반대편에 있는 불확실성에 대한 선언은 무엇인가가 불확실한 것이 확실하다고 주장하는 확실성에 기초하고 있다. 즉, 이 두 주장 모두 확실성이라는 기본적인 입장에 의존하고 있다고 볼 수 있다. 요컨대, 궁극적으로 확실성 또는 불확실성에 대한 그들의 모든 선언은 모두 확실성에 대한 진술에 해당한다.

물리학의 역학 체계 이론들과 같이 실존적 현상학의 불확실성의 원리는 **불확실성의 불확실성**이라는 대안적 입장을 제안한다. 이 입장은 우리가 주장하는 확실성과 불확실성 모두를 불확실성으로 간주한다. 그렇게 함으로써 확실성과 불확실성이 불가분적으로 짜여져 있다는 사실을 강조할 수 있다. 이러한 상호 연결성 때문에 어떤 (불확실함에 대한 확실함을 포함한) 확실성도 전적으로 확실해질 수 없다. 다만, 오직 확실성에 대한 불확실성과 불확실성에 대한 불확실성만이 존재할 뿐이다.

불확실성: 이사야 벌린의 가치 다원주의

> 불확실성은 소중하게 여겨야 할 것이다. 만약 그것이 없다면 누가 어떤 것을 새롭게 착수하겠는가?
>
> —빌리에 드 릴라당(Villiers de L'Isle-Adam)

이사야 벌린이 실존적 현상학자라는 주장이 심각한 오도로 이어질 수 있고 그도 그렇게 분류되는 것에 대해서 기분이 상해할 것이라는 것이 거의 확실하다고 하더라도, 나는 그의 **가치 다원주의**(value pluralism) 이론이 불확실성의 원리로부터 제기되는 몇몇 핵심적 함의에 대한 가장 통찰력 있는 분석을 제공했다는 관점을 가지고 있다. 벌린의 핵심 주장은 자유, 호의 그리고 평등과 같은 인간의 가치와 관련된 어떤 이론이나 결론은 그 내용이 다른 모든 다양한 인간의 가치들과 일관적이고 일치할 때에만 오직 진리 또는 옳은 것으로 여겨진다는 일반적인 서구의 가설에 대한 비판을 담고 있다. 만약 가치들 사이에서 어떤 충돌이나 모순이 확인된다면 그 이론은 어떤 이유에서든 잘못된 것이어야만 했다. 존 그레이(John Gray)는 벌린의 유작인 『로마 시대의 정치적 사상: 그 등장과 현대 사상에 미친 영향(Political Ideas in the Romantic Age: Their Rise and Influence on Modern Thought)』(Berlin, 2006)에 대한 비평에서 이러한 반복되는 가정을 다음과 같이 요약하였다.

> 모든 진정한 가치는 완전히 조화로운 전체로 종합될 수 있어야만 한다. 가치들 간의 충돌은 원칙적으로 해결될 수 있는 오류의 증거로서 간주된다. 만약 인간의 가치가 충돌하는 경우라면 이는 가치에 대한 이해가 완전하지 않기 때문이거나 또는 모순되는 가치들의 일부는 가짜인 것이며, 이러한 충돌이 나타나는 지점에는 (만약 그것이 밝혀질 수 있다면) 모든 합리적인 사람은 받아들일 수밖에 없는 단일한 정답이 있다(Gray, 2006: 20).

벌린은 이런 모든 주장을 단호히 거부한다. 그는 이러한 관점을 서양의 지적 전통의 우위로 바라보며 '가치관의 충돌은 실제적이고 피할 수 없으며 만족스러운 해법이 없을 수 있다는 반론을 제기했다. ……가치관의 충돌은 인간됨과 어울리는 것'(Gray, 2006: 20)이라고 여겼다. 정치적 관점에서 벌린은 이와 같은 인간의 가치에 대한 이상적이고 일치된 조화와 완벽함에 대한 계몽적 사상은 그의 삶을 흐리게 만든 폭정의 대재앙을 일으켰다고 주장하였다. 왜냐하면 이러한 사상의 핵심에 '20세기의 일부 주요 정치적 재앙들의 지성적 뿌리'가 자리하고 있기 때문이다(Gray, 2006: 20). 20세기의 극단적 우익 및 좌익 정권과 관련된 지나친 정치적 편협함과 제한된 표현의 자유에 대해서 벌린은 특정 이데올로기의 적용의 오류로서가 아닌 계몽적 유토피아, 즉 어떤 심각한 갈등도 더 이상 존재하지 않는 상태의 사회(Gray, 2006: 21)를 실현하고자 하는 불굴의 도전의 결과로서 설명할 수 있다고 보았다.

벌린은 실존적 현상학의 두 번째 원리와 관련된 핵심 사항과 가정들을 다루며 완벽함의 실존적 부재와 우리의 모든 가능성을 실현함으로써 완벽함을 이루려는 시도에 따르는 불가피한 실패를 받아들이기를 촉구한다(Cohn, 2002). 비판적인 시각을 가진 몇몇 치료자들은 매우 유사한 결론에 이르렀는데, 믹 쿠퍼(Mick Cooper)와 존 맥러드(John McLeod)는 『다원적 상담과 심리치료(Pluralistic Counseling and Psychotherapy)』에서 확실성에 빠져 있는 실존치료와 마찬가지로 불확실성에 대해서 확신하는 실존치료도 모순적이라고 주장하였다. 즉, 실존적 불확실성은 항상 양쪽의 가능성 모두를 수반한다(Cooper & McLeod, 2011). 존 처니스(John Cherniss)는 벌린의 가치 다원주의를 요약하면서 이를 잘 표현해 주는 의미 있는 글을 남겼다.

> 인간의 자기완성은 불가능하다. 그러므로 전적인 예측 또한 가능하지 않다. 오류 가능성, 모순되는 것들의 복합적 결합, 일부는 양립이 가능하지만 해결할 수 없거나, 조화를 이룰 수 없는 것들, 진리나 행복, 새로움, 자유를 추구하는 것을 중단시킬 수는 없으나, 이를 달성할 수 있을 것이라는…… 보장은 없다(Cherniss, 2006; Gray, 2006: 21에서 인용).

나는 이 인용구가 실존적 불확실성의 원리에 대한 탁월한 요약을 담고 있다고 생각한다.

실존적 불확실성: 함의

모든 것이 불확실하다는 것은 확실한 것이 아니다.

–블레즈 파스칼(Blaise Pascal)

어떤 사람이나 사건에 대해 우리가 갖고 있는 관점이 도전받았던 경험이 있을 것이다. 가까운 친구가 나의 신뢰를 저버리고 우정을 끝내는 행동을 하기도 한다. 직업적 영역에서의 삶의 방향이 전환되는 새로운 능력을 발견하기도 하고, 처음 봤을 때는 천재적인 작품이라고 생각했던 영화가 피상적이고 평범하게 보이는 경험을 하기도 한다. 이와 같이 명백한 불확실함의 가능성들이 이 두 번째 원리가 강조하고자 하는 것의 전부라면 이 원리는 많은 관심을 받을 자격이 있다고 보기 어려울 것이다. 예상치 못한 불시의 사건들은 모두 우리 삶의 어떤 순간에 불현듯 찾아온다. 하지만 실존적 현상학은 불확실성이 예외적인 상황들에서 가끔 일어나는 일시적인 결과이기보다는 존재의 상숫값임을 제안하고 있다. 불확실성이 가지는 함의에 있어서 충격적이게도 이 원리는 당초에 직관에 반하는 것이었다. 불확실성은 자신의 실재를 우리 삶의 뜻밖의 사건들에서만 아니라 일상에서의 예상되고 (겉보기에는) 고정되어 있는 의미와 상황에서도 강렬하게 표현한다. 실존적 현상학의 불확실성의 원리는 '예측된' 각각의 상황들을 새롭고, 미리 예측할 수 없는 특성과 가능성들로 가득 채워져 있는 것으로 다룰 것을 강하게 권고한다.

불확실성의 원리의 함의에 대해 고려하는 이러한 '모두/그리고' 방식이 실존치료자들에게 항상 충분히 다루어지는 것은 아니다. 그러나 이는 잠재적으로 중요한 가치가 있는 통찰들을 제공해 준다. 예를 들어, 불확실성에 대한 이러한 관점은 부부가 서로의 관계에서 느끼는 성적 권태감이 습관적인 행동의 경직으로부터 직접적으로 기인하는 것이 아니라, 현재의 경직된 상태 내에 존재하는 불확실성에 대한 경험으로부터 그들 자신을 얼마나 분리시켰느냐에 기인한다고 제안한다. 텔레비전의 '일상생활' 전문가나 신문 잡지의 고민상담사들은 항상 소멸 직전의 성생활을 '북돋우는' 방법으로 새로운 체위나 행위들을 제안해 왔다. 하지만 무엇을 할지, 그리고 어떻게, 언제, 어떤 행동을 할지가 습관적이고 예측 가능한 수많은 다른 부부들은 어떻게 운 좋게도 서로에게 만족스러울 수 있으며 그들의 성적 관계를 '북돋울' 필요가 없는지에 대해 고려하는 데에는 실패했다. 이런 전문가들은 독자들에게 제안된 새로운 체위나 활동들 모두가 순식간에 지루하고 단조롭게 경험될 가능성이 있다는 사실을 알리려 하지 않는다. 이와 같은 예에서 분명히 알 수 있는 것은 성적 관계에서의 즐거운 실험이 있고 없고는 새로움 또는 습관의 문제와는 거의 관련이 없으며, 오히려 모든 순간에 존재하며 모든 행동에서 표현되는 불확실성에 대한 개방성 또는 회피에 따른 결과를 보여 준다는 것이다. 요약하면, 불확실성은 우리에게 모든 확실성을 반영하고 있는 모든 구조적 패턴이 불확실성에 기반하고 있다는 사실을 상기시켜 준다.

일반적으로 서양 문화는 확실성이 주는 편안함을 과대평가하고 불확실성의 유익을 과소평가하는 경향이 있다. 우리는 전자를 '자연스러움'으로 가정하고, 후자에 대해서는 특이함 또는 원하지 않는 느낌을 부여한다. 우리는 스스로 불확실하다는 것이 드러나는 것보다 마치 자신이나 어떤 관점에 있어서 확실한 것처럼 행동하는 것이 더 낫다고 말한다. 확실성은 우리를 강하게 하며, 불확실성은 약하게 한다고 말한다. 이제 다음에 이어지는 실존적 대안들을 고려해 보자.

나와 아내는 거의 매일 혼자 집을 나설 때면 문 앞에서 서로를 안아 주며 "나중에 봐요."라고 말한다. 이때 우리의 말은 확실성으로 가득 차 있다. 우리가 서로 다시 보게 될 '나중'이 확실히 있을 것이라 가정한다. 하지만 실존적 불확실성의 영향을 깨닫게 된다면 우리가 서로에게 할 수 있는 말은 기껏해야 "다시 보길 희망해요." 정도일 것이다. 언뜻 보면, 이 말은 확실히 이상하다는 느낌을 주고 심지어는 다소 병적으로 보인다. 그러나 이것의 함의를 진정으로 받아들이고 다시 만나고자 하는 열망과 희망의 불확실성을 고려한다면, 포옹은 잠재적으로 일시적일 뿐인 것일 수 있고 '작별' 인사는 영구적일 잠재성도 가지고 있을 수 있다. 앞으로도 수많은 '작별(good-bye)'과 '만남(hello)'이 올 것이라고 가정하는 '작별(good-bye)'에는 가치, 특성, 열정이 가득 담겨 있을 가능성은 매우 낮을 것이다. 미래의 '만남(hello)'을 가정하는 '작별(good-bye)' 인사는 우리로 하여금 내가 표현하고자 하는 것들을 또 다른 기회로 미루게 하기도 하며, 예상치 못한 뜻밖의 일로 다시 '만나서(hello)' 인사를 할 기회의 가능성이 없어진다면 이전에 표현하지 않았던 것에 스스로 자책하게 한다.

샤론은 어머니의 치매가 악화되는 것과 이것이 어머니와의 관계에 미치는 영향으로 인해서 낙심하여 나를 찾아왔다. 샤론의 어머니는 약 8개월 동안 요양시설에서 지내 왔으며, 샤론은 일주일에 3번 어머니를 만나기 위해 자신의 삶을 조정하였다. 하지만 치매가 진행됨에 따라서 샤론은 어머니를 만나러 병원에 방문하는 것이 점점 더 힘들어진다는 것을 알게 되었다. 그녀는 나에게 어머니와의 만남이 갈수록 점점 더 고통스러워진다고 설명하며 이제는 어머니가 자신을 거의 알아보지 못하고 그들이 모녀지간이라는 말을 들을 때면 허튼소리라며 이 말을 거부한다고 말했다. 모녀 관계에 대한 샤론의 주장은 어머니로 하여금 그녀를 향해서 심한 말을 하게 하고 그녀가 떠나기를 요구하게 하는 등 소동을 일으키는 데에만 성공적일 뿐이었다. 샤론은 어머니를 방문하고 싶은 마음이 점점 없어질 뿐만 아니라 어머니에 대한 분노가 커져 가는 것에 대해서 깊은 죄책감을 느꼈다. 치료 기간 동안 우리는 이 감정들을 다루었고, 상실에 대한 샤론의 마음과 감정들을 다루었다. 비록 여전히 살아 계시지만 관계적으로는 이미 돌아가신 것으로 느껴지기도 했고, 여러 차례 분노와 수치심을 주체하지 못하기도 했다. 그녀는 어머니가 관계적으로뿐만 아니라 신체적으로도 돌아가셨으면 한다고 표현하기도 했다. 어머니를 방문한 어느 날 샤론에게 돌파구가 찾아왔다. 그녀는 모든 희망을 포기하고 어머니에게 낯선 사람으로 다가갔다. 그들은 더 이상 어머니도 딸도 아닌 모습으로 처음 만난 두 사람으로서 만남을 가졌고 서로에게 관심을 갖기 시작했다. 매우 놀랍게도 그들의 이야기는 이내 자녀에 대한 주제로 넘어가게 되었고, 샤론은 어머니가 자신의 딸에 대해서 놀라울 정도로 정확하게 기억하고 있으며 사랑스러워 하면서 딸에 대한 이야기를 하는 것을 듣게 되었다. 그리고 공교롭게도 자신의 딸의 이름도 샤론이라고 말하는 것을 들었다. 샤론은 어머니의 딸로서 보이고자 하는 생각을 포기하면서 간절히 바라던 모녀 관계를 함께 깊이 느끼는 경험을 할 수 있는 방법을 찾아냈다.

첫 번째 예시는 우리에게 우리가 확신해 왔던 것에 있어서의 불확실성을 수용하도록 도전한다. 두 번째 예시는 우리가 원하지만 손에 넣을 수 없는 확실성을 불확실성에 부과하기를 고집할 때 우리가 어떻게 불확실한 상황들의 가능성을 제한할 수 있는지에 관해 우리에게 알려 준다.

연습 불확실성 탐색하기

자기 자신에게 다음의 질문들을 해 보라.

1. 자신과 관련해서 진정으로 확실하다고 생각하는 한 가지(1)는 무엇인가?
2. 자신과 관련해서 진정으로 불확실하다고 생각하는 한 가지(2)는 무엇인가?
3. 각각에 대해서 나는 어떻게 느끼는가? (1)과 (2)의 공통점은 무엇인가? 그리고 차이점은 무엇인가?
4. (1)이 불확실해진다면 무슨 일이 일어나는가?
5. (2)가 확실해진다면 무슨 일이 일어나는가?
6. (1)이 불확실해지는 경험에 대해서 나는 어떻게 느끼는가? (2)가 확실해지는 것에 대해서 나는 어떻게 느끼는가? (1)과 (2)에 대한 새로운 경험에 있어서 공통점은 무엇인가? 그리고 차이점은 무엇인가?

세 번째 원리: 실존적 불안

자유의 가능성은 불안 가운데에서 그 자신을 나타낸다.

–쇠렌 키르케고르(Søren Kierkegaard)

실존적 불안의 원리는 관계적 불확실성에 대한 실제적 경험으로서 표현되는 앞의 두 가지 원리의 직접적인 결과로서 그 뒤를 잇는다. 그 시작부터 주목할 필요가 있지만 실존적 불안은 단지 불안, 초조함, 걱정 그리고 스트레스로 무력해지고 원하지 않는 상태가 되는 것에 대한 표현이기만 한 것은 아니다. 실존적 불안의 원리는 분명 이러한 심리적 장애와 이상을 포함하기는 하지만 이는 대개는 불완전에 대한 경험과 삶의 경험이 가진 알려지지 않은 가능성들에 대한 내재된 개방성을 나타내는 끊임없는 잠재성을 전달하고 있다. 보다 더 넓게 보면 실존적 불안은 우리를 아주 기쁘게 만들 수도 있고 우리의 심신을 약화시킬 수도 있는데, 이는 위험을 무릅쓰는 행동의 자극제가 되기도 하고 또한 공포를 불러일으켜 움직이지 못하게 하는 자극이 될 수도 있다. 불안이 가진 이러한 폭넓은 의미와 임상적으로 유래된 불안의 제한적 정의로 인해 발생할 수 있는 혼란을 피하고자 하는 시도로서 몇몇 실존적 현상학자들은 앵스트(angst)라는 용어를 사용하는 것을 선호하기도 한다(Langdridge, 2013). 나는 이 정의가 논쟁과 혼란을 일으킬 가능성이 있다는 것을 인정하지만, 보다 더 접근성이 높은 단어를 유지하는 것을 선호한다.

실존적 불안의 개념에 있어서 중요한 점은 실존적 불안이 인간됨의 실제 경험에서 피할 수 없는 '주어진 조건'으로 보인다는 것이다. 항상성(homeostasis)의 개념은 실존적 불안의 유사체로서 유용하게 적용될 수 있다. 항상성은 평형 또는 균형 잡힌 상태나 조건을 유지하려는 우리 몸의 시도를 의미하는데, 이러한 시도는 완수된다기보다는 일종의 시도로서 존재한다.

유기체에 대한 외부와 내부의 자극은 항상성이 영구적으로 완수되는 것을 막는다. 삶의 조건과 같이 신체는 불균형이 지속되는 상태에서 불변하는 균형 상태를 완수하기 위해서 노력한다. 비록 신체는 항상성이 지속되는 상태를 완수하고자 하는 시도에 있어서 거듭해서 좌절을 겪지만, 그렇다고 하더라도 이 동일한 실패는 유기체가 행동하고 경험하도록 자극한다. 실존적 불안의 원리에서와 같이 이는 자칫 항상성의 불평형을 완전히 장애로 보는 관점으로 잘못 이어질 수도 있다. 오히려 실존적 불안과 항상성의 불평형은 모두 균형을 이루기 위한 전략으로서의 자극으로 기능한다.

실존적 불안의 딜레마는 실존적 불안이 무엇인지보다는 개개인이 어떻게 '그것과 함께 살아가는가'에 있다. 실존적 불안은 실존의 관계적 불확실성에 대한 모든 반응을 포함한다. 불안은 절망감, 혼란감 그리고 곤혹감을 종종 일으킨다. 그러나 불안의 경험은 생명성과의 접촉을 자극하고 다시 일으키거나 향상시킬 수 있으며, 창의성을 이끌어 낼 수 있다. 삶의 도전들에 반응할 뿐만 아니라 호기심, 열망 그리고 배려와 같은 경험들을 통한 도전을 불러일으키는 데 있어서도 우리는 이 모든 경험을 동반한 불안을 환영한다. 왜냐하면 그 불안이 우리를 '일깨우고' 자극하는 능력을 가지고 있기 때문이다.

또한 실존적 불안의 원리는 우리가 불안에 대해서 어떤 태도를 선택하든 관계없이 불안을 우리의 실존적 경험으로부터 제거할 수 없다는 혼란스러운 인식에 대해서 우리를 깨어 있게 한다. 만약 내가 불안을 수용한다면 불안은 여전히 남아 있을 것이다. 동일하게 불안에 저항하고 거부하고 부인하려는 시도는, 예를 들면 미지의 것이나 새로운 것에 대한 지속적인 예측과 탐색은 역으로 생각과 행동의 경직과 제한된 패턴을 통해 표현되는 불안을 일으킬 것이다. 이 두 가지 태도에 있어서 공통적으로 나타나는 것은 경직성과 융통성 없음이다. 일반적으로 강박행동, 공포증 그리고 중독 장애와 같은 단어들로 표현되는 이러한 불안의 예들은 불안에 대한 불안으로 나타난다. 제2부에서 논의할 것이지만, 실존치료는 우리로 하여금 불안을 회피하고 불안으로부터 도망가려는 시도와 그 원인이 될 수 있는 결과를 대면하게 한다. 중요한 것은 실존치료는 우리의 삶에서 불안을 감소시키거나 제거하는 방법을 제안하거나 제공하기보다 다른 치료 모형에 의해서 종종 제공되어 온 것과 같이 우리로 하여금 불안 회피 전략을 다시 생각해 보고, 그에 따르는 '비용'과 그로 인한 결과들을 보다 더 정확하게 재보고, 실존적 불안을 만나고 관계를 맺는데 보다 더 개방적인 자세를 시도하는 대안적 '비용'을 평가해 보도록 도전한다. 동시에 우리는 실존적 불안을 회피하거나 부정하려는 시도들을 인정함으로써 우리가 어떻게든 불안을 극복하거나 그것으로부터 우리 자신을 떼어 놓기를 기대하도록 현혹해서는 안 된다. 우리가 어떤 태도를 취하든 우리는 실존적 불안으로 가득 찰 것이다. 이로부터 '벗어날 출구는 없다'.

연습 실존적 불안 탐색하기

1. 당신이 반복적으로 경험하는 불안 한 가지를 찾아보라.
2. 이 불안은 어떤 면에서 당신의 삶에 문제를 일으키는가?
3. 당신이 이 불안을 더 이상 느끼지 않는다면 당신의 삶에서 혹은 삶에 대한 무엇이 달라질 것 같은가?
4. 만약 불안이 더 극심해진다면 당신의 삶에서 무엇이 달라질 것 같은가?
5. 당신이 느끼는 불안이 타인(또는 특정 타인)과의 관계에 미치는 영향은 무엇인가?
6. 실존적 불안을 회피하려 시도하는 불안의 예를 생각해 보라. 만약 있다면, 그 불안과 관련하여 보다 더 명확해지는 것은 무엇인가?

세 가지 원리: 요약

우리의 삶은 진리를 실험하는 수단이 된다.

–틱낫한(Thich Nhat Hanh)

실존적 현상학은 서양의 사상과 반성이, 특히 데카르트(Descartes) 이래로 인간의 존재를 이원론적 방식으로 보아 왔다고 주장한다. 자신/타자, 주체/객체, 내부/외부, 이성/감성은 특히 분리주의를 주장하는 서양식 이원론적 설명의 예가 된다. 이러한 설명 방식은 우리로 하여금 존재를 관계적으로 조화로운 존재이기보다는 '경계 지어진' 또는 '경계가 있는' 그리고 개인적인 것을 특징으로 이해하게 한다. 이와 다르게 나는 관계성, 불확실성, 실존적 불안의 기본 원리를 통해서 실존적 현상학은 존재에 대해서 누가 봐도 명확히 서로 대조적이며 서로 다른, 그리고 모순되는 주제들 사이에서 '긴장을 유지'하려는 시도에 의지하는 존재로 바라보는 관점을 제시할 수 있으며, 그 결과 이러한 주제들은 공존하고 상호 의존적인 통합적인 양극들로서 반성되어 경험될 수 있다고 주장한다.

실존치료자들은 실존치료나 이에 대한 자신의 해석이 혁명적이라고 주장해 왔다(Langdridge, 2013; van Deurzen & Adams, 2011; van Deurzen-Smith, 1988). 내 생각에는 이와 같은 주장들은 약화될 수밖에 없는데, 왜냐하면 구체적인 실존적 현상학의 기본 원리의 특정 맥락 내에서 실존적 주제들을 다루지 않은 채, 이 주제들에만 초점을 맞추기 때문이다. 나는 기본 원리를 중심으로 다루지 않음으로써 다른 여러 치료 모형이 다양한 방식으로 다루고 있는 이러한 방대한 주제들에 대한 실존치료의 '의견'이나 관점이 흔히 다른 치료 모형들의 관점과 구분되지 않고 불분명하고 애매한 채로 남겨져 있다고 생각한다. 더욱이 실존적 현상학의 원리의 맥락을 고려하지 않은 채 실존적 주제들을 강조하는 것으로는 다른 치료와 구분되고 독특한 또는 실제로 근본적인 실존치료의 실제를 알리기 어려운 것과 같이 실존치료의 적용에 관한 새로운 가능성들도 이해하기 어려운 것으로 남아 있게 된다.

이와 같은 주장들은 실존치료를 재구성하는 것을 통해서 타당화될 수 있으며, 그 결과 실존치료가 말하고 실행하는 것은 실존치료의 기본적인 원리들과 함께 훨씬 더 확실히 공조할 수 있다고 생각한다. 이러한 주장의 시작점으로서 이 장은 실존적 현상학의 세 가지 기본 원리인 관계성, 불확실성, 실존적 불안의 원리를 요약하는 것을 목적으로 한다. 나의 관점으로 볼 때 이 세 가지 원리는 실존적 현상학 이론을 충분히 설명하기 위해서 필수적이다. 이 세 가지 원리가 필요하면서 충분한지는 논란의 여지가 있지만 나의 관점은 이 세 가지 조건은 그들이 에드문트 후설(Edmund Husserl, 1965, 1977, 2012), 마르틴 하이데거(Martin Heidegger, 1962, 1976, 2001) 그리고 장 폴 사르트르(Jean-Paul Sartre, 1973, 1985, 1991)와 같은 실존치료의 근간이 되는 철학자들에 의해서 설명된 실존적 현상학에 대한 가장 기본적인 '스케치' 또는 '평면도'를 제공하는 한 충분하다는 것이다. 그렇다고 해서 이는 이 세 철학자의 기여는 물론이고 다른 수많은 사람 중 마르틴 부버(Martin Buber, 1970, 2002), 한스게오르크 가다머(Hans-George Gadamer, 2004), 카를 야스퍼스(Karl Jaspers, 1963), 에마뉘엘 레비나스(Immanuel Levinas, 1987, 1999) 그리고 모리스 메를로퐁티(Maurice Merleau-Ponty, 1962, 1964a, 1964b)와 같은 다른 중요한 사상가들의 기여가 이 세 가지 원리로 단순하게 축소될 수 있다고 주장하는 것은 아니다. 또한 이는 실존적 현상학을 지지하는 주장을 하는 사람이 전체는 아니더라도, 다수의 철학자(그리고 언급되지 않은 다른 많은 사람)와 지적인 씨름을 할 것을 더 이상 요구받지 않는다는 것을 시사하는 것도 아니다.

이러한 세 가지 원리를 핵심적 요소로서 고려하는 것은 치료에 대한 그 함의와 다른 치료 접근 사이에서 실존치료의 존재 방식에 관한 실존적 현상학의 주장과 관련한 수많은 혼란과 차이들을 상당히 감소시킬 수 있을 것이다.

첫째, 실존치료가 철학에 기반하고 있다는 사실보다 어떤 철학적 원리가 실존치료를 다른 접근들과 구별되게 지지하고 있는가가 보다 더 명확해질 수 있다. 둘째, 주어진 실존적 문제들에 대한 강조점과 해석의 차이에서 기인한 실존적 접근들 사이의 다양성은 기본 원리들의 맥락에서 고려될 수 있다. 셋째, 진정한 구별점은 다양한 관점(보통 매우 적절하고 유의미한 방식)으로 실존적 문제들을 다루고 실존적 현상학의 원리에서 파생된 주제들에 대한 탐구적 관점을 가지는 철학자들과 치료자들 사이에서 만들어질 수 있다. 예를 들어, 불확실성의 원리에 대한 논의에서와 같이 이사야 벌린은 가치 다원주의에 대한 자신의 글에서 의미와 본래성과 같은 다양한 실존적 주제들을 조명해야 한다고 여러 차례 언급하였다. 하지만 동시에 벌린의 주장이 그를 실존적 현상학 사상가로 드러나게 했다고 주장한다면 이는 그의 업적을 비하하는 터무니없는 주장일 것이다. 개인적으로 나는 잠재적인 논쟁의 위험을 인정하지만 프리드리히 니체(Friedrich Nietzsche)의 저서도 유사한 결론을 도출해 냈다고 생각한다. 니체의 글에서 제시된 매우 많은 실존적 주제는 실존적 현상학의 사상과 실제에 있어서 매우 중요한 의미를 지니며, 실존적 주제들에 대한 실존적 현상학의 구체적인 주장을 설명하는 데 있어서 큰 도움이 되었다. 그러나 그렇다고 해서 정신분석적 사상에 대한 니체의 기여가 적어도 유의미하지는 않다는 주장은 잘못 인식된 것이라고 생각한다.

그러나 나는 실존치료에 대한 모든 것을 망라하는 단일한 접근이 존재해야만 한다거나, 더 나아가 이 책에서 제시하고 있는 해석이 바로 그 접근이라는 주장을 하고 있는 것이 결코 아님을 명확히 하고자 한다. 이 장의 주제에 따라 개방성과 불확실성이 실존치료의 특성이라는 점을 강조하고자 했으며, 동시에 특정 조건이라는 맥락과 연관되거나 그 조건을 포함하는 '어떤 접근'이 무엇이라고 주장하지 않으면서 어떤 것이라도 실존치료가 될 수 있다고 주장하는 것은 아무런 가치도 없다고 생각한다. 나는 이러한 조건들은 내가 확인하고 명확히 하기 위해서 시도해 온 기본 원리로서 가장 잘 이해될 수 있다는 관점을 취하고 있다. 이러한 조건들이 추가적인 설명이나 또 다른 방식의 생각을 자극할 수 있게 된다면 그것은 한 명의 작가로서 가장 바라는 것임에 분명하다.

원리에 초점을 맞춰 개요를 소개하는 것을 통해서 앞으로 의미와 무의미, 선택, 자유 그리고 책임, 본래성과 비본래성, 고립과 관계, 죽음 불안, 시간과 공간을 둘러싼 실존적 현상학과 매우 밀접하게 관련되어 있는 실존적 주제들에 대해서 깊이 생각해 볼 수 있으며, 이러한 주제들에 대한 실존적 현상학의 관점에 대해서 논의할 수 있을 것이다.

제2장

⋮

실존에 관한 문제와 주제

소개

의식은 본래 역설적이다.

–베니 쉐넌(Benny Shanon)

나는 앞서 논의한 것과 같이 실존적 현상학이 반복되는 실존에 관한 문제와 주제들과 관련된 '기본 원리'에 근거하고 있다고 주장해 왔다. 다양한 방법으로 살펴볼 수 있겠지만 이 주제들이 실존적 현상학과 매우 밀접하게 관련되어 있으며 실존치료와도 관련되어 있다는 사실은 의심할 여지가 없다. 이 장에서는 이와 관련된 주제들을 간략하게 살펴보려 한다. 이를 통해서 독자들 스스로 관련 주제에 대한 저술을 찾아보고 읽고 분석하는 등 더 깊이 연구하게 하는 충분한 자극과 도전을 제공할 수 있기를 바란다.

실존은 본질에 선행한다

세계는 분리되지 않은 채 존재한다. 세계를 나누는 것은 우리다.

–모리스 메를로퐁티(Maurice Merleau-Ponty)

실존철학을 요약한 사르트르의 유명한 표현(Sartre, 1991: 28), "실존은 본질에 선행한다."는 문장은 하이데거가 『존재와 시간(Being and Time)』에서 "현존재의 '본질'은 그 실존에 있다."라고 언급한 것에서 유래했다(Heidegger, 1962: 67). 우선 이 진술은 무엇이 존재하기 위해서 존재하는 것이 무엇이든지 간에 그것은 반드시 먼저 '어떤 것(some thing)'이어야만 한다(즉, 본질이 실존에 선행한다)는 일반적인 서양 철학사상과는 정반대되는 관점을 제시한다. 만약 우리가 이러한 반대되는 관점을 유지한다면, 우리는 인간 본성과 고유한 정체성과 같은 '것들(things)'에 관해서 우리가 가진 가정들이 존재의 기본 조건이 아닌 결과라는 사실을 깨닫게 된다. 사르트르의 논지의 요점이 무엇인지는 그의 가장 유명한 저서 『존재와 무(Being and Nothingness)』(Sartre, 1991)의 제목을 통해 이해해 볼 수 있다. 여기에서 사르트르가 제안한 '무(nothingness)'는 결핍이나 비어 있음과 같은 의미로 사용되지 않았으며, 오히려 존재의 최초 '어떠한 것이 아닌 상태(no-thing-ness)'를 가리킨다. 모든 '것'은 어떤 것이 아닌(no-thing), 또는 어떤 것이 되어지기 이전의(pre-thing-ified) 존재가 표현된 결과인 것이다. 그러므로 존재는 본질에 선행한다.

그렇다면, 여기에서 우리가 말하고 있는 '것'이란 무엇인가? 그야말로 가장 기초적인 '것', 즉 우리가 '나' 또는 자기, 타인 그리고 세계라고 부르는 구조나 구성물을 말한다. 어떤 것이 아닌 또는 어떤 것이 되어지기 이전의 것은 그것의 가장 본질적인 모든 표현에 선행한다. 다시 언급하지만, 언어는 복잡하게 하고 혼란스럽게 하기 때문에 우리는 의도한 바를 어떻게 표현할지에 많은 주의를 기울여야 하는데, 그렇지 않고서는 본질이 실존에 선행한다는 문장을 지지하게 되는 결론에 머무르게 된다. 예를 들어, 최근 『실존상담과 심리치료의 기술(Skills in Existential Counselling & Psychotherapy)』이라는 저서에서 에미 반 델젠(Emmy van Deurzen)과 마틴 아담스(Martin Adams)는 "실존이 본질에 선행한다."는 진술이 실존적 현상학의 주요 주제들을 요약한다고 적극적으로 주장했다(van Deurzen & Adams, 2011). 하지만 안타깝게도 그들은 "실존이 본질에 선행한다는 것은 ……'우리가 무엇인가(what we are)'보다는 '우리가 있다는 사실(that we are)'이 보다 더 근본적이라는 것을 뜻한다. 우리가 먼저 있었고 후에 우리는 우리 자신을 정의한다. 더 나아가 우리는 항상 다른 어떤 것이 되는 과정 속에 있다."라고 적는데 그쳤다(van Deurzen & Adams, 2011: 9).

이와 같이 명료화를 시도하는 것은 논의의 주요 초점을 오로지 '것', 즉 '우리'와 '우리 자신'으로 이름 붙인 구조로 잘못 옮겨 가게 함으로써 무심코 본질의 선행을 주장하게 된다. 문제는 '나' 또는 '우리' 또는 '자기'라고 하는 주체에 강조점이 놓여 진다는데 있다. 왜냐하면 이들은 모두 실존적으로 존재하며, 본질과 같이 되는 것이기 때문이다. 실존적 현상학의 관점에서 볼 때, 이러한 지위에 대한 설명은 대상의 실존과 본질에 대해서 깊이 생각하는 주체 그 자체가 본질이라는 것을 명백히 하지 못한다. 다시 말해서, '나'는 이미 그것 자체의 구조를 명확히 하려고 시도하는 반성적 구조인 셈이다. 요약하면, "'우리'가 무엇인가보다 우리가 있다는 사실이 보다 더 근본적이다."(van Deurzen & Adams, 2011: 9)라고 주장하는 것은 기껏 잘해 봐야 실존적 현상학의 논의를 제한하고 약화시킬 뿐이라는 것이다. 왜 그러한가? 이 문제는 '우리'의 기만적 근본적 지위에 관한 것이 아니라, 실존 그 자체에 관한 것이기 때문이다.

내가 볼 때(공정하게 말하면, 반 델젠과 아담스가 표현하려고 했던 것이라고 생각되는 것에 따르면), 실존이 본질에 선행한다는 주장은 보다 정확하게는 명사로 존재하기 이전의 존재는 존재가 채택한, 예를 들면 '나'와 같은 특정 형태 또는 구조에 선행한다는 것을 명확히 하려는 시도라 할 수 있다. 명사-같은 고정된 특성을 동사-같은 과정에 강요하는 언어의 한계를 인정한다면, 이 주장은 존재가 있다는 사실은 존재가 선택한 구조가 무엇이라고 하더라도 이에 선행한다는 말로 표현될 수 있을 것이다.

그런데 실존이 본질에 선행한다는 주장이 이토록 중요한 이유는 무엇인가? 일상의 삶에는 크게 가치 없는 그저 일종의 추상적인 논쟁에 불과한 것은 아닌가? 나는 그렇게 생각하지 않는다. 이 진술에 의해 주장되는 근본적인 사상의 전환은 실존을 고정되고, 대개 영구적이며 불변하는 구조로 바라보는 지배적 관점에 이의를 제기하며 이를 통해서 자신의 본질을 주장하거나 담고 있는 주관적 진술은 불충분하며 불완전하다는 인식을 끌어낸다. 본질로 가득 찬 '나는 ~ 이다'라는 진술을 '나는 ~로 존재하고 있다'라는 문장으로 재진술할 때 이 인식을 실제로 일부 느낄 수 있다. 비록 여전히 본질로 채워져 있기는 하지만 후자의 진술은 자신의 본질에 관한 특정 표현에서 최소한 이전에 가정되었던 것보다 자신이 훨씬 덜 고정되어 있다는 사실을 인정하는 실존적 경험을 가능하게 한다. 보다 정확히 표현한다면, 비록 매우 일상적이지 않은 언어에 의존해야 한다는 점을 인정할 수밖에 없겠지만, 아마도 '존재는 ……로 존재하고 있는 존재로서 표현되고 있다'라고 재진될 수 있을 것이다. 이 진술도 구조적으로 명사와 같이 강조되어 표현된다는 점에서 여전히 부족하고 일상의 대화에서 쓰이기에는 대단히 이상하지만, 그럼에도 불구하고 이 진술은 우리 문화에서 당연한 것으로 받아들여지고 있는 본질주의에 대한 이의를 제기하고 있다.

'실존은 본질에 선행한다'는 사실은 치료의 이론과 실제에 있어서 다양한 함의를 지닌다. 아마도 가장 중요하게는 이 주장이 '자기 자신(the self)에게 진실하라'는 명령이 강조하는 것에 도전하고 있다는 점이다. 본질 너머의 실존을 중시하는 관점을 받아들임에 있어서 실존적 현상학은 진실의 원천으로서 자기(the self)와 같은 반성적 구조에 초점을 두는 것은 본질주의의 우월성을 유지시키는 것이라는 점에서 이 명령을 거부한다. 이와 반대로 실존에 초점을 맞춘다면 이 목표는 비록 상대적으로 불확실하다고 하더라도 '존재하는 것에 진실하기'라고 표현하는 것이 더 정확할 것이다.

연습 실존이 본질에 선행한다는 주제 탐색하기

1. 다음의 다섯 문장을 완성하라.
   - 나는 [이름]이다.
   - 나는 [나이] 세이다.
   - 나는 [성별]이다.
   - 나는 [가족 내 관계]이다. (예: 딸, 형/오빠, 사촌, 아버지 등)
   - 나는 [현재의 느끼는 경험] (예: 배고프다/사랑에 빠져 있다/외롭다/즐겁다)
2. 위의 각 문장을 큰 소리로 읽어 보라. 각 문장을 작성할 때 느꼈던 경험과 모든 문장을 작성하고 난 뒤에 느꼈던 전체적인 기분에 대해 적어 보라.
3. 다음의 다섯 문장을 완성하라.
   - 나는 [이름]으로 존재하고 있다.
   - 나는 [나이] 세로 존재하고 있다.
   - 나는 [성별]로 존재하고 있다.
   - 나는 [가족 내 관계]로 존재하고 있다. (예: 딸, 형/오빠, 사촌, 아버지 등)
   - 나는 [현재의 느끼는 경험]을 느끼는 누군가로 존재하고 있다 (예: 배고프다/사랑에 빠져 있다/외롭다/즐겁다)
4. 각 문장을 큰 소리로 읽어 보라. 각 문장을 작성할 때 느꼈던 경험과 모든 문장을 작성하고 난 뒤에 느꼈던 전체적인 기분에 대해 적어 보라.
5. '나는 ~이다'에서 '나는 ~로 존재하고 있다'로 초점을 옮겨 표현할 때에 다르게 느껴진 점이 있다면 무엇이었는가?

6. 다음의 다섯 문장을 완성하라.
   - 존재는 [이름]으로 존재하고 있는 존재로서 표현되고 있다.
   - 존재는 [나이] 세로 존재하고 있는 존재로서 표현되고 있다.
   - 존재는 [성별]로 존재하고 있는 존재로서 표현되고 있다.
   - 존재는 [가족 내 관계]로 존재하는 존재로서 표현되고 있다.
   - 나는 [현재의 느끼는 경험]을 느끼는 어떤 존재로서 존재하는 것으로 표현되고 있다.
7. 존재에 대한 앞의 두 진술과 관련해서 '존재가 자기 자신을 표현하는 것'에 초점을 맞추고 표현된 존재에 대한 진술들을 말하면서 당신이 느낀 경험들 간에 어떤 차이점이 있었는가?
8. "실존은 본질에 선행한다."는 실존적 현상학의 주장을 이해하는데 이 연습 활동들이 어떻게 도움이 되었는가?

의미/무의미

> 인생이 길이라는 표현은 인생이 계속 이어진다는 것을 뜻한다. 계속 이어진다는 것은 멀리 나아간다는 것을 의미하고, 멀리 나아간다는 것은 다시 돌아온다는 것을 의미한다.
>
> –노자(Tao Te Ching)

독특한 형태로 진화되어 온 우리의 의식이 그 주요 기능으로서 의미 있는 현실에 대한 반성에 기반한 구조를 가지고 있다고 주장하거나 또는 내가 앞서 출간했던 『해석된 세계(Interpreted world)』(Spinelli, 2005)의 제목에서 제안했던 것을 주장하는 것은 정신에 대한 현대의 이론들에서 아주 일반적인 것이 되었다. 실존적 현상학은 우리가 의미를 만드는 존재라는 것에 동의한다. 존재에서 본질이 되기까지, 아무것이 아닌–것은 무엇 또는 어떤–

것이 된다. 이런 관점으로 보면, 우리는 본질 이전(pre-essential)의 존재에는 어떤 '의미'가 존재하는가에 대해서 질문해야만 한다. 의미란 '사물화(thing-ification)'를 통해서만 나타나지 않는가? 말하자면, "그것이 의미하는 것은 이것이다."라든가, "나는 더 이상 그 의미를 고수하지 않는다."라고 말하는 것은 우리가 어떠한 본질화 과정을 먼저 거쳤다는 사실을 필요로 한다. 비록 우리의 존재가 항상 의미 지향적일지라도 본질화 이전 단계에서는 어떠한 의미도 아직 존재하지 않는다. 오히려 우리는 무의미한 또는 아직—모든 의미에—열려 있는 존재의 상태를 마주하게 된다.

많은 실존주의 저자, 특히 빅터 프랭클(Viktor Frankl, 1988)의 사상에 많은 영향을 받은 사람들은 당연히 의미의 결정적인 중요성과 함께 의미가 너무 경직되거나 부적절할 때 또는 의미를 잃어버리거나 찾을 수 없게 되었을 때 마주하게 되는 딜레마를 강조해 왔다. 하지만 무의미가 가지는 의미 못지않은 동등한 중요성에 대해서는 논의되고 있지 않다. 우선 생각해 볼 때 우리는 무의미함을 매우 못 견뎌 하는 것 같다. 그 의미를 알지 못하거나 애매하거나 또는 새로운 경우와 사례에 직면하는 것은 그것의 의미를 찾아내기 위해 애쓰도록 우리를 자극한다. 그리고 만약 의미를 파악하기 어려울 때에는 거의 유지되기 어려운 부적절한 의미를 부여하거나 또는 많은 경우 그것의 가치, 실제로는 불안을 유발하는 그 사건이나 실체의 존재를 받아들이지 않고 폄하하거나 부인하는 태도를 갖는 것이 일반적이다(Cohn, 2002; Spinelli, 2005; Strasser & Strasser, 1997). 미술과 건축, 음악 영역에서 일어나는 급격한 변화에 의해 촉발되는 '새로운 것으로 인한 충격'에 거부하는 문화적 반응(Hughes, 1991)이 반복해서 나타나는 것은 의미에 대한 우리의 요구에 도전하는 것과 수반해서 나타나는 불안의 명백한 예가 된다. 보통은 일단 의미가 구성되고 나면, 그 사건이나 실체는 더 이상 우리를 불안하게 하지 않는다. 그 의미가 그것을 받아들일 수 있게 만들어 주기 때문이다. 실제로 인상주의에서부터 비틀스에 이르기까지 예술 분야에서 나타난 변화들에 대한 태도는 매우 극적으로 전환될 수 있는데, 혐오와 멸시의 대상이었던 것이 의미를 가장 강렬하게 표현하는 것 중 하나로 동경하는 것이 된다.

내가 볼 때, 실존적 현상학이 가지는 가장 큰 강점 중의 하나는 의미와 무의미 간의 구분 짓는 것을 피할 수 있다는 점이다. 오히려 실존적 현상학은 의미와 무의미가 그 지위와 중요성에 있어서 동일하다는 점에서 공존하고 있으며 분리될 수 없는 양극단으로서 이 둘을 고려할 수 있게 해 준다. 의미를 추구하는 인간의 경향성은 우리가 찾았다고 주장하는 이 의미 내에서 의미 없음(무의미)에 여전히 개방적일 수 있는 능력에 의해서 균형을 이룬다. 기존의 의미에 의문을 제기하고 도전하면서 창의성, 새로운 것의 발견, 재미와 상상의 가능성이 생겨난다. 역설적으로 무의미와의 순간적인 조우를 감내하고 심지어는 수용하고자 하는 마음은 알지 못하는 것, 예측할 수 없는 것 그리고 불확실한 것을 마주함으로써 얻어지는 의미의 실제 가치와 타당성을 강화하는 역할을 한다. 반면에, 무의미와의 만남을 피하는 것은 기존의 의미를 굳어지게 하고 정체시키며 경직된 명제나 신념이 되게 하여 문화적, 정치적, 종교적, 성적 그리고 지적 원리주의를 발달시킨다.

모든 의미는 무의미한 순간을 '포착'하고 본질화하는 것으로 그 자신을 드러낸다. 반대로, 모든 의미는 필연적으로 새로운 해석의 여지나 재구성의 가능성을 가지고 있기 때문에 무의미함의 도전에 항상 노출되어 있다. 이와 같이 항상 존재하는 이 긴장은 실존적 불안의 원리를 통해 경험적으로 그 자신을 표현한다.

의미와 무의미 사이의 계속되는 관계적 상호작용이 주는 불안의 경험은 사람들 사이에서 일어나는 다양한 의미의 딜레마를 명확하게 하도록 도와준다. 어떤 의심이나 대안도 용납하지 않는 매우 경직된 채 유지되는 의미는 부정적이고 심신에 장애를 일으키며, 파괴적인 것으로 경험될 수 있다. 그러나 이러한 의미는 자유를 주고 변혁적이며, 삶의 가치를 향상시키는 것으로 해석되었을 수도 있다. 이와 동일하게 의미의 상실이나 무의미함의 순간이 지속되는 경험은 두렵고 방향을 잃은 것처럼 느껴질 수도 있지만, '해방감'을 주고자 만들어진 약물이나 기법들을 통해서 얻고자 하는 것일 수도 있다. 이러한 모순된 경험은 의미와 무의미에 관해서 우리가 고집하고 있을 수도 있는 가정의 복잡성을 보여 준다. 의미를 상실하거나 의미를 찾는 것은 매우 스트레스를 받는 일이기 때문에, 의미를 유지하는 능력은 일반적으로 안녕감과 관련될 수 있다. 그러나 이런 일반론들은 실존적 현상학이 시사하는 중요한 지점, 즉 의미를 상실하는 것과 찾는 것 그리고 무의미함과 관련된 경험이 모두 불안과 걱정을 경감시키기도 하지만 증가시키기도 하는 것과 같이 무의미함을 전혀 허용하지 않는 의미는 안녕감과 혼란 모두의 근원이 될 수 있다는 사실을 놓치는 것이다. 의미와 무의미 사이의 상호작용이 받아들여지거나 또는 부정되는 정도에 의해서 안녕감이나 혼란을 향한 방향이 결정되는지 여부는 생각해 볼 만한 가치가 충분히 있다. 많은 실존치료자가 의미를 찾는 일에 부여한 중요성은 의미를 찾는 것 그 자체가 아니라 모든 것을 바꿔 버리는 무의미함의 영원히 계속되는 도전을 감내하면서 의미를 찾는 일이 어떻게 수행되는지에 있다는 사실은 보다 더 명확히 설명될 필요가 있다.

의미와 무의미함에 의해 야기되는 문제들은 우리의 존재 이유와 목적을 밝혀 주는 '진리'를 찾는 것과 밀접하게 관련된 시도를 비판한다. 하이데거는 이 진리를 찾는 모든 시도의 결코 도달할 수 없는 궁극적 결말을 드러내 놓고 말했다. 또한 이러한 탐색의 해답은 더 이상 새로운 대안적 의미가 있을 가능성이 없는 그런 의미를 '포착해 낼' 가능성과 현실성 모두에 달려 있다고 주장했다. 만일 내가 나의 존재나 존재의 어떤 부분에 대한 진리를 알게 되었다면, 그때의 의미는 그 진리에 구속된 것이며, 그 진리에 대한 해석은 최종적이고 영원히 고정된 것이 된다. 그리고 이는 무의미함과의 상호작용을 통해 만들어지는 대안적이고 해석적인 의미의 대상이 될 수 없다. 하지만 하이데거에게 있어서 그 진리에 대한 개념적 기원은 존재에 대해서 숨겨진 것이 없고, 가려진 것이 없는 개방성을 의미하는 알레테이아(aletheia)의 개념으로 거슬러 올라간다. 이런 관점에서 보면 나의 의미라는 것은 나와 관련해서 존재하는 것이 무엇인지 드러냄과 동시에 거기에 존재하는 것의 의미에 추가적으로 의미가 확장된(또는 무의미함을 드러내는) 진실함의 가능성에 열려 있다는 점에서 아마도 '진리적'일 수 있다. 이런 점에서 진리는 결코 완성된 것이거나 완성될 수 있는 것이 아니다. 특히 치료 장면에서 이러한 관점은 포괄적이고 중요한 함의를 가진다. 관계 중심 심리치료자 레슬리 파버(Leslie Farber)가 고상하게 표현한 것처럼 "진실하게 말하기는 진리를 말하는 것보다 훨씬 더 적당한 야망이다"(Farber, 2000: 10).

모든 치료자는 불가피하게 내담자의 삶에서 내담자의 관계가 가지는 의미에 도전한다. 이런 도전이 매우 숙련된 책임감 있는 방식으로 이루어지더라도 이는 일시적으로 내담자들에게 무의미함을 경험하게 하고, 그 결과 내담자는 이를 파괴적이고 자신을 해롭게 하는 것처럼 느낄 수도 있고 또는 자유롭고 창의적인 것으로 느낄 수도 있다. 이뿐만 아니라, 모든 치료에 있어서 치료자는 의미/무의미로 이루어진 양극단에 관한 치료자 자신의 입장에 도전을 받게 되며, 이러한 입장이 내담자와의 상호작용과 개입에 어떻게 영향을 미치게 되는지 직면하게 된다. 실제로 제2부에서 논의하겠지만 치료적 만남에서 치료자 자신과 내담자가 경험하는 의미와 무의미함 간에 일어나는 상호작용을 수용하며 작업할 수 있는 실존치료자의 능력은 치료의 과정과 결과의 모든 수준에서 상담의 질을 제한하기보다 오히려 향상시킨다.

연습 의미/무의미함 탐색하기

1. 다음의 문장을 완성해 보라.

'나에게 진정으로 의미 있는 것은 ____________이다.'

2. 위의 문장을 읽고 들을 때, 느낀 경험에 대해서 살펴보고 탐색해 보라.

3. 다음의 질문에 대해 생각해 보고 탐색해 보라. 앞에서 당신에게 의미 있다고 한 것이 갑자기 무의미해진다면 이는 당신에게 어떤 의미인가? 당신의 삶은 어떤 영향을 받겠는가? 또한 당신 삶 속의 중요한 타인들의 삶에는 어떤 영향을 미치겠는가?
4. 앞의 질문에서 느낀 경험을 살펴보고 탐색해 보라. 무력하게 하거나 파괴적인 것으로 볼 수 있는 반응이 있었다면 그것은 무엇인가? 자유롭게 하거나 창의적인 것으로 볼 수 있는 반응이 있었다면 그것은 무엇인가?
5. 당신의 답변이 의미와 무의미함이라고 하는 실존적 주제에 대한 논의에 있어서 새로운 의문을 갖게 하거나 또는 명확히 해 준 부분이 있는지 생각해 보라.

선택, 자유 그리고 책임

당신은 행동하는 사람이 아니다.

– 석가모니(The Buddha)

선택은 무엇이 '될지' 또는 무엇을 '할지' 그 대상과 방법을 결정하는 제약이나 한계가 없는 능력으로 자주 이해되어 왔다. 이와 마찬가지로 **자유**에 대한 관점도 자유의 개인주의적이며 주관적인 가능성에 초점을 두고 강조되는 경향이 있다. 동일하게 **책임**도 자신과 타인의 경계가 나뉘어져 있고 분리되어 있다는 관점에서 책임 또한 '나'의 책임을 '너'(또는 '타인들')의 책임과 경계를 나누어 구분할 수 있다고 가정된다. 다음에서 설명하고 있는 것처럼, 이와 같은 각각의 판단들은 실존적 현상학의 원리, 즉 관계성, 불확실성과 실존적 불안의 원리에 의해 반박된다.

선택, 자유 그리고 책임에 관한 실존적 현상학의 해석은 관계성에 대한 연역적 가정을 필요로 한다. 이런 맥락에서 이 접근은 '나', '타인'과 같이 각각 구분되고 분리된 독립체들이 존재하며, 각각은 개별적으로 선택하고, 자유로우며, 스스로를 책임진다고 가정하는 관점에서 실존의 문제를 검토하는 것을 거부한다. 케네스 거겐의 용어를 차용하자면, 실존적 현상학은 '경계로 나뉜 자신'에 담겨 있는 선택, 자유 그리고 책임에 대한 개인주의적 개념 대신에 '관계적 자신'의 관점에서 이 주제들을 다시 고려해 볼 것으로 우리에게 제안한다(Gergen, 2009). 이런 차이는 매우 큰 함의를 지니고 있는데, 우리가 경계로 구분되어 있다는 관점에서 볼 때 우리 각자는 자신의 선택으로 다른 사람들이 괴롭거나 고통스럽고 바람직하지 않는 것을 경험한다고 하더라도 '자신의 가능성을 해방시키는' 방식으로 행동하기를 선택할 수 있다. 동일하게 고립주의적 관점에서 각 개별적 '나'는 타인의 경험에 대해 '타인의 선택'인 것으로서 반응할 수 있고, 이에 대한 모든 책임도 피할 수 있다. 내 생각에 정치가나 자조적 구도자 그리고 시장 상인들에게 가치 있게 여겨지며 반복적으로 나타나는 매우 친숙한 이러한 관점과는 대조적으로 실존적 현상학은 기본 원리와 마찬가지로 어떤 선택도 "나 또는 너 혼자만의 것이 없고, 선택에 따른 결과도 '나의 책임'과 '너의 책임'으로 구분될 수 없으며, 개인의 자유 또한 엄밀히 말해서 상호 관계적 차원을 피할 수 없다는 사실"을 분명히 보여 준다(Spinelli, 2001: 15-16).

선택

> 삶은 당신의 모든 선택이 모여 만들어지는 것이다.
>
> –피타고라스(Pythagoras)

선택을 둘러싼 이슈들과 질문은 과도하게 자기중심적인 관점, 즉 비관계적이고 '경계가 구분되어 있다'는 관점에 따라서 실존적 선택을 이해하는 경향이 있으며, 여기에 추가해서 마치 '다수의 선택지'가 있는 것처럼 거의 대부분의 경우 부정확하게 인식된다. 이런 관점은 "나의 삶에서 나는 나의 선택을 하고, 너는 너의 선택을 하며, 이뿐만 아니라 우리는 각자 현 상황에 대한 다른 대안들을 선택할 수 있다."는 말로 요약될 수 있다. 내 생각에 이런 관점은 실존적 현상학의 맥락에서 전혀 말이 되지 않는 것이다. 실존적 현상학은 그보다 훨씬 더 도전적이며 덜 낙관적인 관점을 제시한다.

사르트르는 선택은 기뻐할 일이라기보다 더욱 정확하게는 고통의 문제라는 말로 이를 보다 더 분명히 한다. 모든 선택은 그에 상응하는 결과와 대가가 있고, 우리가 한 선택은 많은 경우 이런 결과와 대가를 미리 예측하거나 예견할 수 없다(Sartre, 1991). 모든 선택이 그 선택을 한 결과로 잃었던 것에 대해 이 선택을 하지 않았더라면 '~이었을 수도 있었겠지'라는 생각과 대면하게 만들기 때문에, 심지어 바라던 만족스러운 최선의 선택조차도 어느 정도의 후회를 야기한다.

실존적 현상학의 관점으로 볼 때, 선택의 문제는 그 기원과는 구별된다. 어떤 선택도 우리의 삶의 특정 순간이나 또는 모든 순간에 일어나는 과도한 사건 자극을 초래하거나 통제하고 또는 결정하는 우리의 역량이나 능력과 관련되어 이루어지지는 않는다. 이런 관점에서 보면 선택은 자극 그 자체를 선택하는 것이 아니며, 오히려 우리의 선택은 이러한 자극에 우리가 어떻게 반응하는지에 자리하고 있다. 예를 들어, 내가 문 밖으로 걸어 나가다가 바나나 껍질을 밟고 넘어져서 발목을 접질렸고, 그 결과 일정 기간 걸을 수 없게 되었다고 하면, 이때 나는 바나나 껍질이 존재하는 것을 '선택'하지 않았으며 또한 바나나 껍질의 존재와 그 껍질이 그 자리에 있도록 그 원인을 제공하지도 않았다. 나의 선택은 그 사건 자극과 어떻게 상호작용을 할 것인지에 자리하고 있다. 나는 이제 예정되어 있는 긴 강의를 취소해야만 하기 때문에 이 사건을 불운한 재앙으로서 경험하기를 선택하거나 또는 내 삶의 이 시점에 긴 강의를 시작하기를 실제로 원하지 않았기 때문에 이 사건을 잠시 휴식하는 것으로 경험하기로 선택할 수도 있다. 또는 실망감과 휴식 모두로서 이 사건을 경험하기로 선택할 수도 있을 것이다. 이러한 모든 선택은 그 사건의 기원에 대해서는 어떠한 것도 제시하고 있지 않다. 오히려 선택은 삶의 현재 주어진 상황에 대한 반응으로부터 나온다.

그러나 여기에는 한 가지 질문해야 하는 것이 있다. 주어진 어떤 자극이 되는 사건에 어떤 반응을 실제로 선택하도록 결정하는 것은 무엇인가? 이에 대해서 실존적 현상학은 우리가 하는 선택이 항상 우리가 태어난 장소나 시간, 생물학적 특성, 사회문화적 배경이나 국적과 같은 다양한 조건의 범위 내에 있거나 또는 맥락적으로 연관되어 있음을 인정한다. 이런 상황적 조건들은 보통 우리의 **현사실성**(facticity)이라 언급되며, 이는 경험적 자극에 대한 우리의 모든 반응 안에 항상 존재하는 변수라 할 수 있다. 우리에게 가능한 것으로 보이는 선택은 현사실성을 통해 형성되는데 예를 들어, 바나나 껍질을 밟고 넘어진 결과로서 이론상 나는 이 사건을 임신할 기회로 선택하거나, 아니면 영국의 암호해독기관(Bletchley Park)에서 '에니그마 암호(Enigma Code)'를 해독하기 위해 일할 기회로 선택할 수도 있을 것이다. 내가 남성이라는 사실, 2014년도를 살고 있다는 현사실은 이러한 선택이 실제로 일어날 수 있는 것을 가망이 없는 것이 되게 한다.

우리의 현사실성은 선택을 방해하고 반대하는 분리된 일련의 조건들이 아니며 선택의 장애물도 아니다. 우리의 선택은 현사실성에 달려 있지만, 동시에 현사실성을 포함한다. 만약 긴장이 존재한다면, 이는 선택과 현사실성 그 자체 사이에 있는 것이 아니라, 선택에 있어서 현사실성을 포함한 태도와 현사실성을 배제하려는 태도 사이에 존재한다. 다시 앞의 예시로 돌아가서, 바나나 껍질을 밟고 넘어진 사건은 나에게 현사실성을 포함할지, 아니면 현사실성의 실재와 그 영향을 거부할지의 선택을 하게 한다. 현사실성을 거부하는 선택의 경우에 나는 이 사건의 결과로서 임신할 기회를 가져야 한다고 나 자신을 설득한다. 나의 현사실성의 조건을 배제한 선택은 **거짓 선택**(false choice)을 내리는 것인데, 다시 말해서 이는 나의 현사실성의 상황이 현재와 달라졌을 때에만 비로소 나의 선택이 될 수 있다. 거짓 선택은 대개 매력적이며, '나의 현사실성이 현재와 달랐다면 내가 선택할 수 있었을' 거짓 선택을 무시하는 것은 대개 고통스럽다. 실제로 치료 장면에서 다루어지는 수많은 딜레마는 거짓 선택을 뒤좇으려는 내담자의 결정을 통해서 나타난다.

선택에서 현사실성의 역할을 인정하는 과정 가운데 경험적 자극에 대한 반응에 있어서 실제로 선택할 수 있는 선택지가 대개는 다수가 아니라는 사실이 분명해지기도 한다. 현사실성의 조건은 단 하나의 선택지만 있는 선택을 강요할 수도 있다. 하이데거의 표현을 인용하면, 나의 선택은 '오직 단 하나의 가능성만을 선택하는 것인데, 이는 내가 다른 것들을 선택하지 않았다는 것과 내가 다른 것들을 선택할 수 없다는 것을 받아들이는 것이다(Heidegger, 1962: 331; Cohn, 2002: 97에서 인용). 실존적 현상학의 관점에서 보는 선택과 이를 통해 나타나는 가능성은 어떤 면에서 이미 존재하는 가능한 한 가지 선택지를 제외한 다른 것을 가정하거나 주장하는 거짓 선택의 입장을 채택하기보다 이미 거기에 존재하는 선택을 받아들이고 결정하는 것에 기초하고 있다. 많은 경우 선택은 'A 또는 A'를 선택하는 것에 있다. 그러나 모든 종류의 선택이 이와 같다고 말할 수 있는가? 다음의 예시에 대해서 생각해 보자.

제시카는 낙태를 도덕적으로 용납될 수 없다고 여긴다. 안타깝게도 그녀는 나중에 좋은 배우자나 아버지가 되지 않을 것으로 예상되는 남성과의 불장난의 결과로 자신이 임신했다는 사실을 알게 되었다. 다른 현사실성의 조건으로 보면 제시카는 임신을 유지하거나 또는 낙태를 선택할 수도 있겠지만, 제시카가 채택한 관점에서 비롯된 현재의 현사실성에 따르면, 임신을 유지하는 것만이 그녀가 선택할 수 있는 유일한 선택지인 셈이다. 그리고 제시카는 그 단일한 선택지를 선택할 수 있을 것이다. 그러나 그녀는 거짓 선택 또는 실존철학자 폴 틸리히가 '만약의' 선택지(what if option, Paul Tillich, 1980)라고 명명한 가능성을 선택할 수도 있을 것이다. 제시카의 예시에서 이 '만약의' 선택지는 선택할 권한을 다른 누군가의 통제에 두거나 분리되고 '무언가에 홀린' 제시카의 손에 맡기는 것이 될 수도 있고, 아니면 '특별한' 의미를 이 임신에 부여하거나 단순히 임신한 사실을 부인하는 것이 될 수도 있을 것이다. 이러한 모든 가능성은 제시카에게 주어진 하나뿐인 선택지를 대체할 수 있는 진짜 대안과 같은 겉모양을 갖게 해 준다. 그러나 그렇다고 하더라도 이 선택지들은 모두 '거짓' 선택이다. 이러한 선택지를 선택하기 위해서 제시카는 그녀가 존재하는 모습이 아닌 다른 누군가가 되어야 하고, 다른 선택지들의 가능성을 허용하는 현사실성 조건을 가진 다른 누군가가 되어야 할 것이다. 제시카는 다른 모든 대안적 선택지를 상상할 수 있지만 이러한 선택지들은 단지 다른 견해를 가진 제시카에게만 쓸모 있을 뿐이다. 다른 선택지들은 이론적으로 항상 가능하지만, 다른 선택의 딜레마를 야기한다. 제시카는 자신의 임신에 대해서 어떻게 할지 다른 방식으로 또는 현재의 제시카와는 다른 현사실성의 조건하에서 선택할 수 있는 또 다른 제시카가 될 준비가 되었는가?

그녀가 현재 인식하고 있는 자신으로서 계속 존재하기 위해서, 제시카는 단일한 선택지만을 가진 선택에 직면하고 있다. 제시카는 현재 존재하는 조건들을 기준으로 선택할 수 있는 것을 선택해야 하는가? 아니면, 다른 제시카가 된다면 선택할 수도 있는 현재는 존재하지 않는 대안을 선택해야 하는가? 물론, 이론적인 대안적 가능성이 그녀에게 실제로 유효하다고 가정함으로써 거짓 선택을 야기하는 '만약에' 게임을 하는 것도 항상 가능하다. 그러나 이러한 대안은 제시카가 더 이상 낙태를 중심으로 그녀가 유지하고 있던 가치관을 더 이상 고수하지 않고, 현재 존재하는 제시카로 존재하는 것을 포기할 준비가 되었을 때에만 진짜 선택이 될 수 있다.

물론, 제시카처럼 우리는 '채택해 왔던 생활양식이 무엇이든 이를 바꾸고 버릴 수 있다는 면에서 항상' 자유롭다(van Deurzen & Arnold-Baker, 2005: 7). 그러나 생활양식을 바꾸거나 버리는 것은 선택을 하는 '나'에게 또한 자신의 존재를 위태롭게 하고, 새롭고 알려지지 않은 그리고 예측할 수 없는 새로운 선택을 하는 '나'에게 이르는 선택을 요구한다. 다음 장에서 좀 더 다루겠지만, '타인'으로서 존재하거나 행동할 가능성은 항상 있지만, 알지 못하는 타인이 되거나 행동하는 것의 대가가 가볍거나 기꺼이 받아들일 수 있는 경우는 좀처럼 드물다. 여기에서 우리는 모든 선택이 모든 순간에 유효한 것은 아니라는 선택에 대한 불편한 관점에 마주하고 있다. 오히려 진짜 선택은 '우리가 처한 현재의 모든 상황에 근거한 일부'로서 있을 때에만 존재할 수 있다(Cohn, 2002: 96). 때로, 어쩌면 우리가 가정하거나 생각하는 것보다 가능한 선택지가 하나뿐인 경우는 자주 있다. 도대체 어떻게 단일한 선택지뿐인 선택이 선택으로 여겨질 수 있는가? 이것이 여전히 선택인 이유는 단 하나의 선택만이 유효하다는 사실은 항상 부인될 수 있기 때문이다. 즉, "나는 나에게 부과된 또는 내가 아닌 어떤 사람이나 어떤 것에 의해서 선택된 것의 영향과 결과를 경험하기보다는 선택하지 않기를 선택하겠다."라고 말할 수 있다. 동일하게 이는 여전히 선택인데, 왜냐하면 궁극적으로 이는 선택 그 자체로서 '나'를 선택하고 드러내는 '나'에게로 주의를 향하도록 하기 때문이다.

이 마지막 포인트는 '나'는 X를 선택한다고 주장할 때 시사되는 것은 별개로 구분된 '나'의 개념이 내재되어 있는 것으로, '나'는 다른 모든 '나'로부터 분리되어 존재하며 '나'의 선택은 '나됨'의 한계 내 어딘가에 존재하거나 그 안에서 경험된다는 사실을 상기시켜 주는 기능을 한다. 하지만 실존적 현상학의 관점에서 고려할 때 선택되는 '나'는 분리되고 배타적으로 자체 정의되는 '나'라기보다는 오히려 관계성의 원리로 인한 결과로서 독특하고 개인적인 특성을 갖는 '나'라고 할 수 있다. 이런 방식으로 보면 '나의' 선택은 나 홀로 만드는 나만의 것이 아니며, 그 영향과 결과 또한 오로지 나에게만 향하거나 나에게만 해당되는 것이 아니다.

선택에 관한 이 복잡한 관점은 선택이 어떤 이유에서 단지 또는 심지어 대부분 즐겁거나 매력적인 것이 아닌지를 분명히 한다. 실제로 선택을 포기하거나 부정하려는 시도는 바라는 대로 긴장을 감소시켜 줄 뿐 아니라 선택에 수반되는 힘들고 불확실한 요구들로 인해서 발생하는 후회로부터 벗어날 수 있게 해 준다. 또한 선택에 대한 이 관점은 우리가 선택할 수 있는 여지가 없는 것에 대해서 선택할 수 있는 능력을 주장하기를 고집할 때 이와 같은 고통과 불안을 일으키는 얼마나 많은 혼란과 시련이 발생하는지를 보여 준다.

연습 실존적 선택 탐색하기

1. 다음의 문장을 완성해 보라.
   '나의 삶에서 내가 했다고 생각하는 한 가지 선택은 ____________이다.'
2. 당신이 완성한 위 문장을 읽고 들었을 때 느낀 경험을 살펴보고 탐색해 보라.
3. 다음의 문장을 완성해 보라.
   '내가 선택하지 않았지만 내 삶에서 일어난 일(것)은 ____________이다.'
4. 당신이 완성한 위 문장을 읽고 들었을 때 느낀 경험을 살펴보고 탐색해 보라.
5. 두 문장에서 느낀 경험을 비교하고 대조해 보라. 비슷한 것은 무엇이고 다른 것은 무엇인가? 그리고 놀라웠던 점은 무엇인가?
6. 당신이 완성한 두 문장으로 돌아가서 선택한 것에 대한 문장은 선택하지 않은 것에 대한 문장이 되도록 바꿔 보고, 선택하지 않은 것에 대한 문장은 선택한 것에 대한 문장이 되도록 바꿔 보라.
7. 두 문장에서 느낀 경험을 비교하고 대조해 보라. 비슷한 것은 무엇이고 다른 것은 무엇인가? 그리고 놀라웠던 점은 무엇인가?

자유

> 자유를 열망함에 있어서 우리는 우리의 자유가 전적으로 타인의 자유에 달려 있고 타인의 자유는 우리의 자유에 달려 있음을 발견한다. 타인의 자유를 목표로 할 때에만 나의 자유를 목표로 얻을 수 있다.
>
> —장 폴 사르트르(Jean-Paul Sartre)

우리는 '선택할 수 있는 자유'를 말하기도 하고 누군가에게 '자유롭게 선택하라'고 이르기도 한다. 이와 같이 선택과 자유는 서로 연결되어 있으며, 우리에게 역설을 경험하게 한다. 자유의 경험은 '우리에게 뭔가 다른 선택지가 있는 것'처럼 행동하고 속이는 태도를 채택하기보다 '우리에게 있는 것'을 받아들이고 인정하며 '긍정하는' 태도를 가질 때 가장 명확해진다. 자유에 대한 이러한 이해는 잘못되었거나 바람직하지 못하고 부당한 것으로 해석될 수도 있는 것을 수동적으로나 또는 비반성적으로 받아들이는 것과는 전혀 관련이 없다. 오히려 선택에 대한 앞에서의 논의와 마찬가지로, 상상이 아닌 존재하는 실제 조건 내에서 자유의 가능성을 고려하는 것이다. 예를 들어, 1989년 천안문 광장으로 굉음을 내며 진입해 오는 탱크 앞에 홀로 서 있던 익명의 중국 학생에게서 나타났던 잊어버릴 수 없는 자유의 모습을 떠올려 보라. 이와 같은 모습은 미래의 자유를 얻게 될 가능성에 대한 것이 아니라, 바로 실재하는 자유였다.

앞에서 논의했던 선택에 대한 관점과 같이, 자유에 관한 실존적 현상학의 관점 또한 관계성의 원리에 입각한 경험적 토대를 강조한다. 즉, 자유의 경험은 개인 내에 단독으로 존재하지 않으며, 개인의 행동은 자유를 경험할 수 있는 우리의 능력과 공명하며, 이를 모두에게 상기시킨다. 예를 들어, 탱크에 대면해서 홀로 서 있는 학생을 바라보는 우리의 마음에 남아 우리를 감동시키는 것은 이 실재하는 자유에 대한 그의 개인적인 분리된 깨달음(그 깨달음에 경의를 표하고 감탄하는지 여부와 관계없이)이 아니라, 그 사건 이전과 이후에 우리의 생활 사건들에서 큰 차이가 나타나는 것과는 관계없이 우리 모두가 경험할 수 있는 자유의 경험, 그리고 자유에 대한 경험이다. 이는 그 학생의 단일한 선택의 힘이나 영향을 일소하는 것이 아니며, 이 학생이 어떻게 자유를 경험했는지, 그리고 그의 행동에 담긴 특별한 기원을 축소하거나 반박하는 것도 아니다. 그러나 이를 목격한 사람들은 그 행동에 마음이 끌렸으며, 이를 통해 순간적으로나마 자신만의 자유를 경험했다는 사실도 인정될 수 있어야 한다. 메를로퐁티(Merleau-Ponty)의 말을 인용하면, “사람은 홀로 자유로울 수 없다”(1962: 142). 이는 자유가 필연적으로 항상 ‘선’하거나 또는 ‘박애적인’ 것이라는 의미가 아니다. 우리는 명상을 하거나 달리기를 할 때 또는 성적 행위에 몰두하고 있거나 음악에 심취해 있는 순간을 자유의 순간으로 생각할 수 있다. 그러나 동일하게 우리는 음식을 거부하거나 엄청난 양의 술을 마시는 것을 통해서 이 같은 자유의 순간들을 경험할 수도 있다. 이뿐만 아니라, 자신의 목적을 위해서 고의적으로 살인을 저지른 사람들도 심오한 자유의 경험을 시사하는 관점을 표현한다. 예를 들어, 악(evil)의 문제에 있어서 불안할 정도로 매력적일 수 있는 질문은 아마도 한계가 없는 자유의 실현과 악의 관계에 관한 것일 수 있다(May, 1990; Spinelli, 2001). 또한 여기에서 관계성의 원리를 통한 연결의 경험이 주목받게 된다. 탱크에 마주하고 서 있는 학생의 모습과는 대조적으로, 세계무역센터로 비행기가 날아드는 장면을 보고 전 세계 도처에서 사람들이 기뻐하고 웃고 자발적으로 춤을 추는 장면을 생각해 보라. 이때에도 마찬가지로 단지 소수의 개인으로 이루어진 집단에 의해서 한계 없는 자유가 실행되었을 뿐이지만 수십만 명의 사람들이 잠깐 동안 자신들의 억압자가 굴복되었다는 느낌을 경험했다. 자유에 관한 기존과 다른 이러한 관점은 자유가 가진 혼란스러운 속성을 보여 주며 내담자가 갖고 있는 자유의 가능성에 대한 각기 다른 태도들을 이해하는 데에 도움이 될 수 있다.

하나의 선택지밖에 없는 선택의 경우에서와 마찬가지로, 역설적이게도 우리 스스로 가장 자유롭다고 경험할 때, 우리는 자유에 둘러싸인 가운데 바람직하기는커녕 가능해 보이는 ‘자유로울 수 있는’ 진정한 대안이 없다는 사실을 발견할 가능성이 높다. 우리는 자유가 경험되고 있는 방식으로 존재한다는 것을 자유롭게 받아들인다. 다시 말해서, 수용의 경험은 한계 지워진 존재를 확장해 주고, 모든 존재를 있는 그대로 받아들인다.

연습 실존적 자유 탐색하기

1. 당신의 삶에서 가장 자유롭다고 느꼈던 경험을 한 가지 생각해 보라.
2. 그 예에서 당신의 경험을 살펴보고 탐색해 보라.
3. 당신의 삶에서 가장 자유롭지 못했다고 느꼈던 경험을 한 가지 생각해 보라.
4. 그 예에서 당신의 경험을 살펴보고 탐색해 보라.
5. 위의 두 사건에서 겪은 경험을 비교하고 대조해 보라. 어떤 경험들이 비슷한가? 그리고 다른가? 또 뜻밖에 발견한 점은 무엇인가?
6. 당신의 반응들이 실존적 자유의 주제에 대한 논의를 명확히 해 주거나, 새로운 의문을 갖게 하는 데 어떤 영향을 미쳤는지 생각해 보라.

책임

> 그리고 우리가 저 사람이 그 자신에 대한 책임이 있다고 말할 때, 이는 그가 그 자신의 개인성에 대한 책임이 있음을 뜻하는 것이 아니라, 모든 사람에 대해 책임이 있다는 것을 뜻한다.
>
> –장 폴 사르트르(Jean-Paul Sartre)

책임에 관한 지배적 관점은 책임의 한계를 개인에게 국한해서 제한적으로 이해하는 관점, 즉 당신의 행동에 대한 책임이 당신에게 있고 그들의 행동에 대한 책임이 그들에게 있듯이, 나의 행동에 대한 책임은 나에게 있다는 관점을 포함하고 있다. 여기에서 책임은 보기 좋게 나뉘어져 있다. 이러한 관점은 다수의 치료 이론에도 만연해 있다. 많은 치료 모형은 이와 같이 책임을 구분하고 그 범위를 한정하는 인식에 기반하고 있고, 책임을 이 경계 너머로 확장하는 표현을 문제를 일으키거나 '비이성적인' 것으로 바라본다(Ellis & Ellis, 2011). 마찬가지로 책임은 대개 옳고 그름, 선과 악의 판단으로 이해되거나 잘못과 비난, 칭찬과 인정의 개념과 동일한 것으로 간주된다.

책임에 관한 실존적 현상학의 관점은 이러한 관점들 모두에 이의를 제기한다. 다시 말하자면, 실존적 현상학은 각 개인의 책임의 범위를 자신을 넘어 타인과 세계로 확장하는 대안을 제시한다. 관계성의 원리의 관점에서 볼 때, 자기, 타인, 세계 간의 경계는 완전히 구분될 수 없는 것이다. 마찬가지로, 책임에 대한 각 개인의 경험은 개인주의적인 방식으로 유지될 수 없다. 예를 들어, 만약 나의 경험에 '노예제도'에 대한 구조가 포함되어 있다면, 내가 살아본 적 없는 상상의 경험이라고 하더라도 그리고 불쾌하다고 생각한다 할지라도, 단순히 노예제도를 내 경험에 포함시키는 것만으로도 나는 노예제도가 있었다는 사실에 대한 책임을 느끼게 된다. 이는 이와 같은 책임감이 그것의 기원이나 잘못에 대한 책임을 지는 것과 관련 있다고 주장하는 것이 아니다. 실존적 현상학의 관점으로 보면(그리고 오직 이 관점에서만) 자기 스스로를 '노예'로 명하는 사람들은 다른 사람을 노예로 삼는 사람들만큼 노예제도의 존재에 대한 책임이 있다. 다시 말하지만, 여기에서 이 쟁점은 노예제도의 기원이 아니라, 전적으로 경험에 관한 것이다. 이는 노예제도에 관한 경험이 나에게 없었다면, 나에게 노예제도는 존재하지 않는 것이라고 주장하는 것인가? 이론적으로는 그렇다. 하지만 이런 가능성은 경험이 관계성에 근거하지 않았다고 가정한다. 다른 모든 사람 또는 적어도 다수의 사람과의 관계가 단절되었다면, 노예제도의 존재 가능성을 경험하지 않았을 수도 있다는 가정이 가능하기는 하다. 그러나 이 경우를 제외하고는 노예제도의 존재를 내가 부인한다고 하더라도, 바로 그 부인하는 행동이 비록 그것이 노예제도를 부인하는 경험이라고 하더라도 노예제도의 존재를 강조하는 것이 된다. 그리고 결과적으로 나는 이에 대한 책임이 있게 된다.

인간으로서 우리에게 자기 자신, 가족, 또는 선발된 일부 타인, 신념이나 '좋은 삶'의 성취에 대한 책임만 있는 것은 아니다. 이러한 책임들은 모두 우리가 책임져야 하는 것들에 포함되지만 또한 우리가 책임져야 하는 것을 왜곡하기도 한다. 이는 구체적인 존재함을 통해서 나타나고 반영된 것이기 때문에 사실 우리가 책임져야 하는 것은 존재함이다. 그렇지만 한 사람이 존재함에 대해 어떻게 책임 있게 행동할 수 있는가? 비록 이와 같은 광범위한 질문에 대한 해답을 전부 이해하는 것은 불가능하겠지만, 그럼에도 불구하고 책임지는 삶을 향해 나아가고 있는지는 '느낄' 수 있다. 예를 들어, 헨닝 망켈(Henning Mankell)의 소설 『다섯 번째 여자(The Fifth Woman)』에 실린 글을 살펴보면,

> 내가 어렸을 때, 스웨덴은 아직도 사람들이 양말을 꿰매어 신는 나라였다. 심지어 양말을 꿰매는 법을 학교에서 배우기도 했다. 그런데 어느 날 갑자기 그런 문화가 사라졌다. 구멍이 난 양말들은 버려졌다. 그 누구도 양말을 다시 꿰매 신으려 하지 않았다. 사회 전체가 변했다. '입다가 낡으면 버리라'라는 원칙만 적용되었다. 이 변화가 양말만의 문제였을 때에는 큰 차이를 가져오지는 않았다. 그러나 이 변화는 퍼져 나가기 시작했고 마침내 일종의 보이지 않는 도덕률이 되었다. 내가 생각하기에는 이 변화는 다른 사람에게 해도 되는 것과 그렇지 않은 것의 옳고 그름에 관한 관점도 바꾸어 버렸다. 지금의 젊은 세대는 양말을 꿰매어 신는 시절에 대한 추억이 전혀 없다. 헝겊으로 만든 양말이든 인간이든지 간에 그 무엇도 버리지 않았던 시절 말이다(Mankell, 2002: 224).

비록 이 글은 실존적 현상학의 관점에서 책임에 관한 그 어떤 것도 직접적으로 이야기하고 있지는 않지만, 우리가 존재할 수 있는 모습보다 종종 덜 중요해질 수 있다는 사실을 알게 해 준다. 책임에 관한 실존적 현상학의 관점은 유효한 선택을 위한 지침을 제공해 주고 우리에게 선택이나 자유에 대한 어떠한 표현도 모든 존재의 상태나 형태에 있어서 존재함에 대한 책임을 배제할 수 없다는 사실을 상기시켜 주는 역할을 한다. 또한 이런 견해는 책임을 어떤 하나의 개별 존재의 경계 너머로 확장시키며 그 초점을 삶의 끝 너머의 미래로 넓히는 시공간적 구조 내에 있게 한다. 이러한 실존적 현상학

의 관점에서 책임은 고대 히브리어의 **호크마**(Hochma)라는 개념과 강하게 공명하는데, 호크마는 현재가 아닌 미래가 우리에게 달려 있는 것처럼 보고 느끼고 행동할 수 있는 능력이다.

연습 실존적 책임 탐색하기

1. 당신이 책임을 느끼는 것은 무엇인지 한 가지 예를 들어 보라.
2. 당신이 전혀 책임을 느끼지 않는 것은 무엇인지 한 가지 예를 들어 보라.
3. 이 두 가지 예를 구분해 주는 요인이나 조건은 무엇인가?
4. 이 둘 간의 구분을 더 이상 유지할 수 없게 된다면 어떨 것 같은가? 당신의 삶에는 어떤 변화가 있을 것 같은가? 아니면 이전과 동일할 것인가?
5. 이 둘 간의 구분을 더 이상 유지할 수 없게 된다면, 당신의 삶에서 중요한 타인과 당신의 관계에는 어떤 변화가 생길 것 같은가? 일반적인 타인과의 관계에는 어떤 변화가 생길 것 같은가? 더 넓은 세계와 당신과의 관계에는 어떤 변화가 생기겠는가?

본래성과 비본래성

> 반절은 날개를 달고, 반절은 갇혀 있는 존재! 그것은 바로 사람이다.
>
> —파울 클레(Paul Klee)

본래성(authenticity)과 **비본래성**(inauthenticity)은 논의하고 있는 모든 실존적 주제 중에서 가장 큰 혼란과 논쟁을 일으켜 왔다. 이는 아마도 이 단어들이 적절한 존재 방식이나 부적절한 존재 방식 또는 열등한 존재 방식을 시사할 뿐만 아니라 도덕적 판단을 암시하는 것으로도 보이기 때문인 것으로 짐작된다. 이러한 결론은 실존적 현상학에서 의도한 바와는 다르다.

본래성과 비본래성에 관한 문제는 대부분의 경우 주관론적 관점이나 자기중심적 관점에서 다루어진다. 이와 같은 관점은 독립적이고 통합된 '진정한 자기(real self)'의 가능성을 감안하고 '본래성'은 이 진정한 자기에 대한 직접적인 경험이라고 주장한다(Rowan, 2001: 458). 이와 같이 본래성은 '진정으로 …… 사람이 그 사람과 일치하는 정도인 개인의 자기일치성과 관련된다(Bugenthal, 1981: 108). 이런 관점에 따르면, 본래성은 개인 내면에 자리하고 있는 것으로 보이며, 그 개인에 대한 표현이고 진정한, 진실된 또는 참된 자기를 향해 다가가는 다양한 방식을 통해 개인이 달성한 것이다. 이는 본래성을 이해함에 있어서 더할 나위 없이 수용 가능한 방식으로 여겨진다. 하지만 만약, 앞서 언급했던 나의 주장이 옳다면, 이러한 관점은 실존적 현상학과는 공유되지 않으며 공유할 수도 없는 것이기도 하다. 게다가 이 관점은 그동안은 고려하지 않았던 보다 더 어두운 측면들을 드러내 주는데, 만일 본래성을 '자기 자신에게 진실하기'에 집중된 경험으로 한정한다면, 소시오패스나 극단적인 수준에서 자신에게 진실하다고 주장될 수 있는 히틀러(Hitler)나 폴 포트(Pol Pot)에 의해서 채택된 태도를 구분하는 것이 불가능하거나 어렵다는 점을 인정할 수밖에 없을 것이다.

내가 생각하기에 중요한 차이점은 칼 로저스(Carl Rogers)와 마르틴 부버(Martin Buber)의 유명한 담화 속에서 가장 잘 표현되어 있다(Kirschenbaum & Henderson, 1990). 인본주의적 입장을 취하는 로저스는 인간 중심의 치료가 진정한 '나–너' 관계의 성립을 촉진한다는 주장을 시도했다. 내가 이해한 바에 따르면, 부버는 이런 주장을 반박하며 기본적으로 '나–너' 관계의 성립을 주장하는 것은 '나–너'의 경험이 실체적이고 시간 속에 고정된, 심지어 영구적인 어떤 '것'이 아니라 오히려 항상 생성되는 실존의 '움직임'이라는 점에서 '나–그것'의 관계를 드러낸다고 말했다.

실존적 현상학은 본래성을 실제로 '성취하기 위해 열심히 노력'해야 하는 존재에 대한 태도로 보지 않기 때문에 일반적으로 왜곡된 자아로 인한 것으로 받아들여지는 인지적, 정서적 인식들로부터 자유롭다(Wade, 1996: 160).

그 자체가 역설에 둘러싸여 있기에, 실존적 현상학은 스스로를 본래적으로 만들려는 시도는 그 자체가 비본래성에 대한 표현이라고 주장한다. 오히려 본래성은 '존재에 대한 개방성, 주어진 조건에 대한 수용뿐만 아니라 이에 대해 반응하는 자유'를 반영한다(Cohn, 1997: 127). 본래성은 이미 보여지고 있는 것과 같은 실체로 각자 존재하고 있다는 사실을 포함하고 시사한다. 이렇게 함으로써 본래성은 분리될 수 없다는 관계성에 대한 기본적 사실에 근거할 때 선택과 자유, 책임의 표현으로서 보일 수 있으며, 반면에 비본래성은 고립된 개인 내에 있는 것으로서 선택과 자유, 책임을 표현한다. 이러한 비본래적 수준에서 선택과 자유 그리고 책임은 '마치' 구조화된 주체나 또는 개인에게는 생경한 어떤 대리자나 힘[하이데거는 이를 '그들'이라고 언급했고, 키르케고르는 '군중'이라고 이름 붙였다(cooper, 2003).]에 의해서 제어되는 것처럼 주장된다. 다시 말해서, 선택과 자유 그리고 책임의 권한을 '타인'에게 양도하는 것뿐만 아니라 고립되고 비관계적인 '나'에게 이러한 권한을 두는 것 또한 동일하게 비본래적인 것이다. 부버의 관점에서 볼 때 본래적 태도, 즉 '나'의 선택, '나'의 자유 그리고 '나'의 책임은 '나'의 차원에서뿐만 아니라 동일하게 '너'의 차원에서도 고려되어야 한다.

요약하자면, 종종 본래성과 비본래성은, 예를 들어 '실제 자기에게 진실한 것'이나 또는 자신을 속이는 태도로 표현되거나 이해되고는 한다(Bugenthal, 1981; Rowan, 2001). 이런 관점이 비관계적 접근에서나 고립된 자기를 실제적 경험의 시작점으로 두는 접근에서는 타당하다고 하더라도, 실존적 현상학의 관점은 이를 지지하지 않는다. 오히려 실존적 현상학의 관점에서 본래성은 존재하는 모습 그대로 존재하는 것에 대한 개방성과 수용성을 유지하기 위한 노력이라 할 수 있다. 존재에 진실하고자 하는 이러한 시도는 비본래성을 오로지 '자신의 삶에 대한 소유권과 개인적인 책임을 부인한 결과로 이해하려는 경향을 거부한다(van Deurzen & Adams, 2011: 92). 당연히 그렇겠지만 나는 '나의 것'이나 '나의 것이 아닌 것' 또는 '너의 것'이나 '그들의 것'으로 경계를 구분하는 과도하게 개인화된 자신에 대한 권한과 책임에 초점을 맞추는 것도 동일하게 비본래적인 태도라고 생각한다. 비본래성은 본래적 자기에 대한 부정일 뿐만 아니라 자기가 소유했거나 또는 소유하지 않은 것으로, 나의 것 또는 나의 것이 아닌 것으로, 있는 것 또는 없는 것으로 존재하는 것들을 명시하는 비관계적 개인으로 자신을 드러내는 것이다.

연습 본래성과 비본래성 탐색하기

1. 당신의 삶에서 실존적 본래성에 대해 당신이 이해한 것과 가장 가까운 경험의 예를 들어 보라.
2. 당신의 삶에서 실존적 비본래성에 대해 당신이 이해한 것과 가장 가까운 경험의 예를 들어 보라.
3. 두 가지 예를 비교, 대조했을 때 주목할 만한 유사점과 차이점은 무엇인가?
4. '자기'(또는 '나')의 관점에서 위의 두 가지 예를 생각했을 때 각각에서 '나'의 역할이나 실재함 사이에 주목할 만한 유사점과 차이점은 무엇인가?

고립(홀로 있음)과 관계

단지 나 이상의 것을 생각하라.

—루 리드(l. Lou Reed)

고립[몇몇 저자들은 '홀로 있음'이라는 용어를 선호]과 **관계**라는 서로 밀접하게 연결된 주제는 종종 비평가들이 놓치거나 잘 알지 못하는 실존의 양극성을 보여 준다. 얄롬은 고립이라는 주제에 관련하여 광범위하고 빼어난 글을 써 왔다. 그의 관점에서 볼 때, 고립이란 존재의 두 번 다시 없을 고유한 체현을 통해 우리가 각자 이 세계에 홀로 있다는 사실을 인식하는 것을 말한다. 우리의 개인성은 모든 존재가 고유한 방식(즉, 어떤 다른 존재도 나의 존재 방식을 완전히 똑같이 복제할 수 없다.)으로 실존을 경험하기 때문에 '개개인은 어떠한 예외도 없이 철저히 혼자'이며(Yalom, 1980: 353), 우리 각자는 다른 사람과 영구적으로 분리되어 있다(van Deurzen & Adams, 2011: 18)고 역설한다. 그러나 동시에 이 책에서는 실존적 현상학의 기본 원리가 개별적 존재와 세계가 나눠질 수 없는 공존에 기반하고 있다는 주장을 제안하고 있다. 다소 수수께끼처럼 보이겠지만 우리는 홀로 있음을 통해 증명되는 고립된 존재인가? 아니면 항상 관계 속에 있는 존재인가?

이 질문에 답할 수 있는 한 가지 방법은 자기와 타인을 각기 자신만의 경계 내에서 명확히 구분되어 서로와 여러 가지 형태로 관계를 맺을 수 있는 분리된 독립체로서 인정하는 것일 수 있다. 이런 관점에서 볼 때 자기와 타인은 경험에 있어서 고립된 상태 또는 자신만의 고유한 홀로 있음 내에 존재하게 된다. 동시에 경험적으로 고립된 각각의 존재는 여전히 경험적으로 고립된 다른 존재와 관계를 형성할 수 있으며, 그렇게 함으로써 세계 속에 홀로 있으면서 타인과의 관계 속에 있을 수 있다. 이는 간단하면서도 매력적인 해답임에 의심의 여지가 없다. 그러나 이 해답이 실존적 현상학의 관점과 일치하는지 아닌지는 반드시 점검해 볼 필요가 있다. 나는 이 답변의 경우 엄밀히 말해서 존재가 독립적으로 경계가 구분되어 있다는 가정에 기반하기 때문에 실존적 현상학의 관점과는 일치하지 않는다고 생각한다.

대신에, 나는 앞의 관점과는 대조적으로 관계성의 원리 내에서 고립에 관해 제기된 이슈를 규명할 수 있는 대안적 해답을 제안하고자 한다. 이를 통해서 실존적 현상학의 관점과 일치하는 매우 다른 결론을 내리는 것이 가능한데, 이 대안적 주장은 모든 타인으로부터의 고립을 경험하는 개인의 능력은 그 자체로 이전에 존재하고 있는 관계성에 달려 있다는 사실을 상기시킨다. 그리고 더 나아가 각 개인이 자신의 경험적 고립을 숙고할 때에 이러한 기본적 관계성을 적어도 부분적으로 인식할 수 있게 된다. 사르트르가 자기와 타인 간의 대립적인 관계에 대해서 이야기하며 설명했던 유사한 문제에 대해 살펴보는 것은 이 논점을 분명히 하는 데 도움이 된다.

타인의 실존에 대해서 개개인이 취할 수 있는 서로 다른 태도에 관한 분석에서 사르트르는 하나의 대안으로 무관심을 지목했다(Sartre, 1991). 그는 만약 개인이 타인과의 모든 관계로부터 무관심해지거나 분리하게 된다면, 이는 타인과의 실재하는 갈등과 그 영향에서 벗어나 자유로워지는 것에 성공한 것으로 보일 수 있다고 주장했다. 이러한 무관심은 다양한 방식으로 행해질 수 있는데, 개인은 타인에 대한 모든 신경을 끄고 관심을 갖지 않는 방식으로 행동할 수 있다. 그렇지 않으면 은둔자와 같이 접근하기 어렵게 함으로써 자기 자신을 타인으로부터 고립시켜서 말 그대로 타인과의 거리를 둘 수도 있다. 비록 이런 전략들이 타인으로부터의 자유로워질 수 있는 가능성을 제공해 준다고 하더라도 유감스럽게도 사르트르는 이것이 반드시 실패하게 되어 있다고 주장했다. 그 이유는 무엇인가? 무관심한 상태를 유지하려고 하는 개인의 바로 그 결심이 정반대의 결과를 가져오기 때문인데, 이는 그 또는 그녀를 타인에게 더욱 매이게 한다. 무관심과 관련된 전략은 무슨 수를 써서라도 타인을 회피할 것을 요구하는데, 이를 위해서 개인은 타인이 갑자기 나타나 침범해 들어올 가능성에 항상 주의하고 경계해야만 한다. 이 사람은 평생 타인의 기선을 제압하고 타인을 압도하기 위한 전략들에 집중하게 되고 그 결과, 모든 생각과 관심, 그리고 계획과 행동은 타인 중심이 되고 심지어는 타인에게 강박적이게 된다.

실패한 무관심 전략에 대한 사르트르의 해석은 고립 또는 홀로 있음과 관련된 질문에 관해서 자신만의 고유한 고립의 경험은 이전 관계 경험에 의존한다는 진술에서 제시하고 있는 대안적 관점에 관한 열쇠를 제공해 준다. 이전의 관계를 토대로 하지 않고서 어떻게 스스로 고립을 확인하고 고립에 관한 의문을 제기할 수 있겠는가? 스스로 자신의 '영원한 분리'와 '절대적 고립'에 대해서 의미 있는 고찰을 하기 위해서는 누구도 내가 존재하는 방식으로는 결코 존재하지 않으며, 여기에 나의 고립과 홀로 있음이 있다는 결론이 이미 내려졌어야 한다. 나의 고립이 바로 나의 고유함을 드러내 주는 것은 분명하지만 내가 나의 고유성을 자각하기 위해서는 타인에 대한 인식이 선행되어야만 하는 것이 아닌가? 우선 내가 나의 고립에 대한 의문을 가지려면, 그리고 내가 존재하는 방식으로 존재하는 다른 이가 없다는 사실이 나에게 어떤 의미가 있으려면, 관계라는 조건이 선행될 필요가 있다. 누구도 내가 존재하는 것처럼 존재하지는 않으며 이 세계 속에서 내가 혼자라는 사실에 걱정하거나, 슬퍼하거나, 불안해하거나, 절망하거나, 안도하거나, 환호하는 것은 내가 관계에 근거한 존재임을 드러내 준다. 그렇지 않고서 어떻게 내가 고립되었다는 결론을 내릴 수 있겠는가? 내가 경험적으로 나의 고립을 인식하려면 그 이전에 먼저 나와는 다른 경험을 가진 타인의 존재에 대한 인식이 선행될 필요가 있다. 그리고 그렇다고 하면 우리의 경험을 갈라놓는 격차를 인식하는 것이 고립주의적 분리가 일어났다는 것을 통해서 기본적으로 관계성이 공유되어 있었다는 사실을 인식하는 것과 동일하다는 이유 외에 고립을 일으키는 이와 같은 다름이 도대체 왜 우리에게 중요한지 질문해야 한다.

고립은 자신과 함께 관계를 공동으로 구성하고 있는 대응적 요소로부터 결코 분리될 수 없다. 상식의 수준에서 고립과 관계에 대한 주제는 별개의 대립하는 존재의 경험으로서 기술된다. 이와는 대조적으로 실존적 현상학의 관점에서 볼 때 고립/관계에 의해 제기되는 딜레마는 분리될 수 없는 양극을 가진 연속성이 나타난 것으로 보는 것이 보다 더 적절하다.

연습 관계와 고립 탐색하기

1. 삶에서 당신이 고립되었다고 느꼈던 사건을 한 가지 생각해 보라. 그 경험은 어떠했는가? 타인의 실재함이 없어진 것을 어떻게 경험했는가?
2. 삶에서 타인의 실재함이 거슬리거나 불편했던 사건을 한 가지 생각해 보라. 그 실재함을 어떻게 경험했는가?
3. 관계와 고립이라는 주제에 대한 논의에서 어떤 식으로 당신의 반응이 명확해졌는지 또는 새로운 의문이 생겼는지 생각해 보라.

죽음 불안

매일매일을 죽음에서 부활한 것으로 받아들이라.

–윌리엄 로(William Law)

죽음 불안(death anxiety)이라는 실존적 주제는 언뜻 생각하면 상당히 간단해 보일 수 있다. 누군가에게 그 또는 그녀의 삶이 일시적인 속성을 갖고 있으며 필연적으로 죽음을 향해 나아가고 있다는 사실을 직접 인식하도록 하기 위해서 어떤 중간 단계나 또는 상위-이론적 설명이 필요하지는 않다. 동시에 우리는 죽음이 일어나는 조건(언제, 어떻게 또는 무엇에 의해 죽음을 맞이하게 될지 등) 또한 불확실하다는 것을 알고 있다. 우리가 가진 사회문화적인 요소와 종교적 신념은 의심할 여지없이 우리가 궁극적으로 죽는다는 인식에 대한 우리 각자의 반응에 영향을 미친다. 예를 들어, 과학이 불멸의 비밀을 발견하기까지 단지 한 단계 정도만을 남겨 놓고 있다는 신념이나, 일종의 육체를 이탈하는 방식으로 영원히 존재하게 될 것이라는 확신은 '삶은 필연적으로 죽음을 향해 나아가고 있다는 깨달음'에 수반하는 불안을 회피하는 것으로 보일 수 있다(Cohn, 1997: 70). 비록 이런 전략이 불안을 줄이거나 피할 수 있게 해 준다 하더라도, 이 전략들의 예상치 못한 결과들은 우리의 실존 전체를 향한 우리의 구체적인 자세나 태도를 통해서 스스로 나타난다. 이 결론은 실존심리학자 메다드 보스가 가장 잘 요약하고 있는데, 그는 "죽음을 가장 두려워하는 사람은 삶에 대한 가장 큰 불안을 가진 사람이다."라고 표현했다(Boss, 1979: 112).

관계적 불확실성의 한 표현으로서 죽음 불안의 초점은 경계로 분리되어 있는 개별적 자기 너머로 확장된다. 죽음 불안은 단지 한 사람의 삶의 종결에 관한 것은 아닌데, 죽음 불안이 한 사람이나 여러 명의 특정 타인들의 삶의 중단, 세계의 존재들의 종말, 확고하게 붙들고 있는 가치관이나 신념, 희망이나 열망의 종결이 언젠가 일어날 수 있다는 사실을 반영할 때 죽음 불안은 매우 강력해질 수 있다. 예를 들어, 배우자, 자녀 또는 부모에게 죽음이 일어날 수 있다는 가능성을 둘러싼 불안과 타인의 죽음 이후에도 계속해서 존재하는 것에 대해서 고민해야만 하는 개인에게 미치는 영향은 자기 자신의 일시성에 대한 숙고로 야기되는 불안만큼이나, 어쩌면 그보다도 더 클 수 있다. 이러한 관계적으로 초점을 맞춘 더 넓은 영역은 관계에 기반한 더 넓은 차원의 죽음 불안을 드러내 보여 준다.

마찬가지로, 죽음 불안으로 촉발된 불확실성은 죽음의 순간 그 자체에만 집중하기보다는 죽음을 향해 나아가고 있는 삶의 더 넓은 불확실성에 집중될 필요가 있다. 이와 같은 불확실성은 모든 위험을 회피하도록 개인을 이끌어 갈 수도 있는데, 이를 통해서 예측하지 못한 알려지지 않은 위험으로부터 죽음을 향해 가는 개인 혹은 다른 사람의 행동은 보호받을 수 있을 것이다. 반면에, 어떤 개인은 거듭되는 위험에 집중된 궤도 위에 올려져 있는 자신의 삶의 일부분 혹은 삶 전반이 '안전과 안정으로부터 벗어나려는 도전적 태도야말로 불안으로부터 자신을 보호하는 최선의 방법'이라는 가정에 기반하고 있다고 말할지도 모른다. 이와 같은 폭넓은 관점은 모든 것을 아우르는 죽음 불안의 실재가 삶의 모든 경험에 걸쳐 있음을 드러낸다. 생각해 보면, 계속되는 변화에 대한 우리의 반성적 경험, 그리고 이에 대한 우리의 반응은 어떤 변화의 상황이 이전에 그 변화를 겪기 전에는 존재했던 무언가 또는 누군가의 '죽음'으로 이어졌다는 점에서 죽음 불안과 밀접하게 연결되어 있을 수 있다.

죽음 불안에 관한 실존적 현상학의 관점은 개인이나, 타인 또는 세계의 죽음의 필연성에 대한 인간의 인식뿐만 아니라, 어떤 일시적 존재의 존재함이 중단되는 순간의 예측 불가능성 모두에 초점을 두고 있다. 그러나 확실성과 불확실성 간의 이러한 긴장 상태는 변화에 대한 모든 체현된 경험에 녹아 있는 중단과 지속 사이에서의 상호작용에서도 분명히 나타난다. 제4장에서 더 자세히 논의하겠지만, 변화는 우리가 지속하고 있는 것을 중단한 결과에 있어서 필연성에 따른 확실성과 그 경험적 결과에 대한 불확실성이 모두 아직 남아 있는 중단으로서 경험된다. 이런 방식으로 생각한다면 모든 변화의 순간은 우리를 죽음 불안과 연결한다. 대개 변화와 같이(또는 아마도 변화를 통해) 죽음 불안은 관계적으로 존재하는 모든 순간에 스며들어 있다. 비록 변화가 관계적 존재를 반성적으로 경험하는 새로운 방법을 만들어 줄지라도, 이 새로운 존재는 누가 될 것이며 관계적 존재에 대한 그 또는 그녀의 경험이 어떤 것일지는 여전히 불확실하고 알 수 없는 것으로 남아 있다. 변화에 대한 우리의 경험은 이전에 있었던 존재의 실존적 죽음에 기반하고 있다. 여러 번 반복하지만, 우리의 삶 전반에 걸친 실존에 대한 우리의 경험은 죽음 불안과 끊임없이 계속해서 춤을 추고 있다고 볼 수 있다.

연습 죽음 불안 탐색하기

1. 당신이 향후 5년 내에 죽게 될 것이 확실하다고 상상해 보라. 당신의 죽음에 대해 알게 된 것이 당신의 계획과 목표에 어떤 영향을 미치는가? 현재의 삶을 살아가는 방식에서 변화가 있다면 무엇인가? 다른 사람과 당신의 관계에는 어떤 변화가 있겠는가?

2. 당신은 불멸의 존재이고 어떤 상황이든지 상관없이 절대 죽지 않을 것이 확실하다고 상상해 보라. 당신의 불멸에 대해 알게 된 것이 당신의 계획과 목표에 어떤 영향을 미치는가? 현재의 삶을 살아가는 방식에서 변화가 있다면 무엇인가? 다른 사람과 당신의 관계에는 어떤 변화가 있겠는가?
3. 죽음 불안에 대한 논의에서 어떤 식으로 당신의 반응이 명확해졌는지 또는 새로운 의문이 생겼는지 생각해 보라.

시간성

> 시간 속의 각 순간은 나머지 모든 순간을 증인으로 삼는다.
>
> –모리스 메를로퐁티(Maurice Merleau-Ponty)

후설(Husserl)에 따르면, 우리의 **시간성**(temporality)은 **체험**(erlebnis)이라는 개념으로 가장 잘 표현되며, 이는 '실제 경험의 흘러가는 과정'이라고 말할 수 있다(Cohn, 2002: 65). 이러한 통찰에 뒤이어 하이데거는 이러한 흘러가는 과정은 항상 예상하는 것과 되돌아보는 것 둘 중 하나라고 주장했다. 현재 존재하는 실재는 항상 미래를 향해 던져지며, 따라서 항상 생성되며 변화한다(예상하는 것). 동시에 현재의 존재 방식은 이전의 생성되고 변화하는 과정을 통해서 존재하게 된 것이다(되돌아보는 것). 예상하는 것은 죽음 불안과 밀접하게 연관되어 있으며, 우리는 유한한 미래를 향해 던져짐을 통해서 우리의 실존을 경험한다. 동시에 이런 미래–방향으로의 예상하기는 '있어 왔던 것'에 관한 해석에 의존하거나 인도된다. 그러므로 시간성은 예상하는 것과 되돌아보는 것(보다 간단히 말하면, 미래와 과거)이 지속적으로 동시 발생하는 것으로 볼 수 있으며 현재를 가능하게 해 준다. 즉, 시간성은 과거–현재-미래를 통합한다. '지금까지 있어 온 과정에서 현재를 만드는 것은 미래'이다(Heidegger, 1962: 374).

하이데거에 따르면 시간에 대한 인간의 경험은 과거에서 현재로 그리고 미래로 이어지는 단일 방향의 선형적인 것이 아니다. 오히려 실존치료자 수산나 레니(Susanna Rennie)가 표현한 것과 같이 과정으로서 시간은 다음과 같은 모습을 떠올리게 한다.

> 과거, 현재, 미래 사이에 끊임없이 펼쳐지고 감싸는 것, 변화하고 움직이고 흐르는 것. 그래서 시간은 독립된 시간표, 즉 출생과 죽음 사이의 연속된 지금이기를 멈춘다. 그러나 이는 로고스, 즉 시간-됨의 진행 과정이다(Rennie, 2006: 337).

이러한 개념은 과거-현재-미래가 끊임없이 뒤얽혀 있다는 사실을 인정하는 실존적 현상학에서 채택한 시간에 관한 관점을 시사한다. 우리가 시간과 어떻게 관련되고 시간에 대해서 어떻게 대화하는지는 시간 속의 본질로서 실존이 '잡혀' 있는 존재로서 우리를 드러내 주지만 마찬가지로 시간이 우리의 존재 안에 있다고도 말할 수 있다. 과거에 대한 실존적 현상학의 재구성은 보다 일반적인 여러 가지 사항을 명확히 하는 데 도움이 될 것이다.

과거

> 다른 과거를 상상하기 시작할 때 나는 다른 과거를 얻게 된다.
>
> —베티 캐논(Betty Cannon)

이미 다른 책에서 길게 논의한 바와 같이(Spinelli, 1994), 많은 치료자가 내담자와 마찬가지로 과거를 연속적이고 인과적이며 한 가지 방향성만을 가진 것으로 바라보는 관점을 갖고 있다. 따라서 치료자의 과업도 현재에 영향을 미치는 과거의 이슈를 찾아내서 그로 인해서 발생했거나 또는 악화된 갈등과 문제들을 최소한 부분적으로라도 해결하는 것으로 가정된다.

비록 지그문트 프로이트(Sigmund Freud)가 아마도 앞의 관점과 가장 밀접하게 연관되어 있고 실제로 많은 사람이 당연하게 그를 이 관점의 창시자라고 생각하고 있음에도 불구하고, 그가 인과성과 과거 사이의 상호작용에 대해서 훨씬 더 복잡한 입장을 가졌던 것으로 해석될 여지는 충분하다. 얄롬은 이러한 대안적 관점을 강조하면서 프로이트의 결론에 대한 다른 이야기를 담고 있는 방대한 자료를 제시하였다. 얄롬에 의하면 프로이트는 다음과 같이 제언하고 있다.

> 환자가 과거를 기억해 내도록 하는 일에 성공하지 못했다고 하더라도 정신분석자는 자신이 보는 환자의 과거에 대한 해석을 환자에게 제공해 주어야 한다. …… 프로이트는 이런 해석이 과거를 실제로 회상할 때와 마찬가지로 동일한 치료적 유익을 제공할 것이라고 믿었다(Yalom, 1980: 347).

이런 관점에서 보았을 때 프로이트가 주장하는 것은 구성된 과거의 사건이 역사적으로 '사실'인지 혹은 정확한지 여부보다 신뢰할 수 있고 유익한(반드시 정확한 그 과거가 아닌) 단지 과거의 이야기를 구성하는 과정이 더 중요하다는 것이다. 이런 혁명적인 태도는 회상된 과거를 역사적으로 확고한 사실이라기보다 기본적으로 해석된 것으로 이해하는 길을 열어 준다. 이런 관점에서 과거는 기억을 소환한 개인의 현재 경험에 의존하여 재평가하고 재창조되기 '쉬운 변형된', 또는 쉽게 변하는 속성을 가진 것으로 볼 수 있다. 프로이트의 전략은 현재의 경험과 보다 더 부합하는 과거의 출현을 허용한다. 결과적으로 이 양립의 가능성은 시간과 관련된 연관성과 경험의 결과로 인한 연상을 더욱 강화하고, 그 결과 초점을 덜 분산시키고 미래의 가능성에 맞추는 것이 가능해진다(Yalom, 1980).

기억된 과거의 의미가 '변경되기 쉬운' 것처럼 기억된 과거는 항상 선택적 과정의 산물이다. 의심할 여지없이 기억된 과거는 삶의 과정 전반에 걸쳐 우리가 감각 기관을 통해 인지해 온 전체 사건 중 극히 작은 일부분을 이룬다. 게다가 과거의 사건에 대한 기억에서 우리가 주의를 기울였거나 또는 의미 있고 중요한 것으로 우리에게 남아 있는 것은 그 자체로 기억된 사건 내에 담겨 있는 모든 변수와 구성성분 중에서 매우 제한적으로 선택된 것들임이 분명하다. 그러므로 기억된 과거는 심지어 그것이 내용에만 국한된 수준에서라 할지라도 실제 과거의 사건 전부 중 '변형되고' 선택적인 (그렇기에 불완전한) 해석이라는 결론이 우리에게 남는다.

그렇다면 기억된 과거에 관한 이와 같은 대안적인 이해가 제안하는 것은 무엇인가? 실존적 현상학은 '과거는 현재에 존재한다'고 주장하는데, 이는 프로이트의 결론과 부분적으로 일치한다. 이는 구체적으로 말하면, 기억된 과거가 현재의 실제 경험을 드러내고 반영하며 그 타당성을 증명해 준다는 것이다. 만약 내가 "나는 항상 정직하다."라거나 또는 "그 누구도 우리 어머니처럼 뇨키(역자주: gnocchi, 파스타 요리의 일종)를 요리할 수 있는 사람은 없다." 또는 "나는 지질학에는 흥미를 느끼지 못하지만, 천문학에는 흥미가 있다."라고 진술한다면, 내가 기억하는 과거를 어떻게든 입증하지 않고서 어떻게 내가 이런 관점들을 실제로 갖고 있는지 알 수 있는가? 이런 방식으로 생각한다면, 과거에 대한 기억은 현재와 매우 밀접하게 연결되어 있는 것이 명확하므로 과거 속에 있는 과거가 아닌 '현재-실재하는-과거'라고 말하는 것이 더욱 정확할 것이다. 더 깊이 생각해 보면, 과거와 현재의 이러한 상호 관계는 예상된 유한한 미래의 역할과 영향을 고려하여 이해되어야 하는데, 현재의 실제 경험의 근원, 또는 그 근거가 기억하는 과거를 통해 그 타당성이 입증되는 것과 마찬가지로 현재의 실제 경험은 미래의 가능성을 향한 가정, 열망, 목표와 목적 그리고 바람에 의해서 형성되고 정의되어야 한다. 따라서 과거를 시간 속의 분리되고 고정된 그리고 변화하지 않는 여러 사건이 담겨 있는 순간으로 이해하는 것보다 '현재 실재하고 미래 지향적인 과거'로 보는 것이 훨씬 더 적절하다.

다음의 예는 이를 보다 더 분명히 보여 준다. "나는 항상 예의 바르다."라는 주장은 실제 경험에 의해 도전을 받아서 "나는 항상은 아니지만, 대개는 예의 바르다."라는 말로 바뀌게 된다. 이 시점에서 놀라운 (치료 장면에서는 흔할지 모르지만) 현상이 나타난다. 나는 이전에 내가 잊고 있었던 예의 바르지 않았던 기억이나 숨겨졌던 과거의 경우들을 기억해 내기 시작한다. 왜 이런 일이 발생하는가? 많은 설명이 가능할 수 있겠으나, 실존적 현상학에 대한 나의 이해에 따르면 예의 바름에 대하여 새롭게 채택한 이 입장은 그 타당성의 입증이 요구되며, 따라서 그 입장의 진실성은 나의 실제 경험에 대한 현재와 미래의 도전 모두를 계속해서 지지하거나 또는 이에 보다 더 적절하게 순응하게 된다. 마찬가지로, "나는 항상은 아니지만 대개 예의 바르다."라는 새롭게 정립된 입장에 "그러나 그것이 매우 어렵다는 것을 알고 있음에도 나는 이를 위해 노력할 것이다."라는 요소가 추가되었다고 가정해 보자. 이제 이 주장이 사실임을 확증해 주는 것에 더하여 이 주장의 달성에 도움이 되는(또는 저지하는) 역할을 하는 내가 기억하는 과거의 사건들은 나의 현재의 기억에서 보다 더 두드러지게 되는데, 이전에는 잊혔던 것처럼 보이는 새로운 예들이 떠오르거나 기존의 예는 새롭거나, 보다 강력한 의미를 갖게 될 것이고, 이런 방식으로 나는 나의 미래 지향적 열망을 보강하고, 그 가치를 입증한다.

요약하자면, 기억되는 대로의 과거는 오늘의 우리가 있게 하거나 영향을 미친 인과적이거나 결정적인 요인과는 거의 관련이 없다. 그보다 기억되는 과거는 우리 자신을 누구로 또 우리 경험을 어떻게 정의하는지에 관한 것뿐만 아니라, 실제 경험에 있어서 우리가 열망하는 미래의 방향이 무엇이든 이에 관해서 현재의 우리를 유지하거나 입증하는 방법을 제공해 준다. 콘이 요약한 바와 같이 "과거는 미래를 예측하는 현재 속에서 여전히 현재이다" (Cohn, 1997: 26).

연습 시간성 탐색하기

1. 현재의 자신이 되는 데 있어서 중요한 원인으로 생각하는 과거의 사건 한 가지를 생각해 보라.
2. 향후 3년 사이 어느 시점에 당신이 선택할지도 모르는 삶의 방향 하나를 생각해 보라.
3. 중요한 원인으로 떠올렸던 사건에 머물면서 원인이 아니라 이 사건이 현재의 자기 자신에 대한 경험을 입증해 준다는 실존적 현상학의 주장을 탐색해 보라. 당신의 삶에서 겪은 경험에서 이를 지지해 줄 수 있는 어떤 근거를 찾을 수 있는가? 당신이 생각해 본 과거의 사건이 원인이 아니라 자기 자신에 대한 현재 경험의 반영이라는 사실을 입증해 주는 것이라는 사실에 대해서 어떻게 생각하는가?
4. 당신이 예로 들었던 과거 사건과 자기 자신에 대한 현재의 경험 사이에서의 관계를 탐색하는 것은 당신의 미래의 방향을 보여 주는 예나 또는 그 미래 지향적 예와 관련된 방식 각각을 어떻게 변화시키는가?

공간성

현명한 사람은 공간을 들여다보기 때문에 공간에는 어떤 제한된 요소가 없다는 것을 안다.

—노자(Lao Tzu)

공간성은 단지 위치 간의 근접한 정도나 거리만을 표현하는 것은 아니다. 보다 더 중요한 것은 공간성이 우리가 공간 속에서 끊임없이 우리의 실존을 '실행'한다는 사실, 즉 항상 물리적으로나 비유적으로 공간 내에서 멀어지거나 가까워지고 또는 가만히 있다는 사실을 상기시켜 준다는 것이다.

시간과 마찬가지로, 실존적 현상학은 공간에 대한 인간의 경험에 있어서 상호 관계적 바탕을 강조한다. 콘이 관찰했던 것과 마찬가지로 광장공포증(agoraphobia)과 밀실공포증(claustrophobia)과 같은 심각한 장애에 대해서 메다드 보스(Medard Boss)는 '너무 넓은' 또는 '너무 좁은' 관점으로 공간을 경험하는 것으로 관계의 불안을 반영하는 '사람의 공간성에서 나타나는 폐색성 장애'로 간주했다(Boss, 1979: 216; Cohn, 1997: 80에서 인용).

메다드 보스와 동시대를 살았고 실존 분석의 대표적 주요 인물인 루트비히 빈스방거(Ludwig Binswanger)는 물리적 공간 및 환경과 사람의 상호 관계는 실존에 대한 근본적 입장과 의견을 드러내 준다고 주장하였다(Binswanger, 1963). 우리가 있는 건물이나 특정한 방, 바쁜 도시의 거리, 한적한 해변 등의 공간에 따라서 느끼는 다양한, 대개는 강렬한 느낌과 감정은 공간이 어떻게 우리에게 영향을 미치는지를 명확히 보여 준다. 따라서 우리가 어떻게 공간을 구체화하고 이를 변경하는지는 우리의 가치관, 열망, 불안정성과 걱정의 많은 부분을 드러내고 정의해 준다.

이전의 책에서 나는 실존치료자로서 상담에서 얻었던 공간의 실존적 차원에 관한 설명을 저술한 바 있다(Spinelli, 1997). 요약하면 내담자, 러셀은 자신의 도움 없이는 타인이 안으로 들어오는 것을 막는 물리적인 장애물을 가진 폐쇄적이고 한정적인 공간을 만들었다. 예를 들어, 그의 사무실 바닥은 책과 잡지 및 종이들로 가득 차 있었기 때문에 매우 제한된 한 명의 사람만 그 사이를 지나 책상까지 갈 수 있었다. 치료 회기가 진행되면서 러셀은 타인과의 관계에서 유의미한 변화를 경험하기 시작했고, 동시에 자신이 지내는 물리적 공간의 여러 측면에 대한 불안감과 불만을 경험하는 등 물리적 환경과의 관계에서도 변화를 경험하기 시작했다. 예를 들어, 사무실 벽의 색깔, 사무용 의자의 '크기', 작업 공간에서 문자 그대로 몸을 뻗고 누울 수 없는 상태 등은 더 이상 그와는 어울리지 않았다. 그의 물리적 공간을 개방하는 것에 초점이 맞춰져 있었던 러셀의 다음 행동은 타인에 대한 보다 더 큰 개방성을 향한 움직임에 의해서 완성되었다. 비록 그가 이런 모험을 가치 있게 생각하고 유익하다고 판단했다고 하더라도 그는 어떻게 이러한 모험이 혼란스럽고 곤혹스러운 경험을 유발하는지를 인정했다. 타인의 영향과 실재함을 차단할 수 있고, 그렇게 함으로써 이를 통제할 수 있게 해 주었던 세계-공간을 만들고 유지하는 것으로부터의 변화는 그가 포기해야 했던 그 힘의 일부 범위 내에 있는 새로운 공간에서 살아가기 시작하게 했다. 실제로 시간이 흐름에 따라 그는 자신의 이전 세계-공간을 싫어하게 되었고 심지어 혐오하게 되었다. 이 공간은 그가 끈질기게 계속되는 피부 염증이라고 표현했던 역겨움을 일으켰다. 결국 그는 이 공간이 더 이상 자신에게 적합하지 않고 자신의 것이 아니며, 그 누구도 이 공간을 좋게 여기지 않을 것이라고 말했다.

실존적 현상학은 러셀과 그의 세계-공간과의 관계를 타인에 대한 그의 긴장을 대체한 표현이나 상징하는 것으로 보기보다는 자신의 실존에 대한 러셀의 경험이 그 자체로 드러나고 표현된 것이라는 사실에 구체적으로 초점을 맞추고 이를 드러나는 그대로 바라볼 것이다. 실제로 공간과 관련된 그의 변화는 기존의 공간을 거부하고 새로운 공간을 다시 조성하는 범위에까지 나타난 더 넓은 경험적 변화와 유사했는데, 이는 그가 이전에 세계와 관계 맺던 방식을 포기하고 재구성했다는 것을 반영한다. 러셀은 인간적 교류와 관계를 얻었을 뿐만 아니라, 어쩔 수 없이 어느 때보다 큰 불확실성과 위험 또한 받아들여야 했다.

우리가 공간 내에 존재하는 한, 공간은 정지된 것도 아니며 우리로부터 분리된 것도 아니다. 공간의 차원과 형태는 단순히 물리적인 것뿐만 아니라, 항상 우리의 실존적 문제로 가득 차 있고 또 이를 반영한다. 비록 드물게 직접적으로 반영하기도 하지만, 이 경험은 우리의 기분, 즉 공간 내에서 우리가 선택하고 실행하는 체현된 태도를 통해서 주목된다. 우리는 특정 환경 속에서 제한됨을 느끼고 다른 공간에서는 해방감을 느끼기도 하는데, 가까워지는 것이나, 타인과 멀어지는 것을 피하려고 하거나, 이를 한껏 즐기기도 한다. 공간성은 관계적으로 불확실한 공간 내에서 살아가는 우리의 방식이다.

연습 공간성 탐색하기

1. 당신이 경험한 다양한 공간에 대한 경험을 떠올려 보라. 당신에게 편안함 또는 평화로운 느낌을 불러일으키는 공간은 어디인가? 당신을 신나게 하고 흥미를 불러일으키는 공간은 어디인가? 당신을 불안하고 불편하게 하는 공간은 어디인가?
2. 위의 질문에서 생각해 봤던 장소에 있는 경험은 당신 자신, 타인 그리고 더 넓은 세계와 당신의 관계에 어떻게 영향을 미치는가?

요약

> 인간은 그 자신의 실존에 대한 문제를 풀어야 하는 동물에 불과하다.
>
> –에리히 프롬(Erich Fromm)

이 장에서는 실존적 현상학 문헌들에서 제시된 실존에 관련된 주요 주제와 문제들에 대한 개괄적인 설명을 구체적으로 관계성, 불확실성 그리고 실존적 불안이라는 세 가지 기본 원리의 맥락에서 살펴보았다. 이를 통해서 이러한 주제들이 실존적 현상학의 틀로 이해될 수 있으며 다른 이론이나 모형과 어떤 면에서는 유사하기도 하지만, 많은 경우 서로 어떤 점에서 뚜렷하게 다를 수 있는지에 대해서 다소 명확히 하려 했다. 이와 같은 비교 및 대조의 목적은 다른 치료 접근에 비해서 실존적 현상학 접근이 우월하다는 사실을 알리려는 데 있지 않을 뿐만 아니라 이 주제들에 대한 나의 설명도 모든 실존적 현상학자들의 관점과 같은 것도 아니다. 그렇지만 실존적 현상학의 기본 원리와 동일한 관점으로 이러한 주제들을 살펴본 데는 치료 현장에 이러한 해석이 적용될 때 실존치료의 이론적 근거와 차별성을 보다 명확히 하는 데 그 목적이 있다.

다음 장에서는 앞의 제1장과 제2장에서 제기된 주요 논점들을 한데 모아 살펴보려 한다. 이를 위해서 세계화(worlding)와 세계관(worldview)이라는 개념을 독자들에게 소개하려 하는데, 이는 이제는 명확히 구분되어야 하는 의미와 기능의 차이를 담은 상호 연결된 용어라고 말할 수 있을 것이다.

제3장

세계화와 세계관

소개

> 감사는 존경하는 마음을 전하는 것이다. 이는 우리의 삶과 세계를 경험하는 방식을 영원히 바꿔 버리는 경이로운 초월적 순간들과 일상의 기적을 조우하게 한다.
>
> – 존 밀턴(John Milton)

댄서들은 때로 춤을 추면서 "나는 춤을 추고 있다."는 사실이 '춤을 추면서 존재하는 것'에 더 가까워지는 일종의 전환적 경험을 한다. 동일하게 달리기를 하는 사람들은 '달리고 있는 사람'에서 '달리고 있는 행동'으로 되어 가는 것처럼 느껴지는 경험의 순간들을 이야기한다. 명상을 하거나, 성행위에 몰두하고 있는 연인들, 정원 가꾸기에 열중인 정원사들에게서도 유사한 이야기들을 들을 수 있다. 삶에서 평범한 순간과 특별한 순간들 모두 어떤 행위를 실행하는 존재와 일체가 되는 경험적 전환을 일으킬 수 있으며, 이로써 실존은 연합된 과정 같은 행위로서 경험된다. 이와 같은 경험은 대개 순식간에 일어난다. 행위와 일체가 된 존재가 어떤 이유에서건 이 전환을 '의식하게 되는' 순간 행위에 초점이 맞춰진 이 경험은 증발하듯 사라져 버리고 일체화되었던 존재 또한 이를 수행하는 존재로부터 행위가 분리되어 존재하는 상태로 되돌아가며 '나'와 다른 사람, 또는 '나'와 세계를 분리시킨다. 그리고 본질화되어 분리된 존재로서, 우리는 이런 종류의 행위 경험을 표현하고자 시도하지만 우리의 언어는 이를 좌절시킨다. 우리는 이러한 경험을 전달하기 위해서 어쩔 수 없이 '춤을 추면서 존재하기'나 '달리고 있는 행동'과 같이 비록 틀렸다고는 할 수 없지만 불충분한 용어들을 사용하게 된다. 이러한 경험에 대한 우리의 설명은 여전히 파악하기 어렵고 불완전하며, 이를 직접적으로 '가리키기'보다는 은유적으로 '그 방향을 가리키는 것'에 결국 의존한 채 남게 된다.

나는 항상 생성되고, 변하며, 과정 같은 그리고 언어로 규정하기 어려운 실존의 상태를 표현하기 위해 **세계화**(worlding)라는 용어를 사용했다. 세계화는 반성되기 이전 단계에서 일어나는 실존의 경험이므로 세계화를 전달하고자 하는 모든 시도는 모두 암시와 비유를 통해서 간접적으로 표현될 수밖에 없다. 직접적으로 세계화를 표현하는 것이 가능하지 않은 것은 우리가 사용하는 모든 방법이 반성을 통해서 얻어진 것이기 때문이다. 세계화에 대한 모든 논의는 세계화 경험을 담아내거나 포함하고 있다기보다 단지 세계화를 '가리킬' 수 있을 뿐이다. 비록 세계화라는 용어가 마르틴 하이데거의 『존재와 시간(Being and Time)』(1962)의 영문 번역에서 등장하며 일부 유사점이 있다고 하더라도 내가 사용하는 이 용어를 하이데거가 사용한 용어와 혼동해서는 안 된다. 여전히 부족하고 어색하지만, 내가 선택한 용어로서 세계화는 본질보다는 움직임을 시사하고, 이런 이유로 실존의 상태를 표현하고자 하는 다른 용어들보다는 더 적절할 수 있다.

그에 반해서, 인간으로서 우리가 반성을 통해서 우리의 실존을 경험할 때 실존에 대한 우리의 경험은 언어로부터 기인한 구조적 한계로 인해서 본질화되고, 마치 '(고정된) 사물 또는 어떤 것'과 같이 보이기 시작하고, 여전히 연관되어 있음에도, 예를 들면 자기와 타인 그리고 세계와 같이 분리되고 구분된 구조처럼 여겨진다. 이러한 실존 경험의 구조적 '사물화(thing-ification)'는 **세계관**(worldview)이란 용어를 통해 표현된다. 세계화와는 달리, 세계관을 통해 반성된 실존의 경험은 직접적인 언어로 표현하는 것이 가능해진다. 그러나 언어로 표현되기 위해서 세계관은 우리의 실존 경험이 시간과 공간적 측면에서 적정 수준으로 '고정'되고 '안정'을 유지하는 개별적 독립체나 구성물로 분리되어야 한다는 조건을 필요로 한다. [그림 3-1]은 세계화와 세계관의 핵심적인 차이점을 도식으로 나타낸 것이다. 세계화 쪽에 사용된 단어들

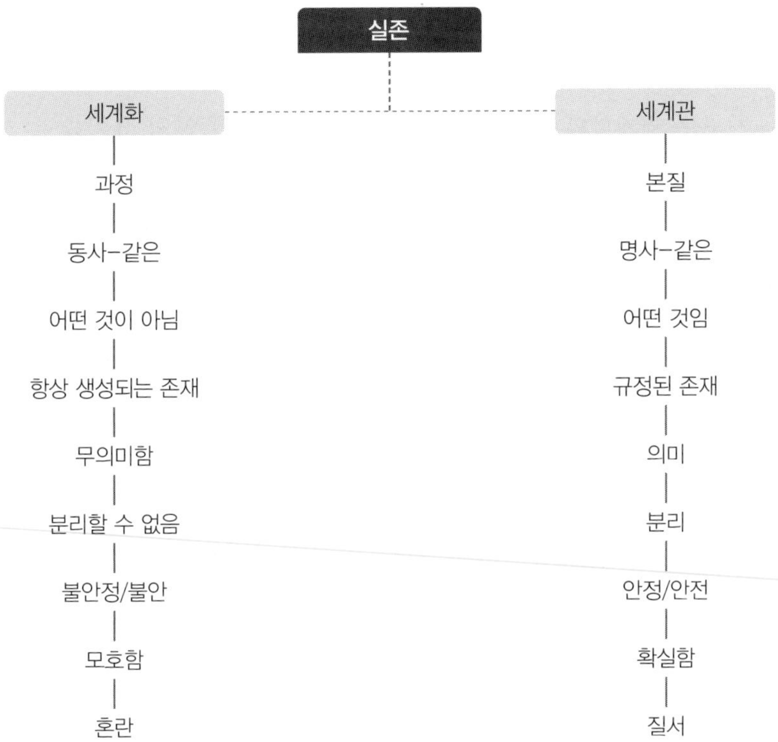

[그림 3-1] 세계화와 세계관의 핵심적인 차이점

은 모두 잠재적으로 유용한 역할을 하지만, 근본적으로 세계화에 대한 추론을 제한한다. 이 용어들은 움직임으로서-실존, 항상-생성되는-과정으로 존재하는 것을 표현하고자 시도하고 있다.

이러한 행위 중심의 실존은 본질에 집중하게 되는 모든 시도에 선행하며, 그러므로 아직 생겨나지 않은 세계관 구조에 담기지 않는 한 행위 중심의 실존은 모호하고 불안정하다. 이런 의미에서 세계화는 그것의 주요 가능성들이 여전히 명확하지 않고 예측할 수 없는 (아직 존재하지 않는) 잠재적 실재로 남겨져 있다는 점에서 무질서한 상태이다. 세계화의 아직-어떤-것이-아닌 상태로부터 반성을 통해 유래된 의미는, 의미가 부여되거나 또는 의미를 찾지 못한 채 그 본질에 있어서 아직 구조화되지 않은 채 개방적인 상태로 남아 있다.

세계관은 시공간적으로 본질에 묶여진 형태의 세계화를 구성한다. 세계관은 반성으로 얻어진 구조를 만들어 내는데, 이는 기껏해야 과정과 같은 세계화의 유동적 흐름을 부분적으로 표현하고 있을 뿐이다. 세계화를 표현하려는 시도는 세계화와 정확히 상응하는 세계관을 지속해서 유지할 수 없는 한 필연적으로 불완전하며, 세계관을 구성하는 구조들이 얼마나 유연한지와 상관없이 그 구조들은 역동적인 세계화의 개방성을 표현하는 데 있어서 수없이 많은 한계점을 부과한다. 그럼에도 불구하고 세계관의 입장에서 이해한 실존은 다름 아닌 세계화와 대응되는 세계관들의 특성들이 담겨 있는 실존이다. 세계화와 세계관의 '이원성(dualism)'은 오직 세계관의 관점으로 세계화를 표현하려는 시도에서 나오는 부산물로서 나타난다. 세계화와 세계관은 항상 함께-존재하고 함께-활동하며, 하나로 연결된 양극을 가진 연속체의 양극단으로서 검토되는 것이 아마도 가장 적절할 것이다.

세계화의 수준에서 우리의 실존은 역동적이고 계속해서 생성(becoming) 되는데, 이러한 생성의 경험이 세계관의 수준에서 완전히 이해되고 유지되는 것은 가능하지 않다. 세계관은 생성된 것에 구조적 초점을 통해서 영향을 미치게 되고, 결국 이는 어느 선정된 구조가 '두드러지거나' 또는 확인되거나, 다른 구조들과 비교되거나 대조되도록 한다. 세계관의 수준에서 계속해서 생성되는 것은 "나는 어네스토(Ernesto)입니다.", "당신은 이 글을 읽고 있는 사람입니다.", "우리는 같은 나라의 국민이 아닙니다.", "이 세상은 극적인 기후 변화를 겪고 있습니다.", "젠더와 종교는 모두 통합되며 분리됩니다."와 같이 규정함으로써 표현된다. 이러한 모든 명사 중심의 진술들은 나, 어네스토, 당신, 우리, 세상, 기후, 젠더, 종교 등과 같이 계속해서 생성되는 것이 구조적으로 '규정되었음'을 표현한다. 그러나 세계관은 세계화 경험을 온전히 포착하거나 담아내지 못하며, 이를 확보하지도 안정화시키지도 못하기 때문에 세계관의 이러한 시도는 단지, 그리고 항상 불확실하고 확정되지 않은, 또는 불완전한 반성적 연관성들을 보여 줄 수 있을 뿐이다. 카를 야스퍼스는 이에 관해서 다음과 같이 훌륭하게 요약했다. "사람은 항상 자신에 관하여 그가 아는 것 이상의 존재이다. 사람은 최종적인 것이 아니라, 항상 과정이다"(Jaspers, 2009: 116).

연습 세계화와 세계관 경험 탐색하기

1. 세계화 경험에 접근했던 경험의 예를 하나 묘사해 보라.
2. 이 경험을 비언어적인 방법으로 표현한다면 어떻게 할 수 있겠는가? 이 방법을 통해서 그 실제 경험의 기억에 더 가까이 다가갔는가?
3. 세계화 경험을 묘사하는 시도에서 당신이 의존했던 세계관 구조들은 무엇이었는가?

세계화와 세계관: 실존적 현상학의 기본 원리

> 우리는 '어떤 것으로 규정된 것'이 되었다.
>
> —마르틴 하이데거(Martin Heidegger)

앞에서 논의한 관계성과 불확실성, 그리고 실존적 불안이라는 실존적 현상학의 기본 원리에 초점을 맞추고 이 용어들에 대해서 생각해 보는 것은 세계화와 세계관의 차이를 더욱 명확히 하는 데 도움이 된다.

과정 같은 세계화를 본질에 집중하는 세계관의 구조들을 통해서 해석하는 것은 관계성에 초점을 둔 경험을 포함한 실존 경험으로부터 반성을 통해 얻어진 모든 세계관에 필연적인 불완전함을 부과한다. 더욱이 세계관이 유지되기 위해서는 별개의 독립체나 구조들로 구분될 수 있는 실존 경험이 필요한데, 예를 들어 세계관의 구조로서 '나'는 구별되는 다른 구조들(대체가능한 세계관 구조)의 존재가 필요하며, 그래야 공통점과 차이점, 일치성 등을 통해서 자신에 대한 유의미한 설명들이 가능해지는 것과 같다. 그러나 이와 같은 구별은 세계관의 초점에서 관계성을 표현한 것일 뿐이며 세계화의 초점으로 보면, 관계성에는 사실 어떤 구별도 존재하지 않는다. 그러나 그렇다고 세계관이 세계화와 비교해서 관계성이 덜 표현된 것으로 보여서는 안 된다. 세계관에 의해 부과된 본질에 집중하는 형태와 상관없이 관계성은 존재한다.

실제 경험에 대한 세계관의 구조적 표현은 경험을 반영함에 있어서 시공간적 안정성, 일관성, 연속성, 의미와 주관성의 맥락 내에서 이를 구조 안에 담아서 제한하는 방법을 제공해 준다. 실제로, 이와 같은 확실성을 향한 시도가 세계관의 특성의 일부라면, 세계관은 충분히 시간과 공간에서 안정되고 고정된 채로 남아 있을 수 있다. 하지만 세계화의 초점에서 우리의 실존의 모든 순간은 새롭고 고유하며, 결코 다시 반복되지 않으며 다른 존재와 완전히 동일할 수 없고, 전혀 예측 가능하지 않기 때문에 영구적으로 불확실하다는 특성을 가진다. 세계화와 세계관 사이의 상호작용은 세계관이 제공하는 모든 구조적 확실성에 세계화에서 기인한 불완전성, 개방성 그리고 불확실성을 스며들게 한다. 동시에 세계화를 반영하는 데 있어서 구조적으로 초점을 맞춘 세계관의 시도는 세계화의 혼돈 상태인 불확실성의 모든 영향을 저지하는 방법을 제공해 준다. 만약 세계화가 우리에게 불확실성의 확실성을 제공하고 세계관은 우리에게 불확실한 확실성을 제공한다면, 세계화와 세계관은 **불확실한 불확실성**을 분명히 한다.

제1장에서 논의한 바와 같이, 실존적 불안은 관계적 불확실성에 대한 경험이며, 세계화 수준에서 이는 항상-생성되는-존재가 가진 경험에 대한 열린 가능성에 따른 반응이다. 그 구조의 해체를 기꺼이 받아들이는 이러한 경험은 관계적 불확실성을 수용하는 것으로부터 벗어나게 해 주는 것이 될 수도 있다. 그러나 이러한 경험에 대한 개방성이 충분히 안정적인 세계관 구조를 만들어 내거나 유지하는 일에 실패하는 등 원치 않는 결과로 이어질 때 세계화에 대한 실존적 불안 경험은 가장 일반적이게는 정신 이상으로 불리는 경우에서와 같이 심각하게 심신을 약화시킬 수 있다. 세계관을 통한 표현에서와 같이, 실존적 불안은 구조적이고 의미 기반의 관점에서 관계적 불확실성을 반영하기 위한 세계관의 부분적이고 제한적인 시도를 동반하는 필연적인 불안과 불안정성과 관련된다. 일반적으로 말하는 실존적 불안은 필연적으로 반성을 통한 모든 경험에 스며든다. 이는 피할 수 있는 것도 아니며, 병리적인 것도 아니고, 다만 인간 존재에 대한 세계관적 경험에 기본적으로 주어진 것이다.

연습 실존적 현상학의 세 가지 원리를 중심으로 세계관과 세계화 탐색하기

1. 이전 활동에서 묘사를 시도했던 세계화 경험으로 되돌아가서, 세 가지의 각 원리에 초점을 맞추고 당신이 했던 묘사를 생각해 보라.
2. 세 가지 원리에 따라 초점을 맞추는 것은 당신의 경험과 세 가지 원리를 어떻게 보다 더 명확히 해 주는가?

세계화와 세계관: 실존의 문제와 관련된 주제

우리를 억압하는 것은 이것도 저것도 아니며, 현재 당면한 것들의 총합도 아니다. 이 세계 그 자체이다.

—마르틴 하이데거(Martin Heidegger)

세계화와 세계관을 종합한 관점으로 실존에 관한 질문들을 살펴보는 것은 이전 장에서 논의했던 실존의 다양한 핵심 문제들에 관한 실존적 현상학의 결론을 더욱 명확하게 이해하는 데 도움이 된다. 예를 들어, "실존은 본질에 선행한다."는 실존적 현상학의 주요 논지는 세계관에서 규정되어 표현되고 있는 과정 같은 세계화의 역동적인 흐름에서 이해될 수 있다. 세계관이 세계화의 전-구조적 잠재력과 완전히 부합할 수 없는 것과 같이, 본질 또한 세계화가 '어떤 것-아닌'[또는 '어떤 것이 되기 이전'] 상태로 존재할 가능성과 완전히 부합할 수는 없다. 사르트르의 유명한 저서 『존재와 무(Being and Nothingness)』(Sartre, 1991)에서 '무(Nothingness)'에 대해서 생각해 보면, 여기에서 '무'는 어떤 결핍이나 부재를 의미하는 것이 아니라, 존재의 초기에 '어떤 것이 아닌 상태(no-thing-ness)'라는 것을 알 수 있다. 항상-생성되는-존재의 과정 같은 유동성을 가진 세계화도 마찬가지로 어떤 것이-되기-이전의 존재의 모습을 포착하기를 시도한다. 세계화는 항상-생성되는-존재가 세계관과 같이 본질화 또는 사물화되는 과정에서 '어떤 것이 아닌 것'으로 존재하는 열린 가능성을 우리에게 시사해 준다. 실존적 현상학에서 실존이 본질에 선행하는 것이 틀림없다고 주장하는 것과 마찬가지로, 세계관이 세계화에 대한 구조적 해석을 위해 채택한 것이 무엇이든지 세계화가 항상 그에 앞서는 것 또한 분명하다.

마찬가지로, 의미와 무의미라는 상호 관련된 실존적 주제를 고려하는 것도 오직 의미가 명확해질 수 있는 세계관의 수준에서만 가능하다. 세계화의 수준에서 우리의 실존 경험은 무의미한데, 이는 '의미의 결핍이나 부재'가 아니라, 우리의 경험이 본질화되기 이전 상태이며, 굳이 표현하자면 '아직 유의미하지 않은', 그리고 구조적 고정성의 측면에서 의미가 요구하는 수준만큼 아직 고정되지 않은 것을 뜻한다. 여기에서 사용된 의미는 단지 인지적인 것만을 말하는 것은 아닌데, 어떤 것이 의미가 있다는 것은 현재 실제 경험하는 것을 향한 종합적인 '기분'의 표현으로서 인지적, 정서적으로 그리고 감동적으로 경험되는 것을 뜻한다. '기분 상태'는 오직 세계관의 반성적인 구조화를 통해서 경험될 때에만 의미 있다고 말할 수 있다. 반대로, 세계화의 수준에서 '기분 상태'의 실제 경험은 흐트러져 있으며, 아직 반성을 통해 구조화되지 않았고, 아직 유의미할 가능성들에 열려 있으므로, 필연적으로 무의미한 것이다. 요약하자면, 세계화와 세계관의 관점에서 볼 때 모든 경우, 의미는 무의미함의 포착되고 본질화된 표현으로 그 자신을 드러낸다. 역으로, 세계관의 특성과 같이 모든 의미는 어느 정도의 불완전성과 불확정성을 반드시 갖고 있기 마련인데, 말하자면 모든 의미는 필연적으로 새롭게 해석되고 재구성될 가능성들에 열려 있다. 최종적이고 궁극적인 의미가 무엇인지 규정하기 어렵다는 측면에서 의미는 항상 무의미함의 도전에 노출되어 있다.

마지막으로, 내가 생각하는 세계화와 세계관의 개념들이 본래성과 비본래성에 대한 실존적 현상학의 해석을 어떻게 보다 더 명확하게 할 수 있는지 살펴보려 한다. 일반적인 수준에서 본래성과 비본래성은 반성을 통해 구조화된 세계관과 영속적으로 생성되는, 즉 세계화와 일치하는 정도와 관련된다. 세계화와 세계관의 불가피한 불일치나, 또는 과정 같은 세계화를 세계관 구조 속에 '담는 것'의 불완전성을 고려할 때 단순히 세계관이 세계화를 온전히 표현하지 못하기 때문에 우리의 실존과 관련된 보통의 세계관은 비본래적이라고 말할 수 있다. 더 나아가 이러한 비본래적 태도는 세계관에서 파생된 일부 또는 모든 구조를 통해서 퍼지고 있음이 명백해 보이는데, 왜냐하면 이러한 구조들이 인식할 수 있고 구분되며, 유의미하고 시공간 모두에서 충분히 안정되기 위해서 마치 구조들 간의 기본적인 관계성이 필수적이지도 또 분명하지도 않은 것처럼 분리되고 경계가 분명한 다른 여러 구조들과 다양한 형태의 관계를 맺고 있는 경계가 분명한 구별된 구조로서 두드러져야만 하기 때문이다. 이러한 관점은 세계관의 수준에서는 본래성이 결코 달성될 수 없다는 사실을 시사하며, 이러한 결론은 나쁜 신념의 불가피함에 대한 사르트르의 입장과 매우 유사하다(Sartre, 1991). 동시에 이 관점은 스쳐 지나가는 갑작스러운 세계화의 경험을 통해서 본래성이 경험될 수 있으며, 여기에 추가해서 세계관이 세계화와 완전히 일치할 수는 없다고 하더라도 그 유사성을 더 높여 가기 위한 시도가 가능하다는 점을 시사한다. 동일하게 우리는 비본래적 세계관의 관점을 통해 세계화의 본래성에 다가갈 수 있다. 본래성을 세계화와 연결하는 것에서 우리는 본래성이 우월하거나 반드시 바람직한 경험은 아니라는 실존적 현상학의 관점을 명확히 할 수 있는데, 다른 학자들과 마찬가지로 로널드 랭(R. D. Laing)은 그의 임상적 사례 일화를 통해 세계화의 경험은 세계관이 충분히 안정적인 구조를 만들고 유지하는 데에 실패함으로써 경험에 대한 개방성(따라서 본래성에 해당하는)이 발생하게 될 때, 두려워할 만한 매우 심각한 장애를 초래하는 것이 될 수 있음을 생생하게 증명했다(Laing, 1960, 1967). 물론, 세계화를 경험하는 것은 만약 세계관이 일시적으로라도 이 경험들을 받아들일 수 있을 만큼 충분히 강하다면 아주 유쾌한 것이 될 수도 있다. 반면, 압도적인 세계화는 유지를 위해 분투하는 세계관의 취약점 또는 부족함을 드러나게 한다.

연습 실존적 주제에 초점을 두고 세계화와 세계관 탐색하기

1. 동료와 함께, 제2장에서 논의한 실존적 주제들 중에 하나를 고르고, 세계화와 세계관의 관점으로 이를 어떻게 보다 더 명확하게 할 수 있는지 생각해 보라.

세계화와 세계관: 실존의 불안

불안은 '지금'과 '그때' 사이의 간격이다.

–리처드 아벨(Richard Abell)

내담자가 가진 딜레마는 세계화와 세계관 사이에서 경험되는 혼란 또는 충돌을 반영한다. 일반적으로 이 딜레마는 세계관이 해당하는 세계화로부터 너무 멀어져 있을 때 발생하는데, 이 경우 세계관의 구조는 자신을 불안정하게 할 수 있는 경험에 의한 도전들에 방어적인 경직성을 띤다. 예를 들어, 이는 확고한 신념과 모순되는 경험 사이에서 불일치가 명백해지는 상황(예: 스스로 동료들을 잘 보살핀다고 믿지만, 그들을 대하는 나의 방식은 차갑고 오만하며 무심할 때)에서 찾아볼 수 있다. 반면에, 세계화와 세계관이 지나치게 일치하는 것도 불일치하는 것만큼이나 문제가 될 수 있는데, 만약 세계관이 구조적으로 지나치게 불안정하다면 심각한 혼란이 일어날 수 있다. "조각조각 갈라져 있는 것 같이 느껴져요." 또는 "어떤 긍정적인 미래도 상상할 수 없어요."와 같은 진술들은 개인의 무의미와 무질서, 시민과 정치적인 무관심 그리고 현재의 즉각적인 만족을 지지하는 주장의 증가를 둘러싼 문화 사회적 이슈들이 표현하고 있는 것과 같은 일종의 혼란을 표현하고 있다.

그렇다면 세계관과 세계화의 목적이나 기능은 무엇인가? 이와 같은 질문에 대한 어떤 응답이든 모두 여전히 추측에 근거할 수밖에 없지만, 어떤 개인 또는 우리의 종 전체의 생존을 위한 기제의 관점에서 이 질문에 대해 생각해 본다면, 세계화와 세계관 사이의 상호작용은 존재함의 지속가능성을 향상시킨다고 주장될 수 있다.

매일같이 불변하는 엄격한 의식과 습관 양식들을 따를 것이 요구되는 인생을 상상해 보라. 아니면, 당신이 경험하는 모든 수준에서 매 순간 끊임없이 혼란스럽게 쏟아져 내리는 여러 가지 새로운 가능성들로 얼룩진 매일의 삶에 당신이 대응하고 있다고 생각해 보라. 추측하건대, 각각의 경우는 과도하게 제한적인 경직성이나 압도적인 열린 가능성으로 인해 계속되는 견딜 수 없는 불안감을 유발하는 것으로 경험될 것이다. 그리고 결국 이런 견딜 수 없는 상황들은 감각을 마비시키는 다양한 형태의 중독이나 자신 또는 타인과의 폭력적인 관계, 아니면 인지, 정서 행동 장애나 정신장애를 통해서 대응될 가능성이 높고 가장 극단적인 수준에서는 존재함을 중단시키고자 하는 열망을 실행함으로써 대응되기도 한다. 세계화와 세계관의 조합은 엄격한 질서와 중단 없이 계속되는 혼란이라는 양극단 사이에서 길을 알려 주는 경험적 전략을 가능하게 한다. 이러한 길 안내가 적절하지 못하고 성공적이지 못한 경우, 우리는, 예를 들어 앞에서 강조되었던, 즉 존재함의 중단(에미 반 델젠-스미스는 이를 '죽음에의 구애'로 표현했다, 1994)에까지 이르는 과정으로 볼 수 있는 대응과 같이 파괴적인 전략들을 실행한다. 그러나 이를 대체할 수 있는 다른 결론도 가능한데, 랭과 그의 동료들이 이해한 바에 따르면 (Laing, 1960, 1967; Laing & Esterson, 1964), 이 파괴적인 행위는 건설적인 측면도 가지고 있을 수 있으며, 따라서 이 행위들은 존재함을 중단하고자 하는 열망을 담고 있는 반응으로만 보일 필요는 없게 된다. 오히려 이런 행위들은 세계화의 경험을 유발함으로써 과도하게 경직된 세계관을 불안정하게 하거나 또는 압도적인 세계화의 경험이 떠오르는 것을 '막는' 일시적인 세계관의 안정성을 생성하기 위한 시도로서 보일 수도 있다. 간략히 말해서, 이런 시도들은 명백하게 존재함의 지속가능성을 높이기 위한 필사적인 방법으로 이해될 수 있다는 것이다. 자살 시도와 같은 극단적인 예의 경우라 하더라도, 이 행위를 재촉하는 것은 단지 삶 그 자체를 끝내려는 노력이라기보다 경직된 세계관이나 과도하게 확산되어 있는 세계화 경험을 끝내려는 열망이라고 주장할 수 있다. "더 이상 이렇게 계속할 수는 없어요.", "내 인생은 살아갈 가치가 없어요." 또는 "더 이상 이 고통을 참을 수 없어요."와 같이 일반적으로 자살을 시도하는 사람들에 의해서 표현된 진술들은 최소한 스스로 목숨을 끊고자 하는 열망의 근거가 되는 삶 전반에 퍼져 있는 경험 그 자체라기보다는 살아가는 것과 관련된 특정한 조건들에 대한 것임을 시사한다. 물론, 이러한 시도는 한 개인의 존재를 중단시키는 결과로 이어질 가능성이 매우 높다는 위험성을 항상 가지고 있다. 그렇다고 하더라도 이 대안적 관점은 존재함의 지속성의 근거가 되는 광범위한 진화적 목적과 일치한다는 점에서 이점을 가지며, 세계화와 세계관이 존재함의 '주체'로서 어떤 이유로 자신의 의무를 존재함을 중단시키는 것으로 전환했는지에 대한 추가 설명을 필요로 하지도 않는다.

연습 세계화와 세계관의 관점에서 실존의 불안 탐색하기

1. 동료와 함께 세계화와 세계관의 초점에서 다양한 유형의 자해에 대하여 탐색해 보라. 이는 자해를 둘러싼 문제에 어떤 새로운 관점을 제공해 주는가?
2. 동료와 함께 자살의 주요 요인이 무엇인지 논의해 보라. 그리고 이 요인들을 세계화와 세계관에 초점을 두고 생각해 보라. 이 초점이 자살 요인들에 어떤 새로운 관점을 제공해 주는가?

세계화와 세계관: 체현

미스터리가 당신의 안에 자리하게 하라.

—앙리 프레데릭 아미엘(Henri-Frederick Amiel)

실존에 대한 인간의 경험은 항상 체현된다. 다시 말해서, 우리의 실존은 신체를 통해 경험된다. 세계화의 수준에서 우리의 체현은 전-반성적이고 행동

중심적이다. 할 수 있는 한 이를 언어로 표현해 본다면, '느낌–흐름–행위–실존'이라고 할 수 있을 것이다. 이런 의미에서 세계화에 대한 체현된 경험은 '사물–같을(thing-like)' 필요가 없다. 오히려 이는 '신체'라고 명명된 구조 내에 위치한 그 구조가 있기 이전에 분산되어 있던 신체상의 경험이다. 세계관의 수준에서 체현은 분리된 신체 내에 반성을 통해 구조화된 생각, 느낌 그리고 행위(또는 인지, 정서, 행동)가 섞여 짜여 있는 것과 같다. 세계관의 체현은 (선택하기에 따라서) 생각하며 느끼는 행동 또는 느끼며 생각하는 행동으로 표현될 수 있다.

세계화와 세계관의 체현적 상태에 대한 이 같은 설명은 과도하게 개념적이고, 경험적으로 불충분하다는 실존적 현상학의 반복되는 비판을 다룬다. 최근 이와 같은 관점은 실존치료자이자 포커싱(Focusing) 훈련가인 그렉 매디슨(Greg Madison, 2014)이 잘 요약하고 있다. 포커싱은 유진 젠들린(Eugene Gendlin, 2003)이 고안한 것으로, 신체의 경험에 다가가는 것에 집중하는 철학에서 유래한 방법이다. 젠들린은 "경험은 개념에 의해 정의될 수 없으며 오히려 개념은 경험의 신체적인 단계들을 통해서 그 정의를 얻는다."고 주장하였다(Madison, 2014: 39). 방법으로서의 포커싱은 "경험으로부터 무엇인가를 형성한 후 경험으로 되돌아가기를 반복한다"(Madison, 2014). 이러한 과정을 통해서 경험될 수 있는 것은 "아직 형성되지 않은 경험, 즉 어떤 '것' 그 자체가 아닌 무언가이다"(Madison, 2014). 비록 용어는 다르지만, 매디슨이 표현하려고 하는 것은 내가 실존에 대한 세계화의 반성 이전의 체현이라고 명명화한 것과 유사하다.

여러 면에서 매디슨이 요약한 것들에 대한 나의 대답은 노벨상 수상자인, 심리학자 대니얼 카너먼(Daniel Kahneman)이 제시한 연구 결론과 다소 유사하다. 카너먼은 뇌가 사고를 형성하는 데에는 두 가지 방식이 있다고 주장한다. 제1계통은 급격하고 본능적이고 감정 중심적이며, 제2계통은 보다 더 신중하며 느리고 논리 중심적이다. 제1계통의 사고는 전(또는 잠재)의식인 반면, 제2계통의 사고는 의식적이다. 이런 결론은 이 책에서 제시하고 있는 세계화 및 세계관과 유사한 맥락을 가진다. 물론 후자의 용어들은 단지 사고에만 초점이 맞춰져 있기보다는 실존에 대한 보다 더 종합적인 경험의 방식을 전달하고자 하는 의도를 가진다. 실존적 현상학은 카너먼의 모형에서 제시하고 있는 것과 같이 세계화와 세계관 간에 어떤 실제적인 계통적 구분을 제안하지는 않는다. 그렇더라도 보다 넓은 수준에서 이러한 공명이 각각의 관점에 흥미를 가지고 있는 사람들에게 그 이상의 탐구를 하고자 하는 자극이 되기를 바란다.

연습 체현의 경험 탐색하기

1. 당신에게 의미가 있거나, 중요한 주제 또는 이슈에 대해서 간단히 이야기해 보라.
2. 인지, 정서, 행동의 측면에서 위 진술은 반성적으로 어떻게 체현되는지 탐색해 보라.
3. 개인적으로 당신에게 큰 의미가 없는 주제나 이슈들에 대해서 간단히 이야기해 보라.
4. 인지, 정서, 행동의 측면에서 두 번째 진술은 반성적으로 어떻게 체현되는지 탐색해 보라.
5. 이 두 진술에 대한 당신의 체현 경험 탐색에서 유사점이 있는가? 혹은 차이점이나 예상치 못한 점이 있었다면 그것은 무엇인가?

세계관 탐색하기

경이로부터 경이에까지 존재는 막힘이 없다.

—노자(Lao Tzu)

세계관은 정의될 수 있고 기술될 수 있을 뿐만 아니라, 다른 구조들과의 공통점과 차이점을 비교하고 대조할 수 있는 구성 요소나 구조 속에서 생성의 발달과정을 재구조화한다. 세계관이 세계화와 충분히 구분되기 위해서는 세계관의 각 구조가 충분히 안정적이고 안전해야만 하며, 이로써 이는 시간과 공간 내에서 비교적 고정된 '어떤 것'으로 있게 된다. 동일하게, 각 구조가 의미가 있으려면 다른 세계관 구조와도 충분히 구별될 수 있어야만 한다. 이러한 시공간에서의 상대적인 고정성과 의미의 안정성은 세계관의 규정적 진술들이 '의미 있는 어떤-것'의 표현으로서 경험될 수 있는 길을 열어 준다. '의미 있는 어떤-것'으로서 특정 세계관 구조가 분명해지는 것은 다른 모든 구조의 존재함에 의존한다. 지각에 있어서 전경/배경 현상에서와 마찬가지로, 어떤 구체화된 구조(전경)만이 전경이 아닌 다른 모든 구조(배경)와의 분리될 수 없는 관계를 매개로 오로지 식별되거나 의미를 가지거나 또는 구분될 수 있다(Spinelli, 2005).

'배경'에 대한 어떤 진술이나 확인된 사실은 확인된 구체적인 '전경'에 관계적으로 의존적임에도 이러한 사실은 전경/배경 같은 구조적 비유들에서 종종 놓치거나 충분히 다뤄지지 않는다. 구체적인 '전경'에서의 변화는 배경도 변화시킨다. 만약 우리가 세계관 구조의 관점에서 이를 생각해 본다면, 새롭게 나타났다고 하는 구체적인 구조로부터 세계관 전체는 구체적인 각각의 현재 모습대로의 구조적 초점이 실재하지 않고는 현재 모습대로의 세계관이 될 수 없다는 사실을 알 수 있다. 만약 둘 중 하나가 바뀌면 둘 모두가 바뀌게 된다. 예를 들어, '달걀을 싫어하는 어네스토'가 '달걀을 좋아하는 어네스토'가 되었다면, '달걀을 싫어하는 어네스토'로 확인되었던 구조도 바뀌게 될 뿐 아니라, '어네스토'라는 전체 세계관의 구조도 지금은 예측할 수 없는 많은 부분에서 바뀌게 될 것이다. 필연적으로 어네스토의 식습관과 관련된 구조들은 바뀌게 되겠지만 이는 '달걀을 먹는 것'과 연관된 의미를 갖고는 있지만 직접적으로 예측 가능한 연결점을 가지고 있지는 않은 구조들에도 영향을 미칠 수 있다. 달걀을 싫어하는 것에서 좋아하는 것으로의 전환으로 부모에 대한 어네스토의 평가도 유의미하게 바뀔 수 있으며, 어쩌면 그는 자신이 공공장소에서 겪는 경험이 변했다는 사실을 알게 될지도 모른다. 일반적으로 관계성에 기반한 관점으로 보면, 세계관의 일부 구조 요소의 변화는 일반적으로는 예측할 수 없는 방식으로 세계관 전체를 변하게 한다.

추가적으로, 실존적 현상학의 관점에서 볼 때, '어네스토'로 유의미하게 식별된 세계관 구조 또한 더 큰 '세계'의 세계관 구조의 구성 요소라는 사실을 인식하는 것이 중요하다. 이와 같이, '어네스토 구조'에서 일어나는 모든 변화는 자신이 그 구조의 일부로 속한 더 큰 세계의 세계관을 변하게 하는 것이 분명하다. 예를 들어, 달걀을 싫어하는 것에서 좋아하는 것으로 어네스토가 변한 것은 세계의 달걀 소비량을 변하게 한다. 이런 전환은 그 영향이 극미할 수 있지만, 그렇다고 하더라도 달라졌다는 사실은 여전하다. 혹은 달걀을 향한 자신의 태도 변화 소식은 트위터에서 수많은 추천을 받을 수 있고 이는 파급효과를 일으켜 달걀 소비에 대한 전 세계적인 변화를 선도해서 여러 영농정책, 달걀의 가격, 다른 음식의 구매 증가 또는 감소 등의 영향을 미치는 결과로 이어질 수도 있다. 그리고 이러한 분명한 관계적인 영향뿐만 아니라 덜 분명하지만 유의미하게 관련된 세계의 세계관을 변화시키는 결과를 일으킬 수도 있다. 다시 말하지만, 세계관의 구조 요소에서 일어나는 모든 변화는 일반적으로는 예측할 수 없는 방식으로 세계관 전체를 변하게 한다.

연습 세계관에서 일어난 변화로 인한 영향 탐색하기

1. 동료와 함께 번갈아 가면서, 당신이 자발적으로 실행했던 삶의 중요한 변화(예: 금연을 결심한 것)의 예를 한 가지씩 서로 이야기해 보라.
2. 동료의 도움을 받아 이 변화가 기대했던 방식과 뜻밖의 방식으로 당신의 세계관에 어떻게 영향을 미쳤는지 탐색해 보라(예: 금연을 했을 때, 나의 식습관과 내가 즐겨 듣던 음악에서도 변화가 있음을 알게 되었다).
3. 어떤 특정 세계관 구조에서의 변화가 일반적으로는 예측할 수 없는 방식으로 전체 세계관에 영향을 미친다는 주장을 명확히 하는 데 이 예시들이 어떻게 도움이 된다고 생각하는가?

세계관: 체현된 실존적 불안

완전한 진실은 없다. 모든 진실은 절반의 진실에 불과하다. 이들을 완전한 진실로서 다루려고 하는 것은 악마의 역할을 하는 것과 같다.

—알프레드 노스 화이트헤드(Alfred North Whitehead)

지금까지의 내용을 정리해 보면 세계관은 두 가지 상반된 요구를 받고 있다고 볼 수 있다. 첫째, 세계관은 가능한 적절한 구조적인 방식으로 세계화를 반영해야 하며, 둘째, 세계관의 구조는 불안정하게 만드는 세계화의 영향에 저항하기에 충분히 안정적이어야 한다. 이러한 두 가지 요구를 동시에 다루기 위해서, 세계관은 충분히 균형 잡혀 있거나 또는 '충분히 적절'해서 본래 세계화에 거의 준하는 체현된 실존에 대한 반사체를 만들어 낼 수 있어야 하며 그리고 동시에 이러한 반사체들이 본래의 세계화로부터 충분히 떨어진 상태를 보장할 수 있어야 구조적인 안정화를 유지할 수 있다. 상반되는 요구 사이에서 균형을 맞추기 위한 이러한 노력은 지속될 수 없으며 영속적이지도 않은데, 왜냐하면 단순히 세계화의 계속되는 도전이 세계관을 불안정하게 하기 때문에, 그 결과 세계관 자체는 예측할 수 없는 방식으로 계속해서 재구성되기 때문이다.

마치 어떤 행위가 중심이 된 사건을 포착한 사진은 행위에서 깨달은 무엇인가를 표현하거나 또는 이 사진을 보는 사람에게 무엇인가를 가리키는 것과 마찬가지로 사진에서 포착되어 있는 '정지 상태'는 단지 그 행위를 암시하거나 넌지시 언급할 수 있을 뿐이다. 심지어는 실제로 행동과 움직임을 연상시키는 속도로 연속된 사진들을 영화처럼 영사한다고 하더라도 이는 여전히 착각일 뿐인데, 왜냐하면 '움직이는 필름'은 어쨌든 멈춰 있는 이미지들을 모아둔 것이기 때문이다. 만약 세계관의 안정성이 성취될 수 있는 것이 아니라 시도되는 것이라면, 우리의 세계관 경험은 실존적으로 불안정한 것이다. 예를 들어, 나는 나 스스로를 '선하다'고 정의하고, 상대방은 나를 '악하다'고 경험할 때 이 둘의 상호작용은 세계관의 불안정성을 유발한다. 나는 내가 생각했던 것만큼 현재 선한가? 상대방이 나에 대해서 악하다고 생각하는 것처럼 나는 악한가? 나에 대해서 악하다고 생각하는 상대방은 선한가? 아니면 악한가?

당신은 스스로 사랑을 하지 않는 사람이라고 말한다. 하지만 내가 볼 때 당신은 사랑이라는 개념과 관련되고 사랑으로만 식별될 수 있는 감정을 경험한다. 현재 당신은 누구인가? 당신은 나와의 관계를 어떻게 정의하고 표현하겠는가? 사랑하지 않는다는 당신의 태도를 통해 나는 우리의 관계를 어떻게 경험하는가? 아니면 당신의 새로운 태도, 어쩌면 사랑일 수도 있는 태도를 통해서는 나는 우리의 관계를 어떻게 경험하는가? 그리고 이러한 불안을 일으키는 각각의 태도는 나와 나 자신과의 관계에는 어떤 영향을 미치는가?

우리는 세계의 특정 영역에 대해서 가기를 꺼려 하는 위험한 지역으로 경험한다. 지속적인 고용에 필수적이라는 이유로, 우리는 어쩔 수 없이 그 지역에 가서 얼마간의 기간 동안 살아야 하며 못 견딜 정도의 불안을 느끼게 된다. 우리의 삶은 끊임없는 위험에 노출되어 있는 것처럼 느껴지며 우리 주변에 진정으로 믿을 만한 사람은 아무도 없어 보인다. 어쩌면 우리로 하여금 그 지역으로 이동하도록 강제하는 고용주의 동기는 보다 더 깊은 분석을 필요로 할지 모른다. 그리고 만약 우리가 '우리'가 아니었더라면, 우리는 이 상황에 있지 않았을지 모른다.

이러한 모든 예와 우리가 떠올릴 수 있는 것보다 더 많은 사례는 세계관의 불안정성을 보여 준다. 제2부에서 논의할 것이지만, 이러한 불안정성은 내담자들이 상담 장면에 가져오는 많은 이슈에 대한 정보를 제공해 준다.

세계관의 불안정성은 일반적으로 본질(예: 세계관 또는 세계관의 구조)과 관련된 불안, 실존(예: 세계관 또는 세계관의 구조가 어떤 방식으로 존재하는지)과 관련된 불안 그리고 정체성(세계관과 세계관의 구조는 누구 또는 무엇인지)

과 관련된 불안 등 세 가지 측면에 초점을 두고 확인되어 왔다(Laing, 1960; Spinelli, 2005). 나는 이를 **지속성**, **기질적 태도** 그리고 **정체성**을 둘러싼 문제들에 초점을 둔 **체현된 실존적 불안정성**이라는 용어로 다시 말하는 것을 선호한다. 내가 이러한 불안정성이 체현된 상태를 강조하는 것은 이들이 배타적인 개념이나 인지에만 초점을 맞춘 것으로 잘못 이해되지 않도록 하기 위해서이다. 오히려 체현된 세계관의 구성 요소로서, 이러한 불안정성은 항상 생각, 감정 그리고 행위(또는 인지, 정서, 행동)와 뒤섞여 있다.

지속성에 초점을 둔 체현된 실존적 불안정성은 세계관이 진실인지, 그리고 그것이 존재하는지에 대한 세계관적 확신과 그 진실과 존재가 지속되도록 보장하기 위해서 무엇을 해야 하고 무엇이 되어야 하는지에 대한 이슈와 의문들이 그 중심을 이룬다. 나는 내가 정말로 실재하고 살아 있다는 사실을 어떻게 아는가? 무엇이 진실인가? (그 밖에) 누가 진실인가? 지속해서 존재하기 위해서 나는 무엇을 해야만 하는가? 또는 무엇이 되어야만 하는가? 나의 존재가 지속되는 것을 위협하는 것은 무엇인가? 이를 보호해 주는 것은 무엇인가? 나의 존재의 지속성을 더 잘 지키기 위해서 해야 하는 일은 무엇인가? 나의 지속성은 무엇으로 정의되는가? 나의 삶인가? 배우자? 자녀? 직업? 성취? 정신? 비록 자기(self)의 측면에서 지속성의 불안정성을 둘러싼 문제들을 제기해 왔지만, 이러한 부분은 특정 타인이나 일반적인 타인들의 지속성에 있어서도 동일하게 중심 주제가 될 수 있다. 마찬가지로, 예를 들어 구체적으로 지정된 대상이나 단체, 조직을 매개로 세계를 향한, 또는 환경이나 인구 문제 또는 삶의 질의 측면에서 더 넓은 물리적 세계 그 자체를 향한 질문이 될 수 있다.

기질적 태도에 초점을 맞춘 체현된 실존적 불안정성은 자기, 타인(들) 그리고 세계에 관한 세계관의 가치, 의미, 신념, 희망, 열망, 기대, 가정, 진술 그리고 요구들에 대한 이슈와 의문들이 그 중심을 차지하고 있다. 이러한 불안정성은 가치관이 도전받고, 의미에 의문이 들 때, 신념을 잃거나 새롭게 상반된 신념을 받아들일 때 발달할 수 있다. 이는 세계관을 유지하고자 하는 어떤 기질과 그 기질에 모순되는 행동 사이에서의 갈등의 표현이거나 또는 핵심 세계관의 기질적 태도와 연관된 어떤 관점이나 정의의 변화를 반영하는 것일 수도 있다. 재차 말하는 것이지만, 기질적 태도와 관련된 실존적 불안은 자기, 타인(들) 또는 세계와 이들 사이에서의 상호작용에 집중되어 있다.

정체성에 초점을 둔 체현된 실존적 불안정성에는 '내가 누구인지(또는 아닌지)', '다른 사람들은 누구인지', 그리고 '세계는 어떤지(또는 어떻지 않은지)'를 확인하고 정의하는 세계관의 역량과 관련해서 발생하는 이슈와 의문들이 중심에 있다. 이러한 불안은 자기, 타인(들) 또는 세계의 필수적인 것으로서 나타나거나, 또는 표현되는 연결성, 적합성, 편안함에 대한 세계관 경험에 초점을 둔다. "나는 내가 누구인지 더 이상 모르겠어요.", "그 사람은 자신이 그렇다고 말하는 대로의 사람인가?", 그리고 "중국은 이제 세계의 경제를 돌리는 동력이 되었다."와 같은 진술들은 정체성과 관련된 다양한 세계관의 불안정성을 담고 있다.

물론 지속성, 기질적 태도 그리고 정체성에 초점을 둔 세계관의 불안정성은 설명을 위한 목적으로 서로 분리되고 구분될 수 있지만, 실제 경험에서 이들은 나눠질 수 없이 얽혀 있기 쉽다. 그렇다고 하더라도 이와 같이 구분하는 것의 인위성을 인정하면서 동시에 이러한 구분을 통해서 세계관이 자신의 불안정성을 표현하는 경향성들을 관통하는 우세한 또는 우선하는 초점을 충분히 이해하고 명확히 할 수 있다.

연습 세계관에서 체현된 실존적 불안정성 탐색하기

1. 당신의 삶의 경험에서 반복되거나 지속되는 구체적인 걱정이 무엇인지 확인해 보라.
2. 이 세 가지 체현된 실존적 불안정성(지속성, 기질적 태도와 정체성)과 관련해서 이 걱정은 어떻게 표현되는지 생각해 보라.
3. 당신의 걱정에 대한 새롭거나 대안적 관점을 제공해 주는 것이 있다면 무엇인가?

세계관: 기본 구조

'나'는 다른 누군가이다.

—아르튀르 랭보(Arthur Rimbaud)

지금까지 세계관의 구조에 대해서 일반적인 방식으로 서술해 왔다면, 이제는 세계관의 세 가지 기본 구조에 해당하는 자기, 타인 그리고 세계 구조를 구체적으로 설명하는 것이 필요할 것이다.

자기-구조는 '자신' 또는 '나'라는 구조적 초점을 통한 세계관 경험을 반영한다. 예) "나는 살아 있다고 느끼기 위해서 무엇인가에 푹 빠져 있을 필요가 있어요." "나는 실수를 용납하지 않아요. 절대로요." "나는 고양이를 좋아해요."

타인-구조는 다음과 관련된 것에 구조적 초점을 두고 있는 세계관 경험을 반영한다.

- 일반적으로 '타인' 또는 '타인들'에 대한 또는 이를 향한 것. 예) "그런 좋지 않은 음식을 계속 먹는다면, 그건, 당신 스스로를 죽이는 거예요." "요즘 젊은 사람들은 중요하게 생각하는 것이 없어 보여요." "당신은 정말 낯선 사람이에요."
- '타인' 또는 '타인들'이 자기-구조에 영향을 미치는 방식. 예) "당신의 눈빛은 나를 무너뜨려요." "당신은 내가 믿는 것에 대해서 전혀 알지 못하는군요." "당신은 나를 성인군자라고 생각하는군요."

세계-구조는 다음과 관련된 것에 구조적 초점을 두고 있는 세계관 경험을 반영한다.

- 세계에 대한 또는 이를 향한 것으로, 여기에는 생물과 무생물적 요소들 그리고/또는 물리적, 환경적, 생물학적, 사회적, 문화적, 도덕적 그리고 영적 차원들이 포함된다. 예) "대지는 죽어 가고 있어요." "몸에는 어떤 도덕적 가책도 없어요." "그 실체는 파동이라고 생각되는 입자입니다. 그리고 그 역도 성립합니다."
- '세계'가 자기-구조에 영향을 미치는 방식. 예) "사과를 하루에 하나씩 먹는 것은 내 건강을 지켜 줍니다." "마거릿 대처의 영국은 지금의 나를 만들었습니다." "어떤 유전자 도표로도 나를 정의 내릴 수는 없을 것입니다."

세계관의 기본 구조를 통해서 세계관을 탐색하는 것은 실존적 현상학이 이들 간의 기본적인 관계성을 명시적으로 인정하지 않는 내관적이거나 정신-내적 진술들을 기피한다는 사실을 명백히 하는 역할을 한다. 게다가, 자기-구조와 타인-구조, 세계-구조 간의 서로 분리될 수 없는 관계가 드러나도록 세계관의 차원을 확장하는 것을 통해서 실존적 현상학은 주체로서 '자기'에 대한 고립주의적 관점으로 인해서 이들을 정의함에 있어서 너무 제한적이고 한정적으로 바라보는 다수의 현대 서양 심리학의 성격이론들에 대한 잠재적인 비판을 제기한다. 덧붙여서 자기, 타인 그리고 세계를 세계관의 기본 구조로 고려하는 데 있어서 각각의 구조는 세계화에 대한 경험의 구조적 결과로서 본질 중심의 구조적 관점에서 과정 같은 존재의 특성을 표현하는 방법을 제공한다는 것이 명확해지고 있다. 앞의 각 사례에 제시된 예들에서 나타나는 구조는 과거 경험, 현재의 기분 상태 그리고 미래의 기대나 목표를 포함하는 시공간적 서술이며 동시에, 구조로서, 기껏해야 구조적 수준에서 표현된 세계화를 통해 부분적이고 선택적으로 초점을 맞춘 것에 지나지 않는다. 이런 이유로 **구조**에 대한 강조는 자기, 타인(들), 그리고 세계에 관련된 일상의 진술들이 전달하고자 하는 것과 세계관 내에서 이러한 진술들이 나타내는 것을 보다 더 적절하게 표현해 준다.

연습 세계관의 기본 구조 탐색하기

1. 이전의 연습에서 다루었던 반복되거나 지속되는 걱정을 다시 떠올려 보라.
2. 이 걱정이 이 세 가지 각각의 기본 구조(자기-구조, 타인-구조 그리고 세계-구조)의 관점에서 어떻게 표현되는지 생각해 보라.
3. 당신의 걱정과 관련해서 새롭거나 대안이 되는 관점을 제공해 주는 것이 있다면 무엇인가?

세계관: 체현된 실존적 불안정성과 기본 구조

> 우리는 너무 자주 선조들의 진부한 생각들을 고수한다. 우리는 모든 사실을 기존의 해석의 영향 아래에 둔다. 우리는 생각하는 불편함 없이 주장하는 편안함을 즐긴다.
>
> –존 F. 케네디(John F. Kennedy)

독자들은 세계관의 각 기본 구조를 명확히 하기 위한 예로 제시된 진술들이 세계관의 지속성과 기질적 태도 그리고 정체성과 관련된 체현된 실존적 불안정성을 시사한다는 점에 주목했을지도 모른다. 예로 제시된 문장들은 도식화된 도표에서 이 구조들과 불안정성이 어떻게 배치되는지를 '보여 주려는' 목적을 담고 있다.

〈표 3-1〉은 세 가지 기본 구조를 통해서 반영된 실존적 불안정성을 도식으로 나타낸 것이다. 표에서 볼 수 있는 것처럼 세계관에 의해서 표현된 모든 경험적 진술은 세계관의 지속성, 기질적 태도와 정체성과 관련해서 체현된 실존적 불안정성의 관점에서 검토될 수 있으며, 마찬가지로 실존적 불안

〈표 3-1〉 세 가지 기본 구조를 통해서 반영된 실존적 불안정성

	자기-구조	타인-구조	세계-구조
지속성과 관련된 불안정성	• 나는 살아 있다고 느끼기 위해서 무엇인가에 푹 빠져 있을 필요가 있어요.	• 그런 좋지 않은 음식을 계속 먹는다면, 그건, 당신 스스로를 죽이는 거예요. • 당신의 눈빛은 나를 무너뜨려요.	• 대지는 죽어 가고 있어요. • 사과를 하루에 하나씩 먹는 것은 내 건강을 지켜 줍니다.
기질적 태도와 관련된 불안정성	• 나는 실수를 용납하지 않아요. 절대로요.	• 요즘 젊은 사람들은 중요하게 생각하는 것이 없어 보여요. • 당신은 내가 믿는 것에 대해서 전혀 알지 못하는군요.	• 몸에는 어떤 도덕적 가책도 없어요. • 마거릿 대처의 영국은 지금의 나를 만들었습니다.
정체성과 관련된 불안정성	• 나는 고양이를 좋아해요.	• 당신은 정말 낯선 사람이에요. • 당신은 나를 성인군자라고 생각하는군요.	• 그 실체는 파동이라고 생각되는 입자입니다. 그리고 그 역도 성립합니다. • 어떤 유전자 도표로도 나를 정의 내릴 수는 없을 것입니다.

정성은 이 세 가지 세계관 기본 구조, 즉 자기-구조, 타인-구조 그리고 세계-구조 중 어딘가에 위치할 수 있다. 여기에 추가해서, 모든 불안과 기본 구조 사이의 상호작용을 이러한 방식으로 도식화하는 것은 경험의 세계관을 통한 반성적 체현이 어떻게 서로 공유되며, 대립적인 또는 상호보완적인, 심지어 모순되는 경험적 태도들을 유지할 수 있는지 보여 주며, 예를 들어 "나는 고양이를 좋아해요."와 "마거릿 대처의 영국은 지금의 나를 만들었다."는 진술이 어떻게 서로 관련된 것으로 고려될 수 있으며, 이를 통해 유지되고 있는 특정 세계관에 대한 보다 더 적절한 이해를 이끌어 낸다. 이와 같은 예시를 통해서 이 표는 세계관이 구조적으로 얼마나 복합적이며 이와 관련된 의미가 얼마나 구체적인지를 더욱 분명히 보여 준다. 제2부에서는 치료적 측면에서 이 부분이 어떻게 활용될 수 있는지를 살펴보기 위해서 세계관을 대표

하는 표본으로서 이 표를 다시 다룰 것이다. 여기서는 연습을 통해서 자신의 세계관을 탐색해 보기를 독자들에게 제안한다.

연습 체현된 실존적 불안정성과 기본 구조를 통해서 세계관 탐색하기

1. 이전의 두 연습에서 다루었던 반복되거나 지속되는 걱정을 다시 떠올려 보라.
2. 앞의 두 활동에서 탐색했던 내용들을 앞에서 도식화한 표에 가능한 만큼 배치시켜 보라 (표의 모든 칸을 채워야 할 필요는 없다. 특정 칸은 다른 칸들보다 더 많은 진술을 포함할 수도 있다).
3. 당신의 걱정과 관련해서 어떤 모습의 세계관이 등장했는가? 서로 공유되고 대립되고 상호보완적인 또는 심지어 모순적인 어떤 경험적인 태도가 나타났는가? 그리고 이는 당신의 걱정에 대한 새롭거나 대안이 될 수 있는 관점을 제공해 주었는가?

세계관: 침전과 분리

독단적인 것과 회의적인 것은 어떤 면에서 절대주의적 철학이라 할 수 있다. 하나는 앎을 확신하고, 다른 하나는 알지 못함을 확신한다. 철학이 없애야 하는 것은 그것이 앎에 대한 것이든 모름에 대한 것이든지 그에 대한 확신이다.

–버트런드 러셀(Bertrand Russell)

세계관은 존재의 경험적 도전에 대한 체현된 반응으로 재구성되는 것에 개방적이고 유연하게 반응할 수도 있고, 저항적으로 현재 구조의 경험적 부적절함이나 모순을 유지하는 방식으로 반응할 수도 있다. 이와 같이 구조적으로 경직되는 경우를 **침전**(sedimentation)이라고 말할 수 있다. 예를 들어, "나는 실수를 참을 수 없습니다.", "당신은 다른 사람을 항상 신뢰해야만 합

니다.", "보름달은 일시적으로 광기를 일으킵니다."와 같은 진술들이 만약 침전된 세계관과 모순되거나 이를 수정하려 하는 실제 경험들에 대해서 고정된 또는 경직된 상태를 유지한다면, 이 진술들은 모두 침전의 예시에 해당한다. 이러한 경직성을 고수하기 위해서 침전은 확실성, 안정성, 그리고 고정성을 위협하거나 불안정하게 하는 경험적(경험에서 유래된) 도전을 무시해야만 한다. 생각해 보면, 침전이 없다면 자기-구조, 타인-구조, 그리고 세계-구조와 같은 세계관을 이루는 주요 구조들은 (상대적으로) 고정되고 영속적인 본질적 요소로서 해석되거나 정의될 수 없을 것이다. 침전이 어떻게 일어나는지는 철학적 관점이든, 아니면 심리적 관점이든 또는 신경생물학적 관점이든 여전히 미해결된 문제로 남아 있다. 하지만 침전이 일어난다는 것은 분명해 보인다.

세계관에서의 침전은 전체 세계관이나 구조적 요소의 침전 영역을 위협할 수 있는 도전적인 경험들을 분리시키는 전략을 통해서만 유지될 수 있다. 이런 면에서 분리(dissociation)는 침전된 세계관에 대한 경험적 도전의 영향과 결과를 부정하거나, 멀리함으로써 침전된 세계관을 유지하는 것과 관련된다. 예를 들어, 내담자 로사는 자신의 침전된 세계관을 지속적으로 유지하기 위해서 어린 시절 부모에 대한 어떤 분노도 경험한 적이 없었다고 주장하지만, 그녀는 이 주장과 모순된 모든 도전을 분리해야만 했다. 이를 위해서 그녀는 보통 그런 기억이 없다고 주장하거나 또는 분노가 일어났던 일을 부인함으로써 반대되는 사례를 숨겨 왔다. 동일하게, 그녀는 유사한 여러 도전을 분노 감정이 아닌 다른 감정이 표현된 것으로 설명했다. 종종 그녀는 이러한 도전을 인정하며("맞아요. 그 감정은 분노였어요.") 일시적으로 '감정에 사로잡혔다고' 진술을 교정하기도 했지만, 이를 자신의 감정이 아니라고 하며 이러한 감정들이 출현한 것에 대한 책임이 자신에게 없다고 해명했다("이러한 감정들이 나타났을 때 어떤 면에서 나는 내가 아니었어요."). 즉, 그녀의 말은 자신이 화학적인 또는 환경이나 정황에 따른 혹은 초자연적인 어떤 종류의 힘에 의해 일시적으로 장악되었고, 이런 이유로 가짜의/사로잡힌 상태의 자신이 그녀의 부모를 향한 분노를 경험했다는 것이다.

침전과 분리가 가지는 가치는 세계관의 상대적인 확실성과 지속성을 유지시킨다는 것에 있다. 이후에 논의하겠지만, 어떤 침전된 영역은 그 정당성을 의심받고 재정립될 수 있지만, 또 다른 어떤 침전 영역의 경우 재정립에 대한 저항과 경직성이 너무 뿌리 깊어서 극도로 강력한 도전에 의해서만 바뀌거나 혹은 아무리 거센 도전에도 바뀌지 않기도 한다. 가장 경직된 채 유지되는 가장 깊이 침전된 영역은 세계관에 구조적 토대를 제공한다. 이러한 깊은 침전 영역의 경우 접근이 쉽지 않지만, 관계를 표현하는 매우 격정적이고 감정적인, 예를 들면 "나에게 상처를 주지 마세요.", "나는 좋은 사람이에요.", "나를 사랑해 주세요.", "당신이 나를 사랑하게 만들겠어요." 등과 같은 진술들로 간략히 표현될 수 있다고 생각한다. 치료자와 수련생과의 일반적인 논의에 기반해서 생각해 볼 때 개인적으로 이러한 토대가 되는 침전 영역들은 이후 다른 모든 침전 영역에 영향을 미친다고 의심된다. 내 생각에 이러한 심도 깊은 침전 영역들은 보다 더 복잡한 형태를 띨 수는 있어도 완전히 역침전화가 이루어지지는 않는 것으로 보인다. 예를 들어, "너에게 보여 주겠어."와 같이 심도 깊은 침전 영역은 처음에는 분노, 공격성, 타인의 거절을 통해 체현되었을 수 있지만, 이는 증명, 교육, 자기노출 및 이와 동일한 것들에 초점을 두고 있는 연관된 것들의 새로운 가능성을 열어 줄 수도 있다.

부적절하게 고정된 태도에 대한 역침전화와 분리된 경험들을 다시 자신의 것으로 받아들이는 것은 논리적으로 매력적이고 합리적인 대안으로 보일 수도 있다. 그러나 여기에서 간과되는 것은 이와 같은 전략의 결과로 세계관이 불안정하게 될 뿐만 아니라, 불안정의 정도와 그 기간도 예측할 수 없게 된다는 점이다. 예를 들어, '나는 다른 사람을 죽이는 데서는 결코 즐거움을 찾을 수 없을 것'이라는 침전된 태도를 유지하고 있다"고 생각해 보자. 그리고 이와 같은 침전 영역이 어떤 이유에서든 역침전화 가능성이 높아질 만큼 충분히 도전받았다고 가정해 볼 때, 이 상황에서 현재의 체현된 세계관의 불안정화는 아마도 일종의 사라짐(세계관의 파괴에 초점을 맞춘 것이든 또는 존재하지 않기에 대한 '구애'에 초점을 맞춘 것이든)을 받아들이는 것이 역침전화보다 더 나은 대안으로 나타난다는 데에서 온다. 아마도 덜 극단적인 수많은 예시를 쉽게 떠올릴 수 있을 것이다. 일반적으로, 실제 경험의 도전에 수용적인 유연한 세계관은 높은 수준의 불확실함, 불안정성 그리고 복잡함으로 가득 차 있다. 침전과 분리는 세계관이 통일되고 일관성 있게 보이도록 하므로, 이를 제거하는 것은 우리로 하여금 너무 뚜렷하게 혼돈 상태의 모순적인, 그리고 세계화와 일치성이 점점 증가해 가는 세계관에 직면하게 한다.

지금까지의 논의를 요약하면서, 다음의 예시를 살펴보면, 나는 현재 체현된 모습으로서 "나는 항상 체계적으로 강의를 계획하고 준비하는 어네스토이다."라고 주장한다. 이러한 주장은 체계적으로 계획하고 준비하지 않은 수업을 해야만 하는 자리에 서게 될 때 예기치 못한 도전을 받게 된다. 만약 "나는 항상 체계적으로 강의를 계획하고 준비하는 어네스토이다."라는 입장이 유연한 세계관 구조를 반영하고 있다면, 단지 강의를 진행할 수 있을 뿐만 아니라, 보다 다양한 형식으로 나의 구조 또한 변하게 될 것이다. 그리고 세계관도 "나는 대체로 체계적으로 강의를 계획하고 준비하는 어네스토이며 또한 계획하지 않고 준비되지 않았다 해도 강의도 진행하는 어네스토이다."라는 식으로 바뀔 것이다.

앞의 예시와 같이 세계관의 유연성은 실존적 현상학이 완전히 고정된 세계관에 대한 정의를 받아들이지 않는다는 사실을 분명히 해 준다. 오히려 실존적 현상학은 개인의 삶 전반에서 세계관의 지속적이고 역동적인 재구조화의 가능성을 인정한다. 하지만 동시에 실존적 현상학은 세계관의 변화로 인한 결과가 완전히 예측될 수 없다는 사실도 인정한다. 마찬가지로 완전한 유연성 또한 세계관의 유지와 지속을 과도하게 위협하며 불안정하게 하기 때문에 불가능하지는 않더라도, 어렵다는 사실을 인정한다.

논의 중인 예시로 다시 돌아가서, 침전의 관점에서 이를 살펴보면, 이 경우 "나는 항상 체계적으로 강의를 계획하고 준비하는 어네스토이다."라는 세계관은 유연하지 않은 체현된 태도로서 어떤 방식으로든 변화되거나 수정되는 것에 저항적이다. 앞에서와 마찬가지로, '항상 체계적으로 강의를 계획하고 준비하는 어네스토'가 계획하지 않고 준비되지 않은 강의를 실제로 해야 하는 것과 같은 도전 상황을 가정해 보면, 이때 유연하지 않은 침전 영역의 안정성과 지속성은 위협을 받게 된다. 이 위협이 어떻게 완화되거나 제거될 수 있는가 하면 이는 분리를 통해서 가능하다. 예를 들어, 어네스토는 그가 진행했던 것을 '강의'라고 할 수 없으며 오히려 비공식적이고 다소 즉흥적인 진술들을 나열한 것에 보다 더 가깝다고 주장할 수도 있다. 동일하게 어네스토는 실제로 이전에 이와 똑같은 주제로 강의를 준비했었는데, 이를 '잊고' 있었으며, 이 강의를 진행한 것은 이전에 계획한 것에 기반한 것이었다고 주장할 수도 있으며, 이 경우 이 도전 상황을 시간 기록의 혼동이나 이전에 준비했다는 사실을 잊었던 것으로 설명함으로써 잠재적인 역침전화의 가능성은 낮아지게 된다. 이런 방식으로 어네스토의 침전된 태도에 대한 도전은 억제되고, 그 결과 침전 영역은 지속되고 유지될 수 있게 된다.

연습 침전과 분리 탐색하기

1. 자기-구조와 관련하여 자신이 채택한 침전 영역을 찾아보라. 경직된 요구를 유지시키는 태도(즉, 나는 반드시 ~해야 한다/또는 결코 ~해서는 안 된다, 나는 ~이어야 한다/나는 결코 ~이어서는 안 된다)에 대해 알아보는 것은 침전된 영역을 찾는 데 도움이 된다.
2. 자신의 침전 영역에 집중하면서 자기-구조의 관점에서 이러한 침전 영역이 세 가지 실존적 불안정성(즉, 지속성, 기질적 태도, 정체성)을 통해 어떻게 표현되고, 이에 어떤 영향을 미치는지 탐색해 보라.
3. 자신의 침전 영역에 집중하면서 나머지 두 개의 기본 구조(즉, 타인-구조와 세계-구조)의 관점에서 이러한 침전 영역이 세 가지 실존적 불안정성을 통해 어떻게 표현되고, 이에 어떤 영향을 미치는지 탐색해 보라.

4. 자신의 침전 영역과 관련해서 명확해진 부분을 고려하면서 그 침전 영역을 유지하기 위해서 실제 경험과의 어떤 분리가 불가피하다고 생각되는가?

세계관을 유지하는 전략으로서 침전과 분리

삶은 여러 요소들의 연계와 합이 아닌, 분리와 분열에 의해서 계속된다.

–앙리 베르그송(Henri Bergson)

침전은 어느 정도 수준에서 세계관의 고정성, 확실성, 그리고 지속성을 가능하게 할 뿐만 아니라, 세계관이 매우 '구조화되도록' 한다. 침전 없이 시간과 공간을 통해 확장될 수 있는 비교적 고정된 구조로서 실존적 불안정성이 표현되고 억제됨으로써 세계관이 유지되는 것은 가능하지 않다. 비록 침전된 부분이 적은 세계관이 바람직하거나 건강한 것으로 처음에는 보일 수도 있지만, 충분한 안정성과 지속성을 이루고 유지하는 능력에 있어서는 분명한 한계를 드러내게 된다. 만약 세계관이 지속성, 기질적 태도 그리고 정체성에 초점을 둔 세계관의 체현된 불안정성을 반성적으로 경험하는 것에 너무 개방적이라면, 이로 인해 발생하는 계속되는 피할 수 없는 불안과 불확실성은 그 세계관을 체현하는 사람뿐만 아니라, 그 사람과 상호작용을 하는 다른 사람들에게도 견딜 수 없는 것이 될 가능성이 높다. 세계관을 유지할 수 있는 능력이 지속되기 위해서는 침전과 분리가 요구된다. 침전과 분리 없이, 세계관은 세계관을 해체하고자 하는 세계화의 계속되는 도전의 강력한 영향을 견뎌 낼 수 없다. 앞서 논의한 것과 같이, 세계관은 두 가지 상충되는 요구들에 직면해 있는데, 첫째로, 세계관은 가능한 구조적인 방식으로 적절하게 세계화를 반영해야 하며, 둘째로, 세계관의 구조들은 불안정하게 하는 세계화의 영향을 견딜 만큼 충분히 안정적이어야만 한다. 이는 침전과 분리를 통해서 이해될 수 있는데, 이들은 세계관이 세계화와의 관계에 적응하고 조정하는 방법을 세계관에 제공해 준다.

만약 세계관이 대응되는 세계화와 경험적으로 지나치게 일치한다면, 그 세계관의 구조는 대단히 불안정하게 된다. 결과적으로 비록 세계관에 보다 적은 수의 침전과 분리가 포함되겠지만, 이는 세계관의 구조적 불안을 충분히 안정화시키는 반영적 구조들을 유지하는 데 있어서는 큰 한계점으로 작용한다. 이와 같은 예는 “무엇을 해야 할지 아무것도 모르겠어요.”, “누구도 믿을 수 없어요.” 또는 “내가 이해할 수 있다고 생각하기에는 이 세계는 너무나도 혼란스럽고 무질서해요.”라는 진술에서 잘 표현된다.

반면에, 만약 세계관이 그 대응되는 세계화와 경험적으로 너무 동떨어져 있거나 다르다면, 이 세계관이 만들어 내는 구조는 과도하게 경직될 것이고 이런 이유로, 구조적 변경의 가능성이나 요구에 유연하지 못하게 된다. 이 경우, 세계관은 과도하게 침전되고 분리되는데, 이는 “마음속이 텅 빈 것 같고, 다 메말라 버린 것 같아요.” 또는 “다른 사람들은 그냥 움직이고 다니는 로봇일 뿐이에요.”, “긁어 부스럼 만들지 마세요.”와 같은 진술에서 잘 표현된다.

앞에서 살펴본 두 선택지에서 알 수 있는 실존적 한계는 특히 실존적 현상학이 세계화의 개방도 세계관의 안정도 선호하지 않는다는 사실을 적절하게 상기시켜 준다. 실존적 현상학이 주목하는 것은 이 세계화와 세계관이 분리된 기능이 아닌, 연결된 양극단으로서 함께 조명될 때 나타나는 가능성에 있다. 우리는 각자 이 양극단 사이에서 가능한 적절하게 살아갈 수 있는 길을 찾기 위해 애쓴다. 한쪽 극단으로 갑자기 너무 가까이 다가가며 다른 쪽과는 너무 멀어지는 것은 혼란이나 질서 중 하나에 사로잡힌 체현된 태도로 나타나는 여러 수준의 장애를 일으킨다.

다행스럽게도 우리 대부분은 어느 정도 합리적으로 적절한 길을 찾는다.

결코 이상적이지 않으면서 계속해서 조정을 요구하지도 않는 세계관은 역침전화를 진행하기도 하고 또는 추가적인 분리를 요구하기도 한다. 어떤 대안도 본질적으로 다른 하나보다 더 나은 것으로 드러나는 것은 아니지만, 그럼에도 불구하고 우리의 일반적인 선택은 분리 전략에 기반하는 경우가 더 많은 것으로 보인다. 왜 그런 것인가? 예를 들어, 앞의 예시에서 어네스토가 자신이 진행한 것은 강의가 아니라고 묵살하거나 또는 준비했던 사실을 잊어버렸던 것이라고 생각하려고 했던 이유는 무엇인가? 침전된 영역을 역침전화하는 것과 관련해서 무엇이 그렇게 두려웠던 것인가?

이와 같은 질문은 다시 관계성, 불확실성, 그리고 불안이라고 하는 실존적 현상학의 세 가지 기본 원리로 돌아가게 한다. 만약 우리가 관계성을 사실로 상정하면, 우리는 어쩔 수 없이 어떤 특정 침전 영역이 역침전화의 도전에 노출된다는 것은 세계관 전부가 그 도전에 노출되는 것으로 이어질 것이라는 사실을 받아들여야만 한다. 더욱이 그 세계관이 받는 영향과 그 변화가 어느 정도일지, 즉 세계관이 어떻게 변할지 그리고 이 변화의 결과가 세계화와 세계관의 조정에 도움이 될지 혹은 해가 될지 여부 또한 여전히 불확실한 상태로 남아 있다. 예를 들어, 처음에는 하나의 구조 내에서 비교적 사소한 역침전화로 보이던 것이 나머지 구조들 또는 세계관 전체에 거대하고 예상치 못한 결과와 반향을 일으킬 수도 있다. 우리는 역침전화의 이러한 영향과 결과를 미리 알 수가 없으며, 다만 그 결과들이 일어날 때에만 알 수 있을 뿐이다. 마지막으로, 만약 역침전화가 일어나기 이전에 그 영향을 예측할 수 없다면, 역침전화에 응하는 것은 예측할 수 없는 결과를 수용하고 자신의 것으로 받아들이는 책임을 미리 선택할 때 올라오기 시작하는 불안에 우리 자신을 노출시키는 것 같다. 만약 역침전화를 시작하기 전에 기존의 조정값의 적절성을 향상시키는 것으로서 그 결과를 알 수 있다면, 그 행동과 관련된 불안은 실질적으로 감소했을 것이다. 그러나 그 결과를 미리 알지 못하고 또 알 수 없기 때문에 그 행동을 하는 것뿐만 아니라, 그 행동의 책임을 지는 것에서 오는 불안은 쉽게 추구하거나 허용하기가 도저히 가능해 보이지 않는 수준의 불안을 야기한다.

물론, 기존의 침전 영역을 남겨 두려는 시도는 세계관을 그에 대응되는 세계화로부터 더욱 멀어지게 하며, 이 또한 불안의 경험을 심화시키는 관계적 불확실성을 야기한다. 그러나 이 지점이 침전과 분리의 영향력이 작용하기 시작하는 영역인데, 침전을 유지하는 것은 세계관의 경직성, 안정성을 증가시키고 이에 따라서 침전 속에 자리한 확실성도 증가하게 된다. 그리고 결국 관계적 불확실성과 이에 수반하는 불안은 자신의 것이라는 사실이 부인되고 분리된 영역 내에 위치하게 된다. 경직된 침전을 통해서 나는 실존적 불안을 계속해서 경험하지만, 분리된 방식으로 경험하며, 마치 이러한 불안이 자신에게 속하지 않고 자신의 선택과 책임 너머에 분리되어 존재하는 것으로 경험한다. 이에 대한 예로 내담자 아레사가 제시한 딜레마에 대해서 생각해 보자.

아레사는 자신이 오로지 이성애를 지향한다는 침전된 관점을 갖고 있다. 하지만 어느 날 아침 일어나서 그녀는 자신이 다른 여성, 신시아를 안고 침대에 있다는 사실을 인지하게 되었다. 이뿐만 아니라, 아레사는 지난 밤 성적 자유분방함으로 자신이 흥분했었고 만족했었다는 사실을 기억해 냈다. 어떻게 이런 일이 있을 수 있는가? 아레사는 그녀 자신을 이성애자로 여기고 있다. 역침전화를 일으키는 실제 경험의 도전을 거부하고 침전 영역을 유지하기 위해서 아레사는 이 사건은 그녀와 신시아가 마신 상당한 양의 술과 코카인으로 인해서 일어난 것으로 '해명'했다. 게다가 그녀는 신시아의 강력한 영향력과 그녀의 설득 그리고 계속된 요구들이 그녀로 하여금 이런 행동을 하도록 강제했다고 주장했다. 알코올과 약물로 정신이 흐려졌고 신시아가 자신을 압도하고 있는 상태였기 때문에 아레사는 지난밤 일어난 일은 그녀가 통제할 수 없는 힘에 의한 것이었고, 따라서 지난밤의 성적 만남에 함께하고 이를 즐겼던 이는 진짜 '아레사'가 아니며, '가짜' 또는 '뭔가에 홀린' 또는 '조종당하거나 자기 의지가 없는' 아레사였다고 결론을 내렸다. 간단히 말해서, 아레사의 분리 전략은 자신의 침전을 유지하고 아마도 심지어 이를 더욱 경직되게 하며 동시에 이 도전적인 경험을 자신의 선택과 책임 너머에 있는 자신의 것이 아니라고 거부할 수 있게 해 준다. 마찬가지로, 아레사는 이 사건에 대해서 자신과 동떨어진 또는 분리된 방식으로 회상했다. 이 경험은 그녀, 즉 침전을 통해서 정의된 아레사에게 속한 것이 아니었고, 분리된 다른 아레사의 것이었다. 그녀는 일시적으로 이 '이질적 아레사'가 '진짜'(즉, 침전된) 아레사를 지배한 것 이외에 다른 아레사를 인정하지 않거나 또는 자신과 관련되어 있다고 생각하지 않을 것이다. 하지만 이 다른 아레사는 강력한 힘, 즉 술과 약물 그리고 신시아의 설득의 결과로서 존재하게 되었고 언젠가 다시 진짜 아레사를 소유할 수도 있을 것이다. 그러나 비록 그렇다고 하더라도 혹은 그런 때에 경직된 침전 영역뿐만 아니라 동일하게 불가피한 분리 경험들을 유지하고 있는 아레사는 오로지 자신의 침전 영역과 동일한 태도를 취하는 경우에 대해서만 그 소유권과 책임을 계속해서 주장할 수도 있다. 이는 아레사가 불안을 경험하지 않는다는 사실을 의미하지는 않는다. 그녀는 분명히 불안을 경험하고 있으며, 이질적 소유권, 즉 그녀의 선택이나 책임이 아닌 방식으로 생각하고 느끼고 행동하게 하는 이 불안은 그녀로 하여금 상담실을 찾게 했다. 그러나 여기에는 아레사의 침전된 태도가 책임을 거부하게 하는 또 다른 불안도 존재한다. 이는 자신의 침전 영역에 의문을 갖기 시작하고 자신을 배타적 이성애자라고 생각하는 자신의 정의에 대해서 재고하기 시작하는 아레사가 있을 수도 있다는 불안이며, 또한 아레사의 세계관의 모든 상호 관계적 측면과 관련되고 이에 도전하는 이와 같은 의문에 의해서 유발되는 보다 더 광범위한 불안이다. 이 불안은 어떻게 되었을까? 이 불안은 아레사가 '이질적 아레사'로서 그 자체를 명시하고 분리한 영역에 '재위치'하고 이 영역에만 속하게 된다. 이렇게 함으로써 아레사는 침전의 유지를 위협하는 것과 견딜 수 없는 불안을 일으킬 수도 있는 자신의 소유권을 분리시키는 것을 통해 이를 거부함과 동시에 침전 영역을 유지할 수 있다.

물론, 아레사가 자신의 침전 상태를 유지할 수 있는 또 다른 방법도 있다. 그녀는 여러 가지 다양한 방법으로 도전적인 경험의 전부 혹은 일부를 잊어버렸다고 주장할 수도 있다. 그리고 이는 비록 자신에게 속하지는 않았지만 아레사가 계속해서 이용하는 분리된 이질적 존재에 대한 그녀의 침전 영역이 도전받을 때 발생할 수도 있는 불안을 재위치하게 하는 분리 전략으로 보일 수도 있다.

아레사의 설명은 유일무이한 그녀만의 이야기이지만 보편적인 것이기도 하다. 이 설명은 모든 침전과 분리 사례에 반드시 있어야 하는 기본 요소들을 갖고 있다. 정신분석적 관점에서 이는 '무의식'으로 불리며, 실존적 현상학의 관점에서는 분리된 의식에 대한 설명, 즉 침전과 분리에 대한 설명에 해당한다(Spinelli, 1994, 2001). 궁극적으로 이 설명의 가치는 세계관을 세계화에 과도하게 일치시키는 것을 통해서 세계관의 구조성을 불안정하게 위협하는 실존의 관계적 불확실성에 직면하게 됨으로써 세계관이 도전받게 될 때 드러나는 불안을 완전히 제거하기보다는 모호하게 한다는 데 있다. 이와 같은 상황에서 우리가 가장 일반적으로 선택하는 방향이 침전을 유지하는 것이라는 사실은 그리 놀랄 만한 일이 아니다.

연습 침전의 유지 탐색하기

1. 앞의 연습에서 탐색했던 침전 영역으로 돌아가서 이를 유지하고 안정화하는 데 필요하기 때문에 실제 경험으로부터 분리된 영역을 살펴보라.
2. 부분적인 역침전화를 시도하기로 선택했다고 상상해 보자. 이것이 분리된 영역에 미치는 영향은 무엇인가?
3. 이 시도는 침전된 자기-구조의 초점에서 볼 때, 세 가지 실존적 불안정성(즉, 지속성, 기질적 태도, 정체성)에 어떤 영향을 미치는가?

세계화와 세계관: 요약

반대쪽에 있는 것은 서로 통하고 서로 다른 것들이 가장 아름다운 조화를 이룬다.

-헤라클레이토스(Heraclitus)

세계관이 채택한 것이 무엇이든지, 그리고 그것의 유연성과 경직성의 정도와 관계없이, 세계관은 세계화에 필연적으로 구조를 부과한다. 따라서 이 둘 사이의 필연적인 불일치는 구조를 통해서 과정과 같은 경험을 이해하려는 행위로 인해서 나타나게 된다. 세계관이 자신의 구조적 속성을 유지할 수 있도록 해 주는 것이 바로 이 간격이다. 사실, 세계관의 구조적 속성은 세계관이 얼마나 적절하게 세계화를 반영할 수 있으면서 또 불안정하게 하는 세계화의 영향에 저항할 수 있는지에 의존하지만, 이 문제의 적절한 해결을 위해서는 간격이 요구된다.

이러한 사실에 유념한다면 **비본래성**(Heidegger, 1962), **나쁜 신념**(Sartre, 1991) 또는 **나-그것**(Buber, 1970) 관계 등 인간의 경향성에 대한 실존적 현상학 문헌 전반에서 계속되는 주장을 보다 잘 이해할 수 있을 것이다. 세계화와 세계관에 대한 논의는 '타락'(또는 우리가 존재할 수 있는 가능성 이하로 존재하는 것)의 다양한 표출이 과정과 같은 세계화를 구조화한 세계관을 이해하려는 행동을 통해서 발생한다는 사실을 드러내 보인다. 다양한 갈래의 불교를 통해서 부처의 가르침을 공부하고 있는 독자들은 이 결론이 흥미롭게도 자신이 공부하는 것과 공명하는 부분이 있다는 사실을 발견할 수도 있다(Siderits, 2003).

실존치료는 그 자체로 실존적 현상학의 원리를 적용하기 위해서 '타락시키는' 시도라 할 수 있다. 치료로서 실존치료를 비판하는 사람이라고 하더라도 치료일 수도 있는 그 밖에 다른 접근들과 대조되는 실존치료의 치료적 특성을 확인하는 역할을 하는 여러 구조들을 채택해야만 한다는 점에 있어서 이는 '타락'이라고 말할 수 있다. 그렇다면 '실존치료가 채택해야만 하는 치료적 구조들은 무엇인가?'라는 질문이 제기된다. 어떤 구조는 수정되거나 또는 거부될 수 있는가? 그리고 동일하게 실존치료를 실제 적용함에 있어서 실존적 현상학의 핵심적 기본 원리들이 어떻게 어느 정도까지 최소한의 조화를 이룰 수 있겠는가?

비록 실존적 현상학의 기본 원리들과 반복되는 실존적 주제와 문제들을 다루는 실존적 현상학의 방식에 대한 이 장과 앞선 장들에서의 논의가 이 주제의 중요성과 다양성을 제대로 다루지는 못했다고 하더라도, 바라기는 최소한 독자들이 주요 이슈들을 충분히 숙지하게 되었고, 따라서 실존치료에 이 주제들이 미친 영향이 명확해졌으리라 기대한다. 로날드 바예(Ronald Valle)와 마크 킹(Mark King)은 가장 우선시되는 이 주제들에 대해서 최고의 요약을 다음과 같이 제시하였다.

> 실존적 관점에서 인간의 경험은 개인과 그/그녀의 세계와의 완전하고 서로 떼어 놓을 수 없는 조화 또는 연관성을 보여 준다. …… 진정한 의미에서 인간은 세계와 분리되어서 존재할 수 없으며, 세계는 인간과 분리되어서 존재할 수 없다. …… (Valle & King, 1978: 7).

관계에 대한 이 기본 가정은 실존의 문제에 대해서 실존적 현상학이 제시한 모든 고찰을 뒷받침한다. 이러한 고찰 중 일부는 그 후에 재진술되었고, 그 결과 이 고찰들은 심리학(Ihde, 1986a, 1986b; Spinelli, 2005)이나 연구방법론(Crotty, 1996; Spinelli, 2006)에 적용된 관점이나 치료로서 우리가 가진 문제(Cohn, 1997, 2002; Spinelli, 1997; van Deurzen-Smith, 1988; Yalom, 1980)들을 중심으로 다뤄질 수 있게 되었다. 그러나 지속적인 치료적 담론을 이어 가는 데 있어서 실존치료는 변화, 인과관계, 갈등 그리고 증상에 관한 치료적 관점과 가설에 초점을 맞춘 주제와 대화에 담겨 있는 주요 주제 및 문제들을 다루어야 한다. 다음 장은 이러한 주제들을 실존적 현상학에서 어떻게 해석하고 있는지에 대해서 간략히 설명하고 있다.

제4장

⋮

치료에 대한 실존적 현상학의 비판

소개

> 우리는 모두 진정한 예술적 동기의 결여를 채우는 데 기술이 얼마나 소용이 없고 비효과적인지 알고 있다.
>
> −마크 로스코(Mark Rothko)

'전문가'에게 가치를 두는 시대와 문화 속에서 수많은 실존의 불만족에 대한 반응으로 인생 전문가를 점점 더 찾게 되는 것은 그리 놀랄 만한 일은 아니다. 어쩌면 예전부터 늘 그래 왔는지도 모른다. 모든 문화공동체에는 우리가 길을 잃거나 등불이 필요해 보이는 순간에 현자들과 주술사, 성직자와 같이 '길'을 알려 주는 경건하고 계몽된 사람들이 존재해 왔다. 현대의 서양 문화의 경우, 비록 종교의 영향이 완전히 사라진 것은 아니지만(예를 들어, '미국의 중산층'으로 알려져 온 몇몇 경우에서는 종교가 여전히 유의미한 사회정치적 영향력을 유지하고 있다.), 치료자가 이 전문지식의 일부분을 담당해 왔다. 그렇다면 이들을 통해서 제공된 전문지식은 무엇인가?

이에 대해서 스스로를 치료자라고 부르는 많은 사람에게 공유되고 있는 우리 문화권의 대답은 전문가적 기술과 기법, 노하우에 집중되어 있다. 안타깝게도, 지금까지 빈번하게 논의되고 증명되어 오기는 했지만, 내담자의 삶에 이로운 치료적 영향을 미치는 것과 관련해서 전문가에 의해서 확인된 방법은 경험적으로 증명되지 않은 채 여전히 남겨져 있는 경향이 있다(Ablon & Jones, 2002; Longmore & Worrell, 2007; Luborsky et al., 1999, 2002; Messer & Wampold, 2002; Piper, 2004).

이는 치료 개입이 어떤 가치도 없다고 말하는 것이 아니다. 이와 반대로 결과와 과정 모두에 있어서 치료 개입이 상당한 효과가 있으며 보다 더 많은 경우에 해롭기보다 이롭다는 근거들이 있다(Cooper, 2008; Howard, Moras, Brill, Martinovich, & Lutz, 1996; Howard, Orlinsky, & Lueger, 1994; Spiegel, 1999). 치료에 관해서 내담자가 보고한 경험에 대한 기술과 평가 또한 유사한 결론을 시사한다(Sherwood, 2001). 그렇다면 이처럼 전반적으로 긍정적인 근거들을 불확실하게 하는 구체적인 요인들은 무엇인가? 간단히 말하면, 치료가 대부분의 사람에게 '효과적'인데, 왜 효과적인지에 대해서는 여전히 해결되지 않은 채 의문으로 남겨져 있다. 현재로서, 치료자가 중요하다고 가정하는 것과 내담자가 자신에게 유의미한 것으로서 보고한 것 간에는 분명한 간격이 있는데, 요약하면 많은 치료자가 기술과 기법, 즉 치료에서 설계된 구체적인 효과 요인들을 강조하는 경향이 있는데 반해서, 내담자들은 치료적 관계에서의 존재 경험과 함께 보다 크게는 치료적 만남에서 형성된 방식으로 내담자가 경험한 존재의 질적인 면에 가장 큰 중요성을 부여했다(Anderson & Goolishian, 1992; Howe, 1993; Sherwood, 2001).

치료자들이 취하는 태도는 종종 명확하지는 않지만 대다수의 치료자가 동의한 것에 따라 사실로 가정되는 일련의 철학적 교훈으로부터 일부 생겨난다. 앨빈 말러(Alvin Mahrer)가 진행하고 있는 연구는 이와 같은 많은 가정을 비판적으로 검토하는데 특별히 중요한 의미를 가진다(Mahrer, 2000, 2004, 2006). 이 책에서 취하고 있는 관점에서와 같이 말러는 거의 모든 연구 분야는 그 영역의 **근본적 신념**으로 묘사될 수 있는 기본적인 목적과 최초의 시작점을 가지고 있다고 주장했다(Mahrer, 2000: 117). 또한 치료에 관해서도 말러는 치료 영역은 대개는 추정되고, 가정되고, 암시되고, 당연시되고, 가끔은 간결하게 설명되는 근본적 신념으로 가득 차 있다고 명시했다(Mahrer, 2000). 말러는 단지 대다수의 치료자에 의해서 옳다고 가정되는 것으로 비판적 분석에 면역력을 갖게 하는 기분 좋게 하는 생각(또는 '매력적인 생각', Kagan, 2000)의 역할을 하는 근본적 신념에 너무 과도하게 의존한다고 치료를 비판했다(Mahrer, 2000). 예를 들어, 대부분의 치료자는 우울증은 자신과 세계, 미래를 평가하는 데 있어서 습관적인 논리적 오류를 일으킴으로써 개인의 관점을 왜곡한다는 신념에 동의할 것이다. 그러나 일각에서는 이에 대해서 의구심을 가져왔다. 이 기분 좋아지는 생각에 대한 경험적 증거들을 분석한 한 연구는 자신의 사회적 수행에 대한 평가에서 오히려 '우울한 사람'들이 '우울하지 않은 사람들'보다 더 독립적인 관점으로 자신을 평가하고 있다는 사실을 밝혔다(McGartland & Polgar, 1994: 23). 그리고 우울한 사람들의 일반적인 논리적 문제 해결 능력은 대체로 손상되지 않았던 반면에, 우울하지 않은 사람들은 논리적 추론에 있어서 상당히 뚜렷한 오류를 보이기도 했다(McGartland & Polgar, 1994).

이러한 의문스러운 여러 가정들은 정신분석과 CBT와 같이 겉보기에도 대단히 다르고 상충하는 모형의 지지 여부나 또는 어떤 특정 단일 모형이 아닌 절충적이거나 통합적 접근을 채택했다는 주장 여부와 관계없이, 대다수의 치료자가 동의한 핵심적인(또는 깊이 침전된) 기본 신념을 근거로 한다. 이 기본 신념은 철학적으로 세계와 그 안에 존재하는 관계를 주체와 객체(또는 연구자와 참여자)로 분리하고 구별하는 관점에서 유래한 가정을 담고 있다. 이 관점에서 후자는 전자에 의해서 명명되고 연구되며 분석되고 조작되고 변화하는 것으로, 전자는 과학적으로 이 연구에서 분리되어 있다.

이는 연구를 수행하는 치료자가 참여자에 대해서 아무것도 느끼지 못한다거나, 도덕적, 윤리적으로 고려할 사항이 존재하지 않는다고 말하는 것이 아니다. 연구자는 자신의 프로젝트나 그로부터 얻을 수 있는 결과만을 신경 쓰는 냉담하고 냉정할 것이라는 전형적인 고정관념과는 반대로 절대 다수의 치료자는 자신의 내담자의 전반적인 안녕에 매우 큰 관심을 가지고 있다. 오히려 많은 치료자가 이 연구의 결과와 효과를 만들어 내는 것은 대부분 연구자의 기술 그 자체라고 주장할 수 있는 것이 가능하게 된 것은 치료자(특히 CBT를 지향하는 치료자)가 연구로부터 분리되었다는 가정을 통해서이다. 그리고 만약 그렇다면, 이 기술들을 적절하게 적용할 수 있는 사람이라면 누구든지 동일한, 적어도 매우 유사한 효과와 결과를 유발할 수 있을 것이다. 이러한 관점은 우리(서양) 문화권에서 인기가 있고, 문화 전반에 만연히 퍼져 있으며, 이는 아마도 모든 방법 특히 기술적으로 우리 자신을 진보시키는 데 있어서 우리가 이루었던 큰 성공의 근원일 것이다. 그러나 몇몇 사람들이 제안했던 것과 같이 이는 우리 문화에서 증가하고 있는 문제의 근원일 수도 있다. 예를 들어, 쇠렌 키르케고르와 프리드리히 니체로부터 자신의 이론을 발전시킨 하이데거는 인간의 '기술화'와 인간관계가 존재 그 자체를 향한 공격을 묵인하는 그 한계점을 비판했다(Heidegger, 1977). 그럼에도 불구하고 존재에 대해서 분리된 관점을 조장하는 철학적 태도에 대한 신뢰는 서양 문화에서 여전히 주류를 차지하고 있으며 지식이 습득되고 해석되는 방법에 지속적으로 영향을 미치고 있다.

실존적 현상학은 이 관점의 여러 영향들을 거부한다기보다는 관계성의 결과로서 이들의 위치를 재조정하는 것을 통해서 그 영향뿐만 아니라, 이 지배적 관점에도 문제를 제기한다. 이러한 방식으로 실존적 현상학은 대립되는 또 다른 추가적인 (실존적 현상학의 원리에 모순될 수 있는) 관점을 만들어 내기보다는, 분리된 관점의 영향을 받은 경험의 특성과 그 영향들을 무시하지 않으면서 분리되어 있다는 가정을 무너뜨린다. 게다가 무너뜨릴 뿐만 아니라, 이 대안은 치료의 실제와 관련해서 되풀이되는 치료자의 가정과 궁극적으로는 치료가 무엇인지에 관한 치료자의 가정을 다시 명확하게 해 준다. 이 두 가지 종류의 가정은 모두 변화, 인과성, 갈등과 증상에 관한 질문들에 주요 초점을 두고 있는 다수의 기본 신념에 기반하고 있다. 이 장에서는 이러한 신념들에 대한 실존적 현상학의 관점을 다루고 있다.

연습 치료에 대한 기본 신념 탐색하기

1. 자신이 지지하는 치료에 대한 기본 신념들을 생각해 보라.
2. 이 신념을 유지하게 하는 것은 무엇인가? 이 신념에 위협이 되는 것이 있다면 이는 무엇인가?
3. 만약 당신이 이 신념을 더 이상 지지하지 않는다면, 이는 치료에 대한 당신의 이해와 실제에 어떤 영향을 미치는가?

변화에 대한 실존적 현상학의 관점

> 만일 내 안에 악마들이 나를 떠나간다면, 내 안에 천사들도 나를 떠나 날아가 버릴까 두렵다.
>
> –라이너 마리아 릴케(Rainer Maria Rilke)

변화에 대한 가정, 즉 변화에 대한 회피와 가능성, 그 한계와 잠재성 등에 대한 가정은 치료 작업의 토대가 된다. 하지만 변화 경험은 우리를 즉각적인 모순에 마주하게 한다. 우리는 변화를 경험하는 것이 마치 특별하거나 특이한 또는 흔치 않는 일처럼 선별하면서 동시에 변화를 항상 끊임없이 계속되는 실제 경험으로 인식한다. 존재하는 것은 변화한다. 그러나 만약 그렇다면, 어떻게 치료가 누구든 변화시키지 못할 수 있겠는가? 치료자들이 스스로를 '변화 전문가'로 소개할 때 주장하거나 제시하는 것은 무엇인가? 여기에서 치료자들이 언급하고 있는 변화는 일반적인 변화가 아니라, 구체적인 특정 방식으로 경험되는 변화와 관련된다고 판단된다.

세계화 수준에서 변화 경험은 항상–생성되는–존재가 표현된 것이며, 마찬가지로 세계관 수준에서 변화는 세계관 구조의 일부 혹은 전체에 분열을 일으키는 충격을 통해서 경험된다. 반성을 통해서 변화가 받아들여지는 경우, 세계관의 안정성과 지속성을 유지하는 역량에 영향을 미치는 이 변화의 새로운 잠재력이 어떤 충격적인 불안정성의 위험이 발생한다고 하더라도 자신이 이에 충분히 대응할 수 있을 것이라고 판단된 것이다. 예를 들어, 교외에 있는 부모의 집을 떠나 런던 북부의 작은 아파트로 이사하는 중에 경험한 변화는 분명히 자넷에게 여러 가지 불안을 일으켰지만, 그녀는 자신이 스스로를 잘 돌볼 수 있으며, 삶의 위기라고 느낄 때 다른 사람들과 더 깊이 있는 관계를 맺을 수 있고 도시의 삶이 흥미진진하다는 자신의 세계관을 더 확고히 해 주는 이 변화를 수용하였다.

그러나 반성해 볼 때 문제가 되는 변화의 경우, 세계관은 변화의 영향을 상쇄시키기 위해서 침전과 분리 전략을 통해서 예측할 수 없고 불안정하게 하는 변화의 영향을 인정하지 않거나 거부하기를 꾀한다. 예를 들어, 교외에 있는 부모의 집을 떠나 런던 북부의 작은 아파트로 이사하는 중에 조지가 경험한 변화는 자신을 일종의 '일가친척형' 사람으로 보는 그의 침전된 관점을 포함한 다양한 면에서 그가 가진 현재의 세계관을 유지하는데 위협이 되는 여러 불안을 일으켰다. 자신의 침전 영역을 유지하기 위한 방법의 일환으로 그의 북부 런던에서 살아가는 경험은 북부 런던에서의 환경, 그 세계의 타인 그리고 북부 런던에서 살고 있는 그 자신과 여러 가지 방법으로 분리시켰다. 결국 이러한 분리는 자신의 경험을 가짜 또는 거짓된 형태의 타인, 세계 그리고 거짓된 자신에게 속한 것으로 분리시키는 것을 가능하게 해 주었을 뿐만 아니라 더 나아가 그가 계속해서 유지하고자 했던 세계관의 진정성을 확증해 주는 (북부 런던 자체, 타인 또는 세계 중 어느 것에 초점을 맞추는지와 상관없이) '거짓 경험'을 야기했다.

세계화와 세계관 수준 모두에서 변화를 경험하는 것은 죽음을-향한-움직임으로 보일 수 있다. 세계화의 관점에서 변화 경험은 현재 실존으로부터 새롭게 생성되는 것으로 계속해서 변해 가는 흐름 내에 자리하며, 세계관의 수준에서 어떤 구조적 변화는 그것이 얼마나 극미한 변화인지 혹은 보기에 사소해 보이는지와는 관계없이 현재의 세계관에 영향을 미치고 따라서 더 이상 변화 경험 이전의 세계관과 정확히 동일하게 유지되지 못한다. 예를 들어, 앞에서 다루었던 자넷과 조지의 경우에서 각자가 변화에 대한 반응으로 어떻게든 유지하려고 했던 세계관은 이전에 그들이 선호했던 세계관과 여러 면에서 유사하지만 이를 똑같이 복제한 것은 아니다. 이처럼 변화는 이전에 유지되었던 세계관에 마침표를 찍는다. 변화를 경험하는 것과 대개 죽음 불안으로 일컬어지는 것을 경험하는 것은 밀접히 연관된다.

세계관 수준에서 변화가 분열과 혼란을 일으키는 측면을 가지고 있다는 사실은 분명하다. 변화는 '이전에 무엇이었거나 무엇이 아니었던 것'에서 '현재 무엇이거나 무엇이 아닌 것'으로의 이동이라 할 수 있는데, 변화에 대한 이러한 반성적 경험은 또한 지속성을 요구한다. 지속성 없이, 우리는 "나는 변했어요.", "당신 달라졌군요.", "이 세계는 이전만큼 더 이상 흥미롭지 않아요."라고 결코 말할 수 없다. 우리는 우리/타인/세계가 이전에 무엇이었는지 또는 우리/타인/세계가 무엇이 될 수 있을지에 있어서 언제든지 어떤 반성적 인식 없이 항상 변화하고 있는 존재이다. 그러므로 세계관의 관점에서 변화는 붕괴와 지속 사이의 상호 관계를 항상 표현한다.

변화의 딜레마는 치료에서 맞닥뜨리고 다루는 것과 같은 일반적인 변화가 아니라 현재의 실제 세계관의 유지와 안정에 과도하게 위협이 되거나 위험한 것으로 여겨지는 영향력을 가진 변화 경험들과 함께 나타난다. 이 변화 경험은 다른 모든 경우와 비교할 때 어떤 차이점이 있는가? 나는 이 이슈의 핵심은 붕괴와 지속 사이의 상호 관계에 대한 세계관의 수용 또는 거부에 있다고 생각한다. 불안을 일으키며 분열을 초래하고 위험한 것으로 여겨지는 용인되지 않는 원하지 않았던 변화 경험은 붕괴와 지속을 별개의 것으로 구별하며 마치 이들을 상호 관계가 없는 것처럼 취급한다.

변화에 대한 이러한 비관계적 반응을 유지하는 것은 앞에서 살펴봤던 딜레마에 대한 조지의 사례에서 살펴볼 수 있다. 조지의 여러 가지 분리 전략은 그로 하여금 그가 경험한 세계관의 붕괴와 세계관을 지속적으로 유지하고자 하는 열망 사이에서 비관계적 태도를 취하도록 했다. 부분적으로 조지는 세계관을 붕괴시키는 변화 경험의 영향을 분리시킴으로써 세계관이 지속되도록 할 수 있었다. 하지만 이러한 해결 방식에는 대가가 따랐는데, 경험과 세계관의 분리는 '그다지 조지가 아니었던 조지'와 '그다지 조지가 아니었던 것도 아닌 조지'로의 분리를 야기했다. 이러한 분리는 일종의 생명 없는 생명, 즉 계속해서 반복되는 '어중간한' 실존의 경험으로서 경험된다.

그러나 반성적으로 변화를 받아들이는 방향으로의 전환이 훨씬 더 좋은 경우에도 왜 이러한 해결 방식에 의지하는 것일까? 예를 들면, 다른 치료 모형이 비합리적 신념, 무의식에서 유래된 파괴 본능 또는 거짓 자기로 인한 이상행동의 징후 등 부정적이고 해로운 경향을 띤 배타적인 관점으로 이 질문을 바라보는 반면에, 실존적 현상학은 이 어중간한 전략이 해결책으로서는 한계가 있고, 취약하게 하며, 분열시킬지는 모르지만, 반성적으로 변화를 전적으로 수용할 때 떠안게 될 수 있는 미지의 알 수 없는 결과를 어쩔 수 없이 받아들일 필요 없이 변화의 영향과 효과를 무효화시키는 방법을 제공해 준다는 사실을 우리에게 일깨워 준다. 붕괴와 지속 사이에 어중간하게 있는 것을 통해서 변화 경험의 가장 문제가 되는 결과는 부인되고 희석되거나 또는 분리될 수 있다.

실존적 현상학이 세계관의 개별 특정 구조들과 관련해서 다른 모든 구조와 나눠질 수 없는 관계로 서로 얽히고 연결되어 있다고 주장한다는 사실을 기억해 보자. 이에 따르면, 어떤 특정 구조의 붕괴는 전체 세계관에 영향을 미친다. 만약 이 사실 자체로 불안을 불러일으키는 것이 아니라면, 현재 어떤 개인이나 어떤 치료 모형도 특정 세계관 구조의 혼란이 전체 세계관에 어떤 방식으로 어느 정도까지 영향을 미치는지를 정확히 예측할 수 없다. 어떤 한 구조의 '비틀림'이 겉보기에 얼마나 사소하거나 작은지와 관계없이, 전체 세계관으로 이어지는 변화는 미묘하거나 거의 알아차리기 힘들 수도 있고 또는 극적이거나 광범위하게 나타날 수도 있다. 반대의 경우에서도 마찬가지로, 단일 구조에서의 두드러진 변화라 하더라도 거대한 전체 세계관적 결과로 이어질 수도 있고, 겨우 눈에 보일 만한 결과로 이어질 수 있다. 변화 경험에 대한 개방성은 미지와 불확실성에 대한 개방성을 반영한다. 이는 세계관을 유지하는 모든 것의 '죽음'을 무릅쓰는 것이다.

따라서 우리는 세계관 경험의 안정성과 지속성을 붕괴시킬 것으로 생각되는 원하지 않는 위협에 직면하게 될 때 심지어 이러한 시도들이 큰 고통과 괴로움을 양산해 낸다고 하더라도 이러한 붕괴를 상쇄시키거나 거부 또는 부정할 가능성이 높다. 안타깝게도 이러한 전략들이 부분적으로나 일시적으로 의도했던 목적을 이룬다고 하더라도, 그 실존적 대가로 분열과 분리의 경험이 체현되는 결과를 감당해야 한다. 하지만 이러한 어중간한 실존이 끔찍하다 하더라도 받아들일 수 없는 붕괴라는 결과를 상쇄시키고 세계관의 안정과 지속을 유지하기 위한 시도라는 관점에서 볼 때 상당히 일리가 있는 전략으로 여전히 유효할 수 있다.

모든 치료 접근은 각각의 방식들로 원치 않았던 예상치 못한 변화의 결과를 받아들일 것을 내담자에게 요구한다. 실존적 현상학의 관점에서 볼 때 변화는 어떤 새로운 세계관이 등장하게 될지 미리 알 수 없는 상태에서 근본적으로 세계관 전체의 안정성과 지속성을 위협하는 위험을 자진해서 무릅쓸 것을 요구한다. 그리고 마치 나눠질 수 없는 세계관의 양극이 동시에 존재하면서 서로 동일한 가치를 가지는 것으로 붕괴와 지속을 받아들일 것을 요구한다.

그렇다면 내담자는 어떤 기제에 의해서 또는 어떤 단계별로 구조화된 개입을 통해서 이러한 변화를 받아들이는 방법을 찾게 되는가? 다른 모든 현대의 치료 모형들과 같이, 실존치료도 모든 것을 포함하는 단일의 만족스러운 해답을 가지고 있지는 않다. 실존치료의 주요 관심은 세계관의 지속을 파괴하려는 것으로 내담자가 경험하는 것을 묘사적으로 명확히 하려는 시도에 있으며, 이를 통해서 그 경험의 침전과 분리를 상호 관계적으로 탐색하는 데 있다. 이는 심지어 말로 하는 어떤 진술도 아닌 단지 실존치료자의 존재가 내담자에게 변화를 유발하는 영향을 미친다는 순진한 생각을 하고 있다고 주장하는 것은 아니다. 실존치료자는 스스로를 비지시적으로 보기보다는 치료적 관계에서 드러나는 그 자체로 내담자의 세계관이 설명되는 데 집중하기 위해서 노력한다. 방향성에 대한 이러한 실존치료의 입장은 상담 그 자체의 방향과 내용을 설정하는 과업으로부터 치료자들을 자유롭게 한다. 대신에 실존치료자의 초점은 치료적 만남 그 자체가 스스로의 방식으로 찾아낸 목적과 방향을 통해서 드러난 내담자의 세계관을 다루는 것에 있다(Gadamer, 2004). 실존치료자는 '내담자가 되었을 수도 있는 모습'에 초점을 맞추기보다 '내담자가 현재 존재하는 모습'과 그 존재 방식이 상호 관계적으로 어떻게 경험되고 표현되는지에 집중한다. 역설적으로 실존치료는 내담자가 문제가 되는 자신의 변화 경험과 함께 '머물러 있도록' 돕는 바로 그 과정을 통해서 유익한 변화가 일어날 가능성이 보다 더 높아진다고 주장한다. 흥미롭게도 이와 동일한 관점이 제3세대 CBT로 명명되어 온 접근에서 최근 발전하고 있다는 사실이 알려지고 있다(Claessens, 2010; Hayes, Stroshal, & Wilson, 2011).

연습 변화 경험 탐색하기

1. 삶에서 기꺼이 받아들이고 수용한 변화의 예를 하나 이야기해 보라.
2. 삶에서 저항하고 거부하려고 애썼던 변화의 예를 하나 이야기해 보라.
3. 삶에서 성취할 수 없었던 변화의 예를 하나 이야기해 보라.
4. 이 각각의 변화의 예들에서 당신이 경험한 것들을 비교해 보라. 이러한 변화들이 구체화되는 데 있어서 당신이 주목한 차이점은 무엇인가?

인과성에 대한 실존적 현상학의 관점

> 철학자들 사이에서 받아들일 수 있는 기준과 같은 인과의 법칙은 마치 잔존하고 있는 군주제와 같은 구시대적 유물인데, 이는 다만 해를 전혀 끼치지 않는다고 잘못 가정되었기 때문이다.
>
> –버트런드 러셀(Bertrand Russell)

일반적으로 인과성의 개념은 선형적인 접근(원인과 결과가 있는)을 채택하고 있는데, 이는 인과성이 단일 방향을 가지고 있음을 시사한다(예: 원인이 결과를 일으키고, 결과는 원인을 일으키지 않는다). 이러한 단일 방향의 선형성은 현대의 주류 치료 모형들로 이어지는데, 특히 치료자가 내담자의 현재 어려움이나 장애와 관련해서 과거의 영향을 고려할 때 가장 분명하게 나타나며, 이때 구체적인(때로는 알려지지 않은) 과거의 사건은 내담자의 현재 상황들의 단일 방향적 원인으로 이해된다. 제2장에서 논의된 바와 같이, 실존적 현상학은 과거와 현재(그리고 미래) 간의 관계에 대한 이러한 관점을 거부하고 인과성에 대한 선형적인 설명 또한 받아들이지 않는다.

다음에서 간략하게 설명하겠지만, 실존적 현상학만이 이와 같은 문제를 제기하는 것은 아니다. 선형적 인과성의 힘은 다수의 치료 접근이 인간 행동과 관련된 근본적 가정의 많은 부분에 있어서 여전히 19세기 물리학 모형을 신뢰하고 있다는 데 있다. 19세기 물리학에서 선형적 인과성의 대성공은, 예를 들면 진자의 운동이나 어떤 표면을 굴러가는 공의 움직임과 같은 특정 종류의 행동, 즉 일반적으로 말하면 질서 정연한 움직임과 행동을 정확히 설명하고 예측할 수 있다는 그 입증 능력에서 비롯되었다. 하지만 인과성에 대한 이러한 선형적 관점이 인간 행동을 설명하는 데 적합한가? 여전히 수많은 치료자가 그렇게 생각하고 싶어 하며, 선형적 인과성이 이를 가능하게 해 주는 것처럼 보인다. 그러나 이 가정은 적절한가?

예를 들어, 당신과 한 친구가 대화를 나누었다고 가정해 보자. 이 대화를 돌이켜 생각해 보고, 그 내용과 주제의 전환을 간략히 정리해 볼 때, 마치 대화의 각각의 내용들이 선형적인 인과의 흐름에 따라서 다음 주제로 연결되었으며, 대화의 각 부분들은 다음 주제를 이끌어 내는 등 한 주제에서 다음 주제로 질서 정연하고 자연스럽게 이어졌던 것으로 회상되고 제시된다. 그럼 이제 그 대화를 녹음했다고 가정해 보자. 녹음 내용을 다시 들어보면, 당신은 그 대화에서 주제의 전환과 그 방향이 얼마나 무계획적이었으며 어수선했는지에 주목하고는 아마도 놀라게 될 것이다. 주제들 사이에서의 인과적 연결은 어떤 질서 있는 순서만큼이나 적어도 기분이나 이야기의 중단, 잘못 알아듣는 것과 주제의 회피 등에 의존하기 때문에 주제의 전환과 관련해서 보다 더 복잡하게 보이는데, 인과적 결과로서 복잡한 전체 대화 체계 속에서 일어나는 셀 수 없이 많은 사소한 변화 모두를 충분히 설명해 낼 필요가 있는 인과성은 선형적이고 단일 방향성을 갖고 있기는커녕, 다각적이고 비선형적(또는 다중 선형적)일 필요가 있다.

현대물리학의 경우 수학에서 유래한 **동적 체계 이론** 모형은 복잡하고 불규칙적인 행동 또는 혼돈 체계 연구에 갈수록 더 많이 활용되고 있다. 동적 체계 이론에서 이해되고 있는 것과 같이, 인과성은 비선형적이고 다중적인 요인들에 의해서 결정되며, 어떤 요소도 다른 요소들보다 인과적으로 더 중요하다고 할 수 없는 다수의 사건 요소들 사이에서의 상호작용을 통해서 형성된다. 겉보기에는 사소한 사건들도 중대한 사건들만큼이나 체계 내의 어떤 변화에 인과적으로 동일하게, 때로는 훨씬 더 극적으로 중요한 것이 되기도 한다. 갑작스럽고 강력한 변화에 대한 동적 체계 이론의 강조는 변화에 이르는 인과적 사건의 발달에 관한 고정적이고 선형적인 전통적인 관점과는 대조를 이룬다(Al-Khalili, 2012; Feldman, 2012).

아마도 가장 역설적이게도 동적 체계 이론은 상호작용 자체가 체계화된 패턴과 질서의 기초가 된다는 점에서 체계 내의 복잡하고 무질서한 상호작용은 자기조직화라고 주장했다(Al-Khalili, 2012; Feldman, 2012). 자기조직화의 개념과 관련해서 대화의 예로 돌아가 보면, 동적 체계 이론은 반영적 대화 경험의 특징으로 묘사되는 매끄러운 흐름과 질서 정연함은 모든 대화 요소 간의 복잡하고 무질서한 상호작용을 자기조직화한 인과적 결과로 본다.

최근 몇 년 사이 동적 체계 이론으로부터 얻어진 결과들은 심리학 모형들에 적용되어 왔다. 예를 들어, 아동의 발달에 관한 이론들을 둘러싼 논쟁에서 동적 체계 이론은 발달의 과정을 일반화해서 단계로 구분한 모형에 이의를 제기했다. 비록 아동심리학에서 발달 단계 모형들이 지배적이지만, 선형적인 원칙을 따라 발달을 구분하고 이해하는 방식의 한계들이 점점 더 분명해지고 있다(Burman, 2008). 이러한 비판을 계속해 온 연구자들 중 에스더 텔렌(Esther Thelen)은 이와는 반대로 동적 체계 이론에서 유래된 발달 모형을 제안했다(Thelen, 2005). 텔렌의 접근법은 특정 발달 시점에 개인에게 영향을 미쳤을 수 있는 다수의 요인들을 발달 모형에 포함시키기를 시도했다. 이 관점으로 볼 때, 인간 발달은 끊임없이 유동적이고 인과적으로 비선형적이며 특정 개인과 세계 사이에서의 복합적으로 결정된 상호작용으로서 나타난다. 추가적으로, 텔렌의 모형은 안정과 불안정(또는 지속과 중단)과 같이 이전에는 반대되는 개념을 항상 변하는 연속체로 결합시키는데, 이때 이 연속체의 자기조직화된 항상성은 멈춰 있는 것에 있는 것이 아니라, 일시적인 안정과 불안정의 상태 사이의 이동에 자리하고 있다. 새로운 상황은 단지 유전적 특성과 문화의 결합으로 인한 결과뿐만 아니라, 마찬가지로 중요한 '특정 순간에 일어난 사건들의 종합적인 영향을 받은 결과인 새로운 '자기-조합'을 유발한다(Thelen, 2005: 271). 이런 면에서 인간의 발달에 관한 이슈는 사실은 일반화될 수 없거나 또는 경직된 선형적 인과에 따른 예측에 따르지 않는 시간, 신체 그리고 경험의 상호작용으로 야기된 자기조직화에서 무질서하게 유래된 독특한 패턴을 드러낸다.

실존적 현상학에서 도출된 인과성에 대한 결론은 (비록 서로 다른 목적과 서로 다른 용어들에서 이르게 된 결론이지만) 동적 체계 이론의 견해와 대단히 흥미로운 유사성을 나타낸다. 실존적 현상학은 관계성의 기본 원리를 통해서 인과성에 대한 비선형적이고 다중 결정적인 관점을 제안한다. 더욱이, 복합적 체계 내에서의 자기조직화를 바라보는 것과 놀라우리만치 유사한 관점에서 실존적 현상학은 경험적으로 무질서한 세계화는 조직적으로 구조화된 세계관의 기반이 된다고 주장한다. 이와 같은 주장들은 분리된 원인과 결과로서 분류될 수 있는, 선형적 관점에 의해서 상호적으로 발생되고 유지되는 인과성을 제안한다.

케네스 거겐은 자신의 저서『관계적 존재(Relational Being)』에서 선형적 인과에 따른 설명은 경계로 분리된(또는 경계가 있는) 존재에 대한 과거의 가정, 즉 '세계가 독립된 개체들로 분리되어 갈라졌다'(Gergen, 2009: 51)는 생각과 이는 뚜렷이 구별되는 원인과 결과로 분류될 수 있다는 생각의 결과로서 발생한다는 점을 강조했다. 그는 '상호-활성화된 결합'에 초점을 둔 대안적 관점을 제안했다(Gergen, 2009: 49). 다음은 그가 쓴 글에서 발췌한 것이다.

> 상대방이 당신의 행동을 몹시 싫어한다 하더라도 진정을 다해 '도움이 필요한 사람을 도왔던 적'이 있었는가? 그것이 도움이 되는지 아니면 방해가 되는지에

> 대해서 상대방에게 확인을 받지 않은 채 그 사람을 '돕는 것'이 가능한가? 이 질문과 관련해서 …… 우리는 단일한 독립체에서 이들 간의 결합으로 우리의 시선을 이동시킨다. …… 보다 구체적으로 말하면, '돕는다는 것'이 행동의 결합에 위치하고 있다는 점에서 우리는 상호-활성화 과정의 잠재적 가능성을 탐색할 수 있다(Gergen, 2009: 31).

현상학적 관점에서 거겐의 결론을 요약하면, "인과성은 행동의 결합 내에 위치한다."라는 말로 바꾸어 말할 수 있다.

연습 인과성 경험 탐색하기

1. 인과성에 대해서 당신이 가지고 있는 가정은 무엇인가? 삶에서 당신의 가정을 지지하는 경험의 예가 있다면 무엇인가?
2. 인과성에 대해서 당신의 관점과는 다른 관점을 찾아보라. 1번에서 당신이 이야기했던 인과성의 예를 다른 관점으로 생각해 보라.
3. 두 번째 관점으로 인과성을 고려하는 것이 첫 번째 관점에 대한 당신의 생각에 어떤 영향을 미치는가?

갈등에 대한 실존적 현상학의 관점

> 갈등은 의식의 시작이다.
>
> –에스더 하딩(M. Esther Harding)

다양한 치료 접근들 간의 차이는 갈등을 이해하는 방식과, 그 이해를 통해 갈등을 다루고 감소시키거나 해소하기 위해서 제공하고자 하는 것의 다양성을 반영한다. 나의 이해에 따르면, 실존적 현상학은 가장 근본적인 수준에서 갈등은 세계화 경험이 현재 유지되고 있는 세계관의 구조를 통해서 반영되는데 있어서의 부적절함이 표현되는 것으로부터 야기된다고 주장한다. 세계관은 필연적으로 구조적인 방식으로 반성되고 고정된 태도나 침전을 채택해야만 하며, 이를 통해서 세계관은 세계관의 전반적인 구조의 유지에 과도하게 위협이 되는 경험들을 분리시켜야만 한다. 결과적으로 갈등의 경험은 피할 수 없다.

변화에 대한 이전의 논의에서 변화는 혼란과 지속의 상호작용을 통해서 일어난다고 주장된 바 있다. 오직 혼란이 세계관의 지속에 지나치게 위협이 되는 경우에 변화는 문제로 경험되는데, 이런 맥락에서 실존적 현상학은 대개 갈등을 필연적으로 건설적이거나 파괴적인 것으로, 긍정적이거나 부정적인 것으로, 좋거나 나쁜 것으로 보지 않는다. 이러한 관점으로 볼 때 갈등 상황들은 흥분이나 불안으로 경험될 수 있는 세계관의 (대개는 일시적인) 혼란을 반영한다(May, 1983). 이러한 설명은 갈등의 문제를 단지 심신을 약화시키고 혼란스럽게 하는 경험들과 관련시켜 생각하는 것은 너무 제한적인 관점이라는 사실을 강조해 준다. 갈등 특유의 불안과 혼란, 긴장을 경험하는 것은 비록 고통스럽고 괴롭지만, 창의성과 가능성, 새로움, 연대의 출발점이 될 수도 있다. 인간의 경험에 대한 다른 표현들과 마찬가지로 갈등에 대해서 채택한 특정 태도에 따라서 갈등을 건설적인 것 또는 파괴적인 것으로 경험하는 정도가 결정된다.

이 관점으로 보면, 내담자가 호소하는 혼란의 문제는 현재 유지되고 있는 세계관의 혼란과 분리되거나, 별개의 것으로 여겨질 수 없다. 전반적으로 나는 실존적 현상학이 갈등을 어떻게 여기는지를 표현해 주는 유의미하게 다른 두 개의 조건을 강조해 왔는데, 그 하나는 불일치 조건(불일치 갈등)이고 다른 하나는 일치 조건(일치 갈등)이다(Spinelli, 2014b).

불일치 갈등(dissonant conflict)은 현재 유지되고 있는 세계관과의 불일치,

긴장 또는 모순의 경험을 야기하는 갈등 상황에서 발생한다. 예를 들어, 불일치 갈등은 매일 밤 텔레비전을 통해서 무고한 시민들이 학살되는 소식을 접함으로써 신의 인자함에 대한 확고한 믿음이 약화될 때나 또는 스스로를 형편없고 사랑스럽지 않은 사람으로 바라보는 나의 지배적 관점이 내가 얼마나 괜찮은 사람인지에 대한 다른 사람들의 진술의 진정성을 경험하고 이러한 다른 사람들의 인정이 유발하는 자기 자신을 향한 긍정적인 감정의 영향력에 직면하게 될 때 발생한다. 각각의 예시에서 유지되고 있는 세계관과 실제 경험은 서로 일치하지 않으며, 이러한 불일치는 갈등 경험을 일으킨다.

일치 갈등(consonant conflict)은 이전에 예측하지 못했거나 또는 현재 유지되고 있는 세계관에서 충분히 고려되지 못한 측면이 드러나는 갈등 상황으로부터 발생하는데, 실제 경험과의 불일치를 반영하는 불일치 갈등과 달리, 일치 갈등은 특정 세계관의 지속적인 유지에 동반하는 예상치 못했거나 원하지 않았던 영향에서 비롯된다. 일치 갈등은 혼란을 일으키고 원치 않는 것일 수 있지만, 그 토대는 현재 유지되고 있는 세계관과 이에 이의를 제기하는 사건 사이의 양립가능성에 기초하고 있다. 예를 들어, 일치 갈등은 신에 대한 나의 믿음과 관련된 확고한 확신이 무신론자인 가장 친한 친구와의 관계에 심각한 장애물로 작용할 때나 또는 스스로를 형편없고 사랑스럽지 않은 사람으로 바라보는 나의 지배적 관점이 나로 하여금 원치 않는 외로움이나 통제할 수 없게 느껴지는 자해의 경험으로 이어지게 될 때 발생하게 된다. 각각의 예시에서 갈등 경험은 원치 않거나 예상치 못한 방식으로 침전된 태도를 확인시켜 준다.

불일치 갈등의 해결은 구조적 역침전화를 필요로 한다. 예를 들어, 신의 인자함에 대한 나의 확고한 믿음이 약화될 때 야기되는 불일치 갈등의 해결을 위해서 나는 신의 존재에 대해서 내가 자신 없어 한다는 사실을 인정하거나 또는 대안적으로 신에 대한 나의 개념을 재정립해야 하는 요구에 직면하게 된다. 마찬가지로 스스로를 형편없고 사랑스럽지 않은 사람으로 바라보는 나의 지배적 관점이 도전받을 때 발생하는 불일치 갈등을 해결하기 위해서 나는 항상 형편없고 사랑스럽지 않는 사람이기만 한 자신에 대한 재평가를 해야 하는 요구를 받게 된다.

반면에, 일치 갈등은 계속해서 유지하고자 하는 침전된 태도의 미리 예측하지 못한 부가적 결과들이 표현된 것이다. 일치 갈등의 해결을 위해서는 보다 복합적이거나 진실한 관점으로 현재의 세계관을 수용하고 포용하는 것, 즉 우려되거나 원치 않은 세계관의 결과를 바람직하고 수용할 수 있는 온전히 자신의 것으로 받아들이는 것이 요구된다. 예를 들어, 나는 무신론자인 친구와의 관계를 지속하면서 나의 믿음이 유지될 수 있도록 신에 대한 나의 믿음을 이 도전을 포함하도록 확장해야만 할 수도 있고, 스스로를 형편없고 사랑스럽지 않은 사람으로 바라보는 나의 지배적 관점은 사회의 수용과 자신을 포함한 모든 인간의 신체적 안녕에 대한 관심을 묵인할 수도 있다. 만약 침전된 태도가 이러한 새로운 변화를 통합할 수 없다면, 역침전화의 위험을 감수해야 한다.

그 방향과 경험되는 방식의 차이점에도 불구하고 불일치 갈등과 일치 갈등의 상황들은 모두 세계관의 지속을 위협하는 예측할 수 없는 수준의 불안을 일으킨다. 많은 치료자는 일치 갈등에는 거의 주목하지 않은 채 대부분 불일치 갈등의 관점에서만 갈등의 해결방법을 고려하고 찾는 경향을 가진다. 이러한 입장을 취하는 치료자는 경우에 따라서, 내담자의 갈등을 해소하기 위한 시도가 오히려 내담자의 호소문제로 인해서 일어나는 문제를 보다 더 악화시켜서 예상치 못한 원치 않는 새로운 문제를 만들어 내는 위험성을 무심코 가중시키게 될 수도 있다.

이런 방식으로 볼 때, 갈등에 대한 실존치료 접근의 핵심은 갈등의 개선, 감소 또는 제거에 있지 않다. 오히려 실존치료는 치료자의 과업이 갈등을 형성하고 나타내는 것으로 확인된 세계관과 관련된 갈등의 근원에 보다 충분히 집중하고 이어지도록 내담자를 돕는 것에 있다고 제안한다. 이와 같은 방식으로 갈등의 해결을 시도하는 것의 가능성과 한계, 그리고 그 결과는 세계관의 파괴적인 변화로서가 아닌 유익한 것으로 경험될 가능성이 높다.

연습 갈등 경험 탐색하기

1. 삶에서 당신이 경험한 불일치 갈등의 예를 들어 보라.
2. 삶에서 당신이 경험한 일치 갈등의 예를 들어 보라.
3. 이 두 경험을 비교하면서 당신이 주목한 차이점이 있다면 무엇인가?
4. 불일치 갈등과 일치 갈등 간의 차이점은 갈등을 다루는 것에 대한 당신의 이해와 능력에 어떤 것을 더하여 주는가?

증상에 대한 실존적 현상학의 관점

> 고통과 수고와 같은 인간의 조건은 삶 그 자체를 바꾸지 않고서도 제거할 수 있는 단순한 증상이 아니다. 이러한 조건들은 필연성을 동반한 삶 그 자체가 그 자체로 느껴지는 방식이다. 영원하지 않은 존재에게 있어서 '신의 평안한 삶'은 생명이 없는 삶과 같다.
>
> –한나 아렌트(Hannah Arendt)–

새로 출간된 『정신질환의 진단 및 통계 편람 제5판(Diagnostic and Statistical Manual of Mental Disorders, DSM–5)』의 문제와 한계들을 둘러싼 논의들은 해결될 기미가 보이지 않는다. 『DSM』은 다양한 상태의 정신질환과 장애들을 증상에 따라 진단하기 위한 목적으로 북미의 정신과 의사와 지역 보건의들이 주로 사용한다. 세계보건기구의 『국제질병분류(World Health Organization's International Classification of Diseases: ICD)』는 이와 유사한 매뉴얼로, 영국 의학계에서 선호되며 여러 정신장애를 아우르고 있다. 두 매뉴얼은 모두 의료 모형 내에서 합의된 다양한 사고, 감정, 행동 장애와 관련된 증상들을 분류하고 이를 설명하는 형태를 띠고 있다. 이러한 의료 모형의 강조는 관련해서 치료적 논쟁을 불러일으켰다. 치료는 진단 및 회복과 관련된 유사-의료 행위인가, 아니면 주로 불안과 장애 경험의 형태를 드러낼 수 있는 상호 관계적 계약에 중심을 둔 행위인가? 어느 하나의 관점에 대한 논의뿐만 아니라 이 두 관점의 융합을 추구하는 관점들에 관해서도 강렬한 논의가 계속되고 있다. 이어서 논의할 것과 같이, 실존치료는 그 자신을 상호 관계적, 비의료적 위치로 자리매김하고 있다. 이렇게 함으로써 실존치료는 매뉴얼에 따른 모든 증상의 진단을 신뢰하지 않는 입장을 유지한다(Langdridge, 2013). 이와 같은 부분이 실존치료가 장애나 분열에 대한 경험에 주목하지 않음을 시사하는 것은 아니다. 반대로, 카를 야스퍼스(karl Jaspers, 1963)의 선구자적 작업에 의해 영향을 받은 실존치료자들은 자기보고뿐만 아니라 다양한 묘사적 탐색 방법들을 통해서 내담자가 느낀 불안에 초점을 맞추기 위해 노력해 왔다. 다양한 방식으로 정신의학적 진단에 대한 여러 우려를 표현하는 노력이 많이 있었는데, 이에 대해서 데이빗 필그림(David Pilgrim)은 '이 사람이 정신장애로부터 고통을 받고 있는가, 아닌가?'라는 정신의학적 질문은 "이 특정한 맥락에서 이 사람의 행동과 경험을 어떻게 설명할 것인가?"라는 형태로 변형되었다(Pilgrim, 2000: 302)고 요약하였다. 덧붙여 관계성에 관한 기본 원리를 실존치료가 채택하는 것은 독립된 이상 요인과 변인에 대한 암묵적 가정들에 도전하고 이를 내담자의 세계관의 상호 관계적 맥락에서 재고하도록 한다. 이러한 입장은 실존치료자가 '정상과 이상 사이의 연속성'을 추정할 수 있게 해 준다(Pilgrim, 2000: 302). 요약하면, 『DSM-5』와 『ICD』 기준에 따른 진단은 정신의학적이기는 하지만, 치료적 진단은 아니다. 현재 『DSM-5』의 진단의 변경과 개선에 관한 논의가 강하게 진행되고 있는 것과 같이, 관련한 논쟁이 영국심리학회(British Psychological Society: BPS)의 임상심리학분과(Division of Clinical Psychology) 내에서도 일어나고 있다. 비록 이들의 근본적인 태도가 잘 알려지지는 않았지만, 영국심리학회의 심리학자들은 의학 매뉴얼로 정의되고 명시된 정신의학적 장애들을 심리학자들이 그대로 사용하거나 의존하는 것에 대한 의문을 제기하고 있다. 더욱이 그들은 정신의학적으로 증상에 대해서 진단하는 것과 심리적 진단은 같은 것이 아니라고 주장한다(Johnstone, 2013). 하지만 의료화된 증상학은 심리학 언어에 너무 깊이 심어져 있으며 여전히 그 우위를 유지하고 있다.

실존적 현상학은 용어를 본래의 의미로 되돌림으로써 증상에 관한 문제를 고찰한다. 증상은 한 사람에게 '생겨난' 것으로 그 사람에게 주관적으로 경험되는 사고, 감정, 행동에서의 이례적인 장애(disturbance)로 경험되는 것이다. 이 정의에 따르면, 정신장애나 불안정의 증상들은 주관적으로 나타난 것이고, 다른 사람이 직접적으로 측정할 수 있는 것이 아니다. 이와 같은 관점에서 볼 때, 치료에서 자신의 증상을 진단하는 사람은 내담자일 수밖에 없다. 내담자를 불안해하며 몰두하고 있는 생각에 대한 설명은 자신의 경험에 대한 내담자의 묘사와 평가에 맞춰져야만 한다.

이런 관점에서 볼 때, 증상들은 주로 관계성 딜레마에서 나타나는 사회윤리적 긴장에 뿌리를 둔 것으로 여겨지는데, 증상을 나타내는 모든 장애는 해결할 수 없는 실존적 '문제'를 해결하려는 시도라 할 수 있다. 그러므로 내담자가 호소하는 증상은 단호하게 대처해야 하고 배제할 필요가 있는 생경한 장애물이 아닌 내담자가 표현하는 세계관을 향한 길을 찾아가는 출발점이 된다. 드러나는 증상들을 제거하고 감소시키며 수정하고 고치려고 하는 어떤 시도는 세계관 전체에 예상치 못한 결과를 미치게 되기 때문에, 증상과 세계관이 공동으로 유지되고 있는지에 대해서 우선적으로 분명히 하지 않은 채 증상을 제거하는 작업은 지양되어야 한다. 증상이 불안을 일으킬 수 있는 만큼, 항상-생성되는-존재에 대한 세계화의 개방성이나 세계관의 구조적 안정성과 지속성 또는 이 두 방법 모두 중 어느 하나를 이용하거나 적절히 유지하는 것은 하나의 유용한 방법이 될 수 있다. 이와 같이 증상을 교묘하게 처리하거나 또는 이를 제거하려는 시도는 훨씬 더 큰 수준의 견딜 수 없는 불안과 장애를 야기할 수 있다.

이러한 관점은 여전히 혁신적인 R. D 랭(R. D. Laing, 1960)의 업적과 그가 자신의 동료인 아론 에스터슨(Aaron Esterson)(Laing & Esterson, 1964)과 데이빗 쿠퍼(David Cooper)(Laing & Cooper, 1964)와 함께한 연구들에 많은 빚을 지고 있다. 간략히 말하면, 랭은 증상은 자기 및 타인과의 관계를 통해서 표현되는 자기 존재에 대한 개인 경험의 다양한 측면에서 분열을 일으키는 강렬한 불안과 갈등, 그리고 붕괴의 표현으로서 가장 잘 이해될 수 있다고 주장했다(Burston, 2000; Laing & Esterson, 1964; Spinelli, 1994, 2005). 실존적 불안 또는 랭이 사용했던 용어를 차용하면, **존재적 불안정성**이 표현된 이러한 다양한 모습들은 주요 세계관 구조, 즉 자기, 타인, 세계 구조 내에 위치하고 표현되기 때문에 이전 장에서 논의되었던 지속성, 기질적 특성, 그리고 정체성을 둘러싼 체현된 실존적 불안정성과 일치하는 것으로 보일 수 있다.

지금까지의 내용을 요약하면, 실존치료자들은 내담자가 자신의 세계관을 통해서 표현한 다양한 증상들을 개별적으로 고립시키거나 병리화를 시도하지 않으며, 또한 증상의 개선이나 제거를 주된 과업으로 여기지 않는다. 그보다, 내담자와 함께 이러한 증상들을 내담자의 세계관의 상호 관계적 표현으로 드러내며 고려하려고 시도함으로써 증상의 유지, 감소 또는 제거가 세계관에 미치는 영향을 고려하고 평가할 수 있게 한다.

연습 증상 탐색하기

1. 치료자로 당신의 상담에서 증상이 가지는 역할과 기능은 무엇인가?
2. 증상 중심의 치료를 하는 것이 어떤 가치를 가지며 또 도움이 되는가?
3. 증상학적 용어에 더 이상 의존하지 않을 수 있다면, 당신의 치료 접근은 어떻게 변하겠는가?

성과 영성에 대한 실존적 현상학의 관점

깨달음은 성과 관련되어 있다.

–석가모니(The Buddha)

지금까지 이 장에서는 변화, 인과성, 갈등 그리고 증상의 개념과 같이 여러 가지 치료의 기본적인 가정들에 대한 실존적 현상학의 관점을 탐색해 왔다. 이러한 개념들과 이로 인해 야기되는 우려들은 관념적으로 경험되는 것이 아니며, 오히려 수많은 치료적 대화의 초점을 형성하는 다양하고 광범위하게 인식할 수 있는 주제 영역들을 통해서 확인된다. 이러한 주제 영역들 중 성(sexuality)과 영성(spirituality)은 모두 이 책의 한계를 너머 방대한 주요 이슈들과 의문들을 제기한다. 하지만 이 주제들이 치료적 대화에 미치는 영향이 매우 지대하기 때문에 일반적이고 간단하게라도 이 주제들에 대한 실존적 현상학의 관점을 제공하는 것은 필요해 보인다.

성적으로 존재함

실존은 성에 스며들어 있으며, 반대로 성은 실존에 스며들어 있기도 하다. 따라서 어떤 결정이나 행동을 '성적인 것' 또는 '비-성적인 것'이라고 분류하는 것은 불가능하다.

–모리스 메를로퐁티(Maurice Merleau-Ponty)

정신과 의사들과 심리학자들로 구성된 집단과의 연속된 대화에서 하이데거는 어떤 것에 대해서 말하는 **내용**보다 그것을 **어떻게** 말하는가가 변화의 가능성의 중심이 된다는 점을 상기시켰다(Heidegger, 2001). 성을 둘러싼 이슈들과 관련해서 우리는 서구 사회와 점차 세계 도처에서 성을 둘러싼 끝없는 담론들과 이야기들에 의한 쏟아지는 질문들을 받고 있다. 치료적 대화가 성에 대해서 이야기하는 특정 방식을 강조함으로써 이러한 상황을 반영하고 있다는 사실은 놀랄 일이 아니다. 하이데거를 인용하여, 나는 다른 저서에서 실존적 현상학은 그동안 채택되어 온 성에 대한 지배적 담론들에 문제를 제기하며, 이렇게 하는 것을 통해서 성적으로 존재하는 경험에 대해서 지배적 담론이 부과해 온 몇 가지 주요 한계점들을 드러낼 수 있다고 주장해 왔다(Spinelli, 2013, 2014a, 2014c).

하이데거의 권고를 유념하면서, 성에 대해서 우리가 어떻게 말하는지를 드러내는 것은 이내 '당연하게' 보일 뿐만 아니라, 19세기 중반에 시작되어 온 현대의 성과학의 핵심 요소로서 정교하게 만들어진 문화적으로 내포된 가설들에 대한 의문을 갖게 한다(Foucault, 1979). 또한 이는 성을 정의하는 것이 만약 불가능하지 않다면 얼마나 어려운가를 강조해 준다(Sears, 2010). 이와 같은 정의는 일정 부분 한계를 가지며(예: 성은 성적 실존의 특성 또는 상태이다.), 또한 성을 동사(존재하거나 행동하는 방식)와 명사(경험되거나 행해지는 '것') 모두로 고려하려는 경향성을 가지기 때문에 이 주제에 초점을 맞추기 어려운 특성이 강조된다.

이러한 정의와 관련된 딜레마를 다루는 데 있어서 모리스 메를로퐁티는 성은, 존재와 마찬가지로, 어떤 직접적인 방식으로도 '특정될' 수 없다고 경고하였다. 성을 특정해서 이야기하는 것은 성을 단지 사물화하고 이를 제한하여 구조 속에 가두는 것이 될 수 있기 때문에 성에 대한 담론 중 어떤 직접적인 반성적 방식으로 성을 정확히 다룰 수 있다고 하는 모든 담론은 우리가 성적 의미를 담거나 부과한 성을 표현한 것일 뿐이다. 반면에, 만약 우리가 성에 대한 구조를 해체하거나, 더 정확히는 전-구조화(pre-structure)를 통해서 성이 실존과 마찬가지로 과정(또는 세계화)과 유사할 가능성이 인정된다면, 그것은 보다 더 '느낌 같은 것'이 될 것이다(Merleau-Ponty, 1962: 168). 성을 정의하려는 시도에 있어서, 그것의 '느낌 같은' 특성은 쉽게 언어적 제약과 언어가 요구하는 실존에 대한 필연적 구조화 또는 사물화에 의해서 제한되며 한정된다. 바라기는 이제 이러한 딜레마가 이 책의 독자들에게 익숙하게 들렸으면 한다. 성의 정의적 긴장에 가장한 열려 있기 위한 시도로서 나는 인간의 성이라는 용어의 사용을 피하고 대신에 '성적 실존'이라는 용어를 사용하는 것을 더 선호한다.

이 주제에 대해 쓴 예전의 글에서 나는 성적으로 존재하는 것에 대한 지배적 담론은 세 가지 반복되는 가정을 드러내고 있다고 주장하였는데(Spinelli, 2013, 2014a, 2014c). 이를 간단히 소개하면 다음과 같다.

- 성적 실존은 오직 성이 가진 본래의 목적, 즉 재생산과 그로 인한 종의 생존을 위한 핵심 메커니즘의 역할을 하는 생물학적 활동으로서만 이해될 수 있다.
- 이러한 관점으로 볼 때, 성적 실존은 '정상적' 또는 '자연스러운'이라는 표현이 가능하며 이는 '비정상적' 또는 '부자연스러운' 탈선 또는 도착된 성적 실존이라는 표현과는 대조될 수 있다.
- 성적 실존은 개인의 정체성의 핵심 구성 요소가 된다. 예를 들어, 인간으로서 개인은 성관계에서 어떤 행동을 하거나 하지 않는 것에 의해서 상당 수준 묘사되고 규정되고 판단될 수 있다. 또한 이 세 번째 가정은 개인의 정체성의 고정성과 이를 통한 개인의 성적 지향의 고정성뿐만 아니라, 이와 같은 고정성이 생물학적으로 타고나는 것인지 혹은 후천적 경험을 통해서 획득되는 것인지에 관한 논쟁에 관한 수많은 필연적 가정을 지탱하고 있다.

비록 실존적 현상학이 이러한 각각의 가정 모두에 이의를 제기하고 있지만, 주로 세 번째 가정과 관련된 비판에 초점을 맞춰 왔다. 생각해 보면, 이 가정들은 배타적인 본질주의의 관점에 기반하고 있는 것으로 보일 수 있다. 성적 실존의 본질을 말하는 것은 이를 규정하고 꼬리표를 달기 위한 방법들을 제공해 준다. 만약 이러한 시도가 동일한 지위를 가진 관점들에 따른 차이점들을 범주화하는 것에만 관심을 가지고 있었다면, 성적 실존의 경험들을 분리시키고 혼란스럽게 하는 과도하게 경직된 기준에 의한 판단들에 의해서 본질주의 관점들이 우위를 점하게 되지는 않았을 것이다. 불행히도 분리를 초래하고 혼란스럽게 하는 것은 정확히 말해서, 이러한 담론이 만들어 내고 계속 촉진하고 있는 것이다. 이로 인한 많은 결과 중에서 다른 집단과 구별되어 분류된 한 집단에 의해서 채택된 고집스러운 관점은 그 집단의 구성원들이 다르게 분류된 집단의 구성원들과는 공유될 수 없고 오직 자신의 집단에게만 유효한 지식이나 깨달음을 주장하게 한다. 예를 들면, 이러한 주장에 '이성애적으로 존재하기'는 이성애자로 확실히 인식될 수 있는 사람들에게만 온전히 인식될 수 있는 구별되는 조건이라는 것이 해당될 수 있을 것이다. 젠더의 수준에서 본질주의의 담론들이 남성과 여성의 의식 사이의 메울 수 없는 차이를 부과한다는 점은 유사한 논쟁을 발생시킨다. 본질주의의 주장은 누군가를 약화시키고 배척하기 위한 목적에서 본질주의를 이용하는 사람들뿐만 아니라, 배척되어 온 그리고 계속해서 배척되는 사람들에게도 여전히 매력적이다. 실존적 현상학에서 볼 때 이와 같은 주장들의 분리주의적 결론은 상당히 우려되는 것인데, 비록 실존적 현상학의 탐색이 경험에 대한 본질주의에서 유래한 진술들을 존중해야 한다고 하더라도 이는 실존적 현상학의 기본 원리의 틀 내에서 고려되어야만 한다.

실존적 현상학의 문제 제기는, 예를 들면 본질주의가 우세한 관점들에 기반한 관점과 결론에 의해서 성적 실존을 둘러싼 이슈들이 더 이상 지배되지 않도록 그 구조의 변경을 추구하며, 전-본질적 수준에서 성적 실존에 대한 실존적 현상학의 담론을 시작한다. 간단히 말해서, 이는 만약 우리가 (제2장에서 논의했던 것과 같이) "실존은 본질에 선행한다."는 일반적 가정에서부터 시작한다고 하면, 이는 성적 실존에 관련된 이슈들도 이와 같아야 한다고 주장하는 것이다. 이러한 '실존적 전환'은 성적 실존에 대한 우리의 경험과 우리가 연결되어 있고 이 경험을 우리가 소유하고 있다는 느낌을 회복시킬 수 있는데, 여기에는 소유하고자 하는 힘의 희생자가 아니라, 우리의 실제 경험에 대한 적극적 행위자로서의 우리를 내포한다. 이렇게 함으로써 구분된 집단 사이에서뿐만 아니라, 개개인 사이에도 존재하는 성적 실존의 상이한 경험들이 강조되며 동일하게 이는 모든 사람에게 존재하는 성적 실존에 관한 실존의 불안정성을 다룬다. 앞선 장에서의 고립/관계에 관한 논쟁과 마찬가지로 실존적 현상학은 우리 개개인이 성적 실존에 대한 우리의 경험에 있어서 혼자이며, 이러한 혼자됨은 우리가 관계성 기반을 공유한다는 사실의 직접적인 결과로서 발생한다고 바라본다. 이에 대해서 본질주의적 입장은 분리됨을 필요로 하는 확실성을 제시하고 있다. 비록 이러한 입장이 이유가 무엇이든 생각에 따라 분리된 집단을 주장하는 사람들의 주장에는 맞을지는 모르겠으나, 실존적 현상학의 결론과는 양립할 수 없다.

의심할 여지없이 성적 실존에 대한 실존적 관점의 문제 제기에 있어서 성적 실존에 대한 다양한 경험적 가능성은 필연적으로 불확실성과 불안의 맥락 내에 위치한다. 이와 같은 균형은 현재 지배적인 담론으로서 존재하는 것에 비하면 일종의 개선이라고 할 수 있는가? 젠더, 정체성, 그리고 정상 상태를 둘러싼 문제들을 통해 표현된 본질, 선택 그리고 다름을 중심으로 계속해서 발생하는 딜레마들에 도전할 수 있는 한 실존적 현상학은 내가 보건대, 성적 실존에 대한 인간의 경험을 설명하는 것에 있어서 보다 더 적절한 원리들을 제시한다.

연습 성적 실존의 경험 탐색하기

1. 당신에게 성적 실존이 의미하는 것은 무엇인가?
2. 성적 실존에 대한 당신의 실제 경험과 '성적 실존이 아닌' 것으로 당신이 인식한 경험들을 비교할 때, 어떤 공통점과 차이점이 있는가?

영성

> 모든 말에는 불빛이 있다.
>
> —레너드 코헨(Leonard Cohen)

영성에 대한 여러 모순된 정의들은 우리의 대화를 혼란스럽게 한다. 때로, 영성은 예를 들면 물질적인 것과 대비되는 영적 가치나 영적인 수행과 같이 물리적인 또는 물질적인 것의 반대편에 있는 것이나 문제를 표현하기 위해서 사용된다. 반면에, 영성은 자기나 타인, 세계, 가치관이나 계율, 신이나 삶 그 자체 또는 다른 어떤 것과의 완전한 교감이나 친밀감의 경험으로 특징지어지는 실존의 상태를 추구하거나 성취하는 것을 지칭하는 것이기도 하다. 치료에서 그리고 특히 다양한 인문학적이고 초월적인 전승들에서 영성은 대개 개인적 성장, 안녕 그리고 발달을 향한 발걸음으로 보이는데, 역설적이게도 이는 어떤 이유에서건 자기를 초월하는 과정 가운데 경험된다(Moss, 1999). 영성이 정신(spirit)과 관련되어 있다는 것은 어느 정도 명백해 보인다. 그러나 이는 정신이 비물질적인 실존을 나타내기 위해서 의도되었는지, 반대로 모든 살아 있는 존재를 움직이는 기본이 되는 '생명'을 표현하려는 시도인지에 따라서 이분화되어 나타난다.

에미 반 델젠은 실존치료에 관한 자신의 여러 저서에서 실존의 네 가지 차원, 즉 신체적 차원, 사회적 차원, 개인적 차원, 영적 차원을 핵심으로 한 모형을 제안했다(van Deurzen & Adams, 2011). 그녀는 인간은 영적 차원을 통해서 미지와 대면하고, 자신의 의미 구조, 가치 구조, 사고 구조를 통해서 이에 응답한다고 주장했으며, 미지와 의미 간의 이러한 상호작용은 '궁극적인 의미와 목적에 대한 우리의 필요 …… (와) …… 우리의 실존의 상대성' 사이의 필연적인 긴장을 영적 차원에 불어넣는다고 주장했다(van Deurzen & Adams, 2011: 22). 영적 차원에 대한 반 델젠의 강조는 실존적 현상학이 영성의 이슈를 피하거나 묵살하지 않는다는 사실을 명확히 해 준다. 실제로 의미 창조에 대한 인간의 고집에 대해서 그녀의 모형이 가진 관점은 직접적으로 영적 차원과 관련된다.

동시에 이 차원적 접근은 문제의 소지가 있는데, 의도치 않게 이는 물리적 또는 물질적인 것과 영적인 것을 구별하고 별개의 것으로 보려는 경향성에 눈을 감는다. 다시 말하면, 이 접근은 영적인 것이 은연중에 사회적이거나 개인적인 것이 아니거나 또는 여기에 속하지 않는 '세속적이지 않은 것'을 의미한다. 나는 때론 우리가 의도적이든 우연이든 습관적 일상으로부터 벗어나서 우리의 실존에 대한 전적으로 다른 경험을 하게 된다는 사실을 명확히 하기 위해서 이러한 구분이 반드시 필요하다고 생각하지는 않는다. '세계화'와 '세계관'이라는 용어를 통해서 이를 고려해 보면, 우리는 물질적 실존에도 불구하고 우리의 영성에 접근하는 것이 아니라, 우리의 물질적 실존을 통해서 영성에 접근한다. 우리가 영적이라고 이름 붙이는 이러한 경험들은 세계화와 세계관 사이에서의 상호작용에서 일시적인 밀접한 결합의 결과로 일어나게 된다. 이러한 예상하지 못한 뜻밖의 일이 일어나는 동안 세계관을 유지하는 구조들은 해체되며 세계화 경험이 우선권을 얻게 된다. 이와 같은 경험들이 자기-구조, 타인-구조 그리고 세계-구조와 같은 세계관의 핵심 구조들에 미치는 영향에 있어서 이는 명백하다. 이러한 영성이 체현된 순간들에 이러한 구조들은 분리될 뿐만 아니라, 구조 그 자체를 유지하는 것이 불가능한 것까지는 아니더라도 어려워진다.

영성에 대한 이러한 실존적 현상학의 설명은 체현이나 '초월적인 것'과 관련된 모든 가정을 비껴서는 것이다. 사실상 실존적 현상학의 입장은 모든 가정과 반대되는 것인데, 아마도 더 정확하게 말한다면, 실존적 현상학은 영적 경험을 마치 올라가는 것과 내려오는 것이 동시에 존재하는 것과 같이 여긴다. 우리가 영적이라고 명명하는 이러한 순간은 우리의 숨을 멎게 한다기보다, 숨을 쉬는 다른 방식을 경험하는 것과 같다.

이와 같은 전환은 왜 일어나는 것일까? 많은 접근에서 결론을 내리고 있는 것과 같이 이는 어떤 점에서 의미의 문제와 관련되어 있는 것 같다. 그리고 아마도 이러한 영적 순간은 우리의 의미를 유지하게 하기보다는 의미에 도전하는 역할을 수행하는 것으로 보인다. 만약 영성이 세계화와 세계관의 경험 사이의 일시적인 일치와 연관되어 있다면, 구조화된 의미의 모형은 대등한 다른 한편인 무의미에 일시적으로 개방적이 되고 결국 세계관이 재정립될 때 새롭고 더 적합한 의미가 나타나게 한다.

우리가 창조성이라고 부르는 것은 의미와 무의미 사이의 상호작용의 결과 중 하나인데, 내가 생각하기에 우리가 영성이라고 간주하는 것 또한 이 상호작용의 또 다른 결과 중 하나이다. 이 기이한 현상은 우리로 하여금 일상과는 다른 관점을 갖게 한다. 이 관점은 우리를 흥분시키고, 각성시키기도 하며, 경외심으로 충만하게도 하고, 소름끼치게 무섭고 두렵게도 하며, 우리로 하여금 우리 자신으로부터 벗어나게도 하고, 우리 자신에게 가까이 다가가게도 한다. 그리고 삶을 살아갈 가치가 있게 하거나 또는 우리의 실존적 불안정성을 더욱 불안정하게 하기도 한다. 하지만 이와 같은 모순은 모두 실존적 현상학에 의해서 영성이라고 제안된 것과 일치한다. 의미에 대한 개방성에 있어서 명명하는 것만큼 혼란스럽고 혼돈스러운 것은 영성이 우리에게 가리키는 것을 향한 이러한 경험들과 영성이 조화를 이루고 있다는 것이다.

연습 영성 경험 탐색하기

1. 당신의 삶에서 영적 경험을 무엇으로 확인할 수 있는가?
2. 당신에게 있어서 특정 경험을 영적인 것이 되게 하는 것은 무엇인가?
3. 영적인 것으로 확인된 경험에 당신은 어떤 의미, 가치, 또는 중요성을 부여하는가? 이는 당신이 영적이지 않은 경험에 부과한 의미, 가치 그리고 중요성과는 어떻게 다른가?

의식에 대한 간단한 기록

> 세계의 역사는 다름 아닌 자유에 대한 의식의 진보라 할 수 있다.
>
> —게오르크 빌헬름 헤겔(Georg Wilhelm Hegel)

이 장에서 논의된 되풀이해서 발생하는 뿌리 깊은 치료적 가정은 의식의 기반에 머무르고 있다. 동시대의 모든 치료 모형은 우리가 인간으로서 의식이 있는 존재라는 전제로부터 시작한다. 또한 많은 모형은 대개 비의식 또는 무의식이라고 불리는 분리되고 구별된 정신체계가 존재한다고 가정한다. 대니얼 카너먼(Daniel Kahneman)의 생각의 이중 체계는 전자에 대한 한 예시를 제공해 준다(Kahneman, 2012). 정신분석이론들은 비록 무의식에 대한 해석에 있어서 서로 동의하지 않는다고 하더라도 이를 자신의 모형의 기본 원리로서 간주한다(Frosh, 2012). 하지만 이러한 치료적 가정들과 관계없이 의식은 계속 진행 중인, 아마도 해결할 수 없는 일련의 논쟁의 중심에 남아 있다. 의식이 있다는 것은 무엇인가? 의식은 어떻게 생겨나는가? 이 질문들과 함께 관련된 수많은 질문은 여전히 철학과 심리학 그리고 신경과학의 주요 관심사로 남아 있다. 복잡하지 않거나 보편적으로 받아들여지는 이론은 존재하지 않으며, 다만 가장 적절한 답을 제공하는 데 있어서 서로 경쟁적인 근본적으로 서로 다른 관점들이 있다. 이러한 논쟁이 매력적인 만큼이나 이러한 논쟁에 대한 분석은 이 책의 범위를 넘어서는 것이다. 나는 독자들에게 『의식 연구 학술지(Journal of Consciousness Studies)』를 읽어 볼 것과 함께 이러한 학제간의 논의에 대해서 계속해서 최신 정보들을 찾아보는 일에 흥미를 갖기를 권장한다. 이 책의 목적으로 볼 때 여기에서 가능한 것은 비록 너무 간단하고 의심할 여지없이 충분하지는 않지만 치료적 실제와 관련해서 의식에 대한 실존적 현상학의 설명을 제공하는 것이라는 점을 밝힌다.

데카르트(Descartes)의 유명한 "나는 생각한다. 고로 존재한다."는 결론이 실존적 현상학에 의해서 전적으로 반박되는 것은 아니다. 하지만 이 결론은 오직 세계관의 관점에서 의식을 다룰 때에만 옳다고 말할 수 있을 것이다. 그리고 그렇다고 하더라도 이는 오직 인지적인 측면에 초점을 맞춘 경우에만 그렇다. 데카르트의 주장은 실존적 현상학으로 보면 "존재함을 반성하는 행동은 깊이 생각하며 느끼는 구조(또는 느끼며 생각하는 구조)를 필요로 한다."라는 말로 재진술될 수 있을 것이다. 하지만 세계화의 관점에서 보면, 데카르트의 결론은 보다 심각한 문제를 갖고 있다. 만약 세계화가 반성 이전의 현상이라면 이러한 관점에서 실존에 대한 경험은 반성적으로 실체화된 실존에 선행해야만 하는데, 하물며 생각하는 존재가 선행한다는 것은 더욱 가능하지 않다. 이러한 세계화의 수준에서 우리는 단지, 물론 사실 이마저도 가설에 근거하여 불충분하지만, 반성적으로 직접 접근할 수 없는, 그러나 반성적으로 의식화된 모든 활동의 경험적 기반을 제공해 주는 반성 이전의 기본 의식을 말할 수밖에 없다. 그렇다고 하더라도 실존적 현상학은 반성 이전과 반성 사이의 실제적인 분리나 구별이 없다고 주장한다. 대신에, 내가 이해한 바에 따르면 실존적 현상학은 이중 또는 다중 정신 체계를 연상시키는 의식에 대한 관점들은 오직 세계관의 시각에 따른 결과로서 볼 수 있다고 주장한다. 다른 말로 하면, 실존적 현상학은 반성적으로는 이중 또는 다중으로 보이는 의식의 단일 체계를 가정한다. 예를 들어, 앞선 장에서 논의했던 것과 같이 체현된 안정성과 지속성을 유지하기 위해서 세계관은 침전과 분리로 표현되는 내적 분리를 필요로 한다. 필연적으로 침전은 자신의 세계관 구조와는 분리되어 있는 것 또는 이질적인 것으로서 경험된다. 그러나 침전이 분리되어 경험된다는 것이 그들이 실제로 분리되어 있거나 별개의 것이라는 사실을 의미하는 것은 아니다. 그렇게 보이도록 하는 것은 세계관이다. 이러한 방식으로 다른 저서에서 내가 자세히 설명했던 것과 같이, 실존적 현상학은 분리된 정신 체계의 필요 없이 무의식이라고 하는 정신분석적 개념과 관련된 현상들을 다룰 수 있다(Spinelli, 1994, 2001).

이는 실존적 현상학이 의식을 둘러싼 논쟁의 전부나 그 일부를 해결할 수 있다는 주장을 시사하는 것이 아니다. 여기에서 주장할 수 있는 전부는 최소한 의식이 치료 장면 내에서 어떻게 이해되는 경향이 있는지와 관련하여 이중 또는 다중 체계가 필수적인 것으로 보이는 다수의 현상을 단일 체계적 관점으로도 다룰 수 있다는 것이다. 의식에 대해서 우리가 현재 이해할 수 있는 수준이 매우 한정되어 있다는 점을 고려할 때, 대부분 알려지지 않은 단일 체계의 표현으로서 이를 고려하는 것이 동일하게 알려지지 않은 다른 분리된 체계의 존재를 주장하는 것보다 합리적인 것으로 보인다.

연습 치료에서 의식 탐색하기

1. 당신은 치료에서 의식의 문제를 어떻게 이해하고 있으며, 이와 함께 어떻게 상담을 진행하는가?
2. 만약 당신이 의식의 이중 또는 다중 체계를 고수한다면, 당신이 이를 확신하는 이유는 무엇인가? 무엇이 당신의 관점을 바꾸게 할 수 있는가?
3. 만약 당신이 의식의 단일 체계를 고수한다면, 이중 또는 다중 체계를 연상하게 하는 내담자의 경험을 어떻게 이해하고 이와 함께 어떻게 상담을 진행하겠는가?

치료를 둘러싸고 있는 실존적 현상학의 두드러진 우려와 주요 비판을 살펴본 데 이어서 다음에 이어지는 장에서는 현장에서 실존치료를 적용하는 것의 근거가 되는 주요 특성과 조건들을 개괄적으로 설명하였다.

제**5**장

실존치료의 이해: 개관

역사적 배경

> 타인의 세계와 그 안에 그가 존재하는 방식에 대해서 설명하는 것은 실존적 현상학의 과업이다.
>
> –R. D. 랭(R. D. Laing)

믹 쿠퍼(Mick Cooper)가 『실존치료(Existential Therapies)』(2003)에서 주장한 것과 같이, 실존적 현상학 이론으로부터 유래한 실존치료에 대한 어떤 단일한 해석이나 방식이 등장했던 적은 없었다. 좀 더 정확히 말하면 오히려 현재에는 다양한 실존치료 접근과 학파가 활동하고 있으며 대개 실존적 현상학 이론과 실제의 주요 기여자들에 대한 기본적인 신의와 고유한 문화적 중요성 모두를 반영하면서, 대부분 다른 국가기관 및 국제기구들과의 면밀한 관계를 맺어오고 있다. 따라서 이 학파들을 서로 구별하고 또 통합하는 것이 무엇인지에 관한 질문이 점점 더 중요해지고 있다.

카를 야스퍼스의 정신의학적 업적과 철학적 사상은 실존적 현상학을 치료에 적용하기 위한 가장 초기의 시도들 중 하나로 간주된다(Jaspers, 1963; Misiak & Sexton, 1973). 야스퍼스는 마르틴 하이데거의 철학에 깊이 영향을 받았고, 그와 지속적으로 서신을 교환해 왔다. 야스퍼스의 업적 전반에서 찾아볼 수 있는 사상의 범위와 그 독창성에도 불구하고(아마도 이 때문에), 보다 일반적으로 치료에 대한 실존적 접근의 기원은 국제적으로 저명했던 세 명의 정신과 의사의 공헌과 관련되어 있다. 루트비히 빈스방거(Ludwig Binswanger, 1963)의 실존 분석(Existential Analysis), 메다스 보스(Medard Boss, 1963, 1979)의 현존재 분석(Daseinsanalysis) 그리고 빅터 프랭클(Viktor Frankl, 1988)의 의미치료(Logotherapy)는 각각 실존치료 학파들을 개척하였으며 여전히 상당한 지지자들과 수련생들의 마음을 끌고 있다(Cooper, 2003; Valle & King, 1978). 빈스방거와 보스의 접근은 모두 하이데거가 직접적으로 (비록 때로는 비판적으로) 관여했다는 추가적인 권위를 갖는다(Valle & King, 1978). 프랭클의 접근은 초기에는 실존적 현상학의 광범위한 영향과 관계없이 비엔나 정신분석학회(Viennese psychoanalysis)의 접근에 대한 '의미 중심'의 반응으로서 발달하기 시작했으며, 다른 실존치료 접근들과의 관련성이 항상 분명했던 것은 아니었다. 하지만 최근 몇 년 동안, 주로 국제 의미치료 및 실존 분석 학회에서 지속적으로 발간되고 있는 이론과 실제에 근거한 논문들을 통해서 다른 실존치료들과의 관계는 보다 더 명확해지고 있다(Längle, 2005).

보다 최근에는 북미와 영국식 실존치료가 확립되어 실존치료에 대한 흥미가 새롭게 일어나고 있을 뿐만 아니라 국제기구들 사이에서의 밀접한 관계 또한 고무되고 있다. 이 새로운 미국과 영국식 실존치료 학파는 비록 여전히 실존적 현상학의 철학적 기반에 큰 빚을 지고 있지만 또한 이후 발달한 철학 및 심리학과 동시대의 다른 치료 모형들 내에서 발달하기 시작한 관계이론,

사회구성주의이론, 이야기치료이론에 의해서 실질적인 영향을 받았다. 미국학파는 여러 사람 중에 롤로 메이(Rollo May, 1969, 1981, 1983)와 어빈 얄롬(Irvin Yalom, 1980, 1989, 2001) 그리고 제임스 부젠탈(James Bugenthal, 1981, 1987)의 업적들과 깊이 관련되며, R. D. 랭(R. D. Laing, 1960, 1967, 1982), 에미 반 델젠(Emmy van Deurzen-Smith, 1988, 1997), 한스 W. 콘(Hans W. Cohn, 1997, 2002), 프레디와 앨리슨 슈트라서(Freddie & Alison Strasser, 1997)와 본 저자(Spinelli, 1994, 1997, 2001, 2005)도 실존치료의 영국학파 발달의 주요 공헌자로 여겨진다(Cooper, 2003).

이 책은 실존적 현상학의 기반이 되는 핵심적 기본 원리들을 적용한 실존치료에 대한 나의 이해를 담고 있다. 비록 영국의 실존치료 학파의 후원이 있었지만, 나는 이 학파를 실존치료의 전부로서 대변하기보다 치료적 대화에 있어서 다양한 주요 실존적 주제들을 변형시키지 않고 그 관계성의 영향에 주요 초점을 두고 있는 실존치료의 이론과 실제에 관한 하나의 지류로서 다루었다. 다음에서 논의된 바와 같이 실존치료에 대한 설명은 영국학파에서 발전해 온 '길'이 아닌 일반적인 방식을 따른다.

연습 실존치료 접근

1. 당신은 실존치료를 어떻게 이해하고 있는가?
2. 당신이 생각하기에 실존치료에서 중요하게 여기는 것은 무엇인가?
3. 당신이 생각하기에 실존치료와 다른 치료 접근들을 구분해 주는 것은 무엇인가?

실존치료: 관계성

통합은 오직 이진법에 의해서 분명해질 수 있다. 통합 그 자체와 통합에 대한 생각은 이미 둘이다.

-석가모니(The Buddha)

앞서 논의한 바와 같이 실존치료가 관계성의 원리를 채택한 것은 그 실제에 있어서 결정적으로 중요하다. 관계성의 관점에서 내담자가 호소하는 문제들은 더 이상 배타적인 개인주의적 관점에서 보는 것과 같이 내담자 개인만의 것으로 볼 수 없다. 이러한 전환의 가장 명백한 영향으로 실존치료는 단지 내담자 개인의 고유한 주관적 경험에 관여하지 않으며, 오히려 내담자가 자신의 고유한 존재 방식을 통해서 경험하는 기본적인 관계성에 초점을 두고 있다. 실제 상담 장면에서 이러한 태도는 세계관의 한 구성 요소(자기-구조)를 다른 요소들과 구별하고 우위에 올리는 것을 추구하기보다는 세계관의 주요 구조의 구성 요소들 전부에 대한 포괄적인 탐색을 강조한다. 동일하게 내담자와 치료자 사이의 만남과 관련해서, 관계성을 강조하는 것은 실존치료가 내담자에 '관한' 것일 수 있는 만큼 치료자에 '관한' 것일 수 있다는 사실을 보여 준다. 이러한 작업의 주요 초점이 명백히 내담자가 실제 경험하고 있는 불안이나 어려움, 심리적 장애에 있다고 하더라도 이러한 탐색은 치료자와 내담자 사이에서 경험적으로 나타나는 것과 내담자의 어려움과 관련해서 개별 만남을 통해서 드러나는 부분 그 자체에 집중한다. 이와 같은 관점에서 실존치료는 단지 행해지는 것이 아니며, 치료자와 내담자 사이에서 드러나고 가려지는 상호작용을 통해 체현되는 것이다.

실존치료: 불확실성

> 확실성을 추구하는 것은 의미를 찾는 것을 방해한다. 불확실성은 사람이 자신의 힘을 발휘할 수밖에 없게 만드는 조건이다.
>
> —에리히 프롬(Erich Fromm)

관계적인 조화를 이루는 측면에서 치료적 만남은 그 자체로 불확실성을 띤다. 불확실성에 머무르려는 자발적 의지로 실존치료자들은 대화의 방향을 찾고 그와 관련해서 그 방향과 영향을 확정할 수 없는 변화의 가능성을 열어 두는 대화를 촉진한다. 이 관점에서 보면, 실존치료자들은 자신이 내담자와 함께 존재하는 방식을 통해서뿐만 아니라, 더욱 중요하게는 만남의 예측할 수 없는 결과들에도 열려 있고자 하는 자발적 의지를 통해서 불확실성의 '주체'가 된다.

이러한 치료자의 의지에 내담자가 어떻게 반응할지 또는 이를 어떻게 이용할지 또한 예측할 수 없다. 그렇다고 하더라도 관계 치료자로서 레슬리 파버는 치료자의 불확실성에 대한 내담자의 인정과 치료자와의 관계 의지는 치료적 결과가 유익할 가능성에 대한 가장 신뢰할 수 있는 신호가 된다고 제안했다(Farber, 2000). 불확실함과 이로 인한 불완전함과의 '만남'에 대한 내담자의 자발적 의지가 증가함에 따라서 두 가지 중요한 관계적 전환이 일어날 수 있다. 첫째, 치료자에게 다가가는 것과 동시에 내담자는 자기중심적, 자기초점화, 타인 배제적 태도에서 빠져나와서 현재 있는 타인(치료자)의 존재를 인식하기 시작한다. 둘째, 치료자에게 다가가는 것과 동시에, 내담자는 자신의 불확실성을 발견하고 수용하는데 '다다른다'. 그리고 이 두 가지 전환은 모두 현재 유지되고 있는 내담자의 세계관에 대해서 비판적으로 살펴볼 수 있도록 보다 준비된 탐색적 접근을 가능하게 한다.

물론, 내담자에게 이와 같이 도전하는 것은 불확실성에 대한 치료자의 자발적 의지에 달려 있는데, 이는 내담자의 존재 방식을 향한 것뿐만 아니라 이 만남이 치료자에게 미칠 영향에 대해서도 치료자가 열린 태도를 갖는 것에서 시작된다. 실존적 현상학의 영향을 받은 이야기치료와 사회구성주의적 심리치료 접근에서 주장되고 있는 것에 따르면, 치료는 상호 간의 대화를 통해 새로운 의미를 공동으로 만들어 내는 것으로 생각될 수 있다(Kaye, 1995). 만일 그렇다면 불확실성의 원리는 어떤 새로운 의미들이 생겨날 것인지, 이 의미가 상담자나 치료자 또는 둘 모두에게 인식되는 영향을 미칠 것인지, 이 의미들이 실제로 갈등을 해소해 줄 수 있을지 아니면 새로운 걱정과 불안을 야기할지, 그리고 이 의미들이 이전의 대화 참여자 모두 또는 한 사람에게 유지되고 있는 세계관을 어떻게 재구성할지와 같은 일련의 불안한 상황을 치료자가 수용할 것을 강조한다. 현재 시점에서 이러한 이슈들과 가능성은 모두 여전히 알 수 없고 예측할 수 없는 것으로 남겨져 있다.

실존치료: 실존적 불안

> 용기는 불안을 자신 안에 받아들임으로써 절망에 저항한다.
>
> –폴 틸리히(Paul Tillich)

팀 팍스(Tim Parks, 2006)는 자신의 소설 『급류(Rapids)』에서 내담자가 치료 장면에 가지고 오는 고민으로 표현되는 실존적 불안의 원리를 생생하게 요약하였다.

> 강과 산에서 위험한 행동을 하는 사람들 대다수는 죽는 것과 정착하는 것을…… 두려워한다. 삶이 정말로 시작되는 것을 두려워하고, 삶이 결코 시작되

지 않을까 봐 두려워한다. 이런 스포츠는 삶을 대신하는 무언가가 된다. ……삶을 위협하는 위험이 전혀 없을 때, 정말로 살아 있다고 느끼기 위해서…… (Parks, 2006; Alvarez, 2006: 40에서 인용).

실존치료는 불안의 경험이 본능적 요구의 불만족이나 대립되는 추동으로 인한 산물도 아니고, 유아기의 불충분한 관계 형성으로 인한 결과도 아니며, 오해나 불완전한 또는 부적절한 학습 경험으로 인한 것도 아니라고 주장한다. 오히려 내담자가 호소하는 실존적 문제나 불안정성은 인간 존재에 수반되는 불가피한 실존적 불안에 대항하고 경감시키려 하거나 피하려고 하는 시도의 결과로서 고려될 수 있다.

이러한 관점에서 보면, 실존치료의 과업은 불안의 경험을 감소시키는 더 나은 방법을 제공하는 것이 아니라, 오히려 관계적 불확실성으로부터 야기된 실존적 불안으로부터 자신을 멀리 떼어 놓는데 내담자가 이미 성공했던 과정에서 침전된 영역과 분리된 경험들을 드러내고 탐색하는 것이라 할 수 있다. 이러한 방식으로, 내담자에 의해서 문제로 확인된 심신을 해롭게 하는 장애들과 현재 유지되고 있는 세계관 사이의 공동-의존이 좀 더 명확해질 수 있다. 세계관을 붕괴시키는 외부의 생경한 요인으로서가 아닌 세계관이 표현된 것으로서 내담자의 호소문제를 탐색하는 것은 내담자의 어려움을 단순히 문제로서 보는 것이 아니라 실존적 불안을 감소시키고 부인하려는 부분적인 성공의 결과로서 바라보게 해 준다. 실존치료가 불안을 '치료'한다고 말한다면, 이는 불안을 감소시키거나 제거하는 것과는 관련이 적으며 오히려 불안이 불가피하다는 사실을 인정하고 불안과 함께 살아가는 보다 적절하고 용감한 방법을 찾는 것에 더 가깝다.

어빈 얄롬은 자신의 유명한 저서 『실존치료(Existential Therapy)』(1980)에서 실존적 불안을 피하기 위한 시도에 따른 결과로 일어날 수 있는 다양한 문제를 분석한 바 있다. 예를 들어, 얄롬은 죽음과 관련된 불안을 분석하면서 다양한 문제와 장애를 일으킬 수 있는 두 가지 일반적인 반응 양식을 가정했다. 그 첫 번째는 자신의 특별함과 개인의 신성에 대한 내담자의 침전된 신념에 놓여 있다(Yalom, 1980: 115). 얄롬에 따르면 이 태도는 자신의 특별함과 개인의 신성을 증명하기 위해 고안된 죽음에 도전하는 아슬아슬한 행동에 대한 내담자의 강박적 의존에서부터 자신을 일반적인 시간과 정신, 행동적 제약을 초월하도록 다그쳐서 개인의 신성에 대한 확신을 유지하고자 하는 일 중독자의 욕구에까지 다양한 장애를 일으킬 수 있다. 건강, 남성다움, 그리고 신체적 노화를 부정하거나 막는 것에 초점을 두고 있는 습관적인 중독적 문제 행동 또한 마찬가지로 죽음의 불안에 대한 이 첫 번째 반응의 한 예로서 고려될 수 있다. 얄롬이 제시한 두 번째 반응은 어디에나 존재하는 초자연적 존재나 힘 또는 종교나 정치 지도자와 같이 인간이기는 하나 우월하거나 카리스마가 있는 '궁극적 구원자'에게 의존하는 것이다(Yalom, 1980). 모든 경우에 있어서 궁극적 구원자는 길을 인도하고 지켜보며 보호하고 종종 궁극적인 상과 벌을 내림으로써 규칙과 법을 제정하고 의미를 만드는 기능을 이행한다. 이러한 방식으로 궁극적 구원자에 대한 신념은 개인의 삶의 의미와 목적의 확실성과 안전성을 줄 뿐만 아니라, 종종 죽음을 (대개는 보다 나은) 존재의 또 다른 영역을 향한 전환점으로 생각하게 함으로써 죽음의 힘을 축소한다(Yalom, 1980).

이 두 가지 불안 감소 전략들 중 하나를 받아들이는 것에서 발생하는 예상하지 못한 문제들은 유지되고 있는 경직된 세계관의 침전으로 인해서 불가피한 일이며, 다수의 실제 경험에 분리된 반응들을 필요로 한다. 두 가지 해결책 모두 쉽게 의문과 의심을 갖기 어려운 세계관에 기반하고 있어서 생각과 행동에 있어서 이러한 경직성은 치료가 필요한 보다 더 심각한 강박이나 광신의 문제, 그리고 사회적 행동과 성적 행동에 있어서 과도하게 의례화되는 문제로 이어질 수 있다.

연습 치료의 실제에 적용되는 세 가지 기본 원리 탐색하기

1. 이 책에서 읽은 내용들을 토대로 해서 관계성, 불확실성 그리고 실존적 불안의 세 가지 기본 원리가 치료 장면에서 당신이 선호하는 접근에 어떤 영향을 미치는지 탐색해 보라.
2. 이 세 가지 기본 원리는 치료 장면에서 당신이 선호하는 접근에 어떻게 도전하고 있는가?

연구 과제로서 실존치료

> 현상학적 과제는 계속해서 우리의 눈앞에서 경험 그 자체가 실증적임에도 불구하고 실제 경험에 대한 설명과 자동적으로 '내가 생각하는 것'의 우위를 중단시키는 생각해 본 적 없는 존재론으로 과제 자체를 분석한다.
>
> —미셸 푸코(Michel Foucault)

실존치료는 내담자가 현재 실제로 경험하는 것에 대해서 서술적으로 설명하는 것과 관련된 연구 과제로서 전반적인 인문과학연구와 '과제에 대한 공감적이고 창의적인 검증'이 요구되는 특정한 현상학적 연구에서의 일반적인 약속을 공유한다. …… (Gillett, 1995: 112). 다른 저서에서 내가 주장해 온 바와 같이, 실존치료를 구조화된 연구의 형태로서 살펴보는 것은 다른 모형들에 의해서 채택된 유사-의료적 지침들과 가정들로부터 실존치료를 직접적으로 자유롭게 해 준다(Spinelli, 1994, 2006). 추가적으로 이 관점은 연구적으로 초점을 맞춘 실존적 현상학의 목적과 실존치료 간의 조화를 가능하게 해 준다(Crotty, 1996). 그뿐만 아니라, 이는 실존치료가 보다 적절한 세계관의 서술적 명료화가 이루어질 수 있도록 하는 방식으로 존재의 '옆에 서고자 하는' 누군가의 자발적 마음을 통해서 그 존재를 밝히고 분명히 하고자 하는

시도에 중심을 두고 있는 본래의 목적과 의미를 가진 치료로 다시 되돌아가게 한다(Evans, 1981).

관계성의 원리에 뿌리를 둔 구조화된 형태의 연구로서 실존치료는 치료자/연구자의 존재를 연구의 방향, 초점 결과에 대한 불가피하고 불확실한 변수로서 포함한다. 게다가 실존치료가 채택하는 연구 방법은 세계관을 구조화하고 유지하는 대립되면서 상호보완적이고 모순되는 태도들을 동시에 받아들이는 구조에 서술적으로 초점을 맞추며 이 구조 내에 머물기를 시도한다.

실존치료는 설명의 문제와 관련되기보다는 이해의 문제에 초점을 맞춤으로써 인간 중심의 연구를 촉진하며 그렇게 함으로써 연구에 있어서 우선적으로는 자연과학연구와 인문과학연구 사이에서의 핵심적 차이와 같은 차별점을 유지한다(Hodges, 1952; Karlsson, 1993; Kvale, 1994). 정신의학적으로 유래한 진단적 범주와 분류 체계의 사용이나 의존하는 것을 피하는 것은 인간 중심적 신념의 한 유의미한 예시로서 두드러진다.

마지막으로 변화의 중요한 의미를 인정하는 치료 과제로서 실존치료는 가장 기본적인 지침이 되는 가정들 중 하나로서 서술하는 것이 곧 변화하는 것이라는 관점을 갖고 있다. 다른 말로 하면, 다른 많은 치료 모형에서 서술을 (바라기는 유익한) 변화로 이어지게 하는 조건을 형성하는 첫 단계로 가정하는 것과는 달리, 실존치료는 서술하는 것 그 자체가 변화를 일으킨다고 주장한다. 그리고 이러한 서술은, 첫째, 언젠가 될 또는 언젠가 그랬었던 사람보다는 현재 존재하는 사람에게 초점을 두는 것, 둘째, 이러한 초점을 통해 현재 존재하는 그 사람에 대한 일시적인 비판단적 수용을 채택함으로써 가능해진다. 수용을 강조하는 데 있어서 실존치료는 "현재 모습 그대로 나 자신으로 받아들일 때 내가 변한다는 것은 신비한 역설이다."(Rogers, 1990: 19)라는 칼 로저스(Carl Rogers)의 결론에 함께한다.

연습 연구 과제로서의 실존치료

1. 만약 연구 과제로서 치료를 바라보는 실존치료의 관점을 받아들인다면, 이는 치료와 그 방법의 실제와 관련해서 당신에게 어떤 영향을 미치는가?

실존치료와 치료적 관계

> 우리를 정의하려 하는 잘난 체하는 친구보다 우리를 비방하는 적이 더 다정하다.
>
> -안나 위컴(Anna Wickham)

최근 몇 년간, 적절한 치료 동맹을 맺고 유지하는 것을 치료 효과의 필수 조건으로서 포함하지 않는 현대의 치료 접근이 거의 존재하지 않을 정도로 결정적인 중요성이 부여된 치료적 관계 그 자체는 내담자의 긍정적 결과에 영향을 미치는 주요 변인으로서 확실히 자리 잡아 왔다. 2011년 미국심리학회(American Psychological Association: APA)의 근거 중심의 치료적 관계에 대한 부서 간 특별연구팀의 연구에 따르면,

> 치료적 관계는 치료의 특정 유형과 관계없이 심리치료 결과에 상당하고 일관적인 기여를 한다. …… 치료적 관계는 특정 치료 방법에서 내담자가 나아지는지(또는 나아지지 않는지) …… 그리고 치료적 관계를 배제한 채 널리 알려진 효과적이거나 또는 근거 중심의 접근을 알리려는 노력이 심각하게 불완전하고 잠재적으로 잘못될 수 있는지를 설명해 준다(Norcross & Wampold, 2011).

놀랄 것 없이 실존적 현상학의 관계성 원리의 요지를 고려할 때, 실존치료는 이 결론에 상당히 부합한다. 전반적으로 실존치료는 세계 내에 상호 관

계적으로 존재하는 것의 가능성과 한계에 대한 내담자의 총체적 태도를 탐색할 수 있고 또한 이 태도가 표현되는 축소판으로 치료적 만남을 간주한다(Cohn, 1997; Spinelli, 1997, 2001; Strasser & Strasser, 1997). 치료자와 내담자의 공동 작업에 초점을 맞추는 것은 내담자가 지속해서 유지하고 있는 세계관에서 유래한 태도가 치료자가 볼 때 얼마나 해롭고 제한적이며 한정적이고 비이성적인지와 상관없이 상호 간의 조정을 가능하게 한다.

이러한 함께 작용하는 조정의 말미에 실존치료자의 몇 가지 태도나 특성은 치료적 관계 속에 존재하기 위한 치료자의 자발적 의지와 능력의 표현으로서 나타난다. 이러한 핵심 특성들에 대해서는 다음에 이어서 간략히 논의하려 한다.

연습 치료적 관계

1. 치료자로서 당신은 치료적 관계에 대해서 어떻게 이해하고 있고, 치료적 관계를 어떻게 상담에서 활용하고 있는가?
2. 치료자로서 치료적 관계의 핵심적 특성과 기능은 무엇이라고 생각하는가?
3. 비치료적 관계와 치료적 관계는 무엇으로 구분된다고 생각하는가?

실재하는 타자로서 실존치료자

모든 사람은 타자이고 누구도 그 자신이지 않다.

—마르틴 하이데거(Martin Heidegger)

실존치료자는 내담자에게 실재하는 타자(the present other)로 존재한다. 타자로서 치료자는 내담자의 더 넓은 세계에서의 다른 모든 타인을 대표하면서 또한 중요하게는 단순하게 자신의 실재함의 상호 관계적 영향을 통해 내담자의 주요 세계관 구조에 도전하는 타인의 역할을 수행한다. 실재하는 타자로서 치료자는, 예를 들어 타인들이 내담자가 어떤 사람이기를 기대하는지 그리고 내담자는 타인들이 자신에게 어떤 사람이기를 기대하는지 등 타인과 관련된 세계관에 있어서 내담자의 침전된 영역에 대해서 명확하게 하고 도전할 수 있다. 타자로서 치료자가 실재하는 것이 내담자에 미치는 치료적 영향을 설명함에 있어서 실존치료는 여타의 다른 치료 모형들과는 대조적으로 전이나 역전이를 가장한 메커니즘에 의존하지 않는다(Spinelli, 1994).

치료자를 포함한 '타자'에 관한 실존적 현상학의 모든 논의와 관련해서 우리는 장 폴 사르트르의 업적에 빚을 지고 있음을 인정하지 않을 수 없다(Cannon, 1991; Sartre, 1991). 사르트르는 자신이 쓴 여러 소설과 극본의 등장인물들의 몸부림으로 삶에서 종종 선명하게 야기되는 갈등에 대한 분석을 통해서 한 사람의 인생 계획에 대립하는 사람으로서 타자라는 주제를 반복해서 다루었다. 사르트르에게 타자의 존재는 존재의 대립되는 방식들의 충돌을 시사한다. 사르트르에게 있어서 만약 이러한 갈등의 해소방안이 존재한다면 이는 갈등의 해소나 초월을 통해서일 수 없으며, 오히려 이러한 갈등의 불가피성에 대한 상호 간의 인정을 통한 것이었다. 이러한 인정을 통해서 한 사람의 삶을 타인과 구분하게 하는 표면에서 나타나는 서로 다른 모순적 요소들을 피하지는 못한다고 하더라도 모든 삶이 명확히 규정될 수 있으며, 보장될 수 있고, 확실하다는 거짓 속임수를 만들어 내고 유지하고자 하는, 그리고 이렇게 함으로써 자신과 타인 모두에 대한 변형 가능성을 유지하고자 한다는 데 있어서 그 목적의 유사성을 인정하는 상호 협력의 가능성이 나타난다. 이러한 상호적 가능성은 타인을 지배함으로써 타인의 존재를 나의 흥미와 목적으로 두는 것으로부터 타인의 계획 안에 우리가 있기 위한 상호적 노력들에 기초하는 것으로의 관계적 초점의 전환을 포함한다. 결국 사르트르에 따르면, 타인의 목적을 해롭게 하기보다는 도움을 주고자 하는 이러한 시도들은 타인이 단지 외부에 있는 독립체일 뿐만 아니라 외부인으로서 분리되어 있으며, 각 존재 내에 있는 모순된 실재라는 사실을 드러내 준다.

사르트르에 의하면, 실존치료자가 타자로서 실재하는 것은 자신이 타인이 되는(타자됨) 경험을 내담자가 직면하는데 촉매제와 같은 역할을 한다. 여기에서 타인이 되는 경험이란, 예를 들면 자신이 소유하지 않았거나 또는 '타인'에게 속한 것으로 확인되는 분리된 경험으로 인식하고자 하는 내담자의 자발적 의지를 통해서 침전 상태로 유지되고 있는 자신의 세계관과 관계적으로 연결되어 있는 것을 말한다. 치료자의 타자됨을 인정함에 있어서, 실존치료는 치료적 만남의 불가피한 특성으로서 갈등의 역할과 상충하는 전략을 포함한다. 치료적 만남에서의 이러한 차이를 구별하는 것은 이 같은 갈등의 없음이 아니라, 갈등의 근절을 추구하거나 선언하지 않고 오히려 기꺼이 갈등을 인식하고 갈등을 다루려는 자발성이다. 현재에 실재하는 타자로서 실존치료자는 치료적 만남 장면에서의 즉시성을 통해서 타인과 함께 있는 내담자의 경험을 유발한다. 이런 방식으로 내담자는 자신이 치료자인 타인과 함께 있는 경험을 평소 자신이 타인과 함께 있는 방식과 비교하고 대조할 수 있으며, 이와 함께 타인과 함께 있는 방식에 있어서 이 둘의 공통점과 차이점이 어떻게 자신의 현재 문제와 관련되는지 탐색할 수 있다.

관계성의 원리 측면에서 치료자가 타자로서 실재하는 것은 내담자가 현재 보여 주고 있는 세계관에 대한 치료자의 개방성과 수용도 그리고 기꺼이 머물고자 하는 자발성 여하에 달려 있는 것이 분명해 보인다. 아무리 내담자의 고통의 문제를 개선하기 위한 선의의 관심이라고 하더라도 내담자의 존재방식의 변화를 지시하거나 조작하려는 의도를 가진 어떤 다른 태도를 채택하는 것은 협력적인 존재로서가 아닌 적대자로서 치료자인 타인에 대한 내담자의 관점을 유지시키는 역할을 할 뿐이다. 결국 이는 내담자로 하여금 자신의 세계관 내에 타인을 향한 단절되고 대립적 관점을 유지하게 하는 결과로 이어질 것이다. 비록 자신의 삶에서 타인에 대한 대립적 우월성을 향상시키는 내담자의 능력을 강화하는 전략을 통해서 치료적 유익이 분명히 나타날 수 있다고 하더라도, 실존치료가 추구하는 유익은 외부의 그리고 내부의 타인 모두와의 연결성과 협력성의 향상을 통해 발생하는 가능성과 보다 더 깊이 관련된다.

연습 '실재하는 타자'로서 치료자

1. 당신은 내담자에게 어떤 종류의 치료적 '타인'으로 실재하고자 시도하나요?
2. 당신은 치료자로서 '타자'됨과 같은 다름이나 갈등을 다루나요?

실존치료자의 수용

옳고 그른 행위에 대한 개념이 닿지 않는 곳에 들판이 있다. 그곳에서 만나자.

–잘랄 아드딘 루미(Jalal ad-Din Rumi)

수용은, 훈련된 전문성을 가진 치료자는 내담자에게 도움이 될 수 있는 방법을 알고 있으며 지시할 수 있다는 가정을 포기할 것을 실존치료자에게 요구한다. 오히려 실존치료자는 문제 해결, 목표 설정, 교육, 변화를 위한 프로그램의 수립, 그리고 지시적 대화와 같은 의견에 초점을 맞추기보다 상담 장면에 있는 사람과 상담 장면에서 실제로 어떻게 느끼는지 모두에 대한 반영적 개방성으로 정의될 수 있는 수용의 태도를 갖기 위해 노력한다.

이때 수용은 내담자가 한 일과 하지 않은 일에 대해서 인정하거나 또는 못마땅해하는 것을 의미하는 것이 아니며, 오히려 내담자의 세계관의 어떤 측면에 대해서도 섣불리 초기에 이해했다고 가정하지 않기를 실존치료자에게 요구한다. 그리고 내담자의 세계관을 설명함에 있어서 묘사적 탐색에 초점을 맞추도록 한다. 그러나 이러한 탐색을 수행할 수 있기 위해서 치료자는 상담자와 치료자 중 하나 혹은 둘 모두에게 선호되는 것으로 보일 수 있는 대안적 존재의 방식으로 이동하기보다는 나타나고 있는 것에 기꺼이 머물고자 하며 또한 그럴 수 있어야 한다. 따라서 실존치료자는 내담자에게 비현실적인, 잘못된 그리고/또는 비합리적인 것으로 보이는 것을 구별해 주고 이를 현실적인, 옳은 그리고/또는 합리적인 존재의 방식으로 대체하기 위해 애쓰는 우월하고 객관적인 교수자의 역할을 맡는 것을 피한다. 마찬가지로, 유사의학적 증상의 제거자나 치료 제공자로서 자기 자신을 나타내기보다, 실재하는 존재와 함께 거하고 옆에 서서 내담자의 타자됨을 수용하기 위해 노력하는 치료의 본래 과제로 되돌아간다(Evans, 1981).

일반적으로 내담자의 알려지지 않고 생경한 세계관을 수용하는 것에 관한 실존치료자의 입장은 '잘하고 있음을 확인시켜 주는 것'이나 변화를 지도하는 것, 또는 지식과 지위에 있어서 전문가의 우위와 같은 가정으로부터 오는 안전을 포기하는 것을 필요로 한다. 이러한 태도는 어떤 삐뚤어진 업신여김이나 보다 전형적인 치료 과제에 대한 거부와는 아무런 관련이 없다. 오히려 이는 인간 중심 탐색의 구체적인 형태의 필수 구성 요소라 할 수 있다.

연습 치료자의 수용

1. 치료자로서 당신은 치료 장면에서 수용을 어떻게 이해하고 있으며 활용하고 있는가?
2. 치료적으로 당신의 수용 방식은 실존적 관점과 어떤 공통점과 차이점이 있나요?

실존치료자의 경험적 즉시성

좋은 치료자는 당신이 만나는 모든 사람에게 맞는 새로운 치료를 만들어 내야 한다.

–어빈 얄롬(Irvin Yalom)

세계관을 탐색하는 과정을 보다 더 개방적이고 진실하게 그리고 명확히 하는 역할을 수행하는 존재로서 실존치료자의 실재함이 인정받게 될 때 내담자와 치료자 사이에 충분한 신뢰가 형성될 수 있다. 이러한 신뢰는 현재 만남에서의 경험적 즉시성으로 경험되며 대개 상호적이다. 비록 내담자의 특정한 타인(치료자)과 함께하는 경험이 묘사적 탐색의 주요 초점인 것은 여전하지만, 치료자의 특정한 타인(내담자)과 함께하는 경험 또한 내담자 중심 탐색의 일부분으로서 다루어지고 이용될 수 있다.

실존치료는 내담자가 의식하는 경험의 경험적 즉시성을 강조한다. 이는 여전히 상당한 경험이 의식되고 있지 않다는 사실을 인정하는 것이며, 동일하게 우리가 의식하는 경험의 많은 부분을 충분히 알아차리지 않고 있으며, 그래서 많은 부분이 암시적이며 지엽적이거나 또는 충분히 반성되고 있지 않은 상태에 머물러 있음을 인정하는 것이다. 그렇다고 하더라도 실존치료는 무의식적 요소로 보통 불리는 것들을 소환하거나 다루는 필요에 대해서는 조심스러운 입장을 가지고 있다. 몇몇 실존치료자들은 내담자가 의식적으로 반성할 수 없거나 반성하려 하지 않는 것에 대한 잠재적인 알아차림이라는 개념을 표현하기 위해서 이 용어를 이용하기도 한다(May, 1983). 그 외에 다른 실존치료자들은 이전 장에서 논의하였던 것과 같이 세계관의 분리와 침전의 관점에서 무의식의 문제를 고쳐 사용해 왔다(Spinelli, 1994, 2001; Strasser & Strasser, 1997). 여하튼 어느 경우에도 인간이 의식적 경험을 왜곡하고 부인하거나 또는 억압할 수 있다는 사실을 부인하는 것은 아니지만, 실존치료는 다수의 현대 치료 모형들에 의해 받아들여져 온 정신분석의 무의식에 대한 개념들과 관련된 근본적 생각의 많은 모호한 부분을 명료하게 하기를 추구한다. 이 주제에 대한 보다 자세한 논의는 보스(Boss, 1963)와 콘드로우(Condrau, 1998), 스피넬리(Spinelli, 1994, 2001)의 저술에서 찾아볼 수 있다.

연습 치료자의 즉시성

1. 치료자로서 치료 장면에서 당신은 치료자의 즉시성을 어떻게 이해하고 있으며, 어떻게 활용하는가?
2. 치료적 즉시성을 표현하는 당신의 방식은 실존적 관점 사이에는 어떤 공통점과 차이점이 있는가?

실존치료자의 대화 방식

진정한 대화에서 양측은 모두 기꺼이 변한다.

—틱낫한(Thich Nhat Hanh)

존재의 의식적 측면에 대해서 이와 같이 주목하는 것은 실존치료자의 대화 방식에서 한층 더 반영된다. 마르틴 부버의 포함(inclusion)이라는 개념은 부버의 사상에 깊이 영향을 받았던 관계 분석학자 레슬리 파버의 연구에서와 같이 이러한 방식의 주요 측면을 다루고 있다(Buber, 2002). 예를 들어, 파버가 강조하는 것은 타인과 특정한 방식으로 존재하고자 하는 치료자의 의도로 표현되는 도덕적 원칙에서 유래한 태도에 다시 초점을 맞추고자 하는 일련의 경직된 방법론적 제약으로부터 치료의 핵심 과제를 분리시키고자 하는 그의 의도를 보여 준다. 이와 관련한 한 가지 핵심적 함의는 치료적 대화의 주제(또는 내용)는 어느 것이나 될 수 있다는, 즉 논의의 내용은 실제로 문제가 되지 않는다는 파버의 주장에서 찾아볼 수 있다. 대신에, 파버가 생각하는 대화의 문제는 치료자와 내담자 모두를 자기 자신 및 서로와의 진실한 대화로 인도하는 말하기 방식에 그 핵심이 있다(Farber, 2000).

진실한 대화라는 이 개념은 현상학자인 게오르크 가다머(George Gadamer)가 제안한 개념과 유사하다(Gadamer, 2004). 가다머는 대화 참여자 중 누군가에 의해서 대화의 초점과 목적이 미리 정해지지 않은 대화와 대화 참여자 중 최소 한 사람에 의해서 대화의 초점과 목적이 정해졌던 대화를 통해서 나타나는 진정성의 차이점을 보여 주었다. 가다머는 모든 대화가 방향을 가지지만(보다 정확하게는 방향을 찾아내지만), 미리 정해진 어떤 목표를 향해 적극적으로 방향을 잡아가는 대화 내에서는 규명되거나 경험될 수 없는 대화의 내용과 방향 그리고 초점을 형성하는 대화의 진정한 특성이 존재한다는 것을 인정한다. 가다머는 이로 인한 한 가지 결과로 "대화가 전개되며 대화 그 자체의 결론에 이르는 과정에서 한 단어가 다른 단어를 뒤를 잇는 방식으로 어찌어찌 대화가 이루어짐에도 불구하고, 대화하는 사람들은 대화를 이끌어 가기보다 대화를 따라가는 경우가 훨씬 더 많아진다고 제안했으며, 그리고 누구도 이와 같은 대화에서 무엇이 '나올지'를 미리 알지 못한다."라고 저술했다(Gadamer, 2004: 383). 대화의 방향적 측면에서의 이러한 통제를 포기하는 것은 역설적으로 그 대화에 참여하는 사람들에게 대화에 대한 더 큰 소유감을 갖게 한다.

대화와 관련해서 파버와 가다머에 의해서 표현된 관점은 여러 가지 면에서 논의의 내용에는 초점을 덜 집중하며 내용이 논의되고 표현되는 방식에 보다 더 집중하는 치료자에 대한 마르틴 하이데거의 경고(Heidegger, 2001)를 상기시킨다. 하이데거의 우려는 '이전에 자신의 것으로 만들지 않은 모든 것을 이해할 수 있다는 것이 쓸데없는 대화인 것'(Heidegger, 1962: 213)과 같이, 진술된 것이 자신의 또는 자신의 것이 아닌 관점에서 제시된 것인지 여부에 관한 질문에 집중되어 있다. 다양한 실존치료자들은 하이데거의 진술을 어떤 면에서는 내담자가 호소하는 이슈와 문제를 직접적으로 중요하게 보지 않고 오히려 일종의 잡담, 수다 또는 일상 대화의 형태를 취하는 치료적 대화를 피하라는 명령으로 해석하는 경향을 보인다. 예를 들어, 치료자는 내담자가 일종의 얼버무리는 말로 전날 저녁의 텔레비전 프로그램이나 새로운 물건, 또는 날씨에 관한 이야기를 하는 것을 묵살할 수도 있다. 나는 이렇게 함으로써 실존치료자들이 파버가 분명하게 말했던 것과 같이 하이데거가 말한 진술의 핵심을 심각하게 오해해 왔다고 생각한다. 내담자가 말하는 내용이 철학에 초점을 두고 있건 또는 심슨가족에게 초점을 두고 있는지는 전혀 중요하지 않다. 중요한 것은 이와 같은 주제들이 어떻게 다루어지는가, 다시 말해서 현재 내담자에게 유지되고 있는 세계관이 표현된 것으로서 내담자는 이들을 어떻게 '소유하고' 있는지가 핵심인 것이다. 추가해서 실존치료자들에게 내담자가 이야기하는 내용의 적절성을 결정하고, 그 타당성을 판단함으로써 내담자가 말하는 주제를 통제하는 것은 가다머가 제안했던 것과 같은 대화 지향적 대화의 가능성을 차단할 뿐만 아니라, 채택된 탐색 방법을 보다 더 강력하게 반박한다.

이와 관련해서 치료자가 선호하는 접근의 이론적 측면에서의 가정과 결론들을 내담자로 하여금 숙고하고 동화되도록 겨냥하는 대화를 지나치게 강조하는 것 또한 하이데거가 말한 '쓸데없는 대화'의 한 유형이라 할 수 있다. 비록 실존치료자가 어떤 형식적인 기법을 과도하게 무시하는 경향이 있다 하더라도 실존적 현상학의 원리와 주제에 대해서 내담자에게 직접적으로 교육하고자 하는 시도는 호흡을 조절하는 숙제 또는 훈련 과제를 내담자에게 내주는 것 못지않게 기법이라는 점은 인정되어야 한다. 다시 말하지만, 하이데거는 메다드 보스와 그의 동료들과의 논의에서 실존치료의 관심이 실존적 현상학의 원리를 입증하는 설명에 있지 않다는 사실을 그들에게 알리며, 오히려 실존적 현상학의 원리들과 공명하며, 반영하는 말하기 방식에 실존치료의 관심이 있다는 사실을 명확히 했다(Heidegger, 2001).

연습 치료적 대화

1. 치료적 대화와 비치료적 대화 사이에는 어떤 차이점이 있다고 생각하는가?
2. 당신이 참여했던 최근의 치료적 대화를 떠올려 보라. 이 대화를 치료적 대화가 되게 한 것은 무엇이었는가? 이 대화가 치료적 대화가 되는 것을 방해할 수도 있었던 요소가 있었다면 무엇이었는가?

알지 못함

당신이 모르는 것이 무엇인지 아는 것이 최선이다. 아는 것을 모르는 것은 재앙과 같다.

—노자(Tao Te Ching)

얼마간의 논의에서 강조되었듯이, 실존치료는 치료적 관계의 중요성에 관한 현대의 근거 중심 결론에 기본적으로 동의한다(Mearns & Cooper, 2005; Norcross, 2002; Norcross & Wampold, 2011). 하지만 관계에 대한 여러 상이한 표현들이 존재한다. 그렇다면 실존치료적 '방식'은 무엇인가? 비록 이 질문에 대해서는 제2부에서 보다 더 깊이 살펴보겠지만, 여기에서 간단히 요약하면, 아마도 카를 야스퍼스가 실존치료자의 관계적 과제로 불렀던 **알지 않음**(Jaspers, 1963)과 내가 **알지 못함**(un-knowing)으로 명명해 온 것을 통해서 가장 잘 표현될 것이다(Spinelli, 1997). 둘 중 어느 용어라도 이는 현재 지속되고 있는 치료적 만남에서 그 자체로 나타나는 것으로 이해하고 있거나, 이해하기 쉽다고 가정되는 익숙해 보이는 것을 새롭고 의미가 고정되지 않은, 그래서 이전에 검토되지 않은 경험일 가능성으로 다루는 등 가능한 개방성을 유지하기 위한 노력을 표현한다. 알지 못함을 위한 시도는 내담자의 고유한 경험에 대한 존중을 유지하는 것을 추구할 뿐만 아니라 이 고유한 존재 방식이 치료자의 개인적인 또는 전문적인 혹은 두 영역 모두에서 편향과 가정을 만들어 낼 수 있다는 사실을 수용하는 방식으로 내담자의 세계관을 탐색하고자 하는 치료자의 자발적 의지를 시사한다(Spinelli, 1997). 알지 못함을 위한 노력으로 실존치료자는 자신의 존재 방식과는 유사해 보일 수도 있고, 또는 생경하거나 심지어 반대되는 것으로 보일 수 있는 내담자의 가치관과 신념을 수용하기 위해 애쓴다. 이러한 초기의 개방적이고 소박한 **현상학적 태도**로의 전환은 치료자에게 적어도 당분간은 다른 치료 접근의 관점에서 치료자의 권위, 전문성과 해석 능력으로서 간주되는 많은 부분을 포기할 것을 요구한다. 아마도 가장 중요한 것은, 알지 못함을 위한 실존치료자의 시도가 내담자가 계속 진행하고 있는 묘사적 탐색의 경험과 그 과정에서 매우 유사하다는 것이다. 다음은 데이브 먼스(Dave Mearns)와 믹 쿠퍼(Mick Cooper)의 『관계의 깊이에 따른 상담과 치료 상담과 치료(Working at Relational Depth in Counselling and Therapy)』(2005)에서 인용한 것으로 알지 못함의 개념을 요약한 것과 유사한 것으로 보이는 방법을 제공하고 있다. 이 저서에서 이들은 기법에 담긴 초점과 강조점에 대한 다음과 같은 반론을 제기하고 있다.

> 기법은 관계적으로 깊은 수준에서 내담자를 만나는 것을 더욱 어렵게 만들 수 있다. …… 여기에는 여러 가지 이유가 있다. 첫째, 우리가 기술을 시행하려고 시도할 때 우리의 관심은 우리 앞에 존재하고 있는 구체적인 사람이 아니라 우리가 내담자에게 시도하려는 기법과 그 결과에 있을 가능성이 높다. 다른 말로 하면, 내담자와 우리의 관계는 더 이상 성립되지 않으며, 어떤 계획과 조치들에 의해서 이루어지게 된다. 둘째, 기법과 치료적 전략을 통해서 내담자와 관계를 형성한다면, 고유한 사람으로서 내담자를 받아들일 가능성이 낮아지며, 오히려 특정

한 측면에서 내담자의 반응과 결과를 바라보게 될 것이다. 셋째, 기법 중심의 방식으로 우리가 내담자와 관계를 형성해 갈수록 우리의 자연스러움과 자발성, 그리고 고유성을 잃게 될 것이며 형식적이고 연습된 방식으로 내담자를 만나기 시작할 것이다. 그리고 이는 즉시적이고 직접적인 사람과의 만남의 가능성을 감소시킨다(Mearns & Cooper, 2005: 117-118).

연습 알지 못함

1. '알지 않음' 또는 '알지 못함'의 태도를 채택하는 것은 당신의 상담 접근에 어떤 영향을 미치는가?

제1부 요약

완벽한 것은 없다. 삶은 엉망이고, 관계는 복잡하다. 그리고 결과는 불확실하다.

–휴 맥케이(Hugh McKay)

철학적 사조로서 그 기원에서부터 실존적 현상학은 인간의 실존에 대한 급진적이면서 동시에 혼란스러운 관점을 제공해 왔다. 비록 이 개념이 서양의 핵심적인 신념과 정면으로 대립하고 있지만, 이러한 개념들이 실제로 '살과 피를 가진' 존재에 미치는 영향이 표면화되는 것은 오직 경험적으로 이 관점들을 유지하려는 개인의 시도를 통해서 이루어진다.

이 책의 제1부에서는 필연적으로 불완전할 수밖에 없지만 간략하게 내가 제안한 실존적 현상학의 기저에 있는 세 가지 핵심 원리, 즉 관계성, 불확실성 그리고 실존적 불안에 대해서 다루었다. 각각의 원리들은 실존적 현상학을 치료에 적용하는 시도에 있어서 각각이 가지는 중요성과 그 영향의 관점에서 검토되었다. 이를 통해서 실존치료를 현장에 적용하고 또 실존치료자가 '되는' 것 모두에 대한 일반적인 이해와 관련 있는 실존적 문제와 주제들에 대해서 살펴보았다.

나는 주로 치료적인 것보다는 묘사에 초점을 맞춘 탐색 과제로서 실존치료가 가장 잘 이해되고 적용될 수 있다고 제안했다. 더욱이 이러한 과제는 치료적 만남 그 자체의 상호 관계적 과제를 통해서 '내담자 자신의 존재 방식으로 존재하는' 내담자의 경험을 설명하는 것에 그 핵심이 있다. 이 탐색의 마지막 측면은 탐색으로 파생된 행동과 그 결과로 일어나는 의미 모두로부터 실존치료자가 분리되어 있다고 가정하기보다는 탐색에 밀접하게 연관되어 있는 요소로서 실존치료자의 실재함과 역할을 강조한다. 동일하게 이는 실존치료가 문화, 인종, 젠더 그리고 성적 지향점과 관련해서 표현되는 내담자의 세계관의 다양성을 그저 용인하는데 그치지 않고, 보다 정확히 표현하자면, 이에 가치를 두고 받아들이는 것으로 이어진다.

이 일련의 주장들을 담고 있는 연구는 실존치료에 대한 추가적인 함의들을 보여 준다. 특히 그중에서 복잡성과 불확실성에 있어서 내담자가 경험하는 세계가 결코 최종적인 또는 완벽한 방식으로 포착될 수 없다는 사실을 인정하는 것은 많은 부분을 차지한다. 결과적으로 치료자 자신의 존재 방식이 내담자의 세계관과 어떤 식으로든 공명한다는 것을 인정하고 내담자의 세계관을 드러나게 할 시도를 통해서 드러나게 된 태도에도 불구하고 드러나게 될 것 또는 이 드러나게 하는 방법은 여전히 알려지지 않고 불확실한 상태로 남겨져 있다. 이러한 깨달음은 내담자는 말할 것도 없이 치료자를 자유롭게도 하고 혼란스럽게도 할 수 있다. 이와 같은 상황에서 당신이 말하는 것(내용)뿐만 아니라, 당신이 말하는 방식에 대한 경고는 실존치료자들에게 특히 중요한 문제가 된다.

이러한 특정 말하기 방식이 제공해 줄 수 있는 것은 아마도 실존치료자가 염원하는 치료적 만남의 구조와 일련의 조건일 것이다. 동일하게 이는 내담자의 실재하는 도전에 대한 반응으로 치료자가 시작하거나 제공할 수 있는 모든 실제 현장 기반 개입에 근거를 제공해 준다.

이러한 문제들을 다룸에 있어서 나는 수많은 다른 저자와 치료자들과 함께 발맞추어 실존적 현상학과 실존치료의 실제에 대한 진심을 표현하도록 나를 이끌어 온 여러 개념과 씨름하며 이를 이해하고 적용하며, 전달하기 위한 나의 노력들을 대표하는 관점과 결론을 제시해 왔다. 또한 제1부 전체를 통해서 나는 다른 저자들과 치료자들에게는 생경하거나 부적절하게 보일 수도 있다고 생각되지만, 나에게는 개인적으로 그리고 전문가적 측면 모두에서 타당하다고 생각되는 용어들을 사용했다. 예를 들어, 세계화와 세계관이라는 나의 구분과 반성적 경험과 관련된 세계관의 침전과 분리에 대한 논의는 실존적 현상학의 여러 주요한 통찰들을 해석하려는 나의 노력이라 할 수 있는데, 그 결과 나 자신과 다른 사람들에게 내가 할 수 있는 한 적절하게 나에게 영감을 주었던 것에 대해서 그리고 이러한 통찰들에 의해서 내가 영감을 받았던 방식을 전달할 수 있었다. 내가 선택한 용어의 적절성에 관련된 논쟁은 계속 있을 것이며, 내가 개인적으로 선호하는 용어들을 사용하도록 다른 사람들에게 요청하지 않을 것이다. 내가 대다수의 실존치료자가 선호하는 보다 더 일반적인 용어의 사용을 피한 것은 오랫동안 받아들여진 명명법에 담겨진 의미로 인한 혼란을 최소화하기 위함이었다. 궁극적으로 이 용어들 그 자체보다 이 용어가 우리에게 가리키는 것이 무엇인지가 그 용어의 가치를 결정해 준다.

유사하게, 실존적 현상학과 실존치료 모두를 향한 길을 제시하고자 노력해 온 다른 여러 저자와는 달리, 나는 의도적으로 이 영역의 주요 철학자들과 치료자들의 연구와 사상을 광범위하게 요약하는 것을 피했다. 나는 이러한 전략이 누군가에게는 나의 철학적 고지식함으로 또는 더 나쁘게는 나의 오만함을 반영하는 것으로 해석될 수 있다는 점을 알고 있다. 전자의 가능성에 대해서는 내가 논할 수 있는 입장이 아니다. 하지만 후자에 대해서 나는 여러 저자에 대한 깊은 부채감과 존경을 표현함에 있어서 어떠한 거리낌도 없다. 이 책을 읽으면서 아주 조금이라도 호기심을 갖게 되었다면, 나는 주저 없이 이 저자들과의 만남을 시작해 보기를 제안한다. 나는 실존적 현상학과 그 치료적 적용에 대한 주요 서적들에서 찾아볼 수 있는 다양한 주제들의 통합적인 부분을 제공하고 있다고 생각하는 기저의 원리들을 폄하하거나 깎아내리기보다는 탐색해 보기를 시도했다. 이렇게 함으로써 나는 단지 치료에 대한 실존적 접근들에 대해서 읽기만 하는 것이 아니라, 실존적 현상학의 관점에서 치료를 실시하는 방식에 초점을 둔 만남을 독자들에게 제공하고자 했다.

이러한 목적에 따라 제2부에서는 실존적 현상학의 원리와 실존적 주제와 문제를 다루는 실존적 현상학의 방식이 표현된 실존치료의 실제에 관한 구조적 모형을 제공한다.

PART
2

실존치료의 실제: 구조적 모델

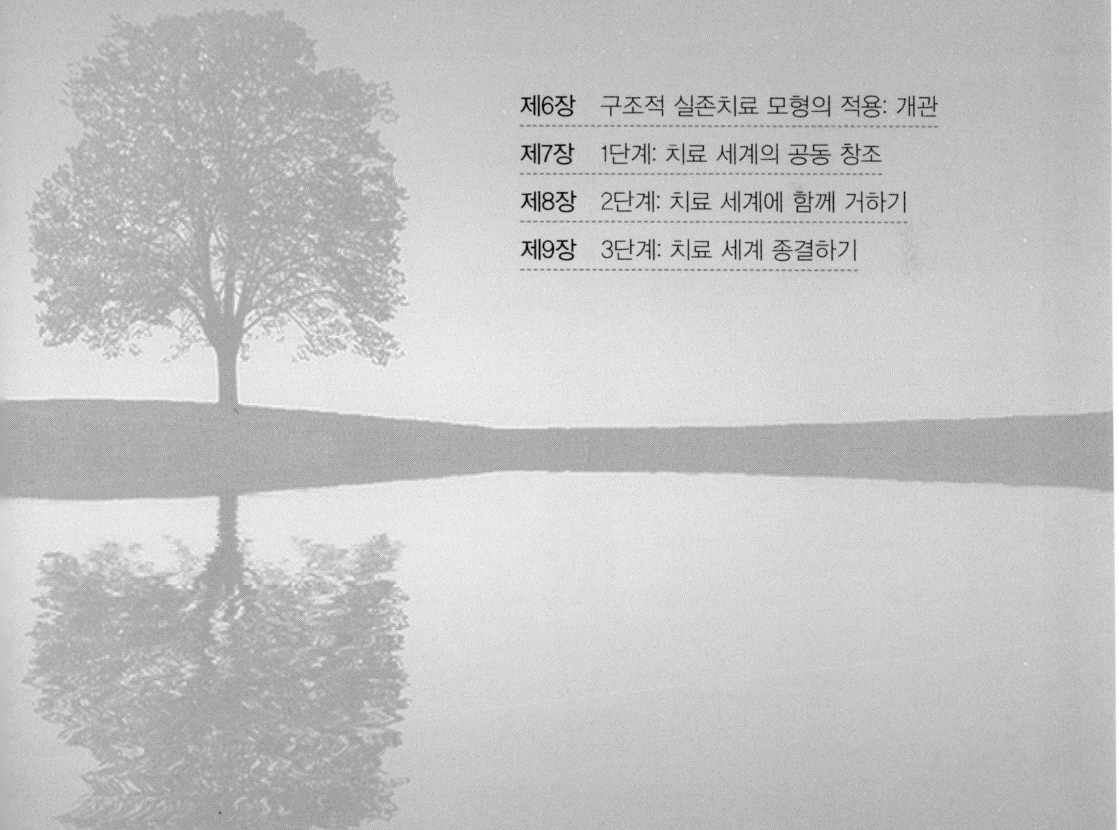

단계	치료자	내담자	핵심 초점

1단계:
치료 세계의 공동 창조
	바보와 같은 치료자: 탐색의 초점은 치료 세계에서 경험되고 더 넓은 세계에서의 경험과 대조되는 내담자의 세계관과 호소문제 사이의 관계를 명료하게 하는 것에 있다.	내담자는 보다 더 실제적이고 진실한 자기 자신의 목소리를 듣는다.	치료 환경
			  계약
			  구조
			조건
			  마법 깃털
			  플라세보 효과
			  내담자의 여정
			  내담자에게 인사하기
			  이야기 시작하기
			묘사에 초점을 맞춤 조정
			  함께 그리고 위해서 존재하기
			  타자 중심 경청
			  알지 못함
			묘사 중심 탐색
			  현상학적 방법
			  노에마/노에시스 중심 묘사 도전하기
			  전략적 질문하기
			  신체 초점 묘사
			  비유적 조정
			  서술적 장면 설정
			1단계에서 2단계로 이동의 신호
			1단계에서 2단계로 이동을 방해하는 요인

2단계:
치료 세계 탐색하기
	어릿광대와 같은 치료자: 탐색의 초점은 치료자와의 만남에서 반영되는 대로의 내담자의 호소문제를 명료하게 하는 것에 있다.	내담자는 타자(치료자)의 목소리를 듣는다.	내담자의 이야기 듣기와 도전하기
			  구체적인 것과 일반적인 것 사이에서의 전환
			  명시적인 것으로부터 암시적인 것으로의 전환
			  실존치료자 '자신을 타자로' 활용하기
			실재하는 양극 사이의 긴장 다루기
			내담자의 세계관의 주요 구조와 핵심이 되는 실존적 문제 탐색하기
			내담자의 세계관의 침전된 영역과 분리된 영역 탐색하기
			만남의 상호 관계적 영역을 활용한 상담
			친밀감을 활용한 상담
			  치료자의 자기개방
			  치료 장면에서의 현재의 순간
			  일반적인 끌림과 성적 끌림
			  젠더와 성적 지향의 차이점
			  다이모닉
			  꿈
			치료 환경, 구조 그리고 계약 조건 재조정하기
			  치료 세계의 경계 밖에서의 예상치 못한 만남
			2단계에서 3단계로의 치료적 이동의 적기를 알려 주는 신호
			2단계에서 3단계로의 치료적 이동을 방해하는 요인

3단계:
치료 세계 종결하기
	집행자와 같은 치료자: 탐색의 초점은 내담자가 새로 발견한 더 넓은 세계의 관계적 가능성에 있다.	내담자는 세계의 목소리를 듣는다.	그들-초점을 활용한 상담
			치료 세계와 더 넓은 세계 사이를 연결하는 것의 가능성과 한계
			  과제
			종결
			  선물 주고받기
			치료 이후의 관계

제6장

구조적 실존치료 모형의 적용: 개관

소개

여기에서 제시하고 있는 구조적 모형은 치료자로서 치료를 이해하고 진행하는 나의 방식과 이를 실존적 관점으로 설명하려는 나의 시도에서 기인한다. 이 관점은 제1부에서 논의해 온 것과 같이, 실존적 현상학의 주요 기본 원리인 관계성과 불확실성 그리고 실존적 불안을 강조하고 있다. 비록 이러한 원리들이 독자들에게 논의 중인 구조의 구체적인 구성 요소 모두를 뒷받침하는 것으로 보이겠지만, 그렇다고 하더라도 이들 중 어느 하나도 치료적 만남 장면 내에서 명시적으로 다루어지지 않는다는 사실에 대해서는 양해를 구하기보다는 내가 마르틴 하이데거가 『졸리콘 세미나(Zollikon Seminars)』에서 메다드 보스와 그의 정신의학과 동료들과 함께 다루었던 입장을 따른다는 말로 대신하려 한다. 하이데거는 다음과 같이 말했다.

> 중요한 것은 분석과 분석하는 사람 사이에서의 관계에서 발생하는 특정 현상들과 실제하는 각각의 환자의 특성은 이들의 현상학적 내용들로 발의되고 단순히 현존재의 본질적 특성에 포괄적으로 분류되지는 않는다는 것이다 (Heidegger, 2001: 124).

내가 이해한 바에 따르면, 이 문장은 실존치료를 실행하는 것이 내담자로 하여금 실존치료의 원리를 직접적이고 분명하게 이해하고 받아들이도록 교육하는 것이 되지 않도록 삼가야 한다는 우려를 강조하고 있다. 오히려 하이데거는 실존치료의 초점은 이러한 원리들에 기반한 묘사적 탐색에 있는데, 이를 통해서 이 원리들이 '실제로 환자에게 속한 것'으로서 드러나게 된다고 주장하였다(Cohn, 2002: 83).

이전 장들에서 나는 실존에 대한 우리의 경험을 과정(세계화)과 본질(세계관)의 계속되는 상호작용으로서 전달하기 위해서 **세계화**(worlding)와 **세계관**(worldview)이라는 용어를 사용해 왔다. 세계관은 세계화를 본질화하기 위한 시도의 결과이며, 그 결과로 나타난 구조인 세계관은 과정과 같은 세계화의 모든 측면을 직접적으로 표현할 수 없다. 덧붙여, 시공간적 안정성과 지속성을 적당한 수준으로 유지하기 위해 세계관은 반드시 체현된 존재의 세계화로부터 기원한 경험을 침전시키고 분리시켜야만 한다. 우리 모두가 감수해야만 하는 삶의 불안은 세계관이 세계화와 일치하면서도 또한 동시에 일치하지 않는 정도에 따른 결과이다. 치료 장면에서 내담자가 호소하는 문제와 딜레마는 현재 내담자가 어떻게 이 상호작용을 경험하고 있는지를 보여 준다.

내담자가 불안과 갈등을 경험하는 것은 세계화와 현재 유지되고 있는 세계관 사이의 과도하게 큰 불일치로부터 발생한 것일 수 있다. 이와 같은 경우에 세계관 내에서 유지되고 있는 구조들은 과도하게 제한적이고 경직되어 침전되어 있는 것으로 드러나게 되고 이는 계속된 분리의 증가를 요구한다.

그러나 이러한 불안과 갈등의 경험은 세계화와 세계관이 과도하게 일치되어 있는 데에서 나타나는 것일 수도 있다. 이런 경우, 세계관 구조는 과도하게 불안정하고 부서지기 쉬운 것으로 경험되고, 따라서 세계관의 지속성, 기질적 특성, 그리고 정체성에 대한 불안을 일으키는 도전에 대항해서 세계관을 유지할 능력이 충분하지 않은 것으로 경험된다.

두 가지 가능성은 표면적으로는 유사한 방식으로 표현되는 걱정과 갈등을 발생시킬 수도 있다. 예를 들어, "마치 죽은 것 같고, 텅 비어 있는 것같이 느껴져요.", "동료들은 더 이상 내가 누구인지 알 수 없다고 해요.", "만약 신이 이런 끔찍한 일이 일어나는 것을 허락하고 있는 것이라면, 나는 더 이상 신을 믿지 못하겠어요."와 같은 진술들은 세계화와 세계관 사이의 큰 불일치나 또는 일치감의 표현일 수 있다. 내담자가 세계화와 세계관 사이에서 경험한 것에 초점을 두고 이러한 이슈들을 다루는 것이 치료에 있어서 필수적이라는 것은 분명해 보인다.

적절하지 않은 것에 초점을 맞출 가능성을 최소화하기 위해서 실존치료는 내담자의 전체 세계관과 관련해서 내담자가 호소하는 문제를 묘사적으로 설명하기 위해 애쓴다. 이렇게 하는 데에는 이러한 탐색이 내담자의 더 넓은 전체계적 세계관과 세계화 사이의 상대적 불일치와 일치 정도를 축소해서 드러내 줄 것이라는 가정이 자리하고 있다. 추가해서 실존치료는 이러한 묘사에 초점을 맞춘 탐색은 그 자체로, 내담자가 현재 유지하고 있는 세계관에 유의미한 도전이 된다고 주장한다. 요약하면, 실존치료는 묘사적 설명을 어떤 변화의 예비 단계적 기반이나 또는 변화의 조건으로 자리 잡은 초기 단계로서 보기보다는 묘사 자체가 변화를 일으킨다고 주장한다. 따라서 실존치료는 내담자에게 유익하고 지속적인 변화를 일으키기 위해서 내담자에게 그/그녀의 호소문제에 대해서 해석적 설명이 필요하다는 것을 인정하지 않는다.

정확히 실존치료의 묘사적 관점이 어떻게 내담자의 존재 경험에서의 뚜렷하고 유익한 변화를 이끌어 내는지에 대해서는 현재 거의 알려진 바가 없다. 이 점에서 다른 현대적 치료 접근들의 경우에도 다르지 않다. 일반적으로 치료가 대부분 긍정적인 효과가 있다는 확실하고 잘 확립된 근거들이 상당히 많이 존재하지만(Cooper, 2008; Duncan, Miller, Wampold, & Hubble, 2010), 특정 치료 접근이나 또는 일반적으로 치료가 효과적인가라는 질문은 여전히 해답을 찾지 못한 문제로 남아 있다(Norcross & Wampold, 2011). 예를 들면, 사회적 지지, 기대 효과, 또 치료적 관계 그 자체와 같은 일반적인 치료 외적인 요인들이 구체적인 치료 모형에서 사용하는 기법들보다 훨씬 더 많은 부분에서 치료적 효과성에 부합하는 주요하고 중심이 되는 변인들로 확인되어 왔다(Duncan et al., 2010). 하지만 내담자에게 유익한 결과를 만들어 내는 데 있어서 이러한 변인들을 중요하게 만드는 요인들에 대한 설명이 마련되기는 쉽지 않을 것으로 보인다.

여기에서 제시하고 있는 구조적 모형은 이런 여러 요인을 특별한 방식으로 다룬다. 이 모형은 내담자와 실존치료자가 현재 살아가고 있는 치료실 외부의 세계 또는 더 넓은 **세계**(wider-world)와 비교되고 대조될 수 있는 **치료 세계**(therapy-world)에 들어서서 서로의 관계를 만들어 가기를 제안한다. 이러한 관점에서 보면, 연구자들에 의해서 치료적 효과의 주요 결정 요인 중에서 확인된 불특정한 관계적 요인은 치료 세계에서 설정된 구분된 시공간적 측면과 관계적 측면에서의 경계와 조건들로부터 나오는 것이다.

실존치료의 세 가지 단계

제시된 구조적 실존치료 모형은 요약하면 치료자와 내담자의 치료적 만남에서의 전환과 움직임을 따라서 구분되는 세 가지 단계로 표현될 수 있다.

1단계는 대체로 실존치료자와 내담자가 치료 세계를 공동으로 만드는 것과 관련되는데, 이 단계에는 치료 세계의 한도를 정하는 경계, 틀 그리고 상호 관계적 조건들과 관련한 것을 명확히 하는 것이 포함된다. 이렇게 함으로써 1단계는 치료 세계 내에서 관계적으로 경험되는 것을 통해서 내담자의 세계관과 명시적 긴장, 그 한도에 대한 개방적이고 진정성 있는 묘사적 설명을 시작할 수 있게 해 준다. 이 탐색을 통해서 확인된 것은 이어서 내담자의 더 넓은 세계의 관계들과 비교되고 대조될 수 있다.

2단계는 실존치료자와 함께 이 치료 세계에 함께 거하는 것에 대한 내담자의 상호 관계적 경험을 묘사적으로 탐색하는 것에 주로 초점을 맞춘다. 대개 이 단계는 강렬하게 경험된다. 2단계는 치료적 만남의 경험적 즉시성 내에서 내담자가 호소하는 분명하거나 명시적인 긴장과 불안을 유지하고 있는 암시적이거나 숨겨져 있는 실존적 불안정성을 명확히 할 것을 요구할 뿐만 아니라 치료 세계에서 드러나는 내담자의 세계관 그 자체를 탐색할 수 있게 해 준다.

3단계는 치료 세계에서 도출된 경험적 대안들을 통한 내담자의 더 넓은 세계에서의 경험의 재구성 가능성을 실천하는 것이다. 이 단계는 내담자의 치료 세계의 경험과 더 넓은 세계에서 살아가는 경험을 연결하려는 내담자의 시도에 가능성과 한계를 탐색하는 것에 초점을 둔다. 또한 이렇게 함으로써 3단계는 임시적인 치료 세계를 종료하고 치료적 만남의 종결 방법을 제공한다.

하지만 이 세 가지 단계의 초점을 통해 제안된 구조적 모형에 동의하고 고려하는 것이 유용하다고 하더라도 이는 점진적인 '1-2-3단계'의 엄격한 과정 체계를 제안하기 위해 의도된 것이 아님은 강조되어야만 한다. 비록 단계에 초점을 두는 것은 실존치료의 접근 방법을 발전시키고자 하거나 또는 다른 치료 모형의 체계와 비교하고 대조하고 명확히 하고자 하는 사람들에게는 상당히 설명력이 있고 유익하다는 가치를 가지지만, 그렇다고 하더라도 이를 통해서 실존치료와 관련된 역동적 경험 전부가 표현되기를 기대할 수는 없다. 세계화에 대한 세계관의 유사성이 필연적으로 불완전한 것과 같이, 이러한 단계 중심의 접근은 구조적 관점으로 실존치료를 표현하고자 하는 진정한 시도를 반영한다. 실제 치료적 만남의 과정에서 단계들의 공존은 이 세 단계 모두의 특성이나 영향이 만남의 모든 경우에서 나타날 가능성이 높다는 점에서 실제 치료적 만남 중에 단계들의 공존하는지 여부는 불분명하다.

실존치료의 상호 관계적 함의

나는 실존치료가 세계화와 세계관 사이의 불일치 또는 일치에 대한 질문에 초점을 맞춘 묘사적 탐색을 시도한다고 주장해 왔다. 이러한 묘사적 탐색의 직접적인 초점은 내담자에게 있지만, 실존치료는 치료 세계에 들어가고 치료 세계의 한계와 조건 내에서 내담자와 연관된다는 점에서 치료자 또한 이 관계적 만남의 영향을 받지 않거나, 벗어날 수 없다는 사실을 인정한다. 둘 중 한 명 또는 둘 모두에게 미치는 치료 세계에서의 만남의 강도, 중요성, 방향과 지속되는 효과는 미리 결정될 수 없다.

제1부에서 논의했던 것과 같이, 실존적 현상학의 세 가지 주요 원리의 함의를 따라서 내담자의 세계화와 세계관 사이의 일치성과 불일치성 중 어느 쪽이든지 둘 간의 차이 정도는 치료자에게 영향을 미친다. 또한 치료자와 내담자 사이에 공유된 관계성의 기반에서부터, 그 치료적 만남의 모든 특성은 자신과 서로의 세계화와 세계관 경험 사이의 상호작용에 미리 결정될 수 없는 방식으로 영향을 미친다. 이러한 관점에서 실존치료는 그 자체로 치료자와 내담자 모두에게 관계적으로 불확실하고 불안을 동반해서 경험되는 과제라는 사실을 드러낸다. 둘 모두 일시적이거나 또는 지속적인 결과로 세계화/세계관이 대체될 가능성을 경험하며 이들의 경험적 현실은 치료 세계의 경계 내로 제한되거나 또는 그 경계 너머로 확장될 수도 있다. 어떤 경우에든지 모든 만남과 마찬가지로 치료자와 내담자 사이의 만남은 세계화에서 유래한, 물결 같은 '파급 효과'를 일으키는데, 이는 두 참여자 모두의 체현된 경험을 통해 빠르게 퍼지며, 더 넓은 세계의 관계로 흘러가서, 결국 그 궁극적인 영향은 미묘하게 또는 명백하게 모든 실존에 그 흔적을 남긴다.

제7장

1단계: 치료 세계의 공동 창조

기본 구조적 전제조건

치료 세계의 조건 설정하기

치료 계약(therapeutic contract)은 치료 회기의 길이와 빈도 그리고 전체 기간과 장소, 비용 협의와 행동 규칙 등에 관한 설명과 규정에 관한 내용으로 이루어져 있다. 이 계약은 상당히 방대할 수도 있고, 상대적으로 간단할 수도 있고, 서면(때로는 공동 서명된)으로 작성되거나 말(비록 점점 더 갈수록 전문적 기관들은 서면의 문서들을 장려하거나 요구하기는 하지만)로만 이루어질 수도 있다. 종합해 볼 때, 상담의 조건을 설정하고 계약을 맺는 것에 관한 이슈는 현대의 여러 치료 접근에서 제안하는 안전을 위한 틀을 만들고 유지하기 위한 일차적인 구성 요소로 보인다(Luca, 2004).

치료 계약과 틀의 조건들에 관해서 일반적으로 공유되는 여러 가정은 정신분석에 의해 설정된 것에서 유래된 것으로 볼 수 있는데, 역사적으로 정신분석은 21세기까지 지속되어 온 가장 초기의 치료 모형으로 인정된다(Ellenberger, 1970). 이와 대립하는 현대의 치료 접근에 의해 제기된 정신분석에 대한 우려나 비판들과 상관없이 절대 다수의 접근은 상당히 많은 부분에서 정신분석적 구조를 채택하고 있으며 이에 적응되어 온 것으로 보인다. 비록 본질적으로 문제가 될 것이 없다고 하더라도, 이러한 사실은 정신분석 접근의 원리와는 전적으로 일치하지만 다른 치료 모형들이 지향하는 원칙과는 맞지 않을 수 있는 태도를 아무런 의문 없이 고수하고 있다는 사실을 드러내 준다. 그럼에도 불구하고, 치료자나 전문기관들에 의해 공유되고 있는 가정들에 관하여 상세하게 의문을 제기하는 것은 드문 일이다.

실존치료는 윤리적 기준과 전문기관에 의해 정해진 상담의 표준 지침에서 벗어나지만 않는다면 치료의 실제에 대한 지침을 제공하는 기본 원리에 관한 일련의 구체적인 조건들을 갖고 있지는 않다. 예를 들어, 치료적 만남이 이루어지는 장소는 보통 치료자의 상담실이겠지만, 내담자의 거실이나 작업 공간에서 이루어질 수도 있고 회의실이 될 수도 있으며, 제한된 공간이 아닌 전화, 스카이프(역자 주: 인터넷 화상전화서비스)와 같은 '가상의' 공간이 될 수도 있다. 이와 마찬가지로 상담의 길이와 빈도, 상담 시간의 제한 여부 또는 일회성 여부 등에 관해서 정해진 기준은 없다. 물론, 대부분의 실존치료자가 보통의 경우 전문 기관의 기대나 편의성 이외의 다른 이유가 없다면 '치료적 전통'을 따르겠지만, 여기에서 중요한 것은 다른 대안이 가능하다는 사실을 인식하는 데 있다. 설사 실존치료자들이 이런 이슈를 다루는 연구 결과에 따르려고 한다고 하더라도, 보다 일반적으로 받아들여지고 있는 가정을 따를 때의 유익이나 또는 다른 대안적 방식의 부정적 영향에 대한 어떤 근거도 찾기는 어려울 것이다(Cooper, 2008; Duncan et al., 2010; Madison, 2002; Norcross & Wampold, 2011). 실존치료의 관점에서 치료 계약을 고려할 때, 내가 생각하기에 정말로 중요한 것은 계약의 조건이 무엇이든지 그리고 이러한 조건들이 어떻게 유래되었는지 간에 이러한 내용이 치료자와 내담자 모두에게 명확히 이해되고 동의되었는지 여부일 것이다.

연습 치료 환경 탐색하기

1. 당신 자신이 실존치료자로서 내담자와의 첫 회기를 시작하고 있다고 상상해 보라.
2. 다음의 질문에 대해서 생각해 보고 이야기해 보라.
   - 첫 상담 회기를 시작하기에 앞서 무엇을 준비했는가? 회기를 시작하기 전에 항상 이를 준비하는가? 만약 상담 회기 전에 이런 준비를 하지 않았거나 혹은 못했다면, 어떨 것 같은가?
   - 이 치료적 만남이 어떤 면에서 내 삶의 다른 관계와 유사할 가능성이 있는가?
   - 어떤 면에서 삶의 다른 관계와 다를 가능성이 있는가?
   - 치료적 만남에서 치료자인 것과 관련해서 매력적이거나/흥미진진하고/성취감을 주는 점은 무엇인가?
   - 치료적 만남에서 치료자인 것과 관련해서 제한적이거나/좌절되거나/화가 나는 점은 무엇인가?
   - 치료적 만남에서 치료자인 나 자신에 대해 어떤 점을 좋아하는가?
   - 치료적 만남에서 치료자인 나 자신에 대해서 바꾸고 싶은 것은 무엇인가?
   - 치료적 만남에서 치료자인 나에 대해 내담자가 주목하고 알아봐 주었으면 하는 점은 무엇인가?
   - 치료적 만남에서 치료자인 나에 대해 내담자가 알지 않았으면 하는 점은 무엇인가?

치료 세계

내가 볼 때, 앞선 논의의 중요성은 치료자와 내담자가 설정하고 동의한 조건이 치료자와 내담자가 살아가고 있는 치료 밖의 **더 넓은 세계**(wider-world)와 비교해서 차별적으로 경험되는 **치료 세계**(therapy-world)의 기본적인 구조와 경계를 만들어 낸다는 데 있다. 제시된 구조적 모형은 치료 세계에 들어가서 그 안에서 존재하는 것에 대한 탐색이 내담자에게 치료 세계의 경계 내에서 자신의 세계관이 일시적으로 재구조화되는 방법을 제공해 줄 수 있을 것이라는 경험적 가능성을 받아들이고 시도할 수 있게 해 준다고 제안한다. 이러한 탐색이 일어날 수 있는 가능성의 정도는 부분적으로, 치료 세계의 구조적 조건과 관계적 조건들을 설정하는 계약적 동의에 달려 있다.

제1부에서 논의해 온 것과 같이, 실존치료는 내담자의 세계화 경험과 내담자가 유지하고 있는 세계관의 일치하는 부분과 불일치하는 부분을 내담자가 조정하는 방법을 제공하고자 시도한다. 비록 정확하게 이 조정이 어떻게 일어나는지는 대부분 알려지지 않은 채로 남아 있지만, 전반적으로 치료의 효과성에 관한 연구 근거들은 명시되지 않은 요인들과 치료적 관계 그 자체 모두의 압도적 중요성에 대해 강조해 오고 있다(Norcross & Wampold, 2011). 이러한 근거들은 제시된 구조적 모형의 치료 목표와 일치하는데, 치료자와 내담자가 공동으로 창조한 분리된 치료 세계를 통해서 이루어지는 묘사 중심의 탐색은 내담자의 치료 세계와 더 넓은 세계의 세계관 사이의 여러 공통점과 차이점들을 드러내 준다. 이를 통해서 내담자의 호소문제와 불안은 이러한 세계관의 맥락 내에서 탐색되고, 잠재적으로 내담자가 유익하게 경험하는 방식으로 재구성된다.

이와 같은 방식으로 고려해 보면, 실존치료의 구조와 계약 조건의 중요성은 보다 더 분명해진다. 계약은 공동 창조된 치료 세계의 입구가 되는 기본적인 경계를 설정하는 것으로, 여기에는 시간과 공간에 환경 설정 또한 포함되어 있다. 계약 내용에 무엇이 포함되어 있는지 그리고 그 계약 내용이 얼마나 간략히 혹은 상세하게 구체적인 계약 조건이 규정되어 있는지 여부 그 자체는 그 계약 조건이 별도의 치료 세계에 들어가서 일시적으로 함께 거하는 치료자와 내담자 모두에게 동의될 수 있는지 여부에 비하면 덜 중요한 변수라 할 수 있다.

비록 치료자와 내담자에 의해 함께 만들어진다고 하더라도 명시된 몇몇 조건들은 치료자에 의해 도입되어 협상 불가한 것일 가능성이 있다. 예를 들어, 치료자는 치료 외적 만남은 허용되지 않는다거나 회기를 취소해야 했던 상황과는 관계없이 참석하지 못한 회기들에 대해서도 반드시 비용을 지불해야 한다는 조항을 주장할 수도 있는데, 이런 조건들은 내담자에게 비합리적이거나 달갑지 않은 것으로 인식될 수도 있다. 그렇다고 하더라도, 중요한 것은 그 규칙을 정하는 것에 관해서 치료자와 내담자가 함께 이해하고 동의해야 한다는 것이다. 더 넓은 세계와 마찬가지로 치료 세계는 그 자체로 규칙 이면에 있는 의미와 목적에 관한 모든 것을 항상 포괄하고 있다거나 또는 치료 세계라고 해도 개인의 관점이나 선호, 바람 그리고 기질과 일치하는 것은 아니다. 오히려 치료 세계가 보여 줄 수 있는 중요한 차이는 그곳에 거하는 사람 중 최소한 한 명은, 즉 치료자는 명시적으로 동의된 모든 조건을 일관되게 존중하며, 그러므로 '자신이 의도하는 대로 말하며, 자신이 말하는 대로 행하는 사람'으로서 충분히 신뢰할 수 있다는 것이다.

이런 노력이 치료 세계의 구성원으로서 불안을 배제하려는 시도로 잘못 이해되어서는 안 된다. 실제로 많은 방식에서 치료 세계의 조건들을 명확하게 하고 이를 고수하는 것은 내담자의 불안 경험을 감소시키기보다는 악화시킨다. 치료를 비판하는 사람들은 치료 세계는 더 넓은 세계의 혼란과 혼동은 피하려고 하며, 규칙과 합의는 되풀이되어 지켜지지 않거나 또는 치료 세계의 다른 거주자와의 협의는 고사하고 어떤 말도 없이 한 명의 거주자에 의해서 재해석될 수 있다는 점에서 치료 세계가 인위적임을 강하게 강조해 왔다. 이에 대한 대답으로, 나는 비록 치료 세계의 계약에서 유래한 규칙들을 지키려는 시도는 서로 다른 다양한 방식으로 이루어질 수 있다고 주장할 수 있겠지만, 이는 치료 세계가 인위적인 것으로 판단되는 충분한 이유는 아니며, 더 나아가, 비록 비판하는 사람들은 몇몇 치료자들이 자신이 정한 규칙을 잘 지키지 않는다는 사실과, 다양한 형태의 계약 일탈로 유발된 심각한 결과들을 직접적으로 지적하고 있지만, 이러한 원하지 않는 상태야말로 치료 세계에 거하는 경험이 인위적이지만은 않다는 사실을 보여 준다(Alexander, 1995; Bates, 2004; Sands, 2000). 치료 세계 내에 함께 거하며 관계를 맺는 것이 보다 일반적인 더 넓은 세계에서의 경험과 비교될 수 있을 정도로 매우 '실제'처럼 느껴진다는 치료자와 내담자 모두의 진술을 마주하는 것은 드문 일이 아니다(Gordon, 2000; Kirschenbaum & Henderson, 1990).

연습 계약의 중요성 탐색하기

1. '치료자 되기'에 있어서 당신에게 필수적인 계약은 무엇인가?
2. '내담자 되기'에 있어서 당신에게 필수적인 계약은 무엇인가?
3. 당신이 치료자와의 계약에서 분명하게 정하는 것 또는 정했던 것은 무엇인가?
4. 치료적 만남에서 분명하게 정해졌어야 했지만 암묵적이었던 것은 무엇인가?
5. 치료 계약은 당신에게 어떻게 전달되었는가? 계약의 어떠한 부분에 관한 논의나 협의가 있었는가?
6. 치료자로서, 당신은 계약에서 벗어났던 경험이 있는가? 그렇다면 당신은 또는 당신과 내담자는 이 일탈을 어떻게 경험했는가?
7. 내담자로서, 당신의 치료자가 계약에서 벗어나는 것을 경험한 적이 있는가? 그렇다면 당신은 또는 당신과 치료자는 이 일탈을 어떻게 경험했는가?
8. 계약에 대한 논의와 지금까지의 연습 활동을 하면서 드러난 것에 이어서 현재 치료 계약에 관해서 당신은 어떤 관점을 가지고 있는가?
9. 당신이 생각하는 계약서를 작성해 보고 이에 대해서 동료와 논의해 보라.

연습 치료 세계 탐색하기

1. 동료와 함께 앞에서 제시된 것과 같이, 치료 세계에 대한 생각을 탐색해 보라. 이러한 탐색은 계약의 틀과 조건들의 중요성을 명확히 하는데 어떻게 도움이 되는가? 이는 이로운 결과의 결정적 요인으로서 일반적인 불특정 요인들뿐만 아니라 치료적 관계의 중요성에 초점을 두는 기존의 근거들을 명확하게 하는 데 어떻게 도움이 되는가?

덤보 효과

앞에서 논의했던 것과 같이, 실존치료는 치료자가 일하는 영역이 상담의 시간과 공간을 정하는 것과 같은 실무적 이슈들이 항상 관리자에게 문제가 되는 부서나 공공 영역이라면, 특히 승인을 받아야 하거나 고려해야 하는 치료 조건의 설정 범위에 있어서 매우 유연한 가능성을 제공한다. 그러나 많은 실존치료자가 전통적인 치료 조건을 따라서 상담을 계속하고 있는 것으로 보인다. 습관과 편리함이 왜 그러한 선택을 하는지에 대한 답이 될 수 있겠지만, 여기에서는 어떤 면에서 우스꽝스럽지만, 내가 **덤보 효과**(Dumbo Effect)라고 이름 붙인 것을 탐구함으로써 또 다른 가능성에 대해서 생각해 보려 한다(Spinelli, 1994, 2001).

디즈니 만화 〈덤보〉(Disney, 1941)를 본 사람이라면 코끼리 덤보가 날 수 있었던 이유는 날 수 있게 해 주는 마법 깃털을 갖고 있다고 스스로 믿게 되었기 때문임을 기억할 것이다. 처음에 덤보는 새롭게 알게 된 능력과 자존감의 유일한 이유로 깃털의 힘과 의미를 믿었다. 스카이다이빙 공연 중에 마법 깃털을 잃어버린 일로 인해 덤보는 패닉 상태에 빠진다. 하지만 놀랍게도 덤보는 그가 여전히 날 수 있다는 사실을 발견했고, 이를 통해 마법 깃털은 꼭 필요한 것도 아니며, 마술적인 힘이 있는 것도 아니라는 것을 알게 된다.

나는 치료자들이 의존하는 상담 조건에 관한 특정한 계약이나 경직된 특정 형태의 구조는 마치 덤보의 마법 깃털과 같은 기능을 한다고 생각하는데, 그 자체로는 특별하거나 마법적인 특성을 갖고 있지는 않지만, 이러한 특정 형태의 상담 조건이 '치료자가 되게 하고' '치료를 수행하도록 하는' 힘이 있는 중요한 필수 요소가 되게 하는 것은 이를 믿는 치료자라고 생각한다. 추가로 내담자 또한 치료 환경, 구조, 그리고 계약의 이슈를 통해서 표현된 덤보 효과에 의존해서 치료의 유익을 경험하고 '내담자가 되는 것'에 대한 가치와 신념을 유지한다. 마치 실제로 치료 효과를 결정하는 데 있어서 불특정 요인들이 중요하다는 근거가 강조되는 것과 같이(Duncan et al., 2010), 치료의 전반적인 진행에 있어서 덤보 효과가 아닌 것은 극소수일 수도 있다. 이러한 결론은 '마법 깃털'이 불필요하다거나 심지어 잠재적으로 문제가 있다고 주장할 의도를 가진 것은 아니다. 하지만 특히 실존치료자들에게 도전이 될 수 있는 것은 그들이 특정한 마법 깃털에 의존하는 것과 관련해서 그들이 더 이상 결코 마법 깃털이 아니라고 생각하고 있는 것에까지 의문을 제기하며, 오히려 이어서 이를 '실존치료자로 존재하고 있을 때 자신이 누구로 존재하고 있는지' 그리고 '실존치료를 실행하고 있을 때 그들이 하고 있는 것은 무엇인지'에 대한 그들의 세계관적 정의에 있어서 간과된 분리에 자리하고 있는 경직된 침전으로서 바라보는 것이다.

실존치료자들에게 제기되는 도전은 두 부분으로 나뉘어져 있는데, 첫째, 치료의 실제에 필요한 종합적인 계약과 틀에 관련된 이슈들에 있어서 요구되는 마법 깃털이 무엇인지를 명확히 하는 것을 시도하는 것이며, 둘째, 이러한 요구사항들의 필수성에 도전하는 것이다. 실존치료가 가진 과업의 전체적인 요지가 내담자가 가진 세계관의 구조가 결합된 패턴을 밝히는 방향으로 향하는 것과 같이 실존치료자의 도전 방향도 현재 확인할 수 있는 마법 깃털이 무엇인지를 명료화하고, 그것이 확인되었을 때 그 깃털을 더 이상 요구하지 않는 도전에 대해서 고려하는 것에 있을 수 있다. 나는 모든 마법 깃털에 대한 의존을 완전하게 또는 최종적으로 제거하는 것이 가능한지, 혹은 바람직한 것이라고 말할 수 있는지에 대해서는 의문을 갖고 있다. 그러나 마법 깃털을 향한 보다 적절한 세계관적 입장에 도달하기 위한 목적을 가지고 이러한 탐색을 추구해 나간다는 것은 실존적 과업과 일치하는 것이라 생각한다.

연습 '마법 깃털'에 대한 치료자의 의존 탐색하기

1. 치료의 실제를 위한 계약 및 구조를 정하는 문제와 관련하여 당신에게는 어떤 조건적인 '마법 깃털'이 필요한지 이야기해 보라.
2. 다음의 각 조건에 대해서 생각해 보라. (1) 마법 깃털을 필요하게 하는 것은 무엇인가? (2) 만약 각 조건이 없어진다면, 이로 인해서 치료자가 '되는' 능력과 '치료를 실행하는' 능력에 미치는 영향과 그 결과는 무엇인가?
3. 치료에 대한 당신이 가진 일반적인 가정들과 정의들에 관해서 덤보 효과의 개념은 당신이 가진 유연성과 유연성의 결핍을 드러내 주는 데 어떤 역할을 할 수 있겠는가?
4. 이 활동을 함께 진행한 동료와 이 질문들에 대한 답변에 대해서 논의해 보라. 다른 사람의 마법 깃털에 당신은 각각 어떻게 반응하겠는가? 각 답변은 덤보 효과에 대해서 무엇을 명확히 해 주는가?

연극의 관점에서 치료 환경 고려하기

치료와 연극 사이의 유사성이 흥미를 자극하는 것은 그다지 새로운 것은 아니다(Røine, 1997). 예를 들어, "특정 상황이 연극이라는 사실을 우리에게 알려 주고 이에 대비하도록 해 주는 전제 조건이 무엇인가요?"라고 묻는다면, 전통적인 입장에서는 연극은 외부와 분리된 제한된 장소에서 일어나야 하며, 여기에는 특정한 시간에 의해서 제한될 뿐만 아니라 관객과 배우를 구분해 주는 무대 등의 내용들이 포함된다고 주장할 것이다. 반면에, 급진적 형태의 현대 연극은, 예를 들어 관객과 배우 사이의 공간적 장벽을 제거함으

로써 그들 사이의 공간을 유동적이고 불분명하게 하거나 또는 연극이 언제 시작하고 마치는지에 관한 모든 단서를 모호하게 하는 것을 통해서 연극에 대한 고정된 가정들에 이의를 제기한다. '확신의 일시적 중단'이라는 개념은 대개 연극에서의 사건과 관계를 맺기 위한 필수적인 구성 요소로서 제시된다. 나는 일시적으로 중단된 확신보다 오히려 이는 전체적으로 볼 때 연기자와 관객 모두에게 '마법 깃털'의 역할을 하는 합의된 다양한 조건들과 설정을 통해서 들어갈 수 있는 연기자와 관객 사이의 고유하고 일시적인 '연극 세계'의 공동 창조의 경우로 제안하고자 한다.

치료와 연극은 각각 다양한 방식으로 참여자들에게 외부 세계가 아닌 치료와 연극 안에서 자신이 누구로서, 그리고 어떻게 존재하는지 경험하게 하는 임시적 '세계', 즉 치료 세계와 연극 세계의 공동 창조를 요구한다는 점에서 유사하다. 이런 관점에서 생각해 보면, 마법 깃털의 가치는 모든 참여자가 새로운 세계관이 존재할 가능성을 경험할 수 있는 구별된 세계의 공동 창조에 필수적인 마법적 조건들과 요소들을 만드는 능력에 있다고 할 수 있다.

연습 연극의 관점에서 치료 탐색하기

1. 치료자로서 당신이 치료를 위한 '연극적' 조건을 어떻게 만드는지 생각해 보라. 예를 들어, 가구와 비품 등을 활용해서 방을 어떻게 연출하는가? 이는 연극 무대와 그 관객 사이의 개방성과 그 한계에 있어서 어떤 유사점을 가지는가?
2. 당신은 자신의 치료적 '캐릭터'를 어떻게 연출하는가? 예를 들어, 특정 '의상'을 입거나 특정한 태도나 방식으로 움직이거나 자리에 앉는가? 말하는 방식이나, '긴장을 풀어 주는 목소리'를 채택하는가?
3. 이러한 질문을 염두에 두고, 동료와 함께 일반적이거나 혹은 당신의 특정한 치료의 실행 방식 모두에 있어서 연극과 치료 사이의 유사점이 있다면 어떤 것인지 찾아보라.

치료의 플라세보 효과

플라세보(placebo, 위약) 효과에 대한 조사와 연구를 수행한 현대의 의학자들은 플라세보 효과가 나타나는데 필요한 세 가지 핵심 요인을 밝혀냈다. 첫 번째 요인은 치료에 대한 환자의 기대, 즉 치료의 잠재적 효과에 대한 환자의 믿음에 초점을 맞춘 요인이다. 두 번째 요인은 환자와 치료 제공자 사이의 관계를 강조하는데, 둘 사이의 긍정적인 라포는 치료에 대한 환자의 긍정적인 열의를 만들어 내고, 이는 이어서 긍정적인 결과로 이어진다는 사실이 밝혀진 바 있다. 세 번째 요인은 환자가 치료 제공자의 탓으로 돌리는 상호 관계성에 초점을 둔 다양한 기질적 태도나 특성의 중요성을 강조한다. 이 핵심 요인들에는 치료 제공자의 권위, 노하우 그리고 신망에 대한 환자의 평가뿐만 아니라, 환자에 대한 치료 제공자의 호의와 관심 그리고 질병에 의해서 야기되는 불확실성과 고통에 대한 치료 제공자의 공감 등을 환자가 어떻게 인식하는지가 포함되는데(Miller & Kaptchuk, 2008; Moerman & Jonas, 2002), 여기에서 언급된 이 요인들은 내담자의 긍정적인 치료 결과에 영향을 미치는 결정적인 불특정 요인들에 관한 최근의 연구 결과들을 떠올리게 한다(Duncan et al., 2010; Norcross & Wampold, 2011; Sherwood, 2001).

여기에 덧붙여서, 다니엘 모어만(Daniel Moerman)과 웨인 존스(Wayne Jones)는 유익한 결과를 낳는 것은 알약이나 어떤 구체적인 물리적인 속임수와 같이 플라세보를 일으키는 '물체' 그 자체가 아니라, 오히려 그 효과를 결정짓는 주요 요인으로 지목되어 온 물체나 행동이 가지는 의미라고 주장했다. 이들은 다음과 같이 적고 있다.

> 의술이 의미를 가지는 한 이는 환자와 치료 결과에 영향을 미칠 수 있다. 심지어 치료자가 의도하지 않았다고 하더라도 의술적 요소 대다수는 의미를 가지고 있다. 의사의 복장(청진기가 주머니에 걸쳐진 하얀색 가운), 태도(열정적이거나

> 아니거나), 스타일 …… 그리고 언어는 모두 의미를 가지며 결과에 영향을 미치는 것으로 보일 수 있다(Moerman & Jones, 2002: 473).

그러나 의미의 문제를 강조하는 데 있어서 누가 봐도 명백한 난제가 하나 발생하는데, 플라세보의 의미에 관한 응답을 이끌어 내는데 극히 적은 양의 노력만이 요구되는 것처럼 보인다는 것이다. 그렇다면 플라세보 효과는 왜 항상 나타나지 않는 걸까? 영국의 심리학자 니콜라스 험프리(Nicholas Humphrey, 2002)는 이 질문에 대해 흥미로운 답변을 내놓았다. 그는 일종의 권위(그 권위가 실제적인 것이 아니라고 하더라도)를 부여받은 타인이 플라세보의 요소(예: 약 처방이나 의식의 수행 등)를 제공할 때에만 그 '효과'가 나타난다고 제안했다. 이는 플라세보 효과가 나타나는 것은 사람 사이의 상호작용을 수반한다는 점을 시사한다. 이처럼 확신이 생겨나는 것은 특별한 경우이거나 또는 구체적인 믿음이나 의미가 만들어지는 원리를 보여 준다.

『영국왕립의학회지(Journal of the Royal Society of Medicine)』에 실린 주요 논문의 저자인 프랭클린 밀러(Franklin Miller)와 테드 캅추크(Ted Kaptchuk)는 「맥락적 치유(contextual healing)」가 플라세보 효과를 보다 더 정확히 설명하는 용어라고 제안했다. 맥락적 치유는 치료 개입의 구체적인 효과와는 별개로, 치유적 만남의 전후 맥락을 통해서 생성되고 활성화되거나 또는 향상되는 치유의 양상을 의미한다(Miller & Kaptchuk, 2008: 224). 맥락적 치유를 일으키는 요인으로는 임상 환경, 치료자의 인지 및 정서적 소통, 치료 절차상에 수행되는 의식 등이 있다(Miller & Kaptchuk, 2008). 맥락적 변인의 주요한 예시에는 자신에 대한 꼬리표나 의사와 환자가 서로에게 붙인 꼬리표, 제스처, 의사소통, 서로 간에 주고받는 피드백, 그리고 서로 맺고 있는 관계의 속성 혹은 특징이 포함된다. 또한 비록 자주 간과되지만, 이 못지않게 중요한 또 다른 맥락적 요인들이 있는데, 예를 들면 벽에 붙어 있는 공고문이나 리플릿 등과 같이 전반적으로 그 공간을 둘러싸고 있는 미세한 단서뿐만 아니라, 상담실의 겉모습, 조명과 전체적인 '감각기관을 통한 느낌'들이 포함되는데, 이러한 요인들은 종합적으로 특정 장소에서 일어나는 뭔가 특징적인 중요하고 중대한 어떤 것을 시사한다. 이러한 요인들은 함께 결합하여 환자와 치료 제공자가 공동으로 구성하는 의미 있는 이야기에 결정적인 맥락적 요인들로서의 역할을 한다. 이러한 맥락은 쌓이고 채워지며 종종 이러한 극적인 과정이 환자에게 유익한 영향을 미칠 것이라는 믿음을 높이는 작용을 하는 극적인 드라마를 공동 창조하는 환자와 치료 제공자에게 중요한 가치를 가지기도 한다(Miller & Kaptchuk, 2008).

놀랄 것 없이, 치료 전체를 플라세보 효과로서 가장 잘 이해할 수 있다는 견해도 주장된 바 있다(Evans, 2003). 이와 같은 주장에 대해서 치료자들은 전문성에 대한 노골적인 공격까지는 아니더라도, 대개 비판적 진술로 해석한다. 그렇다고 하더라도, 플라세보에 대한 최근의 의학적 연구들에 간단히 요약되어 있는 것과 같이, 플라세보에 대한 생각은 많은 부분에서 치료자에게 위협이 되기보다는 강한 흥미를 불러일으키는데, 예를 들어 사람 간의 상호작용을 중심으로 하는 특정 종류의 믿음이나 신뢰와 의미가 생겨나는 방식이 나타난 것으로서 이러한 요인을 보다 더 미세하고 광범위하게 이해하는 것을 통해서 이러한 최근의 관점들은 치료에 있어서 불특정 요소들이 가진 의의를 명확히 해 줄 수 있다. 상호 관계적 초점은 내담자와 치료자 둘 모두에게 공동으로 공유되며 상호적으로 영향을 미치는 맥락과 그 내용의 영향력을 강조한다. 다시 말하면, 플라세보와 같은 현상으로 인한 효과가 나타나는 정도는 내담자/환자와 치료자/의사가 병원 환경이나 상담실과 같은 특정 맥락 내에서 자신이 누구이며, 또 어떤 일을 한다고 믿는지 그 결과에 기초한다.

연습 플라세보의 관점에서 치료 탐색하기

1. 앞에서 제시한 약물과 관련해서 나타나는 플라세보 효과에 대해서 간략히 정리해 보라. 이와 유사한 효과가 치료 장면에서 어떤 방식으로 나타나는 것으로 보이는가?
2. 만약 상담 결과에 대한 불특정 요인이 플라세보 효과로 재고된다면 이는 치료와 그 실제에 대한 우리의 정의와 이해에 어떤 영향을 미치는가?
3. 치료를 '맥락적 치유'가 나타난 결과로 생각해 보라. 만약 그렇다고 한다면, 이는 치료자가 중요하게 생각하는 '마법 깃털'에 대해서 이해하는 데 어떤 도움이 되는가?

치료 세계로 들어가기

치료자에게 오는 내담자의 여정

놀랍게도 내담자가 치료자의 상담실 입구에 도착할 때까지 내담자가 지나야 하는 경로에 주의를 집중하는 일은 치료자에게 아마도 이례적인 일일 것이다. 이와 같은 이슈는 "내담자는 어떻게 나에게 오게 되었는가?"라는 질문에 대해서 생각해 보게 한다. 추측할 수 있듯이, 이 질문은 그 자체로 단지 지리적인 여정만의 문제뿐만 아니라, 넓게는 치료적 만남 이전의 초기 이슈들과 관련된다.

사설 기관의 실존치료자들에게 이 이슈는 내담자가 지리적인 편리 때문에 자신을 선택했는지, 예를 들면 지인이나 과거에 상담을 받았던 내담자, 현재 상담을 받고 있는 내담자와 같은 누군가의 추천에 따른 것인지, 아니면 인터넷이나 전문가 명단에서 상담자의 이름이나 경력을 확인했는지 여부 등의 의문을 갖게 한다. 병·의원이나 교육 영역과 같은 공공 부문에서 일하는 실존치료자에게 있어서 자신에게 의뢰된 내담자가 지역보건전문가, 심리치료

기관이나 평가 과정 또는 다른 정보 시스템 등을 통해서 자신에게까지 도달한 과정을 파악하는 것은 상당히 가치 있는 일일 수 있다.

그 경로가 어떻든지 간에 나는 내담자가 자신의 집이나 직장에서 상담실까지 왔다가 상담을 마친 후 다시 되돌아가는 실제 여정을 명확히 아는 것은 의미가 있다고 생각한다. 예를 들면, 자가 차량을 이용하는지 아니면 대중교통을 이용하는지, 또는 걸어서 오는지 여부와 대략 어느 정도의 시간이 소요되는지와 같은 내용을 탐색하는 것은 상담실에까지 오는 경로가 어떻게 정해지는지를 두드러져 보이게 할 수 있으며, 이와 같은 탐색은 내담자가 선택한 경로를 통해서 내담자의 물리적 환경과 사회적 환경을 생각해 볼 수 있게 해 준다. 예를 들어, 그 경로상에 눈에 띄는 장애물이나 위험요소 또는 내담자가 마음을 빼앗길 술집은 없는가? 만약 내담자가 알코올 남용의 문제를 갖고 있는데, 그 경로상에서 내담자는 수없이 많은 술집이나 와인 바를 마주해야 하는 것은 아닌가?

내담자의 경로와 관련된 요소들에는 처음 내담자가 상담기관에 연락한 방법이 포함될 수 있는데, 전화를 통해서였는가? 우편이나 전자메일 또는 문자를 통해서 연락해 왔는가? 직접적으로 치료자에게 연락했는가? 지역보건전문가나 기관 또는 다른 중개를 통해서 간접적으로 연락했는가? 그리고 첫 회기를 마칠 때 정했거나 동의한 것은 무엇인가? 만약 직접 연락이 왔었다면, 그 연락에 대한 치료자의 첫인상은 어땠는가? 그 느낌을 나중에 내담자에게 전했는가? 아니면 혼자만 알고 있었는가?

이와 같은 문제들에 가치를 두어야 하는 이유는 무엇인가? 실존적 현상학의 관점에서 볼 때 상담 회기를 시작하기까지의 여러 단계를 내담자가 지나온 방식은 치료 과정과 그 결과, 특정 회기나 또는 치료적 만남 전반에 관한 내담자의 입장, 태도, 우려와 기대를 보여 주는 중요한 단서들을 제공해 줄 수 있다. 이러한 '여정'의 과정들은 내담자가 치료 세계에 들어서도록 이끄는 내담자의 첫걸음의 표현일 수도 있다. 마찬가지로, 치료 세계 내에서 생겨나는 특정 세계관에 이르는 내담자의 경로를 알려 주는 중요한 지표가 될 수도 있다. 예를 들어, 나의 내담자였던 로버트는 상담 회기를 시작할 때면 나에게 리전트 공원을 통과해서 상담실까지 이르는 길을 자신이 얼마나 소중하게 생각하고 좋아하는지에 대해서 언급하고는 했다. 그는 수많은 사람의 눈에 띄지 않게 길을 따라 걸으면서 오는 길에 마주치는 사람들 사이로 자신이 가려는 방향으로 나아가면서 상대적으로 혼자 있을 수 있는 그 몇 분의 시간이 자신에게 중요하다고 말했다. 매주마다 상담이 진행된 지 몇 달이 지난 어느 날, 로버트는 도착하자마자 상담실까지 오는 길을 바꿨다고 이야기했다. 그는 평상시와 같은 길로 출발했다가 문득 다른 사람들을 피하는 자신에게 화가 났다고 말하며, 그가 걷던 인적이 드문 길은 더 이상 그에게 기쁨과 평안을 주지 못하며, 오히려 반복되는 외로움을 상기시키는 역할을 한다고 말했다. 대신에 그는 사람들이 많이 다니는 길을 선택했고, 사람들을 마주치고 그 시선을 피하기보다 지나가는 사람들에게 눈인사를 건네기로 마음을 정했다고 말했다. 당연히, 나에게로 오는 경로의 변경은 타인과 로버트의 관계 전반에서 더 큰 변화와 병행해서 유사하게 나타났다.

연습 치료자에게 오는 내담자의 여정에 집중하기

1. 현재 당신과 치료적 관계를 맺고 있는 내담자를 떠올려 보라.
2. 그 내담자가 상담실을 오가는 여정에 대해 당신이 알고 있는 것을 자세히 묘사해 보라. 내담자가 지나가는 경로에 주위에는 어떤 특징적인 자연환경이나 건물이 있는가? 내담자는 곧바로 상담실에 찾아오는가 아니면 둘러서 오는가? 상담실까지 오는데 시간은 얼마나 걸리는가?
3. 당신의 상담실 문을 열기 위해서 내담자가 최종적으로 거쳐야 하는 단계는 무엇인가? 예를 들면, 접수 담당자나 개인 비서에게 이야기해야 하는가? 아니면 인터콤을 통해서 이야기해야 하는가? 내담자는 당신에게 바로 와도 되는가? 아니면 내담자를 만나기 위해서 당신에게 준비해야 하는 과정이 필요한가?

4. 1~3번 활동을 통해서 내담자의 호소문제와 상담 회기에서 내담자에 대한 당신의 대응 모두와 관련해서 새롭게 드러난 것이 무엇인지 생각해 보라. 만약 1~3번 활동의 어떤 측면이 내담자와의 치료적 관계가 진행되는 과정을 변화시켰다면, 이러한 변화와 내담자의 세계관에서의 일반적인 변화가 서로 연관되어 있다는 느낌을 감지한 적이 있는가?
5. 당신이 상담을 받기 위해 치료자를 찾아갔다가 돌아오는(또는 돌아오던) 길을 떠올려 보라. 이 활동은 내담자로서 당신이 경험한 것을 바탕으로 진행하라. 상담실에 다녀오는 여정과 치료에서 내담자로 존재하는 경험에서 탐색된 더 큰 이슈나 호소문제 간에 주목할 만한 어떤 중요한 요소나 관련성이 있었는가?

첫 만남: 내담자 인사하기

다른 동료들과 이야기를 하면서, 나는 첫 회기나 전체 상담 회기에서 내담자에게 안부의 말을 전하는 규칙에 관해서 몇몇 동료들이 보이는 방식에 다소 이상하다는 느낌을 받아 왔다. 예를 들면, 몇몇 치료자들은 “안녕하세요?”와 같은 내담자의 일상적인 인사나 날씨나 기후, 보도된 사건 등에 대한 내담자의 언급에 침묵하거나 답변하지 않는다. 그 밖에 또 어떤 이들은 내담자의 이러한 질문이나 언급에 대해서 상담실 문이 닫히고 치료자와 내담자가 자리에 앉을 때까지만 반응하기도 한다. 매우 소수의 치료자만이 일상에서의 경우와 동일하게 내담자에게 반응하는 것으로 보인다. 이 태도에 대해서 내가 의문을 제기할 때 대다수의 실존치료자는 ‘쓸데없는 대화’에 참여하는 것에 대한 불편함을 표현했고, 심지어 자신의 입장의 근거로서 하이데거를 인용하기도 했다. 제1부에서 논의했던 것과 같이, 내가 생각하기에 이는 하이데거의 우려를 잘못 해석한 것이다. 동시에 앞서 언급한 것과 같이, 나는 첫인사의 형태가 많은 실존치료자에게 필요한 마법 깃털이 될 수 있다는 사실을 기꺼이 인정할 준비가 되어 있다.

그렇다고 하더라도, 첫 만남에 대한 문제는 실존적 접근과 다른 접근, 특히 정신분석의 영향을 받은 접근들과의 차이를 담고 있다. 후자의 경우, 여러 지침에서 내담자에게 안부 인사를 할지 여부와 만약 인사를 한다면, 전문가에게 어울리는 방식으로 어떻게 실행할지에 대해서 치료자에게 강하게 권고하고 있다(Smith, 1991). 비록 치료자에게 내담자를 존중하고 전문성을 유지해야 하는 여러 이유가 있겠지만 그렇다고 하더라도 실존치료에는 첫인사에 대한 어떤 공식적 지침도 없으며, 또한 필요하지 않다. 다른 접근들이 가진 관점을 폄하할 마음은 없지만 이와 같은 경직된 행동 지침이 치료자를 위한 마법 깃털로서의 행동이라는 점 이외에 그 자체로서 어떤 목적이나 기능도 가지고 있지 않을 수 있다는 점은 논쟁할 여지가 있다. 이런 이유로 실존적 관점은 치료적 관계에 있어서 첫인사가 전문성이 요구되는 여느 장면에서의 첫인사와 다르거나 구별될 필요가 있다고 가정하지 않는다. 마찬가지로, 악수나 언어 표현과 같은 물리적인 형태가 얼마나 다양할 수 있는지는 다른 유사 상황과 비교할 때 그 이상도 이하도 아니게 나타날 수 있을 것이다.

어떤 경우이든지, 첫 만남에서 실존치료자에게 중요한 것은 내담자가 왔을 때 인사하는 방식에 관해서 그/그녀가 어떻게 반응하는지 그리고 치료자와의 첫 만남에서 내담자가 채택하는 태도는 무엇인지를 관찰하고 주목하는 것이다. 이미 일어난 안부 인사 방식의 상대적 적절성을 평가하거나 이를 대신할 수 있는 다른 인사 방식에 관해서 평가하는 것보다 첫인사는 실존치료자와 내담자가 함께 치료 세계에 들어가기를 동의하는 방식으로 이해될 수 있다. 동일하게, 내담자가 인사에 반응하고 치료자에게 인사하는 방식은 내담자의 더 넓은 세계의 인사 방식과 관계적으로 구별된 태도를 이미 드러내고 있는 것인지도 모른다.

이 중 많은 부분은 회기의 마무리와 관련된 문제에서도 동일하게 적용된다. 첫인사와 회기 마무리를 어떻게 하는지는 치료자에게 가치 있는 질문을 제기한다. 이와 같은 질문은 치료적 만남 전반에 걸쳐 안부를 묻고 회기를 마무리하는 치료자의 방식을 탐색하는 것까지 확장될 수 있다.

연습 첫인사에 관한 질문에 초점 맞추기

1. 첫 회기를 시작할 때 당신이 내담자에게 인사하는 방식에 대해서 생각해 보라. 회기와 회기마다 또는 내담자에 따라서 서로 다른가? 혹은 모두 일치하는가?
2. 그 인사법은 다른 상황에서 당신이 처음으로 누군가를 만났을 때 당신이 건네는 전형적인 인사 방식인가?
3. 만약 다른 사람에게 인사하는 방식과 비교해서 상담 장면에서의 방식이 이례적이라면, 이를 이례적이게 하는 것은 무엇인가?
4. 이러한 이례적인 태도는 '이 내담자와 어떻게 함께 있을지 그리고 나는 이 내담자에게 나와 함께하기를 어떻게 요청할지'에 관한 어떤 것을 표현하고자 하는 목적을 가지는가? 만약 그렇다면 그 목적은 무엇인가?
5. 당신이 내담자에게 인사하는 방식에 관해서 당신은 어떤 것에 주목하는가? 당신은 당신의 인사 방식에 대해서 어떤 방식으로든 평가하는가? 이는 당신에게 어떤 특정한 태도나 감정 또는 행동적 반응을 일으키는가?
6. 당신의 치료자는 당신에게 어떤 방식으로 첫인사를 건넸는가? 이는 당신에게 어떻게 경험되었는가? 이 경험은 시간이 지남에 따라서 치료적 관계 전반에 어떤 영향을 미쳤는가?
7. 당신이 상담 회기를 마치는 방식을 탐색하는 것으로 이 활동을 다시 반복해 보라.

첫 만남: 내담자가 여는 대화

"상담에서 누가 먼저 이야기를 시작해야 하는가?"라는 질문은 대다수의 치료자에게 중요한 관심 영역이자, 첫인사의 이슈와 밀접하게 관련되어 있다.

다시 말하면, 주로 정신분석학의 영향을 받는 치료자들은 일반적으로 형식적인 인사말(예: "안녕하세요." "앉으세요.") 이외에는 내담자가 먼저 언어적인 대화를 시작하는 것이 적절하다는 가설을 공유한다. 이와 매우 유사한 태도가 수많은 실존치료자에 의해서 채택되고 있는데, 특히 이는 실존치료자와 내담자가 능동적으로 치료 세계에 함께 실재하고 있다는 사실을 실존치료자가 인정한다는 입장의 철회를 시사하기 때문에, 불가피한 또 다른 마법 깃털로서의 역할 이외에 실존치료자가 이러한 태도를 채택하는 이유에 대해서 여전히 나는 의문스럽게 생각한다. 내담자의 실재함을 인정하면서 이 과정 속에 치료자 자신의 존재를 배제할 수도 없으며, 전문가적 만남의 범위 내에서 자신의 특정 존재 방식을 제한할 수도 없다. 그러므로 누가 먼저 말해야 하는가에 관한 문제는 쉽게 대답할 수 있는 것이 아니다. 이를 결정하는 것은 마치 어떤 말로 만남을 시작해야 하는지에 대한 '방법'을 대할 때와 같이 불확실하고 확정하기 어렵다. 상담에서 치료자와 내담자는 모두 불확실하고 불안정한 공간에 영향을 받아 행동하게 되는데, 아마도 누군가 먼저 이야기를 시작할 수도 있고, 어쩌면 둘이 동시에 이야기를 시작할지도 모른다. 혹은 모두 말하기를 삼가고 있거나 애매한 시간 동안에 무슨 말을 해야 할지 모른 채 있을 수도 있다. 치료자가 먼저 이야기를 시작하면 내담자는 어쩌면 마음이 상하거나 거슬리거나 또는 자신의 말에 귀 기울이지 않는다고 느낄 수도 있고, 치료자는 내담자가 어찌할 바를 몰라 하거나 혼란스러워 보여서 혹은 우울해하는 것 같아서 먼저 이야기를 시작할 수도 있다. 물론, 치료자는 내담자가 어찌할 바를 모르고 혼란스러워하거나 우울해하는 것 같아서 오히려 말하기를 삼가고 있을 수도 있다. 요약하자면, **치료자와 내담자 모두 그 만남에서 관계적인 불확실성을 대면하고 이는 실존적 불안을 야기한다.**

여기에서 제시하고 있는 주장은 일련의 규칙들을 세우거나 또는 반대로 실존치료자 측의 억제되지 않은 자연스러움을 칭송하는 것도 아니다. 두 경우 모두 그 실행에 있어서 한계와 가능성 모두를 가진다는 점에서 잠재적으로 모두 유효할 수 있다. 실존치료자에게 권고되는 것은 특정한 순간에 특정 내담자와 함께 있는 상황과 맥락에서 나타나는 자신의 태도나 행동을 비판단적으로 모니터링하는 것이다. 누가 먼저 말하는가에 대한 질문에 대해서 내담자나 회기에 따라서 치료자의 입장이 다양할 수 있다는 사실은 두 사람이 만나서 인사를 나누는 경험을 둘러싼 여느 다른 일련의 상황들에서도 동일하다는 점에서 그것이 첫 만남에서건 혹은 전문가의 윤리적 행동 지침에 제한된 조건하에서 이루어지는 개별 상황들에서건 크게 달라 보이지 않는다. 이러한 입장을 채택함에 있어서, 실존치료는 다른 동시대의 접근들의 지침 내에서 통용되는 입장이 아닌 실존치료자의 선택과 자유를 허용한다.

대화를 시작하는 사람이 치료자와 내담자 중 누구든지, 분명히 중요한 것은 말의 내용에 수반되는 어조와 뉘앙스와 같은 다양한 표현 요소의 측면에서 그 말이 전달되는 방식에 있다. 초기에 내담자가 진술하는 방식은 대개 내담자가 실존치료자에게 자기 자신을 어떻게 드러내기로 선택했는지에 대한 초기 통찰을 제공해 준다. 추가해서 여기에는 치료자에게 기대하는 점과 관계 속에서의 자신과 타인의 존재에 대한 내담자의 태도와 입장이 어떠한지를 보여 주는 지표를 포함할 가능성이 높다. 또한 중요한 것은, 내담자의 초기 진술이 치료자와 내담자가 공동 창조해 나가고 있는 구체적이고 특별한 치료 세계에 대한 내담자의 최초 가정, 특히 치료 세계에 대해서 내담자가 가지고 있는 기대와 신념, 그리고 치료 세계 안에서 치료자와 내담자가 서로 어떻게 상호 소통하고 관계 맺을지에 대해서 내담자가 어떻게 기대하고 있는지를 드러내 주는 역할을 할 수 있다는 점이다.

실존치료자에게 결정적으로 중요한 것은 내담자가 표현한 것이나 혹은 표현에 실패한 것이 무엇이든지 간에 그 안에 담긴 내담자의 관점과 태도, 가정과 함께 내담자의 초기 진술을 항상 타당하고 적절한 것으로 여기는 것이다. 이러한 태도를 채택하는 것이 처음에는 치료자에게 어려운 일일 수 있는데, 특히 내담자의 진술이 치료자의 일반적인 요소(예: “당신이 저를 도울 수 있을 것이라고 생각하지 않아요.”)나 또는 구체적인 요소[예: “지난밤에 〈이스트엔더스〉(역자 주: 영국 드라마)를 봤나요?”]에 직접적으로 이의를 제기하는 가정이나 관점을 나타낼 때에는 더욱 그러하다. 만약 내담자의 진술이 과도하게 자기비판적이거나(예: “저는 항상 패배자가 되어 버릴 거예요.”), 치료자에게 비판적일 때(예: “당신은 제가 상상했던 상담자는 아니에요.”) 또는 치료자가 생각하기에 명백히 옳지 않거나 불합리해 보이는 관점이나 입장을 표현한다면(예: “요즘 제작되는 모든 서양의 영화는 무의식적으로 반무슬림적 메시지를 그 안에 담고 있어요.”), 이러한 태도를 받아들이는 것 또한 어려울 수 있다.

치료자의 입장에서 내담자의 초기 진술에 머무르려는 시도가 결단코 도전을 포기하는 것은 아니다. 오히려 이러한 태도는 내담자가 즉각적으로 인식할 수 있는 강력한 형태의 도전을 가능하게 한다. 함께 만들어 가고 있는 바로 여기, 치료 세계에서 내담자는 즉각적으로 자신의 세계관을 바꾸려 하거나 거부하고 이를 반박하거나 깎아내리고 노골적으로 압도하려고 하지 않고 자신의 선호와 기대에 보다 더 유사하게 일치시키려 하는 것으로 타자(즉, 실존치료자)를 처음 경험한다. 내가 보기에 이러한 도전의 상호 관계적 중요성은 실존치료에서 일반적으로 충분히 고려되거나 다뤄지지 않았다. 요컨대, 치료자에 의한 이러한 반응은 치료 세계와 더 넓은 세계에서 내담자가 타인에 대해서 경험한 것 사이에 있을 법한 차이점을 강조하는 효과를 낸다. 그렇다고 해서 이러한 반응으로 내담자가 즉시로 치료 세계에서 표현되고 나타나는 가능성을 가치 있고 소중하게 생각하게 된다는 것은 아니다. 반대로 내담자는 타인에 대한 자신의 세계관에 따른 기대와 가정에 부합하지 않는 것으로 오히려 치료자를 향한 혼란과 적의, 분노를 경험하게 될 수도 있다. 다시 말하지만, 어떤 경우라 하더라도 내담자의 반응을 타당하고 적절한 것으로서 다루고 그렇게 함으로써 도전을 유지하는 것은 실존치료자에게 필수적이다. 내담자의 진술에 진정성 있고 수용적으로 도전하는 태도를 유지하고자 하는 실존치료자에게 일반적으로 ‘내담자는 항상 옳다’는 ‘실존적 격언’은 도움이 될 수 있다.

연습 내담자의 초기 진술에 초점 맞추기

1. 기억에 갑자기 떠오른 내담자가 당신에게 말했던 초기 진술을 떠올려 보라.
    - 내담자는 무엇을 이야기했는가? 이는 어떻게 표현되었는가?
    - 그 초기 진술에 포함된 내담자의 세계관에 대한 단서가 있었다면, 무엇인가?
    - 내담자의 초기 진술에 내포된 상호 관계적 요소가 있었다면, 무엇인가?
    - 내담자는 그 관계에서 자기 자신을 어느 위치에 두었는가?
    - 내담자의 초기 진술은 주로 자기 자신과의 관계에 관련되어 있었는가?(예: "나는 나 자신이 싫어요." "나는 아무것도 할 수 없어요."), 아니면 타인에 대한 것인가?(예: "사람들은 나를 인정하지 않아요." "사람들은 나를 싫어해요." "사람들은 나를 이해해 주지 않거나, 나에게 수용적이지 않아요."), 또는 세계—구조에 대한 것인가?(예: "날씨가 너무 더우면 나는 미칠 듯이 화가 나요." "술이 문제죠." "세상은 너무 위험해요.")
    - 초기 진술에 내담자의 주요 관심이 집중되어 있는 사람이 등장했다면, 누구인가?
    - 초기 진술들을 통해서 어떤 '이야기'가 시작되었거나 표현되었는가?
    - 그 이야기에서 내담자의 역할은 무엇인가? 그 이야기에서 내담자는 주목받는 위치에 있는가? 아니라면, 누가 또는 무엇이 중심에 있는가?
    - 그 이야기는 어떤 언어로 전달되었는가?
    - 그 이야기의 장르는 무엇인가? (코미디? 비극? 평범하지 않은 서사 또는 보다 일상적인 보통의 드라마인가?)
2. 당신은 내담자에게 어떻게 반응하였는가? 무엇이 당신과 내담자를 가까워지게 했는가? 무엇이 당신과 내담자를 멀어지게 했는가? 당신이 치료자로서 내담자가 달성했으면 하고 원했던 부분에는 어떤 변화가 있었는가?
3. 당신의 기억 속에 떠오른 이 내담자에게 지금이라면 어떻게 반응하겠는가? 당신의 반응이 달라진 것이 있다면 그것은 무엇인가?
4. 이번에는 어떤 이유에서건 특히 힘들고 어려운 사례로 경험되었던 내담자에게 초점을 맞추고 이 연습을 반복해 보라.
5. 당신이 선택한 두 사례를 비교하고 대조해 볼 때 어떤 연관성이 있는가?

내담자가 시작하는 진술에 대한 수용적 반응은 내담자와 치료자 모두에게 마찬가지로 분명하고 강력한 도전이 될 수 있지만, 그렇다고 해서 이러한 반응이 실존치료자로 하여금 이 도전을 통해서 내담자의 세계관 내에 상호 연관된 의미들이 즉시로 드러나고 이해되었다고 가정하게 하는 것으로 이어져서는 안 된다. 실제로 이렇게 가정하는 것은 이 초기의 도전이 가질 수 있는 가치가 무엇이든지 이를 심각하게 제한하는데, 특히 이는 치료자에게 자신의 편견과 선호를 내담자의 세계관에 강요하는 교묘하면서 치명적인 방식으로 전달될 수 있다. 오히려 내담자의 세계관에 따른 진술을 '옳음'으로 기꺼이 받아들이고자 하는 치료자의 상담 초기의 이 노력은 내담자가 상담에 가져오기로 선택한 것을 묘사적으로 탐색할 수 있는 길을 실존치료자에게 열어 준다.

묘사에 초점을 맞춘 조정

내담자와 함께 그리고 내담자를 위해 존재하기

실존치료의 초점은 공동 창조한 치료 세계 내에서는 알려지지 않은 존재인 내담자와 함께 만남을 조정하는 도전에 반응하도록 치료자에게 요청한다. 이 조정은 내담자와 함께 존재하고, 내담자를 위해 존재하기 위한 치료자의 시도라는 관점에서 고려될 수 있다.

내담자와 함께 존재한다는 것은 내담자의 진술, 반응, 내담자가 선택한 대화 방식, 비언어적 제스처와 움직임 그리고 치료 세계에서의 전체적인 존재 방식을 통해 드러나는 내담자의 현재 세계관을 존중하고 수용하려는 치료자의 의지를 반영한다.

내담자를 위해서 존재한다는 것은 치료 세계에 존재하는 내담자와 묘사적으로 관계를 맺으려는 실존치료자의 시도를 말한다. 이러한 관계 맺기 방식은 치료자가 보기에 보다 적절하거나 더 나은 것으로 여겨지는 대안으로 내담자의 세계관을 판단하고 묵살하고 교정하거나 또는 '제거하는 것'을 피하는 것이다. 하지만 그렇다고 해서 내담자를 위해 존재하는 것이 상담에서 치료자의 타자됨을 거부한다는 것을 시사하지는 않는다. 오히려 이는 치료자에게 알지 못하는 생경한 내담자의 세계관을 받아들이고, 내담자와 함께 존재하기 위한 의지를 표현하는 방식으로 치료 세계에 함께 거하는 타자가 되기를 치료자에게 요구한다.

서로 밀접하게 관련되어 있지만, 내담자와 함께 존재하기의 핵심은 실존치료자가 채택하고자 의도한 존재 방식이나 체현된 태도를 의미하며, 내담자를 위해서 존재하기는 내담자와 함께 존재하기의 행위 중심적 표현이다. 내담자와 함께, 그리고 내담자를 위해서 존재하기는 모두 실존치료자가 실재하는 내담자와 계속해서 조정 작업을 지속해 나갈 수 있도록 돕는다. 여기에 추가해서, 내담자와 함께 그리고 내담자를 위해서 존재하기는 의도적이거나 또는 지시적인 태도로 내담자에게 진리의 제공자, 치유자 그리고 조력자가 되고자 하는 치료자의 경향성을 무너뜨린다. 물론 이러한 모든 것은 미묘하고 극적으로 상담에 영향을 미치는 방식으로 내담자에게 경험될 수 있다. 여기에서 결정적으로 중요한 것은 내담자가 다른 방식으로 존재하고 관계 맺도록 내담자를 바꾸려고 하는 목적을 지향하는 계획을 치료자가 포기하는 것이다.

비록 내담자와 함께 그리고 내담자를 위해서 존재하는 것은 달성되기보다는 목적으로 남겨져 있겠지만, 그렇다고 하더라도 이를 시도하는 것은 만남의 즉시성 속에서 존재 방식을 있는 그대로 수용하고자 시도하는, 유일하지는 않을지 몰라도 드문, 타인과 함께하는 내담자의 존재 경험을 강화할 수 있다. 이어서 이 도전은 타인이 어떻게 존재해야 할지 뿐만 아니라, 타인 앞에서 내담자 자신이 어떻게 존재해야 할지, 존재하지 않아야 할지에 대한 자신의 침전된 태도에 대한 내담자의 도전이 시작되게 한다.

이렇게 시도된 태도의 이해하기 어려운 영향력은 실존치료자에게 때론 내담자와의 공명이 강력하게 체현되는 묘한 순간으로 경험되는데, 이때 실존치료자들은 내담자의 세계관 속에서 자신이 길을 잃어버리거나 또는 삼켜지는 것과 같은 느낌을 받는다. 놀랄 것 없이 이는 아주 신나는 경험일 수도 있지만, 마찬가지로 불쾌하고 불안감을 주는, 심지어 무서운 경험일 수도 있다. 하지만 그렇다고 하더라도 이 묘한 만남은 치료자의 생각과 경험을 혼란하게 하고 산만하게 하기보다 역설적으로 대개는 묘사적으로 명료하게 해 준다. 한스 콘(Hans Cohn)은 '베핀들리히카이트(befindlichkeit)'라는 독일어 용어를 '기질적 또는 기분 중심의 조정'이라고 번역하였는데(Cohn, 2002: 59), 이 용어는 이러한 경험을 일부 담고 있다. 콘은 하이데거가 어떤 기분이 생겨나는 상황과 '결코 분리될 수 없는' 기분 상태를 지칭하기 위해서 이 용어를 선택했다고 주장한다(Cohn, 2002: 61). 즉, 말하자면 어떤 기분 상태는 대화의 한쪽 편 사람이나 또는 상대방에게만이 아니라 두 사람 모두에게 '속한다'. 반대로 이러한 묘한 공명에 대해서 내담자는 치료자의 세계관의 중심으로 자신이 너무 강하게 또는 빠르게 이끌려 가는 것처럼 경험할 수도 있다. 내 생각에, 랭(R.D. Laing)의 저술은 치료자가 내담자와 함께 그리고 내담자를 위해서 존재하기를 추구하는 경우와 치료자가 보다 객관적인 모형을 채택하는 경우 모두에 내담자에게 자신의 현실 또는 보다 일반적으로 합의된 현실을 강요할 때 일어날 수 있는 일을 어느 저술 못지않게 훌륭하게 대비시켜 묘사하고 있다(Laing, 1960, 1967, 1982).

독자들은 치료 환경에 대한 이전 논의에서의 연극 비유를 떠올릴 수 있을 것이다. 여러 면에서 내담자와 함께 그리고 내담자를 위해서 존재하기 위한 실존치료자의 시도는 자신의 배역에 몰입하기 위해서 배우들이 채택하는 방식과 닮아 있다. 배우는 극작가가 설정한 대화와 이야기의 범위 내에서 자신이 맡은 등장인물의 세계관을 이해하고 수용하기 위해서 애쓴다. 배우의 기술은 그 역할을 구현해 내기 위한 배우들의 시도가 항상 미리 정해진 범위를 존중하고 고수하면서 동시에 이전에는 예측하지 못한 고유한 특성을 만들어 낸다는 점에 있다. 나는 배우와 같이 실존치료자 또한 현재의 대화와 행동의 범위 내에서 내담자의 세계관을 이해하고 받아들이는 유사한 작업을 시도한다고 생각한다.

연습 타자와 함께 그리고 타자를 위해서 존재하기 위한 시도 탐색하기

1. 동료와 함께 번갈아 가면서, 치료자로서 당신이 만났던 내담자 중 당신과는 반대되거나 생경한 태도나 가치, 입장 또는 신념을 구체적으로 표현하며 주장하는 내담자를 떠올려 보라.
2. 1번 문항에서 떠올렸던 내담자가 당신과 다르다는 점이 표현되었던 치료 회기의 구체적인 사례나 예시를 선택하고 이를 묘사해 보라. 이를 통해서 그 안에서 불안감을 주는 요소나 당신이 받아들일 수 없는 기질적 요소들이 무엇인지 명료화해 보라.
3. 2번 문항에서 강조된 기질적 요소들이 당신 자신의 것이라고 상상해 보자. 이러한 기질적 요소들이 당신이 가까운 친구나 친밀하다고 생각하는 사람들 앞에서나, 일터에서, 친구들과의 파티 장면에서, 공원과 같은 공공장소나 대중교통을 이용하는 중에, 또는 혼자 있을 때 체현되면 어떨 것 같은가?
4. 내담자가 가지고 있는 생경하고 달갑지 않은 기질적 요소들을 묘사하고 받아들이기 위한 이러한 시도가 내담자에 대한 당신의 태도와 내담자를 이해하는 것에 어떤 변화를 일으켰거나 혹은 영향을 미쳤는지 생각해 보라.

타자 중심 경청

치료 세계 내에서 실존치료자는 내담자의 타인-구조의 실재하는 중심점이 된다. 타자로서 치료자는 내담자의 타인-구조를 정의하고 유지하는 데 기여하면서 또한 내담자와 함께 그리고 내담자를 위해서 존재하기 위한 시

도를 통해서 내담자의 현재 타인-구조에 도전함으로써 현재 유지되고 있는 내담자의 세계관 전체에 도전하는 모든 타자를 대표한다.

일반적으로 제1부의 상담 과정에서 내담자는 불안을 일으키고, 설명이 안 되거나 해결할 수 없는 더 넓은 세계에서의 갈등 관계가 내담자의 세계관에 어떻게 영향을 미치고 도전해 오는지를 힘주어 설명할 것이다. 이러한 설명은 내담자가 한 이야기의 **노에마적**(noematic) **요소**, 즉 그 '이야기' 또는 보다 명확히 말하면, 내담자가 이야기한 '것'과 **노에시스적 요소**, 즉 내담자의 경험이 체현된 '방식'을 표현하는 내담자의 이야기의 '참조' 요소 모두를 드러낸다.

내담자와 함께 그리고 내담자를 위해서 존재하고자 하는 시도로서, **타자 중심 경청은 내담자에 의해서 표현되고 이야기된 방식으로** 내담자의 이야기가 가진 노에마와 노에시스적 요소 모두와 함께 머물도록 실존치료자에게 도전한다. 내담자가 1인칭('나')의 사용을 전반적으로 피하면서 2인칭('당신')이나 또는 3인칭('그들')으로 말하는 언어에 주의를 집중하기를 채택함으로써 치료 장면에 가지고 온 이야기 시작하기를 선택하는 경우를 생각해 보자. 많은 치료자에게 있어서 내담자의 이야기에 개입해서 내담자가 일인칭('나') 진술들을 사용하도록 이야기의 변경을 권장하거나 요청하는 것은 이례적인 것은 아닐 것이다. 이와 같은 요청이 다른 모형들에서도 타당하다고 하더라도, 실존치료자가 타자 중심 경청을 추구하는 것과는 명백히 상반된다.

마찬가지로, 내담자가 자신의 충격적인 이야기의 많은 부분을 다소 무미건조하고 무심한 방식으로 표현하는 경우를 생각해 보면, 비록 다른 모형에서는 내담자에게 그 이야기의 일부 또는 전부를 보다 더 크게 또는 정서를 담은 목소리로 다시 말해 줄 것을 요청하고 강하게 권고하는 방식으로나 또는 내담자에게 대화나 그 대화에 동반하는 행동을 과장해 줄 것을 제안하는 방식으로 개입을 할 수도 있지만, 이와 같은 대안들은 실존치료의 첫 단계에서 타자 중심 경청의 표현으로서는 타당하지 않다.

이러한 전형적인 종류의 치료 개입이 만약 일어났다면, 이는 실존치료자가 내담자와 함께 그리고 내담자를 위해서 존재하는 태도에서 벗어났다는 것을 나타내는 것일 수도 있다. 하지만 타자 중심 경청의 관점에서 볼 때, 치료자는 내담자에게 일어날 수 있는 새로운 이야기나 또는 그 이야기를 표현하는 새로운 방식의 능동적 공동 저자가 될 권리를 아직 얻은 것이 아니다. 타자 중심 경청은 실존치료자들에게 치료자가 선호하는 관점으로 내담자의 이야기를 고려하기 전에, 치료자는 먼저 내담자가 표현한 대로의 이야기에 자기 자신을 두고자 하는 의지와 능력을 보여 주어야만 한다는 사실을 상기시킨다.

타자 중심 경청은 대개 내담자를 향한 치료자의 공감 표현으로 이해된다. 타자 중심 경청이 내담자의 세계관에 대한 이야기와 공명하려는 시도와 관련된다는 부분에까지는 의심할 여지없이 공감 표현과 유사성을 가진다. 하지만 공감은 부분적 공명 그 이상을 포함한다. 용어로서, 공감은 다른 사람들을 돕고자 하는 열망이 섞여 있는 다른 사람에 대한 돌봄을 표현한다. 동일하게, 공감은 정서 중심의 연결 또는 자기와 타자 사이에서의 일시적인 붕괴나 경험의 분리를 의미하기도 한다(Howe, 2013). 타자 중심 경청은 내담자의 경험과 그 방식을 분명히 하고자 하는 시도에 비하면 보다 더 참여적이며, 정서적 뒤섞임은 적다. 물론, 이러한 시도는 내담자의 이야기와 공명할 수도 또는 공명하지 않을 수도 있는 개인적 생각, 느낌, 기억 그리고 경험에 치료자를 노출시킬 수밖에 없다. 이러한 부분들이 내담자에게 어떻게 전달될 수 있는지 또는 상담에서 활용될 수 있는지는 제2부의 구조적 모형에서 제공하고 있으며, 이는 다음 장에서 보다 자세히 논의될 것이다. 현재로서, 타자 중심 경청은 표현된 그대로 내담자의 이야기를 묘사적으로 따라가며 그 이야기에 머물기 위한 시도로서 이해될 수 있을 것이다.

연습 '타자'로서 실존치료자 탐색하기

1. 동료와 함께 치료자와 내담자 역할을 번갈아 가면서 각각 20분씩 구조화된 상담 회기를 진행해 보라.
2. 내담자 역할을 맡은 사람은 내담자로서 현재 당신을 불안 또는 불편하게 하는 구체적인 '타자'와의 관계에 대한 이야기에 초점을 맞추라.
3. 치료자 역할을 맡은 사람은 치료자로서, 내담자가 타자와의 관계에 집중할 수 있도록 내담자를 조력하라.
4. 치료자 역할을 맡은 사람은 치료자로서 적절하다고 판단되는 순간에 내담자가 언급한 타자와의 관계가 '타자'로서 치료자와 함께 존재하는 내담자의 경험에 어떤 방식으로 영향을 주고 있는지를 탐색함으로써 내담자와의 대화를 치료적 만남으로 가져오라.
   - 내담자를 불안 또는 불편하게 하는 '타자'와 치료자는 어떻게 유사하게 경험되는가?
   - 내담자를 불안 또는 불편하게 하는 '타자'와 치료자는 어떻게 다르게 경험되는가?
   - 내담자를 불안 또는 불편하게 하는 '타자'에게는 표현할 수 없거나 표현하기 어려운 것을 '타자로서의 치료자'에게는 표현할 수 있다면 그것은 무엇인가?
5. 치료자 역할을 맡은 사람은 치료자로서 적절하다고 판단되는 순간에, 내담자와 함께 존재하는 자신의 경험을 다음의 고려사항들을 중심으로 관찰해 보라.
   - 이 내담자에 대한 나의 첫인상은 어땠는가?
   - 이 내담자와 함께 존재하는 것에 있어서 내가 기대한 것은 무엇인가?
   - 이 내담자에게 지금 알고 싶은 것은 무엇인가?
   - 이 내담자가 나에 대해서 알았으면 하는 것은 무엇인가?
   - 이 내담자가 나에 대해서 알기를 원치 않는 것은 무엇인가?
   - 이 내담자가 있는 곳에 존재한다는 것은 나에게 어떤 것인가?
6. 각각 치료자와 내담자로서의 연습을 모두 마친 후에 다음에 대해서 함께 논의해 보라.
   - 내담자로서 치료자와 대화를 하면서 불안 또는 불편해하는 '타자'에 초점을 맞추는 것은 어땠는가?
   - '타자'로서 자신의 존재를 분명하게 인정하고 활용한 것은 누구인가?
   - 치료자로서 '타자'로서 자신이 존재하는 것을 분명하게 인정하고 활용한 것은 어떠했는가?

- 내담자를 돌보면서 '타자'로 존재하는 자신의 경험을 관찰하는 것은 어떠했는가? 이러한 자기 관찰로부터 얻을 수 있었던 치료적 과정에 도움이 되는 것이 있었는가?
- 치료적 만남의 효과와 관련해서 타자로서의 치료자에 이와 같은 방식으로 초점을 맞추는 것과 관련해서 제기되는 가치 있는 또는 우려되는 부분은 무엇인가?

연습 타자 중심 경청

1. 동료와 함께 번갈아 가면서 다음의 활동들을 진행해 보라.
   - 오늘 일어난 사건 중 어떤 이유에서든 당신을 불안하게 하거나, 불편하게 하는 등 문제가 되었던 일에 대해서 이야기해 보라.
   - 오직 노에마에 초점을 맞추고 가능한 정확하고 종합적으로 '일어난 일'을 묘사해 보라.
   - 오직 노에시스에 초점을 맞추고 가능한 정확하고 종합적으로 '당신이 그 사건을 경험한 방식'을 나타내는 주요 요소들을 묘사해 보라.
   - 동료에게 위 활동에서의 두 가지 초점에서 표현된 묘사 진술들을 고려하면서 그 사건을 다시 진술하도록 요청하거나 또는 당신의 동료가 표현한 묘사 진술들을 고려하면서 동료가 이야기했던 사건을 재진술하라.
2. 각자 다음의 경험에 대해서 이야기해 보라.
   - 동료가 이야기했던 사건을 정확하게 묘사하려고 시도했던 경험
   - 당신이 이야기했던 사건을 당신의 동료가 정확하게 묘사하려고 시도하는 것을 들었을 때의 경험
3. 이 연습 활동으로부터 자신이 이야기했던 사건에 대한 당신의 전체적인 태도가 영향을 받았거나 변한 부분이 있다면, 이에 대해서 이야기해 보라.

치료적 알지 못함

내담자와 함께 그리고 내담자를 위해서 존재하기 위한 실존치료자의 시도와 타자 중심 경청은 둘 다 **알지 못함**(un-knowing)의 태도를 표현한다. 제1부에서 논의했던 것과 같이 알지 못함은 **내담자가 선택한 방식으로 표현된** 더 넓은 세계와 치료 세계 모두에 그 또는 그녀가 어떻게 존재하고 있는지에 대한 내담자의 설명에 대한 실존치료자의 수용과 호기심을 의미한다. 알지 못함의 태도는 다음의 진술들을 통한 묘사 도전하기에 치료자가 참여하는 것을 통해서 그 배경을 설정할 수 있다.

알지 못함의 관점에서 수용은 아마도 다음과 같이 직접적으로 표현될 수 있다.

- 당신(내담자)은 당신이 존재하고 있는 대로 존재하는 사람일 권리를 가지고 있다.
- 나(치료자)는 내가 존재하고 있는 대로 존재하는 사람일 권리를 가지고 있다.
- 우리 모두는 우리가 존재하고 있는 대로 서로에게 존재할 권리를 가지고 있다.

실존치료자의 호기심은 묘사 도전하기를 구성하는 질문과 진술들에 영향을 미치며, 다음과 같이 표현될 수 있다.

- 현재 앞에 실재하는 이 내담자로 존재한다는 것은 어떤 것인가?
- 이 내담자에 의해서 전달되고 있는 진술과 태도를 체현한다는 것은 어떤 것인가?

- 이 타자 앞에 존재한다는 것은 나(치료자)에게 어떤 것인가?
- 타자가 표현하고 있는 대로의 존재 방식을 받아들이기 위해 노력한다는 것은 나(치료자)에게 어떤 것인가?
- 서로에게 관여하면서 '우리'를 경험한다는 것은 나와 내담자 모두에게 어떤 것인가?

치료적 알지 못함의 자세는 목적하는 변화의 핵심과 관련된 치료자의 가정에 도전할 뿐 아니라, '한때 있었던 것' 또는 '언젠가 있게 될 것'이 아닌 '보이는 모습 그대로 여기에 있는 것'에 초점을 맞추기를 강력하게 촉구한다.

추가로, 알지 못함의 태도는 대개는 완벽주의에 대한 요구가 그 기저에 있는 치료자의 지나친 자기비판적 표현과 실패에 대한 두려움에 대해서 암묵적으로 도전하고 있다(Rasmussen, 2004). 정신분석학자 카렌 호나이(Karen Horney)가 완벽주의를 "마땅히 해야 하는 것(당위성)의 폭정(tyranny of the shoulds)"으로 정의(Horney, 1991)한 것과 마찬가지로 완벽주의는 실존적으로 불확실성을 근절하는 방법을 제공하는 것처럼 보인다. "나는 내 계획을 성취할/성취하지 못할 것이다.", "나는 내가 바라는 것을 달성할/달성하지 못할지도 모른다.", "이 발걸음을 내딛는 것은 불행과 고통을 야기할 수도 있다."라는 표현에서와 같이 원하거나 열망하는 것은 알지 못함에 우리를 노출시킨다. 완벽주의는 예측의 가능성을 주장하며, 불확실성을 받아들이지 않는다. 예를 들어, 몇 해 전 시험 공포증으로 대학입학시험을 치르지 않기로 결정한 친구 딸과의 대화에서 그녀는 "제가 그 시험에 통과할 수 있을지 알 수 없는데, 시험을 치르는 것이 무슨 의미가 있나요?"라고 말했다.

비록 많은 내담자, 특히 많은 (자신의 또는 타인의) 실패 경험이 녹아들어 있는 이야기를 하는 내담자들에게 완벽주의적인 태도가 나타나는 것은 일반적이라고 하더라도, 치료자에게 존재하는 완벽주의와 이 완벽주의가 치료자와 더 나아가 치료적 만남에 미치는 영향에 대해서는 충분한 연구가 이루어지지 않았다. 일반적으로 완벽주의적 태도는 그 태도에 도전하는 수준뿐만 아니라, 그 태도에 대한 도전이 진지하게 받아들여지는 정도까지 심각하게 제한할 가능성이 높다. 마지막으로 알지 못함은, 예를 들면 치료자가 예측하거나 예상하는 방식으로 내담자가 치료에 반응하지 않기 때문에 그 내담자에 대해서 잘못되었다거나 또는 문제가 있는 내담자라고 불만을 토로하는 것을 통해서 표현되는 것과 같이 내담자에게 초점을 맞춘 실존치료자의 완벽주의적 요구에 도전한다.

연습 알지 못함

1. 동료와 함께 번갈아 가면서 각자 자신이 경험한 내담자와의 어렵거나 또는 문제가 있다고 느껴졌던 치료적 만남에 대해서 이야기하고 탐색해 보라.
2. 서로 번갈아 가면서 문제가 있다고 느껴졌던 만남에 관해서 각자가 어떤 방식으로 그리고 얼마나 적절하게 알지 못함의 태도를 채택했었는가를 탐색할 수 있도록 서로를 도우라.
3. 이러한 탐색에 기초해서, 알지 못함의 태도를 채택함으로써 현재 이야기하고 있는 어려운 또는 문제가 있다고 생각했던 부분이 어떻게 당신과 당신의 동료의 한계를 드러내 주는 것이 될 수 있는지에 대해서 생각해 보라.

묘사 중심의 탐색

묘사 도전하기는 내담자의 세계관에 도전해서 지속성, 기질적 태도 그리고 정체성과 관련해서 내담자의 세계관에 체현된 실존적 불안들을 비판하거나 승인하거나, 내담자가 거부하게 하거나, 실존치료자가 대안을 제시할 수 있도록 하는 것이 아니다. 오히려 묘사 도전하기는 내담자의 세계관에 도전함으로써 내담자의 세계관에 내포되어 있는 실존적 불안을 보다 더 분명히 하는 것이다. 내담자의 세계관의 구조적 기반과 불안정성에 대한 인식이 높아질수록 내담자의 세계관에 내포되어 있거나 또는 내담자의 세계관이 야기하는 불일치, 모순 그리고 긴장 영역들이 분명해진다. 하지만 설령 그렇다고 하더라도 1단계에서의 실존치료자의 과제는 대안을 제시하거나 또는 이를 감소시키거나 제거하는 것이 아니며 오히려 내담자의 현재 호소문제들과 관련된 탐색에 내담자와 함께 참여하는 것이다.

현상적 탐색 방법

현상학의 주창자인 에드문트 후설은 **현상학적 방법**이라고 알려진, 모든 형태의 구조화된 탐색에 적용할 수 있는 방법을 처음으로 발달시켰다(Ihde, 1986a, 1986b). 그 후 점점 갈수록 반성적 경험의 충분한 묘사적 명료화를 가능하게 하는 변형된 현상학적 방법이 발달해 왔다. 내담자가 치료 장면에 가져온 호소문제와의 관계에서와 그리고 치료 세계에서 나타난 대로의 내담자의 세계관을 탐색하는 기본적인 입장과 태도로서 실존치료자는 현상학적 방법을 채택해 왔는데, 이는 주로 이러한 묘사적 명료화에 초점을 두고 있다. 앞에서 논의했던 것과 같이(Ihde, 1986a; Spinelli, 2005), 현상학적 방법의 초기 설명은 비록 서로 상호 관련되어 있지만 세 가지로 구별되어 있는 단계들로 다시 세분화된다.

1단계: 판단 중지의 법칙(괄호 안에 넣기)

첫 단계는 처음에 가졌던 편견과 선입견을 떼어 놓고 내담자의 진술과 그 숨겨진 의미에 관한 모든 기대와 가정에 대한 판단을 중지하거나 **괄호 안에 넣기**를 실존치료자들에게 권장한다. 다른 말로 하면, **판단 중지**(epoché)의 법칙은 내담자의 세계관과 이와 관련해서 내담자가 드러내기로 선택한 모든 것에 대한 치료자의 개인적 성향과 선호를 무시할 것을 요구하는 것이다. 대신에 이를 통해서 치료자는 불가능한 일부 대안들을 거부하지 않으면서 또한 고려할 수 있는 몇몇 대안들의 가능성을 과대 혹은 과소평가하지 않은 채, 일시적으로 여러 가지 대안들에 대한 개방성을 유지할 수 있게 된다. 경우에 따라서, 이러한 괄호 안에 넣기는 내담자가 현상학적 태도의 가능성에 눈을 뜨게 하는 일종의 주의집중이나 명상법을 매개로 적극적으로 실행된다. 그 외에도 실존치료자는 내담자에게 일어나는 정신 과정을 묘사하는 것에 초점을 맞추고 관찰하는 것을 통해서 괄호 안에 넣기를 경험할 수도 있다.

당신이 만났던 내담자와의 첫 회기를 떠올려 보자. 예를 들면, 내담자가 치료자를 만나기로 결정하게 한 문제가 무엇인지와 같은, 이 내담자에 대한 사전 정보를 갖고 있었는가? 만약 그렇다면, 당신이 이 내담자를 만나게 된 경위에 관한 이러한 정보가 당신에게 어떤 영향을 미쳤는가? 또는 어떤 생각이나 기대 또는 우려, 의구심이 들었는가? 내담자에 대한 어떤 구조나 계획 또는 달성 목표들을 이미 구상하지는 않았는가? 그리고 내담자를 처음 대면했을 때, 내담자의 외모, 나이, 매력, 언어, 구사적 특징, 일반적인 심리학적 '건강' 등에 관해서 어떻게 바라보고 평가하고 또 어떤 태도를 가졌는가? 이러한 것들이 바로 판단 중지의 법칙이 주목하는 편견과 선입견이며, 치료자에게 괄호 안에 넣기를 권장하는 부분이다.

괄호 안에 넣기는 탐색에 실재하는 치료자의 가정을 소거하거나, 영향을 제거하려고 치료자가 노력하는 경우에서와 같이 '소거하기' 또는 '제거하기'로 그 의미가 종종 잘못 이해된다. 내가 볼 때, 괄호 안에 넣기에 대한 이러한 해석은 후설의 의도로부터 상당히 벗어나 있으며, 이에 대한 잘못된 인식을 갖게 한다. 수학자로서의 그의 배경을 고려하면 이를 이해하는 데 도움이 될 수 있는데, 괄호 안에 넣기에 대한 후설의 개념은 수학식의 일부분을 괄호로 묶는 것과 유사하다. 이때 괄호 안에 묶인 부분은 제거되지 않으며, 오히려 수학식 전체를 명확히 하고자 하는 목적에 따라서 일시적으로 나머지 방정식과의 자신의 관계를 일시적으로 변화시킨다. 나는 연구자가 편견과 선입견을 (마치 근절하는 것이 가능하지만) 근절하지 않는 것이 아니라, 정확히 말하면 자신의 관점과 가정을 억제하기보다는 '괄호 안에 위치하게 하는' 다른 방식으로 관계 맺도록 지시받는다는 관점이 보다 판단 중지와 일치한다고 생각한다. 이는 말하자면, 일단 이를 알아차리면 그 실재를 의심하면서 또한 편견이라는 조건을 가정하고 편견이 드러나는 것을 경계하는 태도로 전체 탐색에 접근하는 것 두 가지 모두를 시도하는 것이다.

2단계: 묘사의 법칙

두 번째 단계는 (어쨌든, 어떤 하나의 설명도 다른 설명보다 더 충분하지 않기 때문에) 실존치료자의 주의 초점을 이론적 탐색으로부터 이동시켜서 내담자가 표현하는 것을 가능한 한 구체적으로 묘사하는 과제를 강조한다. 묘사의 법칙의 핵심은 설명이 아닌, 묘사하는 것에 있다. 이는 말하자면, 치료자가 내담자의 진술에서 한 걸음 물러서서 사전에 가지고 있는 이론이나 가정에 근거해서 내담자의 진술을 설명하고 변환하거나 또는 받아들이지 않기보다 내담자가 자신이 실제 경험한 것에 대해서 구체적인 묘사적 탐색을 실행하고 완료할 수 있도록 돕는 것이다.

예를 들어, 첫 회기에서 내담자가 쥐에 대한 극도의 공포를 표현한 상황을 상상해 보자. 설명적 관점에서 보면, 당신은 아마도 이 두려움을 과거의 충격적인 경험에서 발달하기 시작했을 것으로 가정하거나, 아니면 이를 비이성적인 것으로 보거나 부적절하게 연합된 학습의 탓으로 바라볼 수도 있을 것이다. 또는 쥐에 대한 공포가 보다 더 내면적이거나 광범위한 또 다른 공포를 표현한 것은 아닐까라고 생각할 수도 있고, 심지어 실존적 죽음 불안의 관점에서 이 공포를 고려할지도 모른다. 내담자가 표현한 진술에 대한 이러한 모든 반응은 묘사의 법칙의 조건에는 해당하지 않는다. 이 법칙을 따른다는 것은 오히려 당신이 다음과 같은 이슈들을 명확히 하기 위해서 노력한다는 것을 의미한다.

- 내담자의 두려움은 어떻게 경험되고 표현되고 있는가?
- 내담자가 구체적으로 두려워하는 것은 무엇인가?
- 쥐를 마주치는 모든 상황에서 공포의 크기는 같은가? 아니면 다른가?
- 쥐의 크기나 또는 털의 색깔에 따른 차이가 공포의 크기에 영향을 미치는가?
- 공포를 일으키는 것은 전체적인 쥐의 모습인가 아니면 특정한 모습(예: 쥐가 달려가는 모습, 꼬리를 움직이는 모습)이나 쥐의 특정 신체 부분인가?

나열된 이러한 질문들은 모두 묘사의 법칙으로 표현되는 묘사적으로 초점을 맞춘 탐색의 예시이다.

3단계: 수평화 법칙(평등의 법칙)

세 번째 단계인 수평화 법칙은 내담자가 묘사하는 사항들에 관한 중요도를 듣는 즉시 차등을 두고 가정하는 것을 피하도록 경고한다. 대신에 치료자에게 중요도나 의미하는 가치에 대해서 일시적으로 평등하게 대할 것을 권고한다. 예를 들어, 새로운 내담자는 상담실에 처음 들어와서 당신의 맞은편에 앉아서, "정말 습하고 우울한 날이네요. 그렇지 않나요? 상담을 드디어 시작할 수 있어서 다행이에요. 남편을 도끼로 찍고 머리에서 뇌수가 흘러나오는 것을 보고 싶네요."라고 말한다고 해 보자. 보통 치료자는 자신에게 가장 중요해 보이는 진술들 중 어느 것에 초점을 맞추는 차등적인 관점으로 이 진술을 다룰 것이고, 이 진술을 보다 더 분명하게 하기 위한 질문을 하고 내담자에 의해서 다시 언급되지 않는 한 나머지 진술들에는 더 이상 주의를 기울이지 않을 가능성이 높다.

수평화 법칙은 치료자에게 다른 것들보다 어떤 한 진술을 상대적으로 중요하게 보는 성급한 판단을 피하고, 대신에 각각을 동일하게 중요하고 가치있게 다루도록 도전하며, 이를 통해서 서로 이질적인 진술들이 내담자의 세계관의 특정 맥락 또는 수평선에 자리할 수 있게 한다. 각각의 진술은 그 자체는 내담자가 가진 전반적인 경험의 수평선에서 한쪽 편에 치우친 관점을 제공한다. 평등의 법칙을 시도함으로써 치료자와 내담자가 함께 이 진술들을 서로 간의 관계 속에 보다 더 잘 매치할 수 있고, 이로써 진술에 체현된 내담자의 경험과 보다 더 일치하는 다면적 관점으로 진술들을 고려할 수 있다. 하지만 이 일치성의 적절성 정도는 경험의 평등화를 초기에 시도했는지 여부에 달려 있다. 초기에 시도하지 않는 경우, 다양한 경험적 맥락 또는 수평선이 나타날 수는 있겠지만, 이러한 맥락들이 내담자의 경험에 해당하는 것을 제공하는 정도는 전반적인 탐색이 점차로 내담자와는 멀어지는 방향으로 왜곡되는 등 적합하지 않거나, 최소화될 수 있다.

처음에 수평화 법칙을 적용하고자 하는 시도를 전하는 방법으로, 치료자는 내담자에게 내담자가 말한 진술을 되돌려 주며 (그리고 그렇게 함으로써 치료자가 정확히 듣고 있었음을 보여 주고), 예를 들면 "이들 중 특히 어느 것을 좀 더 탐색했으면 하나요?", "만약에 당신이 저의 입장이라면, 이들 중 추가적으로 탐색하기에 어느 것이 가장 좋을까요?", "이 총 세 가지 진술들을 이어 가면서 이 진술들을 다 같이 함께 보다 더 탐색하기를 원하나요? 아니면, 이것 외에 우리가 좀 더 초점을 맞추고 중요하게 다뤄야 할 것이 있을까요?"라고 요청할 수 있다.

실존치료에서 이루어지는 모든 묘사적 탐색은 현상학적 방법에 의존하고 있다. 독자들은 다음에서 논의되고 있는 다양한 묘사 전략들에 미친 현상학의 영향을 확인할 수 있을 것이다. 그렇지만, 비록 사용된 비유적 '단계들'이 처음에 이 접근을 나타낼 수 있는 간단한 방법들을 제공해 줄 수 있다고 하더라도, 다소 딱딱하고 정형적인 '1-2-3' 단계식 접근을 채택하려는 시도는 매우 인위적이기 마련이라는 사실을 분명히 하는 것은 중요하다. 그 대신에 각 단계는 내담자의 세계관을 강조해 주는 구체적인 초점들로 보일 수 있다.

또한 마찬가지로, 어떤 현상학적 방법이나 단계로 구분되는 어떤 방식도 궁극적으로 모든 것을 포함한 결론에 도달하거나 이루어 내지는 못한다. 비록 모든 편견과 가정을 괄호 안에 넣기는 불가능하다고 하더라도, 이들 중 상당수에 대해서는 괄호 안에 넣는 것이 분명히 가능하다. 게다가, 심지어 괄호 안에 넣기의 실현 가능성이 높아 보이지 않을 때라 하더라도, 알지 못하는 사이 선입견이 내포되어 있을 수 있다는 가정은 우리의 관점과 반응을 전적으로 확신하지 않도록 경고하는 신호로서의 기능을 한다. 동일하게, 어떤 묘사도 암시적인 설명적 요소로부터 완전히 자유로울 수는 없기 때문에 완전한 묘사적 설명 또한 가능하지 않다. 그리고 마찬가지로, 실제 경험의 다양한 수평선에 관한 묘사적 대화에 참여하는 바로 그 행동은 앞에서 언급했던 것과 같이, 묘사하는 행동과 묘사 그 자체가 묘사되는 것을 변하게 한다는 점에서 새로운 수평선을 제시한다. 추가해서, 바로 그 묘사 작업은 묘사되는 것에 초점 맞추기를 요구하기 때문에 표현되는 진술들의 평등을 성취하는 것의 불가능성을 담보한다.

하지만 이와 같은 실재적인 한계들을 인정하는 것이 현상학적 방법의 효과를 감소시키는 것은 아니다. 적어도 이 방법은 자기가 더 선호하는 가정들에 배타적으로 의존하는 실존치료자의 경향성을 감소시킨다. 또한 동일하게, 현상학적 방법이 정확한 또는 완벽한 결론을 이끌어 낸다고 주장할 수 없다 하더라도 현상학적 방법을 사용하는 것은 치료자의 명료화 시도가 내담자에 의해서 확증되거나 수정되는 것에 항상 개방적이라는 점에서 포괄적 형태의 탐색을 확립하고 유지하는 데 기여한다. 내담자 자신의 진술들뿐만 아니라, 이를 정확하게 전하고자 하는 타인(치료자)과의 이러한 관계는 내담자를 만족시키고 안심시킬 수 있지만, 특히 명시적으로 자신의 호소문제와 자신의 체현된 존재 전부의 사이에서는 이전에는 대수롭지 않게 여겼던 연관성이 암시될 수도 있기 때문에 내담자를 불안하고 혼란스럽게 할 수 있다.

연습 현상학적 방법의 실제

1. 동료와 함께 치료자와 내담자 역할을 번갈아 가면서 각각 20분씩 회기를 진행하라.
2. 내담자 역할을 맡은 사람은 자신이 흥미를 갖고 있으며 의미 있다고 생각하면서 또한 일반 다수에게 흥미를 일으킬 만한 주제를 선택하고 당신의 관점에서 그 주제의 영향에 대해서 이야기해 보라.
3. 치료자 역할을 맡은 사람은 현상학적 방법의 세 가지 '단계'를 따라서 내담자가 자기 자신과 이 주제의 관계를 탐색할 수 있도록 도우라.
4. 동료와 함께 각각의 회기를 모두 마친 후에 다음 내용을 논의해 보라.
   - 내담자로서 현상학적 방법으로 이 주제를 탐색하기를 시도했던 치료자와의 작업에 대한 당신의 경험은 어땠는가?
   - 현상학적 방법으로 이 주제를 탐색하는 데 있어서 당신의 치료자가 잘한 점에 대해서 평가해 보라. (치료자의 접근 중 현상학적 방법에 가깝게 느껴졌던 부분은 어디인가? 현상학적 방법으로부터 치료자가 벗어났다고 느껴졌던 부분은 어디인가?)
   - 치료자로서 현상학적 방법으로 이 주제를 탐색하기를 시도했던 경험은 어땠는가?
   - 현상학적 방법으로 이 주제를 탐색하는 데 있어서 치료자로서 당신이 잘한 점에 대해서 평가해 보라. (현상학적 방법에 스스로 비교적 가까웠다고 생각했던 부분은 어디인가? 현상학적 방법으로부터 벗어났다고 스스로 생각했던 부분은 어디인가?)
5. 치료를 위한 탐색의 기본 원칙으로 현상학적 방법을 활용할 때의 유익과 한계에 대해서 생각해 보고, 이를 서로 논의해 보라.

노에마와 노에시스 중심 묘사 도전하기

일부 이야기 치료 모형에서 사용되는 '이야기화'의 개념과 마찬가지로 (Freedman & Combs, 1996), 실존치료의 묘사 도전하기는 그 자체로 그 이야기 안에 체현되어 대개는 내재되어 있는 노에시스적 맥락을 표면으로 가져오기 위한 목적으로 노에마적 이야기(이야기 그 자체)를 명료화하는 것과 관련된다.

노에마에 초점을 맞춘 묘사 도전하기는 다음과 같은 이슈들을 다룬다.

- 내담자의 이야기가 초점을 맞추고 있는 사람/대상/사건은 무엇인가?
- 내담자의 이야기에서 중심이 되는 인물은 누구인가?
- 이 이야기에서 문제가 되는 것은 무엇인가?
- 이 이야기에서 중요한 것은 무엇인가?
- 위에서 살펴본 내용들은 어떤 방식으로 자신을 나타내는가?
- 이 이야기에서 강조되고 있는 것은 무엇인가?
- 이 이야기에서 축소되고 있는 것은 무엇인가?
- 이 이야기에서 강조되고 있는 것과 축소되고 있는 것의 간격은 얼마나 되는가?
- 이 이야기에서 문제가 되는 요소가 바뀌거나 제거된다면 어떤 새로운 이야기가 전개되는가?
- 이 이야기에서 중요한 요소가 바뀌거나 제거된다면 어떤 새로운 이야기가 전개되는가?
- 이 이야기에서 문제가 되는 요소가 바뀌거나 제거된다면 어떤 새로운 화자가 등장하는가?
- 이 이야기에서 중요한 요소가 바뀌거나 제거된다면 어떤 새로운 화자가 등장하는가?

이어서, 이러한 노에마적 초점을 통해 다음과 같은 문제에 초점을 맞춘 노에시스적 측면을 바라보게 한다.

- 내담자의 세계관에 대한 이야기는 연속성, 기질적 특성, 정체성을 둘러싼 체현된 실존적 불안감을 어떻게 표현하고 있는가?
- 이러한 불안감은 이야기를 통해 어떻게 전달되고 있는가?

• 이러한 불안감은 이야기에 어떻게 영향을 미치는가?
• 이러한 불안감은 어떻게 유지되고 있는가?
• 이야기는 어떻게 이러한 불안감이 달라지는 것을 막는가?
• 내담자의 호소문제는 내담자의 세계관의 자기-구조, 타인-구조, 세계-구조에 어떻게 영향을 미치는가?

연습 노에마 중심의 묘사 도전하기

1. 동료와 치료자와 내담자 역할을 번갈아 가면서 각각 20분 동안 다음 활동을 진행해 보라.
2. 내담자 역할을 맡은 사람은 내담자로서 (1인칭 혹은 3인칭 관점으로) '이야기'의 형태로 전달할 수 있는 최근의 사건에 초점을 맞추라. 그 이야기를 하면서 노에마적 요소를 강조하라.
3. 치료자 역할을 맡은 사람은 치료자로서 내담자가 자신의 이야기에서 다양한 이야기적 요소들을 탐색할 수 있도록 내담자를 도움으로써 노에마 중심 묘사 도전하기 과정에 참여하라.
4. 두 사람 모두 연습 활동을 완료했다면, 각각 치료자로서 또는 내담자로서 이 활동을 진행한 경험에 대해서 이야기해 보라.
5. 노에마 중심의 묘사 도전하기는 치료적 만남에 어떤 일반적 가치를 제공하는가?

연습 노에시스 중심의 묘사 도전하기

1. 동료와 치료자와 내담자 역할을 번갈아 가면서 각각 20분 동안 다음 활동을 진행해 보라.
2. 내담자 역할을 맡은 사람은 내담자로서 이전 활동에서 다루었던 최근의 사건에 초점을 집중해 보라.
3. 치료자 역할을 맡은 사람은 치료자로서 내담자가 자신의 이야기 내에서 표현된 다양한 참조 요소들을 탐색할 수 있도록 내담자를 도움으로써 노에시스 중심 묘사 도전하기 과정에 참여하라.

4. 두 사람 모두 연습 활동을 완료했다면, 각각 치료자로서 또는 내담자로서 이 활동을 진행한 경험에 대해서 이야기해 보라.
5. 노에시스 중심의 묘사 도전하기는 치료적 만남에 어떤 일반적 가치를 제공하는가?

전략적 질문하기

사회운동가인 프랜 피비(Fran Peavey)는 **전략적 질문하기**라고 불리는 방법의 매뉴얼을 제작했다(Peavey, 1997). 이 질문하기 방식은 구체적인 탐색 주제에 관한 열린 마음 또는 행동을 불러일으키지만, 역설적이게도 이 행동이 일어날 동일한 가능성은 문제로부터 앞으로 나아가도록 하는 직접적인 방법들보다는 호소문제에 '머물기'에 초점을 맞춘 질문하기의 태도를 통해서 일어난다. 문제와 함께 머물기 과정에서 제기된 이러한 질문들은 문제 내에 암묵적으로 보이지 않은 채 남겨져 있는 것을 갈수록 점점 더 드러나게 한다. 제5장에서 논의했던 가다머(Gadamer)의 두 가지 대화 형태와 마찬가지로, 전략적 질문하기는 제기되는 질문이 미리 결정될 수 없으며, 오히려 대화 그 자체의 내용과 방향에 따라서 갑자기 생겨난다는 대화적 불확실성에 의존한다. 또한 전략적 질문하기에 대한 피비의 핵심 요소들 중 대부분은 실존치료의 묘사적 탐색과 밀접하게 연관되어 있다. 내가 이해하고 해석한 것에 따르면 전략적 질문하기는,

- 명확한 정답이 있는 것은 아니지만, 가능성과 선택할 수 있는 대안들을 발견하게 해 주는 질문이다.
- '네/아니요'로 대답할 수 없다.
- '이유'를 묻는 것을 피한다.
- 소유권과 자율성을 증진시킨다.

• 탐색을 시작했던 진술뿐만 아니라 전략적 질문하기에 대한 답변 모두에 수반하는 체현된 경험을 명확히 하는 데 초점을 맞춘다.

일반적인 원리와 마찬가지로, 전략적 질문하기는 질문하지 않는 것을 질문하는데, 이는 대개 질문하기에는 너무 명확하거나 아니면 너무 기본적인 것으로 여겨질 수 있는 것에 대한 질문이라고 할 수 있다. 실존치료의 관점에서 보면, 이는 멍청한 질문을 기꺼이 하고자 하는 치료자의 의지를 드러내 준다. 예를 들면,

내담자: 제가 계속해서 겪어 온 이 공황장애는 정말이지 끔찍해요.

치료자: 유감입니다, 하지만 당신이 경험한 '공황장애'에 대해서 말해 줄 수 있을까요?

내담자: 공황장애에 대해서요? 공황장애가 무엇인지 모르세요?

치료자: 네, 당신이 겪은 공황장애에 대해서는 제가 알지 못합니다. 제게 말해 줄 수 있을까요?

내담자: 공황장애와 그에 어떻게 대처해야 하는지에 대해서 설명하는 매뉴얼 같은 게 있지 않나요?

치료자: 그런 매뉴얼이 있다면, 거기에 공황장애에 대해서 무엇이라고 말하고 있을 것 같나요?

내담자: 저에게 묻는 거예요? 당신이 전문가라고 생각하는데요.

치료자: 만약에 당신이 전문가라고 하면 어떨 것 같아요? 공황장애에 대해서 당신은 어떻게 말할 것 같나요?

연습 전략적 질문하기

1. 동료와 함께, 각각 15분씩 번갈아 가면서 치료자와 내담자 역할을 맡아서 다음의 내용을 진행해 보라.
2. 내담자 역할을 맡은 사람은 내담자로서, 어떤 점에서든지 당신을 짜증나게 했던 최근의 경험에 초점을 맞춰 보라.
3. 치료자 역할을 맡은 사람은 치료자로서, 전략적 질문하기를 사용하여 내담자가 그 경험을 탐색할 수 있도록 돕되, 내담자의 경험적 진술들에 대해서 가능한 즉각적으로 이해하지 못했다고 가정하고 그에 대한 질문을 하도록 시도하라. 할 수 있는 한, 불확실성에 개방적이거나 또는 '멍청한' 상태로 있기를 시도하라. 미리 준비하거나 설정한 질문을 피하고 내담자가 진술한 것에 이어지는 질문만을 하라.
4. 동료와 함께 모두 이 연습 활동을 완료한 후에, 각각 치료자 또는 내담자 역할을 했을 때 각자가 이 연습 활동을 하면서 경험한 것에 대해서 이야기해 보라.

신체 초점, 비유 그리고 서술적 장면 설정을 통한 묘사 도전하기

최근에 나는 실존치료자들이 묘사 도전하기에 세 개로 갈라진 초점을 제공할 뿐만 아니라, 내담자와의 조정을 시도하는 데 있어서 치료자들을 도울 수 있는 변형된 현상학적 방법을 채택한다고 주장해 왔다. 일반적으로 이 접근은 치료자와 내담자 모두에게 현재 탐색 중인 경험의 즉시성에 '가만히 머무를 수' 있도록 해 주고, 그 결과 묘사되는 대상은 묘사 과정의 일부로서 보다 더 충분히 경험적으로 접근될 수 있다. 이를 통해서 치료자와 내담자는 내담자의 현재 경험의 전반적인 '분위기'를 규정하는 생각, 감정, 정서 그리고 행동을 분명하게 할 수 있고 '거기에 존재하는 방식대로 거기에 있는 것'이 체현된 명료화에 함께 초점을 맞출 수 있다.

신체 초점을 통한 묘사 도전하기는 말로 표현된 불안과 이상 증상에 대한 진술들이 어떻게 신체를 통한 감각적 방식으로 전달될 수 있는지를 확인하고 분명히 할 수 있도록 내담자를 조력하는 것을 목적한다. 일반적으로, 신체 초점을 통한 묘사 도전하기는 신체 전반에서나 또는 구체적인 부분에서 느껴지는 느낌을 탐색하고 묘사하도록 권장한다. 예를 들면 다음과 같이 질문할 수 있다.

- 당신이 (걱정이나 불안에 대한 진술) 라고 말할 때 신체의 어떤 특정 부분이나 신체 전반에서 어떤 느낌을 느낄 수 있나요?
- 신체에 그 느낌이 느껴지는 부분이 어디인지 알 수 있나요?
- 그 신체에서 느껴지는 느낌을 묘사할 수 있을까요?
- 전체적인 신체의 느낌과 관련해서 이 신체 느낌이 어떤 이유 때문에 두드러지게 느껴지나요?
- 당신이 그 말을 했을 때 어떤 신체 느낌도 느껴지지 않는 경험을 했다면, 어떤 신체적인 느낌도 없는 것이 당신에게는 어떻게 느껴지나요?

대화 예시:

내담자: 저에게 일어났던 일을 생각하면 기분이 엉망이 돼요.
치료자: 무엇이 기분을 엉망으로 만드나요?
내담자: 제가 너무 어리석었어요! 두 번 생각할 것도 없이 제 인생에서 가장 좋았던 것을 포기했던 거요!
치료자: 그렇군요. 지금 당신이 말한 것에 잠시 머물러 봅시다. 그 말을 했을 때 당신의 신체에서 느껴졌던 것이 있었을까요?
내담자: 무슨 의미인가요? 무슨 말인지 모르겠어요.
치료자: 좋아요. 들어 보세요. '기분이 엉망이에요. 제가 너무 어리석었어요!'라고 말했을 때 어떤 신체 감각 같은 것이 느껴졌나요? 이러한 감정에 대한 진술이 당신의 신체 중 어디에서 느껴지나요?

내담자: 어디에서 느껴지냐고요? 목구멍이 조여드는 것 같아요. 마치 토하고 싶을 때처럼요.

치료자: 다른 신체적 느낌도 있나요?

내담자: 아니요……. 그것뿐이에요. 아, 전체적으로 따끔거리는 느낌도 있어요.

치료자: 전체적으로 따끔거리는 느낌이군요.

내담자: 네, 전기가 저를 통과해서 흐르는 것 같아요.

치료자: 그렇군요. 그렇다면 '기분이 엉망이에요. 제가 너무 어리석었어요!'라는 말을 할 때, 이 말들을 통해서 당신이 경험하는 것은 신체를 중심으로 보자면, 목구멍이 조여드는 것 같고, 토하고 싶은 느낌과 전체적으로 마치 전기가 통하는 것 같이 따끔한 느낌으로 표현되었네요.

내담자: 네, 거의 잘 잡아내신 것 같아요.

치료자: 좋아요. 이 신체 느낌에 머물면서 다른 느낌들이 더 느껴지는지 살펴봅시다.

연습 신체 초점을 통한 묘사 도전하기

1. 동료와 함께 치료자와 내담자의 역할을 번갈아 가면서 각각 15분씩 다음의 연습 활동을 진행하라.
2. 내담자 역할을 맡은 사람은 내담자로서, 아직 충분히 치료자에게 전달하지 않고 해결되지도 않은 당신의 최근 이슈나 딜레마를 선택하라.
3. 치료자 역할을 맡은 사람은 치료자로서, 신체 초점으로만 경험을 탐색할 수 있도록 내담자를 도우라.
4. 두 사람 모두 이 연습 활동을 완료한 후에, 각자 치료자 또는 내담자 역할을 하며 신체 초점을 통한 묘사 도전하기를 하면서 경험한 것에 대해서 이야기해 보라.

비유를 통한 묘사 도전하기는 말로 표현된 불안과 이상 증상에 대한 진술들이 어떻게 내담자가 표현한 것과 처음에는 관련이 없어 보이는 어떤 물건이나, 상황 또는 사건과의 비교나 다양한 비유를 통해서 표현될 수 있는지 내담자가 확인하고 분명히 할 수 있도록 조력하는 것을 목적으로 한다. 비유를 통한 묘사 도전하기 효과는 내담자에게 이를 제시하는 것에 대한 실존치료자의 자발성과 창의성에 많은 부분이 달려 있다. 알려지지 않은 새로운 장난감과 상호작용을 하는 어린아이의 행동과 유사하게, 이러한 탐색 방식에는 놀이적 특성이 있을 수 있다. 일반적으로, 비유를 통한 묘사 도전하기는 문제에 대한, 대개는 추상적이거나 실체가 없는 진술과 구체적인 담화나 실체가 있는 것 사이의 연결을 촉진한다. 예를 들면 다음과 같이 질문할 수 있다.

- 만약 당신의 경험을 소리나, 제스처, 색깔이나 모양, 맛, 옷 등으로 묘사해야 한다면, 어떻게 묘사할 수 있을까요?

과거나 현재 상담 회기를 진행하면서 알게 된 내담자의 관심사와 관련된 비유에 초점을 맞추는 것도 유용하다. 예를 들면,

- 〈이스터 엔더스(Easter Enders)〉(BBC 드라마)의 광팬이라고 말씀하셨는데요. 만약 〈이스트엔더스〉에서 당신의 경험을 가장 잘 표현할 수 있는 등장인물을 한 명 골라야 한다면, 누구를 고르겠나요?
- 당신의 경험을 가장 잘 담을 수 있는 노래나, 영화, 소설이나 소설 속 인물이 있다면 말해 주시겠어요?

대화 예시:

내담자: 제 신체의 반응에 귀를 기울일 때, 꼭 어떤 느낌인지 아세요? 스

파이더맨 만화에 보면 거기에서 스파이더맨이 주변에 위험이 있으면 언제든지 감지할 수 있는 '스파이더 센스'를 사용하는데요. 마치 그거 같아요.

치료자: 그렇다면 거기에 뭔가 '위험'한 것이 있다는 것이군요.

내담자: 그런 것 같아요. 뭐가 위험한 것인지는 모르겠지만요.

치료자: 전에 스파이더맨을 언급했었는데요. 엉망인 기분과 어리석었다고 느꼈던 느낌을 만약에 스파이더맨 만화에 등장하는 인물들 중 하나와 동일시해 본다면, 누구일 것 같나요?

내담자: 오! 샌드맨이요! 아마도 샌드맨일 거예요. 왜인지는 모르겠어요. 항상 샌드맨에게 뭔가 애처로운 마음을 느꼈던 것 같아요. 그는 항상 뭐랄까, 좀 바보 같죠. 힘은 엄청 센데, 머리가 좀 모자라달까.

치료자: 그렇군요. 그럼 우리가 지금부터 '엉망인 기분과 어리석었다는 느낌'을 샌드맨 같은 것이라고 말할 수 있을까요?

내담자: 네.

치료자: 그러면 샌드맨이 된다는 건 어떤 건가요?

내담자: 그러니까 제가 말했던 것처럼 일종의 좀 바보 같은 거죠. 모자라고, 힘만 센. 뭐 그런 거요. 잘 모르겠어요. 실제로 가치 없는 거죠.

치료자: 좀 바보 같고, 머리가 모자라다, 힘만 세다, 가치가 없다. 이들을 다 합치면…… 어떤?

내담자: TV를 보면서 냉동식품으로 대충 저녁 때우는 거? (웃음)

치료자: (웃음) 대충 때우는 저녁이라! 좋아요. 음…… 이는 당신에게 어떤 연관성이 있나요?

내담자: 이거 딱 맞는 거죠. 좀 바보 같고, 좀 모자라고, 가치가 없죠! 그리고 그러고 앉아서 그렇게 저녁을 때울 때면 바로 그런 느낌을 느끼게 되죠.

치료자: 그렇군요. 자, 그러면, 지금까지 말한 것에 따르면, '기분이 엉망

이고 어리석게 느껴지는 것'은 목구멍을 쪼이게 하고, 토할 것 같고, 위험에 대한 경고와 관련해서 마치 온몸에 전기가 통하는 것 같이 따끔따끔한 느낌이고 샌드맨과 같기도 하고 또 대충 때우는 저녁 같은 거네요. 맞을까요?

내담자: 네, 좀 이상하긴 하지만, 맞아요.

치료자: 더 추가할 게 있을까요?

내담자: 좀 이상하지만, 당신이 그 말을 할 때, 어떤 소리를 들은 거 같아요.

치료자: 소리요? 그러니까 '기분이 엉망이고 어리석게 느껴지는 것'이 어떤 소리로도 느껴진다는 거군요?

내담자: 네, 이상하게 들리시겠지만요.

치료자: 그 소리를 내 볼 수 있을까요?

내담자: (가글하는 소리) 마치 말하려고 하지만 말을 할 수 없는 것 같아요.

연습 비유를 통한 묘사 도전하기

1. 동료와 함께 치료자와 내담자의 역할을 번갈아 가면서 각 회기를 15분 정도씩 유지하면서 다음의 연습 활동을 진행해 보라.
2. 내담자 역할을 맡은 사람은 내담자로서, 이전의 신체 초점을 통한 묘사 도전하기 연습에서 탐색했던 현재의 이슈나 딜레마로 되돌아가서 그 연습의 마지막에 중단된 부분부터 이어서 진행하라.
3. 치료자 역할을 맡은 사람은 치료자로서, 비유를 통한 묘사 도전하기만으로 그 경험을 탐색할 수 있도록 내담자를 도우라.
4. 두 사람 모두 이 연습 활동을 완료한 후에, 각자 치료자 또는 내담자 역할을 하면서 비유를 통한 묘사 도전하기에서 경험한 것에 대해서 이야기해 보라.

서술적 장면 설정은 내담자가 경험한 하나의 구체적인 사건이나 사례에 초점을 맞추고 사건이 일어났던 장소에서 장면을 서술적으로 상세하게 묘사하는 것에 집중하는 것을 통해서 불안과 호소문제에 관한 진술이 장소와 관련해서 어떻게 탐색될 수 있는지 내담자가 확인하고 명확히 할 수 있도록 돕는 것을 목적한다. 예를 들면,

- 당신이 ~에 대해서 떠올린 사례가 가장 처음/최근/가장 강력하게/가장 생생하게/가장 오랜 기간 일어났던 때는 언제인가요? 그때로 돌아가 봅시다. 장소는 어디였나요? 거기에는 누가 있었나요? 만약 어떤 방이었다면, 할 수 있는 한 자세하게 그 방을 묘사해 봅시다. 만약 밖이었다면, 할 수 있는 한 자세하게 그 환경을 묘사해 봅시다. 당신은 그 방(또는 실외환경)의 어디에 있었나요? ~를 경험한 순간에 당신은 무엇을 하고 있었나요? 당신은 서 있었나요? 아니면 앉아 있었나요? 무엇인가를 잡고 있었나요? 어떤 소리가 들렸나요? 만약 거기에 다른 사람이나 동물이 있었다면, 이들은 그 장면 어디에 있었나요? 그들은 무엇을 하고 있었나요? 누군가 어떤 말을 했었는지 기억할 수 있나요?

어떤 한 장면이 서술적으로 충분히 탐색되었다면, 내담자가 자신의 호소문제와 관련이 깊다고 생각되는 또 다른 장면에 대해서 서술적으로 동일하게 자세히 묘사적 탐색을 실행할 수도 있다. 이는 여러 차례 이루어질 수 있는데, 이를 통해서 내담자의 문제의 배경이 되는 여러 가지 서술된 장면들 간의 차이점과 유사점을 서로 비교해 볼 수 있다.

- 서술적으로 묘사된 다양한 장면들을 다시 살펴볼 때, 이 여러 장면들에서 공통적으로 당신에게 두드러져 보이는 것이 있나요? 예를 들면, 반복해서 나타나는 사건이나 사람 또는 물건 등이 있나요? 한 장면에서

다른 장면으로 이어지는 것으로 보이는 당신의 행동이나, 생각, 느낌, 말, 들리는 소리나 옷과 같이 착용하고 있는 것이 있나요?

• 서술적으로 묘사된 다양한 장면들을 다시 살펴볼 때, 다른 것들과 비교해서 각각에 대해서 구별되는 차이점으로 보이는 것이 있다면 이는 무엇인가요?

대화 예시:

치료자: '기분이 엉망이고 어리석게 느껴지는 것'과 연관되어 있는 가글하는 소리를 냈을 때 당신이 있던 장소에 대해 떠오르는 어떤 그림이나 이미지가 있나요?

내담자: 제가 있던 곳이요?

치료자: 과거의 어느 시점에 가글하는 소리를 내는 자신을 떠올려 보세요. 그리고 그 소리를 낼 때 당신이 있었던 장소를 생각해 보세요. 당신은 어디에 있나요?

내담자: 이상하네요. 방금 제가 어린 시절 자랐던 첫 번째 집이 떠올랐어요.

치료자: 좋아요. 거기에 머물러 봅시다. 당신은 지금 어느 방에 있나요?

내담자: 거실에 있어요. 텔레비전을 보고 있고, 샌드위치 같은 걸 먹고 있는 것 같아요.

치료자: 좋아요. 그 방을 좀 묘사해 주시겠어요?

내담자: '그냥 1970년대 초반의 단조로운' 방이에요. 반짝이는 초록색 커튼에, 팔걸이의자와 소파가 있고, 매우 요란스러운 녹색과 금색 소용돌이 모양의 양탄자가 바닥 전체를 덮는 누런색 카펫 위에 깔려 있어요. 큰 흑백 텔레비전도 있어요. 아! 담배 쩐 냄새가 나요. 그리고 오렌지 껍질, 맞아요! 오렌지를 먹고 있었어요.

치료자: 앉아서 오렌지를 먹고 있던 건가요?

내담자: 네, 오! 제 누이도 거기에 있었어요.

치료자: 그녀는 당신 옆에 앉아 있나요?

내담자: 아니요, 뒤에요. 헐! 그거 아세요? 그 가글하는 소리를 제 누이가 내고 있었어요. 우리는 함께 놀고는 했는데, 그녀는 이런 말을 했어요. '중요한 비밀이 있는데 뭔지 알아?', 제가 '말해 봐.'라고 하니까, 제 귀에 가까이 대고는 목구멍으로 그 기이한 소리를 냈어요! 기분이 좀 이상하네요.

치료자: 그렇군요. 계속 머물러 볼게요. '엉망인 기분'이 누이의 '비밀이 있다'는 소리에까지 이어졌네요. 당신은 거실에서 오렌지를 먹으면서 텔레비전을 보고 있고, 누이는 당신 뒤에 앉아서 당신에게 말했죠, '중요한 비밀이 있는데, 뭔지 알아?'

내담자: (울기 시작하며) 네…….

치료자: 하고 싶은 말이–

내담자: (소리치며) 어쩌다 이렇게까지 엉망이 되어 버린 걸까요? 도대체 저한테 뭔가 잘못된 것일까요?

치료자: 그 기분이 머무르도록 노력해 봅시다. 당신이 말하고 있던 장면이 어디에서인지 생각해 봅시다.

내담자: 계속해서 제가 이야기했던 거실로 계속 되돌아가게 되네요.

치료자: 그렇군요. 같은 공간, 같은 시간인가요? 아니면 다른 시간대인가요?

내담자: 여섯 살, 크리스마스 때였는데, 아무런 선물도 받지 못했어요. 그냥 멍청한 나무에 메모가 적혀 있었어요. '미안해…… 산타할아버지가 선물이 다 떨어졌대, 내일쯤 가져다준다고 한다.'라고. 그때가 처음이었어요, 제가 통제 불능이 되어서 모든 것을 때려 부수고 했던 것이요. 그러고 나서 제가 얼마나 어리석었는지 알게 되었죠. 왜냐하면 그것 때문에 산타할아버지가 다시는 집에

오지 않게 되었으니까요.

치료자: 그랬군요. 그 장면을 좀 더 살펴봅시다.

연습 서술적 장면 설정을 통한 묘사 도전하기

1. 동료와 함께 치료자와 내담자의 역할을 번갈아 가면서 각 회기를 20분 정도씩 유지하면서 다음의 연습 활동을 진행해 보라.
2. 내담자 역할을 맡은 사람은 내담자로서, 이전의 두 가지 연습에서 탐색했던 현재의 이슈나 딜레마로 돌아가서 그 연습의 마지막에 중단된 부분에서부터 이어서 진행하라.
3. 치료자 역할을 맡은 사람은 치료자로서, 서술적 장면 설정만으로 그 경험을 탐색할 수 있도록 내담자를 도우라. 이때 내담자가 진술한 이슈와 관련해서 최소 2개의 장면을 서술하는 것을 통한 묘사를 시도해 보라.
4. 두 사람 모두 이 연습 활동을 완료한 후에, 각자 치료자 또는 내담자 역할을 하면서 서술적 장면 설정을 통한 묘사 도전하기를 하면서 경험한 것에 대해서 이야기해 보라.

신체 초점, 비유 그리고 서술적 장면 설정 모두를 활용한 묘사 도전하기는 내담자의 호소문제를 탐색하는 강력한 경험적 방법을 제공해 줄 수 있다. 실존치료자에게 이 세 가지 방법은 내담자의 이야기를 재해석하려는 치료자 자신의 열망을 한쪽 편으로 치워 둘 것을 요구한다는 점에서 도전이 된다.

즉시성

내담자의 진술을 변형 또는 재해석하거나 내담자가 자신의 진술로부터 이동하도록 돕고자 하는 치료자 중심의 지시적 개입은 무엇이라도 전반적으로 1단계의 목적과는 맞지 않을 수 있다는 사실이 이제는 독자들에게 명확해졌을 것이다. 묘사 도전하기는 치료 회기에서 즉시성을 향해 나아가는 움직임을 일으킨다. 이 즉시성은 내담자가 치료 장면에 가져온 호소문제를 치료 세게 그 자체의 관계적 맥락 내에서 탐색할 수 있게 한다. 이런 방식으로, 내담자가 호소하는 문제는 단지 거기(내담자의 더 넓은 세계)에서 내담자에게 어떻게 존재하는지에 대한 설명에 그치지 않게 된다. 보다 더 중요한 것은 이러한 문제들이 현재에 적용되고 직접적으로 연결된 일련의 조건들 내에서 탐색될 수 있다는 것이다. 일반적으로 즉시성은 진술된 것과 그 진술을 한 사람을 다시 연결해 준다.

유사한 이유들로, 1단계는 내담자의 현재 세계관과 관련해서 있을 법한 과거나 그 원인에 대한 설명적 가설에 주된 관심사가 자리하고 있는, 넓게는 분석 중심의 탐색이라고 말할 수 있는 접근을 대체로 피한다. 일부 비판에서 주장되고 있는 것과 같이 그렇다고 해서 실존치료자가 '이유'에 초점을 맞춘 질문을 할 수 없다거나 해서는 안 된다고 주장하는 것은 아니다. 하지만 이유를 묻는 질문이 마치 묘사 중심의 상담에 기여할 수도 있는 것과 같이 이는 내담자의 실제 경험의 즉시성으로부터 내담자를 멀어지게 하는 관념적 설명에 이르는 길을 열게 될 수도 있다는 점은 분명하다. 후자가 실존치료자가 이유를 묻는 질문을 최소화하고자 하는 이유라 할 수 있다. 원인 중심의 질문과 설명이 내담자가 자신의 내면의 의미와 신념을 깨닫고 연결되는 데 도움이 될 수도 있는 것과 같이, 이는 보편적으로 가능한 설명들로 타당화하면서 동시에 내담자가 자신이 현재 유지하고 있는 세계관과 연결되는 것을 방해하는 장해물을 만들거나 유지하는 의미와 신념을 유지하도록 할 수도 있다.

1단계에서 2단계로의 치료적 이동이 적절하다는 신호

다음에서 논의하겠지만, 1단계와 2단계는 관계적 만남의 초점과 그 가능성들에 있어서 주요한 차이점을 갖는다. 그렇다면 실존치료자에게 2단계로의 이동을 해도 된다는 신호가 될 수 있는 것은 무엇인가? 이 신호가 될 수 있는 결정적 요소들로 다음을 제안할 수 있을 것이다.

- 내담자가 시간이 갈수록 자신의 호소문제를 치료자와 함께 만든 치료 세계 내에서의 즉시성 속에서 경험한 것으로 다루며, 더 넓은 세계에서의 문제와 공통점과 차이점을 비교하고 탐색해 간다.
- 치료자 앞에서 내담자가 존재하는 방식이 치료자를 믿음직한 중요한 '타인'으로 충분히 믿고 있다는 신뢰가 구축되었음을 암시한다.
- 묘사 도전하기에 대해서 방어적으로 반응하지 않을 뿐만 아니라, 가끔씩 치료 세계 내와 그 경계를 넘어선 영역에서까지 묘사 도전하기를 실행하는 등 내담자의 자발성과 역량의 증가가 나타난다.
- 즉시성의 측면에서 치료자와 내담자의 관계의 편안함이 뚜렷하게 증가한다.
- 내담자가 현재 유지하고 있는 세계관의 어떤 특성과 관련된 습관적 태도와 진술의 일부 측면들에 도전하고자 하는 내담자의 높은 자발성이 나타난다.
- 치료자의 진술과 도전에 이의를 제기하는 내담자의 높은 자발성이 나타난다.
- 치료자와 내담자의 대화에서 유머의 사용과 이에 반응하는 높은 자발성이 나타나며, 이는 둘 간의 관계적 개방성과 서로에 대한 존중을 시사한다.

1단계에서 2단계로의 치료적 이동을 방해하는 요인

1단계에서 2단계로의 이동이 가능한 지점에 도달했다는 것을 나타내는 치료적 관계에서의 다양한 신호들이 있는 것과 마찬가지로, 이 이동이 너무 성급할 수도 있다는 사실을 보여 주는 사례 또한 존재한다. 어떤 경우 2단계의 실존치료가 사실상 효과가 없을 수도 있고, 최악의 경우 어떤 추가적인 묘사 도전하기 시도를 무력화시키는 부작용이 나타날 수도 있다. 다음은 이러한 가능성을 나타내는 가장 일반적인 잠재적 요인들이다.

- 치료 계약과 구조와 관련해서 설정된 일반적인 조건들이 충분히 명확하지 않거나 또는 실존치료자에 의해서 일관적으로 지켜지지 않는다.
- 일반적인 조건들이 내담자에 의해서 지속적으로 도전받거나, 지켜지지 않는다.
- 실존치료자의 진술과 묘사 도전하기가 내담자의 체현된 경험에 잘 맞지 않아 충분한 신뢰를 쌓는 것에 실패한다.
- 실존치료자의 진술과 묘사 도전하기가 직접적으로 내담자의 진술로부터 전개되지 않거나, 또는 진술로 이어진 새로운 계획이 내담자에게 명료하지 않아서 불신이나 불안, 산만함, 짜증, 의심, 심지어 공포를 일으킨다.
- 실존치료자의 진술과 묘사 도전하기가 과도하게 그 방향이 잘못되거나, 너무 일반적이지 않거나 또는 '앵무새 같이' 반복되어 그 영향과 가치가 제한된다.
- 실존치료자가 치료 세계에 존재하는 모습 그대로 내담자를 수용하는 것을 힘들어하고 꺼려 한다는 것이 밋밋하고 냉담한 태도 또는 남의 시선을 의식하는 태도로 표현된다.
- 실존치료자가 치료 세계에 존재하는 모습 그대로 내담자를 수용하는 것을 힘들어하고 꺼려 한다는 것이 내담자를 변화시키거나, 치유하거나, 나아지게 하거나, 교육하거나 고치거나, 내담자가 존재하는 모습이 아닌 다른 존재가 되도록 하는 (하지만 미묘한) 시도를 통해서 표현된다.

이러한 요인들이 발생하는 경우, 관계에서의 이러한 긴장을 인정하고, 내담자가 말하는 비판적 진술이 무엇이든지 방어적이지 않은 태도로 기꺼이 들으며, 이 상황을 다룰 수 있는 대안이 무엇인지를 내담자와 고려하고, 필요하다면 관계의 구조를 다시 공식화하고, 무엇보다도 보다 더 적절한 1단계의 상담을 구축하기 위한 노력을 다시 시작하는 것이 실존치료자에게 매우 중요하다.

1단계 요약

내담자의 입장에서 1단계의 주요 목표는 비유적으로 말하면 내담자가 보다 더 정확하고 정직하게 자신의 목소리를 듣도록 하는데 필수적인 조건을 제공하는 것이다. 문제와 마찬가지로 이 단계의 잠재적 영향을 과소평가하거나 경시해서는 안 된다.

'거기에 있는 방식 그대로 거기에 있는 것'을 내담자에게 드러내 주는 이 일련의 과정들은 1단계에서 실존치료자에게 맡겨진 주요 과업이다. 만약 실존치료자의 실재함이 내담자에게 진솔하고 신뢰할 수 있는 대상으로 경험된다면, 그리고 만약 치료 세계의 조건이 명확하고 일관적이라면, 내담자는 어쩌면 처음으로 자신이 현재 채택한 세계관을 대놓고 또는 암암리에 비판하지 않으며, 이를 변경할 것을 요구하지도 않는 타인과의 만남을 경험하게 될 것이다.

치료 과정 전체에 있어서 이어지는 단계들이 가지는 가치가 무엇이든지 이는 1단계 동안 내담자에게 경험되는 상호 관계적 가능성에 달려 있다. 내가 가진 관점으로 볼 때 1단계는 불특정 요인들과 플라세보 효과에 대한 연구에서 확인되어 온 것과 동일한 관계 중심의 조건들을 제공한다(Duncan et al., 2010; Miller & Kaptchuk, 2008; Moerman & Jones, 2002). 이 연구에서 지적하고 있는 것과 같이, 내담자의 문제를 고려하고 탐색할 수 있는 구체적인 치료 세계 환경을 함께 만들고, 함께 거하는 타인 앞에서 자신의 이슈와 문제를 전하고 확인하는 것이 많은 내담자에게 충분히 유의미하고 지속적인 치료적 유익을 이끌어 내기 위해서 요구되는 것의 전부일지도 모른다는 것은 마땅히 주장될 법하다.

제8장

2단계: 치료 세계에 함께 거하기

소개

1단계에서 실존치료자의 과업은 내담자의 세계관에 맞춰 조정하려는 노력을 하는 타자가 되는 것이었다. 이제 2단계에서의 치료자의 노력은 자신의 타자됨의 표현으로 나타나는 **유사점**과 **차이점**을 통해서 내담자의 세계관에 도전할 권리를 얻은 타자가 되는 것이다. 1단계에서 '내(내담자)가 누구인지, 어떤 방식으로 존재하고 있는지'를 반영하는 것을 통해서 자신에게 도전하는 '타자'로 치료자를 경험했던 내담자의 경험은 2단계가 되면서 '내(내담자)가 누구인지 그리고 어떤 방식으로 존재하고 있는지'를 보다 더 명료화하기 위한 방법으로서 나(내담자)의 존재와 존재 방식에 대한 치료자 자신의 경험을 반영함으로써 도전하는 타자로서 치료자를 인식하는 것으로 전환된다. 이러한 초점의 전환은 내담자와 공명하고 또 의견을 달리하기도 하며, 도전하고 갈등하면서 치료 세계에 함께 거하는 구별된 '타자'와 새로운 대화를 시작할 수 있는 길을 열어 준다.

만약 1단계가 '내담자의 소리를 보다 더 정확하고 진솔하게 듣는' 수단을 제공했다면, 이제 2단계에서 내담자는 '치료자인 타자의 목소리와 맞물리는 자신의 목소리 듣기를 지속하는 것'을 통해서 도전받는다. 이와 유사하게 만약 1단계에서 실존치료자의 탐색이 다양한 방식에 있어서 묘사적으로 '바보같이' 명확한 탐색이었다면, 2단계에서 치료자의 도전은 '어릿광대'와 같은 방식으로 이루어진다. 마치 중세의 어릿광대가 궁중의 어느 누구에게도 허락되지 않았던 그리고 감히 시도되지 않았던 방식으로 왕이나 여왕의 진술, 바람, 행동에 도전할 수 있었던 것과 같이 이제 실존치료자는 어릿광대와 같이 내담자가 고려할 만한 대안들을 제시하기 위한 목소리를 낼 수 있다.

이러한 방식으로 2단계의 과정 동안 치료자는 내담자의 더 넓은 세계의 모든 타자를 대표하면서 동시에 내담자의 더 넓은 세계의 타자들과는 다른 존재로서 매우 강렬하게 경험된다. 이와 같이 '대표하는 것'과 '분명히 다른 것'의 결합은 타자에게 초점을 맞추고 내담자의 세계관 전반을 탐색하게 해주고 이를 통해서 치료 장면에 가지고 나온 호소문제들과 이를 향한 새로운 태도의 가능성을 허용한다.

지금까지의 내용에서 볼 때 2단계가 내담자에게 제공해야 하는 치료적 유익이 무엇이든, 그것은 치료자와 내담자의 만남의 속성에 전적으로 의존하는 것으로 보인다. 실존적 관점으로 볼 때, 2단계에서의 상담은 치료자와 내담자 모두에게 매우 강렬하게 경험될 수 있다. 마찬가지로 2단계에서의 치료적 만남은 치료자와 내담자 사이에서 경험되는 즉시성을 강조한다는 점에서 내담자와 치료자 모두가 더 넓은 세계에서 관계 맺고 있는 다른 사람들과는 대개 공유될 수 없다. 이런 이유로 2단계에서의 경험은 치료자와 내담자 모두에게 신비하고 묘한 매력이 있으며, 자유롭고, 불안감을 주며, 깊은 친밀감을 주기도 하고, 열망하면서도 열망하지 않는 것이 될 수 있다.

내담자의 이야기에 귀를 기울이고 이에 도전하기

2단계의 듣기와 도전하기는 조정에 맞춰졌던 실존치료자의 초점을 확장해서 내담자에게 분명하게 제시된 것들 이외에도 점차로 다른 여러 관점과 가능성을 망라한다. 듣기에 있어서의 이러한 전환은 내담자에게 예측할 수 없을 만큼 강력하고 충격적일 수 있으며, 이어서 치료 세계에 대한 신뢰와 내담자와 치료자 사이에서 성립되었던 신뢰 모두를 약화시키는 결과를 야기할 수도 있다. 이와 같은 만일의 사태를 상쇄시키기 위해서 시도하는 방법으로 실존치료자는 진솔한 질문을 통해서 내담자의 경험을 항상 모니터링할 수 있다(예: "괜찮나요?" "여기서 좀 더 진행해도 괜찮을까요?"). 치료자가 할 수 있는 두 번째 대안은 이 모든 탐색에 과도하게 허락을 요청하는 태도를 채택하는 것인데, 이 경우 모든 것은 오직 내담자의 동의를 얻어서만 진행된다(예: "이쯤에서 대안을 제시하고자 하는데요, 괜찮을까요?" "뭔가 제안해도 될까요? 만약 원치 않는다면 원치 않는다고 말해도 괜찮아요."). 2단계의 듣기와 도전하기에서 실존치료자가 활용할 수 있고 진솔하지만 놀라우리만치 강력한 세 번째 방법은 다음과 같다.

구체적인 것과 일반적인 것 사이에서의 전환

2단계에서의 듣기와 도전하기의 첫 번째 양상은 구체적인 경험에 초점을 두었던 묘사를 이번에는 그 경험이 보다 일반적일 가능성에 초점을 맞추고 그 경험을 다시 생각해 보도록 요청하는 것이다. 반대로, 일반적인 관점으로 서술한 경험의 경우에는 내담자로 하여금 구체적인 사례에 초점을 두고 다시 생각해 보도록 요청한다. 다음의 대화는 이를 잘 보여 준다.

(일반적인 것에서 구체적인 것으로의 전환)

내담자: 사람들이 정직하지 않을 때는 정말이지 참을 수가 없어요!

치료자: 예를 들어 주시겠어요?

내담자: 예요?

치료자: 네, 가장 최근에 있었던 일을 말해 주세요.

내담자: 음…… 어젯밤 식당에서 여자 종업원이었어요. '저를 서빙하게 되어 너무 기뻐서 흥분할 지경이에요.'라며 거짓말을 하더라고요.

치료자: 그러면 당신이 참을 수 없었던 것은 무엇이었나요?

내담자: 음…… 명백한 위선이요. 아무것도 해 주는 것도 없으면서 단지 팁을 많이 달라는 것이죠.

치료자: 그녀가 큰 팁을 원하는 것이 어떤 면에서 당신을 참을 수 없게 한 건가요?

내담자: 큰 팁을 원했기 때문이 아니에요! 정말 이해할 수가 없어요. 문제는 그녀가 그런 방식으로 큰 팁을 원했다는 거죠. 그건 마치 '당신은 정말이지 자리만 차지하고 있군요. 사실 당신은 아무것도 아니지만 나는 당신이 뭐라도 된 것처럼 생각하게 하는 식으로 당신을 바보 취급할 겁니다.'라고 말하는 것과 같죠.

(구체적인 것에서 일반적인 것으로의 전환)

치료자: 그렇군요. 만약 그녀를 데려다가 당신이 정말 참을 수 없이 싫은 모든 사람과 함께 일렬로 세워 둔다면 그 모든 사람이 당신에게 어떤 말을 할 것 같은가요?

내담자: 아마도 '당신은 정말 멍청하군요. 우리는 할 수 있는 한 당신을 이용해 먹어야겠군요. 왜냐하면 당신은 정말로 멍청하고 우리에게 아무것도 아니니까요.'라고 말하겠죠.

치료자: 그게 다인가요?

내담자: 네, 그리고 그런 눈으로 저를 바라봤겠죠. 그것도 큰 부분을 차지하죠.

(일반적인 것에서 구체적인 것으로의 전환)

치료자: 그들이 당신을 바라보는 눈빛을 떠올려 보죠. 마음에 떠오르는 사람이 있나요?

내담자: 네, 아들이요. 아들이 저를 보는 그런 눈이었어요. 마치 제가 자기를 실망시켰다는 눈빛이죠. 완전히 가치 없는 인간이 된 것 같았죠.

치료자: 그때의 눈빛과 동일했군요.

내담자: 네.

치료자: 그래서 아들에게도 위선자라고 말했던 거군요.

내담자: 음…… 아니요. 아니요, 그땐 제가 정직하지 않았죠.

치료자: 정직하지 않았던 사람은 당신이었군요.

내담자: 네.

(구체적인 것에서 일반적인 것으로의 전환)

치료자: 좋아요. '나는 위선자'라는 지점에 머물러 보죠. 그와 관련된 어떤 이야기가 있을까요? 이 일에서처럼 위선자라는 눈빛으로 당신을 바라본 사람이 있었다거나 하는 거요.

내담자: 네, 할머니요. 할머니 지갑에서 돈을 빼내다가 걸렸을 때요.

치료자: 그렇군요. 마음에 떠오르는 또 다른 사람이 있나요?

내담자: 모르겠어요. 아마 오랜 친구 지미요, 그 당시에 만나고 있던 여자 친구한테 얼간이처럼 굴었을 때 저를 그렇게 봤어요.

치료자: 그렇군요. 당신의 아들, 할머니 그리고 친구 지미가 다 그 여종업원과 같은 눈으로 당신을 바라봤군요. 그 눈빛이 당신이 마치

모든 상황에서 위선자인 것처럼 느끼게 했나요?

내담자: 오, 맞아요. 쓸모없는 사람으로요.

치료자: 쓸모없는. 마치 어젯밤 여종업원이 당신을 바라본 눈빛과 같았군요.

명시적인 것에서 암시적인 것으로의 전환

1단계 전반에서 실존치료자의 초점은 내담자가 **명시적으로** 표현한 진술들을 명료화하고 이에 도전하는 것에 맞춰 있다. 2단계에서 이러한 초점은 아직 입 밖으로 내지 않은 것을 드러내려는 시도를 통해서 내담자의 명시적 진술을 **암시적으로** 뒷받침하는 것으로 옮겨 간다. 앞의 내담자/치료자 대화를 이어 가면서 이에 대한 예시를 찾아볼 수 있다.

치료자: 조금 전에 '쓸모없다는 느낌'에 대해서 좀 더 살펴볼 수 있을까요?

내담자: 네, 얼마든지요.

치료자: 바보 같이 들리겠지만, 쓸모없는 것이 그렇게 나쁜 이유는 무엇인가요?

내담자: 네, 바보 같은 질문이네요. 그게 나쁜 건 명백하죠.

치료자: 좋아요. 명백한 것이군요. 어쩌면 제가 우둔한 것일 수도 있죠. 하지만 그게 그렇게 나쁜 이유는 무엇인가요? 제 말은, '나는 쓸모없어.'라고 스스로에게 말할 때 그 말에 담긴 의미는 무엇인가요?

내담자: 그건…… 그건 제가 기대에 부응하지 못했다는 거죠. 그러니까 제가 실패자라는.

치료자: 그렇군요. 당신에게 '쓸모없다는 것'은 당신이 기대에 부응하지 못했고 실패자가 되었다는 것이군요. 여기에서 한번 확인해 보도록 하죠. '나는 노력했고, 실패했다. 그래서 나는 쓸모없다. 내

가 최선을 다했음에도 불구하고 나는 여전히 쓸모없다. 왜냐하면 나는 성공하지 못했기 때문이다.' 이것이 당신의 경험과 정확히 맞아떨어지는 것인가요?

내담자: 네, 많이요.

치료자: 그렇다면 내가 항상 성공한다는 면에서 완벽하지 않다면 그건 쓸모없는 것이 되는 것이군요.

내담자: 그렇죠.

치료자: 그렇다면 당신의 아들, 할머니 그리고 지미가 스스로 위선자라는 마음이 들게 하는 눈빛으로 당신을 봤을 때 그 눈빛은 기본적으로 '당신도 알다시피! 당신은 완벽하지 않아. 그러므로 쓸모없지.'라고 말하는 것이라고 봐도 될까요?

내담자: 네, 맞아요.

치료자: 그렇군요. 이 지점에서 뭔가 다른 것을 시도해 봐도 될까요?

내담자: 네, 해 보죠.

치료자: 맞는지 맞지 않는지 말해 보세요. 여종업원이 위선자가 된 것은 당신이 그녀의 정체를 알아냈기 때문인 거죠. 그녀는 완벽한 척을 했지만 당신은 그것을 꿰뚫어 본 거죠.

내담자: 네, 맞아요. 그런 것 같네요. 완벽에 대한 거죠. 완벽에 도달하지는 못했던 거죠. 완벽해야만 해요. 그렇지 않으면 쓸모없는 위선자가 될 수밖에 없죠.

실존치료자 '자신을 타자로' 활용하기

1단계에서와 같이 치료 세계에 함께 거하는 내담자의 경험과 치료 세계 경계 너머의 더 넓은 세계의 일부분으로 존재하는 경험 간의 차이를 탐색하는 것은 내담자의 세계관을 명료화하고, 이에 도전하는 매우 유용한 방법이 될 수 있다. 독자들은 경험의 즉시성을 향한 이러한 전환이 내담자가 가진 더 넓은 세계의 이슈와 문제를 치료 세계의 경계 내에 위치하게 하는 효과를 가진다는 사실을 상기할 수 있을 것이다. 2단계에서 즉시성은 내담자가 경험하는 모든 타인을 대신하거나 대표하지만, 또한 타인에 대한 내담자의 전형적인 반응이나 가정에 도전하는 치료 세계의 타인인 실존치료자와의 관계 경험을 직접적으로 포함하도록 확장될 수 있다. 예를 들면 다음과 같다.

내담자: 어느 순간에 이 세계는 저에게 완벽하거나 아니면 위선자가 될 수밖에 없다고 가르쳤던 것 같아요.

치료자: 그렇다면 여기에서 당신과 저 사이에서는 어떤가요? 여기에서도 그 규칙은 여전히 유효한가요?

내담자: 그러니까 여기에서 당신과 함께 있는 저를 말하는 건가요?

치료자: 네, 당신 자신에게 질문한다고 생각해 보죠. '내가 여기에서 어네스토와 있을 때에도 나는 오직 완벽하거나 아니면 위선자가 될 수밖에 없는가.'라고요.

내담자: 음…… 모르겠어요. 아마도…… 아, 어렵군요.

치료자: 이렇게 물어볼게요. '어네스토는 내가 완벽하기를 요구한다. 그렇지 않으면 그는 나를 위선자로 판단할 것이다.' 이것이 당신이 경험한 것인가요?

내담자: 아니요.

치료자: 어네스토나 또는 어네스토와 함께 있는 경험은 무엇이 다른가요? 이 세계의 규칙에는 잘 맞지 않는군요?

내담자: (웃음) 뭐가 다르냐고요? 음. 상담을 위해서 돈을 지불하는 것.

치료자: 여종업원에게도 돈은 지불하잖아요. 그렇지만 그건 이 규칙에서 벗어나는 것은 아니었군요.

내담자: 네, 그렇지만 당신은 여종업원이 아니잖아요. 그렇잖아요. 당신

과 그녀를 비교할 수는 없어요.

치료자: 그렇군요. 명백한 신체적 차이 이외에 여종업원과 어네스토 사이에서의 차이점은 무엇일까요?

내담자: 글쎄요, 하나를 말하자면, 그녀는 위선자죠.

치료자: 그것은 '어네스토는 완벽하다.'는 의미인가요?

내담자: (웃음) 아니요!

치료자: 그러면 '어네스토는 완벽하지 않고 위선자도 아니다.'라는 거군요. 어떻게 그게 가능한가요? 지금까지의 상황으로 보면 오직 둘 중 하나만 가능하죠.

내담자: 네, 하지만 그건 다르죠. 우리는 여기에서 상담 중이잖아요.

치료자: 오, 그건 '어네스토는 나를 완벽하거나 또는 위선자이거나 둘 중 하나로서만 볼 필요는 없다.'는 의미인가요?

내담자: 아니요, 그렇지는 않아요.

치료자: 그렇군요. 마치 당신이 질문하는 것처럼 제가 질문해 볼게요. 그리고 그때 어떤 것이 생각나는지 봅시다. '어네스토는 지금 나를 어떻게 경험하고 있을까?'

내담자: 그거 알아요? 제가 완벽하든 위선자든 당신에게는 신경 쓰지 않는 것 같아요. 저와의 관계가 그것 때문에 달라지는 것 같지도 않고요.

치료자: 그 말이 스스로에게 들릴 때 기분은 어떤가요?

내담자: 좋네요. 자유로운 느낌, 해방감. 심호흡을 하고 싶네요(심호흡을 함). 쓸모없이 느껴지지 않아요. 그렇다고 완벽하다고 느껴지지도 않고요.

치료자: 그리고 당신도 제가 완벽해야만 한다고 주장하지 않았죠. 안 그러면 저도 쓸모없는 사람으로 당신에게 판단을 받았겠죠?

내담자: 아니에요.

치료자: 완벽하거나 쓸모없는 것 이외에 우리가 될 수 있는 것과 관련해서 당신, 나 그리고 우리가 여기에서 무엇이 다른가요?

연습 2단계에서의 듣기와 도전하기

1. 동료와 함께 치료자와 내담자 역할을 번갈아 가면서 각각 역할을 20분씩 진행해 보라.
2. 내담자의 역할을 하는 사람은 최근에 당신을 동요시켰거나 어떤 이유에서건 당신의 기억에 남아 있는 만남을 하나 선택하라. 그 만남에 대해서 묘사하는 것으로 회기를 시작하고 당신의 개인적 관점에서 볼 때 그 만남이 미친 영향에 대해서 이야기해 보라.
3. 치료자의 역할을 하는 사람은, (1) 일반적인 것과 구체적인 것 사이의 전환, (2) 명시적인 것에서 암시적인 것으로의 전환, 그리고 (3) '타자'로서 당신의 실재함을 상담 논의로 가져오기를 활용하여 2단계의 방식으로 내담자의 말을 듣고 도전해 보라.
4. 이 활동을 완료한 후에 이러한 관점으로 이 만남에서 각자 어떻게 경험했으며, 듣고 도전하는 것이 혹은 상대방이 당신의 말을 듣고 도전해 오는 것이 당신에게는 어땠는지 이야기해 보라.

실재하는 양극 사이의 긴장 다루기

실존적 긴장이라는 용어는 상담심리학자인 빌 왈(Bill Wahl)에 의해서 최초로 제안되었는데, 그는 자신의 관점과 접근방법을 실존치료의 관점 및 접근방법에 맞춰 조정하였다. 왈은 실존치료에 대한 몇몇 주요 저서들에 대한 분석을 바탕으로 인간 경험에 내재된 실존적 양극성의 시초가 되는 목록을 고안했으며, 이러한 양극성이 인간 경험에 내재된 것이라고 주장하였다(Wahl, 2003: 267). 다음은 왈의 초기 목록에서 보다 적합하다고 판단되고 일반적인 실존적 양극성들의 일부를 가져와 포함시킨 것이다.

수용	········	거부	건강	········	질병
실행	········	정체	쾌락주의	········	금욕주의
무관심	········	관심	이상적	········	현상적
애착	········	분리	지성	········	감성
회피	········	직면	능력	········	무능력
균형	········	극단	사유	········	직관
몸	········	마음	규칙	········	즉흥
통제	········	방치	안전	········	위험
인습적인	········	독창적인	자기중심	········	타인중심
수고함	········	안이함	고독	········	사교적
유한성	········	무한성	신뢰	········	의심
미래	········	과거	연합	········	분리
조화	········	혼란	일	········	여가

이 목록이 인간으로서 경험할 수 있는 실존적 양극성뿐만 아니라 서로를 통해서 그 극성을 확인하고 명명할 수 있는 다양한 선택지 모두를 포함한다고 보기는 어렵지만, 그렇다고 하더라도 실존적 양극성의 긴장 상태에 대한 탐색을 시작할 수 있는 기본적 견본의 역할을 할 수 있다.

제1부에서 논의했던 것과 같이, 가장 근본적인 실존적 긴장은 과정과 같은 실존(세계화)에 대한 모든 본질 중심의 반성(세계관)에는 항상 필연적인 불완전함 내지는 불충분함이 존재한다는 사실로 야기되는 세계화와 세계관 사이의 부조화와 조화 사이에서 일어난다. 예를 들어, 실존에 대한 구체적인 어떤 경험은 세계화와 세계관을 양극단으로 가진 연속선상의 어딘가에 위치하게 된다. 하지만 단순히 그 연속선의 어딘가에 존재한다는 사실만으로도 그 경험은 실존적 긴장을 어느 정도 발생시킬 것인데, 왜냐하면 그것이 연속선상의 모든 곳이 아닌 특정한 어딘가에 위치하기 때문이다. 따라서 오직 그 경험이

어떤 방식으로든 **동시**에 양극의 연속선을 따라서 모든 장소에 위치할 수 있어야만 실존적 긴장은 제거될 수 있다. 그러나 어떤 경험도 이를 달성할 수 없기 때문에 실존적 불안은 불가피하다. 예를 들어, 쾌락주의-금욕주의라는 실존적 양극성을 생각해 보자. 이러한 양극성 내에서 인식되는 모든 경험은 연속선상 어딘가에 위치해야 한다. 이는 어느 한쪽 극단 또는 다른 방향을 향할 수밖에 없거나, 이 둘의 중간 어딘가에 위치할 수밖에 없을 것이며, 그 위치가 어디라도 긴장은 야기될 것이다. 실존적 긴장이 없을 유일한 가능성은 그 경험이 동시에 양극의 연속선상 **모든** 지점에서 어떻게든 표현될 수 있어야만 하는 것이다.

내담자의 문제와 관련된 이슈는 이러한 양극성적 긴장에 초점을 두고 즉각적으로 확인되고 탐색될 필요가 있다. 예를 들어, 개리는 그의 사업 동료인 나이젤과 심각한 논쟁을 했다. 그 결과로, 개리는 앞으로의 사업이 몹시 걱정되었고, 죄책감에 잠을 이루지 못하며, 스스로 '자신은 나쁜 사람이고 따라서 나에게 일어나는 모든 일은 자초한 것'이라는 생각에 괴로워했다. 개리의 표현에 따르면, 그는 몇 가지 **실존적 양극성**을 강조하고 있는데, 이는 대개 연속되어 있는 한쪽 극단에 대한 그의 명명(미래 또는 불확실함)을 통해서 이루어졌다. 그의 진술에 반복된 양극성은 다음과 같다.

수용 ·············· 거부　　안전 ·············· 위험

통제 ·············· 방치　　연합 ·············· 분리

미래 ·············· 과거

나이젤과의 어려움의 결과로 인한 현재의 상태를 각 양극성 사이에 해당되는 지점에 표시해 달라고 요청하자, 개리는 다음과 같이 표시했다.

수용 ············×· 거부　　안전 ············×· 위험

나이젤과의 어려움이 있기 이전의 상태를 양극성 사이에 표시해 달라고 요청하자, 개리는 다음과 같이 표시했다.

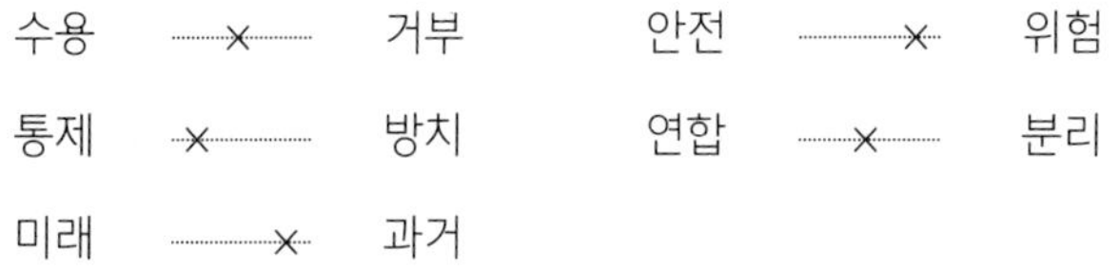

단순히 각 양극성 사이에 자신의 위치를 '표시하는' 것만으로 개리는 유의미한 이동이 일어난 항목과 이동하지 않았거나, 그 정도가 미미한 항목에 주목했다. 이러한 깨달음은 개리로 하여금 새로운 관점으로 현재의 이슈들에 대해서 생각해 보고 다룰 수 있게 해 주었다. 예를 들어, 그는 미래-과거의 양극성 사이에서의 이동에 주목하였고 자신의 현재 경험이 단순히 자신이 미래-우세적 관점으로 문제를 바라보는 것에 익숙하지 않다는 사실에 근거해서 이해될 수 있을지 고려할 수 있게 되었다.

다루어야 하는 세계관의 특정 구조에 초점을 두고 이에 도전하기 위한 목적으로 양극성을 고려할 때 양극성의 실존적 긴장은 유용한 역할을 할 수 있다. 예를 들면, 다툼의 결과로서 나이젤의 상태로 예상되는 지점을 각각의 양극성 사이에 표시하도록 요청했을 때 개리는 다음과 같이 표시했다.

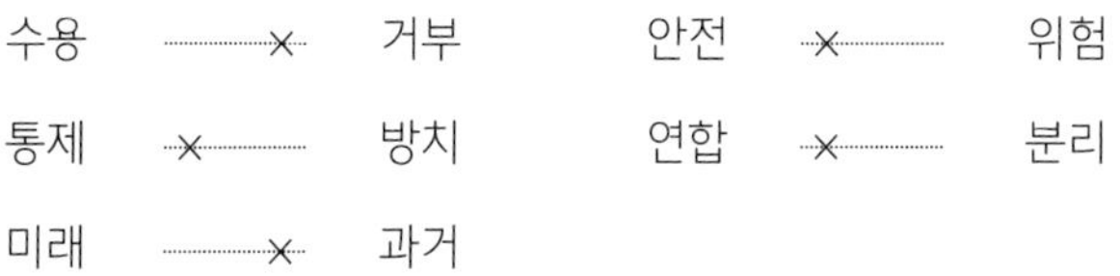

일반적으로 실존적 양극성의 긴장을 조사하는 것은 위치적으로 내담자를 가장 불안하게 하거나 또는 위치는 변하지 않았다고 하더라도 내담자의 현재 호소문제와 관련하여 두드러지게 내담자의 세계관을 유지하고 있는 구조들과 불안정성을 보다 더 구체적으로 찾아볼 수 있는 방법들을 제공해 준다. 이와 같은 탐색의 목적은 확인된 양극성의 특정 부분의 위치를 재변경하거나 또는 덜 두드러지게 하기 위함이 아니며 이러한 탐색의 가치는 규정하는 데 있는 것이 아니라, 전적으로 묘사하는 것에 있다. 또한 앞에서 제시했던 예시에서와 같이 실존적 양극성의 긴장을 탐색하는 것은 내담자의 다른 세계관 구조와 세계-구조의 구성 요소들을 구체적으로 탐색하는 데에도 유용하다. 이는 내담자의 호소문제가 내담자에게 어렵고, 자신과는 다른 내담자를 불안하게 하는 관계에 자리하고 있을 때에 특히 해당된다.

실존적 양극성 사이의 긴장을 묘사적으로 탐색하는 것은 내담자의 현재 상황에 가장 적합한 양극성을 확인하는 기본적인 방법으로서 내담자의 진술에 의지하는 반구조화된 방식을 통해서 가장 일반적으로 실행된다. 비록 일반적이지는 않지만, 앞에서 언급되었던 것과 같이 실존적 양극성 목록을 내담자에게 제시하고 내담자의 상태가 양극성 사이에 어디에 위치하는지 말로 질문하거나 또는 그 위치를 표시하게 하는 방법으로 보다 구조화되고 공식적인 탐색에 실존치료자와 내담자가 참여하는 것을 근본적으로 반대할 만한 이유는 없다. 일부 실존치료자들이 일종의 매뉴얼화된 절차들로 해석될 수 있는 시도를 불편해하거나 이를 적대하는 데 비해서, 또 다른 실존치료자들은 이러한 방법이 묘사적 탐색을 촉진하고, 더 중요하게는 내담자의 세계관의 상호 관계적 측면들을 직접적으로 다루는 데 있어서 알맞고 가치 있는 방법이라는 사실을 알고 있는 것으로 보인다. 실제로 치료의 다양한 순간들(또는 최소한 치료의 시작과 종결 장면)에서 이러한 활동은 내담자가 자신에게 이로운 것으로 인식하거나 또는 이로운 변화의 촉매제로서의 역할을 하는 것으로 인식하는 중요한 움직임을 강조해 줄 수 있다.

내가 인도했던 상급반 학생들 다수가 참석한 여러 집단상담 장면에서 후자의 활동을 진행했을 때, 나는 이 활동이 얼마나 유익하며, 이 탐색에서 제기된 논의들을 통해서 집단 구성원이 깨닫게 된 것들이 얼마나 가치 있는 것이었는지에 관해서 다소 놀랐다는 사실을 인정하지 않을 수 없다. 많은 집단 구성원은 자신의 세계관을 유지하고 있는 다양한 구조들 내에 있는 (대개는) 암묵적인 긴장들의 상호 관계적 윤곽을 함께 만들어 내는 일이 그들에게 얼마나 강력하게 느껴졌는지에 주목했다. 또 다른 참여자들은 비록 그들이 각각의 실존적 양극성의 연속선 어딘가에 표시한 자신의 위치가 개별적으로 봤을 때는 정확하다고 하더라도, 다양한 양극성들을 함께 서로의 관계를 살펴보는 것이 유의미한 모순과 생각하지 못한 차이점을 깨닫게 했다는 사실을 알게 되었다. 예를 들어, '결혼'에 큰 가치를 두고 있지만 영속적 친밀한 관계를 시작하고 유지하는 것에 항상 어려움을 겪는 한 참여자는 그 또한 '의심', '(타인의) 거절' 그리고 '통제'에 대한 강력한 경향성을 강조했다는 사실에 주목했다. 물론 이들 중 어느 하나도 그 자체로 새로운 것은 아니었지만, 상호 관계적으로 각각을 고려하는 것의 결과는 그를 놀라게 했다.

물론 대학원 상급반에서 구조화된 활동을 하는 것과 치료 장면에서 이를 실행하는 것은 큰 차이가 있다. 이러한 사실과 함께 또한 치료에서 경직된 절차를 암시하는 것에 내가 움츠러드는 경향이 있다는 것을 인정하지만, 나는 실존적 양극성으로 인한 긴장에 초점을 둔 구조화된 탐색이 오직 묘사적으로 진행되고, 이러한 탐색에 대한 거절을 허용하고 수용하는 방식으로 내담자에게 이루어진다고 하면, 이는 본질적으로 실존치료의 목적과 실제에 불일치하는 것이 아니라는 사실을 받아들일 준비가 되어 있다. 실제로 근거 중심 치료에 정부 예산을 지원하는 현재 정책을 고려할 때 이 가능성을 살펴보는 것은 적절해 보인다.

연습 실존적 양극성으로 인한 긴장 탐색하기

1. 앞의 실존적 양극성 목록 각각에 자신의 현재 위치에 표시해 보라.
   - 양극단을 향하는 경향이 있는 실존적 긴장 항목을 살펴보라.
   - 중앙을 향하는 경향이 있는 실존적 긴장 항목을 살펴보라.
2. 각 항목에 표시된 위치들 사이에서 전반적으로 또는 상호 관계적으로 드러나는 '형태'에 대해서 어떻게 생각하는가? 당신이 예상한 것과 유사한가? 만약 그렇지 않다면 어떤 점이 다른가?
3. 당신과 가장 관련 있는 실존적 양극성의 긴장 사이에 표시된 위치를 바탕으로 현재 고민하고 있거나 신경 쓰이는 문제에 대해서 생각해 보라. 만약 있다면, 이와 같은 방식으로 문제를 생각해 보는 것이 어떤 면에서 새롭고 유용한 관점을 제공해 주는가?
4. 어떤 점에서든 당신을 힘들게 하거나, 초조하게 한다고 묘사될 수 있는 (현재 상담을 진행하고 있는) 내담자에게 초점을 맞추고 내담자의 실존적 긴장을 찾아가는 활동으로 위의 1번과 2번 활동을 진행하라.
5. 두 도표를 비교해 보라. 당신과 내담자가 표시한 것을 검토할 때 실존적 긴장의 양극성 사이에 한 극단에 위치하고 있는 것으로 두드러지게 드러나는 항목은 무엇이며, 양극의 중앙점에 가장 가까운 항목들은 어느 것인가?
6. 내담자와 관련하여 당신을 불안하게 하는 한 가지 사례를 선택하라. 그리고 당신이 그렸던 두 개의 실존적 양극성에 따른 긴장 도표와 관련하여 이 사례를 생각해 보라. 무엇인가에 대해서 좀 더 살펴봐야 하겠다는 생각이 들었다면 그것은 무엇인가?

내담자의 세계관 탐색하기

정신역동 접근의 창시자인 지그문트 프로이트(Sigmund Freud)는 깊이 묻혀 있는 무의식의 유물들을 의식으로 가져오기 위한 심리적 목적을 표현하기 위해서 고고학적 '발굴 작업'이라는 비유를 도입했다(Ellenberger, 1970;

Gay, 1988). 실존 분석을 도입한 최초의 정신과 의사 중 한 명인 루트비히 빈스방거(Ludwig Binswanger)에게 보다 더 적절한 비유는 인류학 비유였다. 인류학자의 전문성은 다른 여러 사회문화적 특성들과 함께 각 문화권 내에 존재하는 신념, 열망, 상호작용, 사회 구조, 예술적 표현양식, 대중적 행동양식과 개인적 행동양식의 측면에 있어서 각 문화들이 가진 차이점이나 새로움에 대해서 탐색하고 설명하는 것에 자리하고 있다. 빈스방거에게 있어서 실존치료자가 해야 할 과업은 이와 매우 유사한 것이었다. 그에게 있어서 상담 초기의 환자들은 알려지지 않은 새로운 문화로 이해되었으며, 따라서 이 새로운 문화 속으로 들어가 이를 탐색하는 치료자는 그것의 세부 정보와 이러한 세부 정보들이 표현하는 보편적 관심사 모두에 개방적이어야 했다. 요약하면, 빈스방거는 내담자와, ① 물리적, 환경적 그리고 생물학적 차원으로 이루어진 자연 세계[환경세계(umwelt, with-world)], ② 타인과의 일상의 대중적인 사회 관계로 이루어진 세계[공존세계(mitwelt, around-world)], ③ 그들 자신, 중요한 타인 또는 자신의 삶에 중요한 의미들과의 개인적이고 사적인 세계[고유세계(eigenwelt, own world)]와의 관계에 초점을 둔 차원적 세계에 대한 탐구를 통해서 자신의 임상 환자들의 다양한 관계성에 대한 '인류학적 분석'을 추구했다. 더 나아가, 빈스방거는 이러한 차원적 세계들과 함께 각 환자가 생각하는 상대적 가치 그리고 그들 사이에서 발생할 가능성이 있는 긴장들을 탐색하는 것이 이러한 차원적 세계 그 자체와 타인에 관한 각 차원적 세계를 뒷받침하고 유지해 주는 암묵적이고 때론 무시된 가치관, 태도, 신념을 드러내 주는 유용한 방법을 제공해 준다고 주장하였다(Binswanger, 1963; Stadlen & Stadlen, 2005).

여러 면에서 빈스방거의 초점은 1단계에서 논의했던 내담자의 세계관을 탐색하는 것과 밀접하게 일치한다. 하지만 다양한 차원적 세계의 조정과 균형이 정신건강의 핵심이라고 주장했던 빈스방거와 달리 이 책에서 서술하고 있는 구조화된 접근은 그의 주장과는 다소 차이가 있다. 이는 빈스방거의 가정이 맞지 않다거나 또는 적절하지 않다는 말이 아니라, 하이데거(Heidegger)가 주목했던 것과 같이(Valle & King, 1978), 이는 다만 1단계에서 논의했었던 실존적 현상학의 기본 원리의 수많은 결과에서 다소 벗어난다는 것을 의미한다.

그렇다고 하더라도, 내담자의 세계관 탐색에 가치를 두고 있는 빈스방거의 생각들은 여전히 상당수 유지되고 있다. 예를 들어, 에미 반 델젠(Emmy van Deurzen)과 같은 일부 실존치료자들은 매우 창의적인 방식으로 루트비히 빈스방거의 차원적 세계를 변형하여 계속 사용하고 있다(van Deurzen & Arnold-Baker, 2005). 실제로 반 델젠은 **고유세계**(eigenwelt)에 대한 빈스방거의 설명에서 암묵적으로 제시되었던 삶의 이상 및 열망과 개인의 관계와 관련된 요인들을 명확히 하고자 하는 시도로 4번째 차원적 세계(**초월적 세계**, uberwelt, over-world)를 추가하였다(Binswanger, 1963; van Deurzen-Smith, 1988; van Deurzen & Adams, 2011; van Deurzen & Arnold- Baker, 2005). 하지만 나오미 스타들렌(Naomi Stadlen)이나 앤서니 스타들렌(Anthony Stadlen)과 같은 다른 실존치료자들은 하이데거가 최초로 **공존세계**라는 용어를 사용했을 때 어떤 숨겨진 의도나 암시한 의미는 없었다고 주장하며 이러한 관점에 이의를 제기한다.

> ……는 단지 하나의 '세계' 또는 '차원'이다. 공존세계가 다른 차원적 세계들을 포함하고 있다는 단순한 이유 때문에 (다른 차원적 세계)로 보완될 필요가 있는 것은 아니다. ……타자와 함께하는 세계-내-존재는 인간으로 존재하는 하나의 '차원'을 의미하는 것이 아니다. 이는 인간으로 존재하는 것이 무엇인가에 관한 것이다(Stadlen & Stadlen, 2005: 135).

차원적 세계에 대한 논쟁에 대해서 나는 세계관의 분석을 통해서 여기에서 표현하고자 하는 것에 대한 대안을 제공하는 방향으로 접근한다. 이러한 태도를 취하는 데는 다음의 이유들이 있다. 첫째, 세계관을 유지시키는 실존적 불안정성(예: 연속성, 기질적 태도 그리고 정체성)과 기본 구조(예: 자기, 타인 그리고 세계-구조)에 초점을 맞추는 것이 내담자가 이해하기에 보다 더 쉽다. 둘째, 초점의 경계선이 덜 인위적이다. 세계관을 유지하고 밝혀 주는 내면 깊이 침전되고 분리된 부분들은 보다 더 즉각적인 식별이 가능하다. 예를 들어, 다음의 사례에 대해서 생각해 보자. 도라는 그녀 스스로 자신에 대해서 따뜻하고, 배려심이 많으며, 밝고 매력적인 사람이라고 생각하고 있다. 하지만 남성과의 관계에 있어서 그녀는 그 관계가 사적이건, 사회적이거나 공적이건 관계없이 스스로를 '완전히 실패'했다고 평가한다. 어떻게 하면 그녀가 일상의 관계에서 그리고 삶의 동반자로서 남성과의 관계에서 성공하는 방법을 찾을 수 있겠는가? 남성과 관계를 지속적으로 유지하지 못하는 것은 그녀로 하여금 공허함과 좌절 그리고 자살충동을 느끼게 했다. 도라가 항상 되돌아가는 초점들 중 하나는 그녀의 신체인데, 그녀는 상당히 거리를 둔 방식으로 자신의 '신체'가 원하는 것, '신체'가 어떻게 제대로 기능하는지 또는 기능하지 않는지, 어떻게 '신체'가 그녀의 문제들과 어려움들의 주요 원천 중 하나가 되는지에 대해서 이야기할 수 있었다.

자기-구조의 관점에서 볼 때, 자신의 몸에 대한 도라의 진술은 "나는 운동을 통해서 스스로 좋은 몸매를 유지하고 있다.", "나는 신체적인 매력으로 나를 정의할 수 있는 많은 특성을 가지고 있으며 나 자신이 그렇다고 믿는다.", "나는 성관계를 즐긴다.", "나는 내 신체가 문제라고 생각하지는 않지만 이를 회피하고 있는 것은 틀림없다."라는 내용을 포함하고 있다.

타인-구조의 관점에서 볼 때 신체 중심적 시각으로 그녀를 대하는 남성의 태도에 관한 그녀의 진술에는 "남자들은 완벽한 몸매, 완벽한 성관계, 모든 것이 완벽하기를 요구한다.", "남자들이 나를 신체로서 볼 때, 보기는 좋아하지만, 나를 배려하지는 않는다.", "성관계를 할 때 내가 어떻게 남자들이 내 몸을 침범하도록 내버려 두는지 생각하면, 매우 혐오스럽다."는 내용들이

〈표 8-1〉 도라의 자기-구조, 타인-구조, 세계-구조

자기-구조	타인-구조	세계-구조
• 나는 따뜻하고 배려심이 깊으며 밝고 매력적이다. • 나는 공허하고 좌절하고 있으며 자살충동을 느낀다. • 나는 운동을 통해서 스스로 좋은 몸매를 유지하고 있다. • 나는 신체적인 매력으로 나를 정의할 수 있는 많은 특성을 가지고 있으며 나 자신이 그렇다고 믿는다. • 나는 성관계를 즐긴다. • 나는 내 신체가 문제라고 생각하지는 않지만 이를 회피하고 있는 것은 틀림없다.	• 남자들은 완벽한 몸매, 완벽한 성관계, 모든 것이 완벽하기를 요구한다. • 남자들이 나를 신체로서 볼 때, 보기는 좋아하지만, 나를 배려하지는 않는다. • 성관계를 할 때 내가 어떻게 남자들이 내 몸을 침범하도록 내버려 두는지 생각하면, 매우 혐오스럽다.	• 나의 신체는 마치 고양이 같다. 고양이처럼 오직 자신의 방식대로만 상대방과 관계를 맺는다. • 나의 신체는 매우 질투가 많고 모두에게 관심을 받고 싶어 한다. • 나의 신체가 무엇을 즐거워하거나 또는 만족할지는 전혀 예측할 수 없다.

포함되어 있다.

세계-구조의 관점에서 세계 내에 존재하고 있는 물리적, 물질적인 '것' 또는 '대상'으로서 그녀의 신체에 대한 도라의 진술은 "그것은 마치 고양이 같다. 고양이처럼 오직 자신의 방식대로만 상대방과 관계를 맺는다.", "그것은 매우 질투가 많고 모두에게 관심을 받고 싶어 한다.", "그것이 무엇에 즐거워하거나 또는 만족할지는 전혀 예측할 수 없다."라는 내용을 포함한다.

〈표 8-1〉은 세계관을 이루는 기본 구성적 관점에서 도라의 세계관을 나타낸 것이다.

그녀의 자기-구조와 관련된 진술들을 다른 구조들과 관련하여 생각해 볼 때 무엇이 드러나는가? 예를 들어, 자기-구조의 관점에서 도라의 "나는 성관계를 즐긴다."는 진술이 타인-구조에 위치할 때 무엇을 드러내 주는가? 즉각적으로 우리는 이 진술이 모순적이라는 사실을 알게 된다. 도라는 성관

계를 즐긴다. 그리고 남자들이 그녀의 몸을 침범하고 있다는 생각에 대해서는 혐오감을 느낀다. 이러한 진술들은 도라의 추가적인 설명을 필요로 한다. 반드시 두 진술이 서로 어울리지 않는다고 할 수는 없지만, 다만 이 두 진술이 도라에게 있어서는 어떻게 어울릴 수 있는지에 대해서 아직 이해하기 쉽지는 않다. 동일한 방식으로, 도라의 세계-구조 진술들 중 어느 하나를 그녀의 타인-구조의 틀에 위치하게 한다면 무엇이 드러나는가? 예를 들어, 도라는 '물건-같은-몸'이 도라에 대한 것이기보다는 '남성과 같다'거나 또는 남성과 관련이 있다는 사실을 시사하고 있는가? 그리고 만약 그렇다면, 이는 그녀의 신체에 관해 알지 못하는 문제가 '남성과 같다'고 도라의 자기-구조의 관점을 명확하게 해 주는가? 이는 도라의 호소문제와 관련해서 어떤 함의를 가지는가?

추가적인 탐색에서 세 가지 모든 구조에 있어서 신체에 부여된 의미는 더욱 분명해지겠지만, 그렇더라도 도라의 진술은 이와 같이 신체를 중요시하는 것으로 인해서 어떤 대가를 치러야 한다는 사실을 시사해 준다. 신체적인 매력으로서 인식되는 것으로 인해서 그녀가 치러야 할 궁극적인 비용은 남성으로서 그녀에게 오직 혐오감만 줄 수도 있는 남자와 함께하는 것이었다. 이와 관련하여 도라는 (비록 이 주장이 그녀의 입장에서 회피라고 하더라도) 자신의 신체가 문제라고 볼 수는 없다고 주장한다. 그리고 동시에 그녀는 자신의 몸이 고양이 같고, 질투가 많으며, 그녀의 모든 관심을 원하고, 무엇이 몸을 즐겁게 할지에 대해서는 전혀 예측할 수 없다고 표현하였다. 도라의 모순된 주장들이 그녀에게 보상이 되어 왔을 가능성도 있어 보인다. 도라가 호소하는 문제는 이러한 관점으로 다시 재고될 수 있는가? 그녀가 치료자뿐만 아니라 자신에게 호소하는 문제가 실제로는 그녀의 세계관의 분열된 요구들을 나타내며 또 충족시키고 있을 가능성은 없는가? 문제를 해결하는 것은 실제로 그 세계관을 불안정하게 만들 수도 있는 것은 아닐까?

이 진술들 속에 스며 있는 실존적 불안정성에 대해서 보다 더 밝히기 위해서 이러한 진술들을 보다 깊이 탐색할 때 나타나는 것은 처벌적인 것이 아니라면, 강한 비판적 태도이다. 도라는 신체적으로 매력적이어야만 하고, 그녀에게 이를 증명해 주는 유일한 근거는 남성과의 지속적인 관계를 형성하는 것이어야만 했다. 동시에 그녀의 분노 또한 남성을 향하고 있다. "나는 남성의 몸은 사랑해요. 내가 견딜 수 없는 것은 그 몸 안에 살고 있는 소름끼치는 사람이에요!" 이 진술을 좀 더 탐색해 보면, 도라는 자신의 신체가 자신의 삶에서의 남성과 너무 비슷하다는 느낌에 있어서 매우 구체적이다. 이는 그녀에게 있어서 항상 뭔가 아주 싫은 일을 할 수 있다는 위협이 되었다. 항상 그녀를 배반하지만 그렇다고 해서 그것 없이, 그것이 제공해 주는 것 없이 살 수도 없었다.

〈표 8-2〉는 실존적 불안정성의 관점에서 본 도라의 세계관을 도식으로 표현한 것이다.

그녀의 실존적 불안정성을 묘사하는 방식으로 도라의 호소문제를 생각해 보면, 우리는 그녀의 신체와 그녀의 관계의 중심에 있는 딜레마들을 일부 확인할 수 있다. 예를 들면, 정체성의 수준에서 도라는 그녀의 몸으로만 정의

〈표 8-2〉 실존적 불안정성의 관점에서 본 도라의 세계관

연속성과 관련된 불안정성	• 자신의 연속성에 대한 도라의 느낌은 남성과의 지속적인 관계를 형성하는 것에 달려 있다. 만약에 그녀가 그렇게 할 수 없다면 어떻게 되는가? • 남성의 요구는 완벽함이다. 그녀가 완벽하게 되는 것은 가능한가? 그리고 이 요구를 지속적으로 만족시킬 수 있는가? • 몸으로서 존재하기 위해서 도라의 몸은 고양이 같아야만 한다. 그녀가 계속 고양이와 같을 수 있는 방법은 무엇인가? • 도라는 자신의 신체가 제공해 주는 것 없이는 살 수 없다. 그녀가 살아 있음을 확실히 하기 위해서 도라가 해야만 하는 것은 무엇인가? • 도라의 몸은 항상 그녀에게 위협이 된다. 이러한 위협을 통제하거나 제거할 수 있는 방법은 무엇인가?

기질적 특성과 관련된 불안정성	• 도라는 남성과의 관계에 있어서 완전히 실패했다. • 도라의 신체는 그녀의 문제와 어려움의 주요 원인 중 하나이다. • 도라는 운동을 통해서 좋은 몸매를 유지하고 있다. • 도라는 신체적 매력으로 그녀를 정의할 수 있는 많은 특성을 갖고 있다. • 도라는 자신이 매력적이라고 믿는다. • 도라는 성관계를 즐긴다. • 도라는 자신의 몸과 관련하여 문제가 있을 수 있는 부분에 대해서 인식하는 것을 자신이 회피하고 있음에 틀림없다고 믿는다. • 남성은 완벽함을 요구한다. • 남성은 상대방을 배려하지 않는다. • 도라는 자신의 몸을 남성이 성적으로 침범하는 것에 대해서 역겹다고 생각한다. • 도라의 몸은 자신의 방식으로서만 그녀와 관계를 맺는다. • 도라는 매력적이어야만 한다. • 도라가 매력적이라는 것을 증명해 주는 가치 있는 증거는 남성과 지속적인 관계를 유지하는 것이다. • 도라는 남성의 몸을 사랑한다. • 도라는 남성의 몸 안에 살고 있는 소름이 끼치는 사람을 견딜 수 없다.
정체성과 관련된 불안정성	• 도라는 따뜻하고 배려심이 있으며 밝고 매력적이다. • 도라는 그녀의 몸으로 정의되지는 않는다. • 도라는 때때로 남성들에게 성적으로 매력적인 몸으로 정의된다. • 도라의 몸은 고양이 같고, 질투가 많고, 모든 관심을 받고 싶어 한다는 것으로 정의되며, 무엇에 즐거워하거나 만족할지 예측할 수 없다. • 도라의 몸은 그녀를 배반한다.

되지 않는다는 사실은 명확하다. 하지만 그녀는 남자들이 자신을 성적인 매력이 있는 몸으로 정의한다고 진술한다. 동일하게, 연속성의 수준에서 도라는 심지어 이 동일한 몸이 항상 그녀에게 위협이 됨에도 불구하고 자신의 몸과 몸이 제공하는 것 없이는 살 수 없다고 주장한다. 기질적 특성의 수준에서는 또 다시 몸에 관한 혼란스러운 진술이 등장하는데, 도라는 좋은 몸매를 유지하고 있으며 성관계를 즐긴다. 그녀는 (비록 동거하고 있더라도 그녀의 몸

을 성적으로 침범해 오지 않는다면) 남성의 몸을 사랑한다. 그리고 그녀의 몸은 오직 자기의 방식으로만 그녀와 관계를 맺으며, 비록 그녀의 몸이 문제와 관련된다는 사실을 인정하는 것을 피해야만 하지만 몸은 그녀의 문제와 어려움의 원인이기도 하다. 이러한 사실들로부터 우리는 남성과 지속적인 관계를 맺고 유지하는 것과 관련된 도라의 호소문제들이 일반적으로는 신체의 자유, 구체적으로 말하면 질투하고, 고양이 같이 관심을 받고 싶어 하며, 그녀의 몸의 예측할 수 없는 요구들과 같은 존재적 욕구를 표현하는 것은 아닌지에 대해서 생각해 볼 수 있다. 동시에 도라의 욕구는 채워질 수 없는데, 왜냐하면 남성들은 그녀의 몸과 관계를 맺으며, 그녀 자신이 아닌 오직 그녀의 몸만을 알기 때문이다. 어떤 남자가 자신과의 관계 속에 있고자 하는 도라를 위해서 도라와의 관계 속에 있겠는가? 어떤 종류의 관계가 이와 같겠는가? 성적이지만, 몸과는 관련되지 않는 것에 집중하는 관계라면 이것이 가능하겠는가? 이와 같은 여러 질문들이 도라의 문제와 그녀가 바라는 해결책이 그녀의 세계관에 미친 영향을 좀 더 명료화해 줄 수 있을 것이다.

우리는 이제 그녀의 기본 구조의 요소들과 실존적 문제들을 결합한 관점으로 그녀의 진술들을 고려하여 다음과 같이 도라의 세계관에 대한 도표를 만들어 볼 수 있다(〈표 8-3〉 참조).

이와 같이 관점을 확장해 보면 우리는 비록 도라가 처음에는 자신과 남성의 관계에 직접적인 초점을 두고 있는 문제를 호소했었지만, 그녀의 세계관에 대한 부분적 명료화는 도라와 그녀의 신체 사이에 중심이 되는 긴장이 존재하고 있다는 사실을 드러내 준다는 사실을 알 수 있다. 도라의 신체 중심의 세계-구조는 도라의 연속성에 관해서 그녀가 느끼는 자기-구조의 불안정감의 주요 결정 요인이자, 위협으로서 드러난다. 동일하게 정체성과 관련된 그녀의 불안정에 초점을 두고 이러한 관계를 고려할 때 도라의 자기-구조와 신체 중심의 세계-구조는 마치 서로를 부정하고 있는 것과 같이 극명하게 서로의 반대편에 서 있다. 남성에게 초점을 둔 타인-구조와 관련해서

〈표 8-3〉 도라의 세계관

	자기-구조	타인-구조	세계-구조
연속성과 관련된 불안정성	• 남성과의 지속적인 관계는 매우 중요하다. • 도라는 고양이 같아야만 한다. • 도라는 자신의 몸 없이는 살 수 없다.	• 남성은 도라의 몸을 성적으로 침범한다.	• 도라의 몸은 항상 위협이 된다. • 도라의 신체는 그녀를 배반한다. • 도라의 몸은 그녀의 문제와 어려움의 주요 원인이 된다. • 도라의 몸은 자신의 방식대로만 도라와 관계를 맺는다. • 도라의 몸은 무엇에 즐거워하거나 만족할지 예측할 수 없다.
기질적 특성과 관련된 불안정성	• 도라는 남성과의 관계에 있어서 실패자이다. • 도라는 좋은 몸매를 유지하고 있다. • 도라는 매력적이어야만 한다. • 도라가 매력적이라는 것을 증명해 주는 가치 있는 증거는 남성과 지속적인 관계를 유지하는 것이다. • 도라는 자신이 그녀의 몸과 관련된 문제를 인정하는 것을 피하고 있음에 틀림없다고 믿고 있다. • 도라는 남성이 자신의 몸을 성적으로 침범한다는 생각에 혐오감을 느낀다.	• 남성은 완벽함을 요구한다. • 남성은 배려심이 없다.	• 도라의 몸은 그녀의 모든 관심을 받아야만 한다.
정체성과 관련된 불안정성	• 도라는 따뜻하다. • 도라는 배려심이 많다. • 도라는 쾌활하다. • 도라는 매력적이다. • 도라는 성관계를 즐긴다. • 도라는 그녀의 몸으로 정의되지는 않는다.	• 남성의 몸은 사랑스럽다. • 그 몸 안에 살고 있는 남성은 소름이 끼치는 사람이다. • 남성은 종종 도라를 성적으로 매력적이라고 정의한다.	• 도라의 몸은 고양이 같다. • 도라의 몸은 질투가 많다.

그 자체로 사랑스럽다고 표현한 남성의 몸을 제외한 남성에 대한 거듭된 부정적 시각을 확인할 수 있다. 이 지점에서 도라의 몸과 남성의 몸 사이에서의 잠재적인 차이는 도라가 이해하는 자기 자신으로서의 도라가 아닌 도라의 몸과 남성의 관계로서 추가적인 설명이 필요할 수도 있다.

기본 구성 요소들과 실존적 문제들을 통해서 세계관을 묘사적으로 설명하는 것에 관한 보다 더 세부적인 탐색의 가능성은 훨씬 더 많다. 1단계에서와 마찬가지로 강조되어야 하는 것은 이러한 다양한 상호 관계와 그 영향을 명료화하는 것이 전적으로 묘사하는 것에 집중하는 탐색으로부터 나온다는 것이다. 어떤 분석적 해석도 요구되지 않으며, 또한 처음에는 어떤 진술도 다른 진술보다 덜 중요한 또는 더 중요한 것으로 다뤄지지 않는데, 심지어 분명한 모순이 보인다고 하더라도 어떤 진술도 더 진실하다거나 혹은 덜 진실한 것으로 가정되지 않는다.

연습 내담자의 세계관 탐색하기

(비록 이 활동을 당신 자신에게 적용한다고 하더라도, 동료와 함께 서로가 상담하고 있는 내담자의 세계관 탐색 촉진하기를 번갈아 가면서 연습하기를 추천한다.)

1. 자신이 상담하고 있는 내담자를 한 명 떠올려 보라.
2. 내담자의 호소문제나 이슈와 관련된 구체적인 주제를 확인해 보라.
3. 내담자는 자신의 호소문제를 통해서 표현된 기본 구조에 관한 어떤 진술을 하였는가?
4. 내담자는 자신의 호소문제를 통해서 표현된 실존적 불안정성에 관한 어떤 진술을 하였는가?
5. 도라의 사례에서와 같이 세 개의 구조들 간의 다양한 상호 관계를 탐색해 보라.
6. 이러한 탐색은 어떻게 내담자의 호소문제와 그/그녀의 세계관 사이의 관계를 보다 더 타당하게 해 주거나, 명료하게 해 주는가?

내담자의 세계관의 침전되고 분리된 영역 탐색하기

제3장에서 살펴본 바와 같이 세계관의 일부 구조들은 경험의 도전으로 인해 재구성되고 재정립되는 것에 비교적 유연하고 개방적인 데 비해서, 다수의 어쩌면 대다수의 구조는 이러한 도전으로 인해서 재정립되는 것에 저항적이며, 고정되어 있거나 경직된 침전 상태로 존재한다. 이를 명료화하는 것을 통해서 자신의 것이 아니라고 부인되거나 또는 분리되어 다양하게 나타나는(만약 그렇지 않았다면 세계관의 안정성과 유지를 위협했을 수도 있는) 경험들을 확인할 수 있다. 비록 침전과 마찬가지로 분리 또한 세계관의 안정성을 유지하는 역할을 한다고 하더라도, 분리로 인한 영향은 문제를 일으키고 바람직하지 않거나 또는 심지어 장애를 심각하게 악화시킬 수 있는 경험적 한계들을 부과한다. 그럼에도 불구하고 침전과 분리는 근본적으로 문제가 되는 것으로만 간주되어서는 안 된다. 일관성이 있는 정의 가능한 유의미한 어떤 세계관도 침전과 분리 없이는 존재할 수 없다. 만약 자기-구조의 수준에서 "나는 이 책의 저자인 어네스토입니다."라는 진술이 어떠한 의미를 가지기 위해서 어네스토로부터 기인한 이러한 자기-구조는 잠재적으로 어네스토가 아닌 수많은 것과 구별되어야 한다. 침전과 분리는 어네스토가 어네스토가 아닌 대체물들과 구별될 수 있는 '어네스토임'을 입증해 준다.

부절적하게 침전된 것들을 역침전화(de-sedimentation)시킴으로써 이전에 분리된 다수의 경험들을 다시 자신의 것으로 인정할 수 있게 되는 것과 경직된 침전 상태를 유지하는 것 중에 하나를 선택할 수 있다면, 심지어 경직된 침전 상태를 유지하는 선택이 경험의 분리의 계속된 증가를 대가로 요구한다고 하더라도 보통의 경우 대개 후자를 선택한다. 전자의 역침전화 전략을 채택하는 것은 안정적이고, 한정된 상태로 세계관을 유지하는 것에 있어서 무력감의 증가를 야기한다. 세계화 경험을 반영하는 시도에 있어서 보다 더 개방적이고 유연한 세계관일수록 비교적 덜 고정적인 상태로 침전되고, 그 결과로서 구조적으로 덜 안정적이고 덜 한정적이 된다.

내담자의 세계관에 대한 2단계 전반에 걸친 묘사적 탐색은 이 과정들을 통한 탐색과 도전을 통해서 드러난 침전과 분리된 세계관을 치료자와 내담자 모두가 확인할 수 있도록 해 준다. 추가적으로 이들을 확인하는 것과 함께 세계관에 대한 2단계에서의 도전은 침전 상태가 얼마나 깊고 그 강도(수반된 분리의 강도와 함께)가 단단한지 명료하게 해 준다. 이와 동시에 이러한 탐색은 내담자의 호소문제를 세계관과 분리되고 이질적인 것이 아닌 관련된 것으로 적절히 평가하게 한다. 이러한 방식으로 내담자의 호소문제는 가장 반복적으로 일어나는 다음의 네 가지 구별되는 각각의 딜레마로서 보다 더 깊이 이해될 수 있다.

- 내담자의 호소문제는 세계관의 침전되고 분리된 영역을 유지하기 위한 시도이다. 예를 들어, 도라의 사례로 돌아가서, 침전과 분리의 관점에서 도라의 신체 중심적 딜레마를 생각해 보자. 도라의 호소문제는 남자와 지속적인 관계를 유지하고자 하는 그녀의 근본적 필요라 할 수 있다. 하지만 그녀는 매번 이를 이루지는 못했다. 앞선 묘사적 탐색으로부터 알 수 있는 한 가지 가능성은 남성과 지속적인 관계를 유지하는 것을 그녀가 얼마나 원하고 또 그녀에게 얼마나 중요한지 그녀가 인정할 뿐만 아니라 이를 성취하지 못하게 하는 현재의 세계관을 유지하는 것 또한 그녀에게 동일하게 중요하다는 것이었다. 따라서 도라가 표현했던 침전된 태도("그것이 무엇인지 내가 알지 못한다고 하더라도 내 몸과 관련하여 문제가 있음에 틀림없다.")는 지속적인 관계를 계속해서 열망함과 동시에 그것을 성취하는 것을 방해하는 장해물을 만들어 내는 방식으로 현재의 세계관을 유지할 수 있게 하는 역할을 한다. 동일한 방식으로 도라가 분리되어 있음을 드러내 주는 다양한 진술(예: "도라는 그녀의 몸으로만 정의되

지 않는다." "남성의 몸은 사랑스럽다." "그 몸 안에 살고 있는 남성은 소름이 끼치는 사람이다.") 또한 분리를 유지하기 위한 열망과 장해물을 모두 허용한다. 만약 도라가 이러한 침전된 부분들 중 어느 것에 도전하기 시작했더라면, 그녀의 세계관을 지속적으로 유지하는 일은 예측될 수 없는 여러 면에서 위협을 받았을 것이다. 그녀가 비참하고 제정신이 아닌 것 같아도 도라는 이를 통해서 체현된 연속성, 기질적 특성과 정체성에 관련된 그녀의 주요 실존적 문제들 중 하나 또는 전부에 대한 그녀의 경험을 최소한 안정화시키는 것은 가능했을 것이다. 그녀에게 침전되고 분리된 영역들은 이를 위한 그녀의 방법인 것이다.

- **내담자의 호소문제는 침전과 분리를 통해서 세계관의 안정성을 유지하는 일에 있어서 내담자의 무력감을 시사한다.** 이와 관련된 예로, "내가 누구인지 더 이상은 모르겠어요."라는 필립의 호소문제를 생각해 보면, 필립은 '다른 사람과의 모든 관계에 있어서 항상 100% 정직해야만 한다.'는 자기-구조에 초점을 둔 기질적으로 침전된 세계관을 유지하고 있다. 동시에 필립은 직장에서 유지해 왔던 자리에서 해고될 것으로 예상되는 어려운 상황에 놓여 있다. 이에 대한 반발로, 그는 사무실의 여러 사무용품을 훔치기 시작했고, 최근에는 '공동 적립금을 훔치기 위해서 사무실에 침입'하기도 했다. 하지만 필립이 이와 같이 사무용품들을 훔칠 때, 그는 자신이 이런 행동을 하고 있다는 사실을 인지하지 못했다고 주장하였다. 이를 통해서 필립은 일시적으로 자신의 세계관을 유지할 수는 있었지만 무거운 대가를 치러야 했는데, 그가 심각한 정신장애나 불균형에 빠졌다는 것 말고는 어떻게 자기가 하는 것을 자기가 모르는 이러한 지점들을 설명할 수 있겠는가? 어쨌든, 필립은 자신의 침전된 세계관에 의해서는 유지될 수 없는 자신의 부정직함을 알아차렸던 것이다. 이런 이유로 필립의 호소문제는 잠시 동안 이러한 침전된 세계관의 유지를 부분적으로 허용하기는 하지만, 또한 현재의 침전된 세계관이 오래 유

지될 수 없으며, 점차로 더욱 불안정해질 것이라는 사실에 대한 내담자의 인식이 증가하고 있다는 것을 알려 준다.

- 내담자의 호소문제는 경직되었다 하더라도 여전히 긍정적인 가치가 남아 있는 세계관의 침전되고 분리된 영역으로 인한 원하지 않았거나, 계획하지 않았던 결과로 나타난다. 제럴딘이 제기한 딜레마가 이에 해당하는 좋은 예가 될 수 있는데, 그의 호소문제는 "나는 다만 열심히 내 일을 하고 있는데, 내 동료들이 나를 시샘하고 나의 경력을 망치려고 한다."는 것이다. 직업교육학교에서 15년간 일해 오고 있는 제럴딘은 최근까지 동료들에게 인기가 있었다. 그리고 새로이 부서장을 임명해야 하는 상황이 되었을 때 동료들로부터 강력한 지지를 받았다. 안타깝게도 제럴딘은 '권위자가 되는 것'에 대해서 극단적으로 경직된 견해를 갖고 있었고, 동료들에게 과도하게 요구하는 방식으로 행동하기 시작했다. 점점 더 갈수록 그녀가 동료들과 유지해 왔던 '스스럼없이 편안한' 관계와 호감이 가는 자기-구조로 그녀가 평가했던 부분들은 '권위자가 되는 것'에 관한 침전된 절대적 태도에 의해서 압도되기 시작했다. 제럴딘의 호소문제는 비록 그녀의 타인(예: 그녀의 동료들)-구조에 초점을 두고 있기는 하지만, 그녀가 자신을 새롭게 인식(예: 부서장)한 결과로서 한정되었던 경직된 세계관이 점점 더 확대되어 표현되었고, 그 결과 이 침전된 세계관이 그녀가 이전에 자신을 동료들과 동등하게 인식했을 때 유지할 수 있었던 세계관의 보다 더 유연한 특성을 대신하게 되었다. 이 사례에서 제럴딘은 '권위자가 되는 것'에 대한 기질적 성향에 초점을 두고 있는 그녀의 자기-구조를 역침전화하고자 하는 마음을 전혀 가지고 있지 않았는데, 왜냐하면 그녀는 '권위자가 되는 것'을 여전히 가치 있게 생각하고 있기 때문이다. 하지만 호소문제는 침전된 기질적 태도가 나타나게 되는 맥락이 변화하게 될 때 나타날 수 있는 예상치 못한 원치 않았던 '세계관과 일치된 갈등' 이슈를 드러낸다.

- 내담자의 호소문제는 이전에 침전되었던 세계관을 역침전화하는 것으로 인해서 발생하는 예상치 못하고 원치 않았던 결과로서 나타난다. 이와 관련된 예는 아먼드의 사례에서 찾아볼 수 있다. 아먼드는 그의 삶 전반에 걸쳐서 다른 남성을 신뢰하고 친밀한 우정을 나누는 것과 관련된 어려움을 갖고 있었다. 삶의 '공백'으로 인해 슬픔이 점점 더 커져 가는 중에 그는 남성만 제한적으로 참여할 수 있는 집중적 집단 프로그램에 참석했는데, 그 집단은 '남성성을 찬미'하는 모임이었다. 그 집단에서의 경험은 아먼드에게 극적이었고 매우 유의미했는데, 그 결과로 그는 자신이 다른 남성과 함께 어울리고 가깝게 지내는 것에 대한 불편함을 극복했다는 느낌을 받았다. 이렇게 하여 아먼드는 성공적으로 경직된 침전 영역에 도전했다. 아먼드가 상담을 받으러 왔을 때 그는 "어떻게 해야 할지 모르겠어요. 어쩌면 제가 게이일지도 모른다고 생각해요. 그 부분을 탐색해 볼 필요가 있는 것 같아요. 하지만 만약 제가 게이라면, 결혼생활도 끝이고 가족들도 모두 다 끝이겠죠. 그걸 원하지는 않아요."라며 자신의 호소문제를 이야기했다. 상담을 하면서, 아먼드가 남성 모임에서 얻은 삶의 전환적 경험이 이전에 남성과 가까워지는 것에 대해서 그가 갖고 있던 거리낌에 대한 역침전화를 가능하게 했다는 사실이 보다 더 명확해졌다. 하지만 이렇게 함으로써 남성과 가까워지고 우정으로의 발전 가능성에 대한 그의 경험은 다른 남성을 성적으로 열망하고 이끌릴 가능성에 대해서 이전에 분리되었던 영역에까지 동요를 일으켰다. 이 일이 있기 전, 아먼드는 자신을 이성애자로 알고 있었으며, 그의 아내인 줄리와 활발한 성생활을 즐기며 친밀하고 평화로운 삶을 살고 있었다. 남성에 대한 아먼드의 자기-구조에 초점을 둔 기질적 태도에 대한 최근의 역침전화 작용은 일반적으로 성적 지향과 관련하여 자신을 이해하는 아먼드의 능력에 대한 원하지 않았던 결과를 나타냈는데, 그는 실제로 이러한 역침전화를 원한 것은 아니었으며, 따라서 그에게 일어난 역침전

화는 그에게 문제로 생각되는 것이었다.

앞의 예시에서 보여 주려 했던 것과 같이, 내담자의 호소문제를 침전과 분리를 감안하여 고려하는 것은 매우 가치 있는 일임과 동시에 이러한 탐색은 매우 조심스럽고 신중하게 진행해야 하는 것임에 틀림없다. 왜냐하면 이 부분이 내담자가 침전시키고 분리시켜 놓은 다른 영역들과 어떻게 관련되어 있으며, 어떤 영향을 미칠지(문제가 될 수도 있고, 바람직할 수도 있다.) 미리 알 수 없기 때문이다. 다시 말하지만, 실존치료자가 내담자의 세계관을 묘사적으로 명료화하고 이에 도전하는 것에 초점을 두는 것은 내담자의 세계관에 있어서의 예기치 못한 압도적인 대변동의 확률을 감소시킬 가능성을 높여 준다.

연습 침전과 분리 영역 탐색하기

활동 1

1. 동료와 함께 번갈아 가며 치료자와 내담자 역할을 각 20분간 진행해 보라.
2. 내담자는 자신의 자기-구조에 초점을 맞추고 동료와 함께 편안하게 탐색할 수 있는 누군가의 역할을 하되, 예를 들면 '나는 그녀의 친구들에게 거짓말하는 사람이 결코 될 수 없다.' 또는 '나는 결코 ○○ 정당에 당원이 될 수 없다.'와 같이 자신이 절대로 될 가능성이 없는 사람을 선택한다. '만약 내가 절대로 될 가능성이 없는 사람이 된다면, 나는 어떤 사람일 것 같은가'라는 질문에 대해서 설명하는 것에 집중해 보라.
3. 치료자로서, 내담자의 더 넓은 세계관에 호소문제가 미친 영향에 도전하는 것을 통해서 내담자가 자신의 호소문제를 탐색할 수 있도록 하라. 이를 진행하면서 점점 분명해지는 침전과 분리 영역에 특히 주의를 집중하라.

활동 2

동료와 함께 자신의 내담자들 중 한 명(또는 공개로 발표된 사례 연구의 내담자)의 호소문제와 관련해서 이 호소문제가 어떻게, 어떤 방식으로 내담자의 세계관에서 침전되고 분리된 문제로 표현될 수 있을지에 초점을 두고 번갈아 가면서 탐색을 진행하라.

만남의 상호 관계적 영역

나는 이전의 다양한 논문과 저서들에서 구체적인 묘사적 접근을 제안해 왔는데, 그 기본적 이점은 치료적 만남에서 관계적 즉시성을 활용한다는 것에 있다(Spinelli, 1994, 1997, 2001, 2005). 이 접근은 뚜렷이 구분되는 네 가지 **상호 관계적 영역**, 즉 만남에 있어서 **나-초점**, **당신-초점**, **우리-초점**과 **그들-초점** 영역으로 이루어져 있다. 이 영역들 중 처음 세 개의 영역은 2단계의 목적과 관련해서 특히 중요하다(네 번째, 그들-초점은 3단계에 대해서 논의하는 부분에서 다룰 것이다). 이 앞의 세 가지 각각의 영역은 다음과 같이 간단히 구분될 수 있다.

만남에서 나-초점(I-focused) **영역**은 특정 관계 속에서 '나 자신으로 존재하는 경험'을 통해서 유발되는 체현된 실존적 불안정성(예: 연속성을 둘러싼 불안정성, 기질적 태도와 정체성)을 묘사하고 명료화하기를 시도한다. 실제로 나-초점 영역은 "만남에서 나로 존재하는 나의 현재 경험에 대해서 나 자신에게 나는 무엇이라고 말하겠는가?"라고 질문한다. "나는 두려워요.", "내가 좀 더 재미있는 사람이었으면 좋겠어요.", "부모님에게 나는 좋은 자녀가 아니었다는 사실을 되뇌이고 있어요."와 같은 말들이 만남의 나-초점 영역의 예가 된다.

만남에서 당신-초점(You-focused) **영역**은 타인-구조의 초점에서 발생하는 체현된 실존적 불안정성을 묘사하고 명료화하기를 시도한다. 당신-초점은 타인-구조에 대한 자기-구조의 관점(예: '당신은…… ', '내가 보기에 당신은……'이라는 표현에서와 같이 '어떤 특정 관계에서 타인에 대한 나의 경험')뿐만 아니라, 자기-구조를 향한 타인-구조의 관점에 대한 자기-구조적 가정(예: '내 생각에 당신은 나를 ~로 보고 있는 것 같군요.'라는 표현에서와 같이 '특정 관계에서 나를 향한 타인의 경험에 대한 나의 경험')을 드러낸다. "당신은 신뢰하기 어려워요.", "당신이 옷 입는 방식이 나는 마음에 안 들어요.", "당신은 어떤 말에도 전혀 흥미를 보이는 것 같지 않군요.", "당신은 자신의 슬픔을 감추려고 노력하고 있군요.", "내가 지루해하는 것을 눈치챘군요.", "당신은 나를 좋아하는군요.", "마치 내 비위를 맞추듯이, 내 농담에 웃어 주는군요."와 같은 말들이 만남의 당신-초점 영역의 예가 된다.

만남에서 우리-초점(We-focused) **영역**은 '서로와의 관계 속에서 우리로 존재하는 것'에 대한 각 개인의 경험에서 유발되는 체현된 실존적 불안정성을 묘사하고 명료화하기를 시도한다. 우리-초점 영역은 "우리 만남의 즉시적 측면에서 우리로 존재하는 경험에 대해서 나는 나 자신에게 무엇이라고 말하는가?"라고 질문한다. "지금 우리가 정말로 연결되어 있는 것 같이 느껴져요.", "비록 우리 중 누구도 지금 어떤 말도 하지는 않았지만 내가 보기에는 우리가 마치 의미 있는 소통을 하는 것처럼 느껴져요.", "이건 마치 우리가 서로를 계속 이해하지 못해서 결국 표현하게 될 것을 과도하게 조심스러워한 것 같네요."와 같은 말들을 만남의 우리-초점 영역의 예로 들 수 있다.

실존치료가 만남의 이 세 영역 모두를 묘사적으로 탐색하고 있지만, 2단계 전반에 걸쳐서 명백히 강조되는 것은 만남의 세 번째 영역(우리-초점)이다(Spinelli, 1994, 1997, 2005). 이 영역을 통해서 경험적으로 드러나는 것을 (치환적, 상징적, 또는 전이를 통해서가 아니라) 실제적이고 근거 중심적으로 탐색하고 깊이 고려하고자 하는 실존치료자들의 자발성은 상담자로 하여금 내담자와의 상호적인 관계의 즉시성 내에 적극적으로 존재하게 한다. 더 나아가 이는 내담자가 자신의 더 넓은 세계에서의 관계 속에서 깊이 문제가 된다고 표현하는 동일한 상호 관계적 문제들을 즉시성 내에서 드러내 주고 명료하게 하는 역할을 한다.

앞에서 다루었던 사례로 되돌아가서 '타인의 거짓됨'에 관해 탐색하는 실존치료자와 내담자의 대화를 이 세 가지 영역의 관점으로 생각해 보는 것은 이 영역들이 어떻게 확인될 수 있으며 치료 과정에서 어떤 잠재적 가치를 가지는지를 명확히 하는 데 도움이 될 것이다.

치료자: 봅시다. 잠시 여기에서 제가 끼어들어도 될지 모르겠습다만, 이야기를 들으면서 점점 더 이해하게 되는 것 같아요[나-초점].

내담자: 그렇군요. 왜요? 제가 한 말에 대해서 어떤 생각이나 느낌이 드나요[당신-초점]?

치료자: 당신이 말하는 것에 대한 제 생각이나 느낌이요[당신-초점]?

내담자: 네. 왜냐하면 제가 말하는 것에 대해서 제가 느끼는 것을 제가 안다고 확신할 수가 없거든요[나-초점].

치료자: 모른다고요?

내담자: 네, 몰라요. 좀 혼란스럽네요.

치료자: 아마도 혼란스러운 건 우리 둘 다인 것 같네요[우리-초점]. 뭔가 물어봐도 될까요? 아마도 우리 둘 모두에게 뭔가 명료해질 수 있을 것 같네요[우리-초점].

내담자: 네, 물어보세요. 우리 둘 다 쉬어 갈 필요가 있겠네요[우리-초점].

치료자: 좋아요. 그러면 궁금한 게 있는데요, 당신이 말하는 동안 당신 자신에 대한 내면의 말이 들리나요[당신-초점]?

내담자: 그러니까 일종의 비판이나 비난 같은 것을 말하는 건가요?

치료자: 비판하거나 비난하는 소리가 있나요?

내담자: 물론이죠. 엄청요. 모든 순간에요.

치료자: 그렇군요. 그러면…… 내가 말했던 것이나 다른 사람에게 말했던 것에 대해서 내가 말하고 있을 때, 나는 동시에 또한 '나 자신'을 비판하고 비난하고 있다는 거군요[나-초점]. 맞나요?

내담자: 네, 그리고 아마도 당신은 그 생각들이 무엇인지 알고 싶을 것 같네요. 그렇죠[당신-초점]?

치료자: 물론이에요. 하지만 그 이야기를 하기 전에, 그 비판이나 비난

중 어느 것이라도 직접적으로 당신이 이야기하고 있는 사람들을 향한 것도 있나요? 아니면, 오직 당신 자신에게만 초점을 두고 있는 것인가요?

내담자: 이상한 질문이네요. (생각하느라 잠시 멈춘다.) 주로 저에 대한 것이에요. 하지만 외부를 향하기도 해요. 그들이 쓰는 말이나 아니면 그날 입은 옷이나 또는 다른 것으로 다른 사람들을 비판하기도 하죠. 이런 방식으로는 생각해 보지 않았네요[나-초점]. 이상하군요.

치료자: 그렇다면 당신이 여기에서 하는 개인적인 판단이나 비난 중에서 저에 대한 내면의 진술도 있겠군요?

내담자: 당신이요? (잠시 멈춤) 음…… 그렇기는 하죠. 복잡한 방식으로 말할 때요[당신-초점]. 지금처럼 질문할 때는 뭐랄까, 마치 '상류층'처럼 말해야 할 것 같이 느껴져요[나-초점]. 오해는 하지 마세요. 우리가 여기서 상담하는 것에 대해서 가치 있게 생각하고 있어요[우리-초점].

치료자: 고마워요. 저도 매우 가치 있게 생각하고 있어요[우리-초점].

내담자: (치료자의 진술에 감정적으로 화를 내며) 아세요? 또 시작이네요! 당신이 그렇게 말하자마자, 저는 '거짓말'이라고 생각이 들어요[당신-초점]. 저는 그 말을 믿지 않아요. 당신에게 가치 있지는 않죠[당신-초점].

치료자: 제가 말한 것이 그 내면의 판단의 방아쇠를 당긴 건가요? 아니면, 방아쇠를 당긴 건 제가 말하는 방식이었나요[나-초점]?

내담자: 아니요! 아니에요! 당신이 그 말을 할 때 얼굴에 나타난 표정이었어요[당신-초점].

치료자: 그리고 그 표정이 '어네스토는 거짓말쟁이'라고 말했군요[당신-초점].

내담자: 네, 하지만…… 아니요, 그렇게 말했죠. 하지만 주로 '나는 거짓말쟁이'라고 말하고는 하죠[나-초점].

치료자: 그러면 우리 둘 다 진실하지 못한 사람들이군요[우리-초점].

내담자: (웃는다.) 네, 우리 둘 다 정직하지 못하죠[우리-초점]! 그러나 제가 '더 거짓되죠'. 사기꾼[나-초점].

치료자: 그래요. 그러면…… '나는 사기꾼이라' [나-초점]. 그것과 관련된 다른 어떤 무엇이라도 생각나는 게 있을까요?

내담자: 네, 어젯밤에 그 거짓말쟁이 여종업원이요. 그녀가 저를 꿰뚫어 볼 수 있었던 것 같아요[당신-초점].

치료자: 좋아요. 그 이야기에 잠시 머물러 봅시다. 저는 '당신을 꿰뚫어 볼 수 있는' 사람인가요[나-초점]?

내담자: 당신이요? 음…… 때로 저를 꿰뚫어 보죠. 그건 확실해요. 하지만 그건 좀 달라요[당신-초점].

치료자: 어떻게 다른가요?

내담자: 당신이 저를 사기꾼으로 보는 것 같이 느껴지지는 않아요[당신-초점].

치료자: 만약에 우리 중 누구도 결코 사기꾼이 아니라면요[우리-초점]?

내담자: 네, 좋은 지적이네요. 저도 그렇게 느껴요. 비록 우리가 매우 다른 사람이지만요[우리-초점]. 그러나 당신도 알다시피 제가 비록 방금 말한 것처럼 여기에서만큼은 저는 사기꾼이 아니라고 믿는다고 하더라도, 여전히 내면에서는 '그래도 넌 사기꾼이야!'라는 목소리가 들려요[나-초점].

치료자: 그렇군요. 좀 더 이야기해 봅시다. '그래도 넌 사기꾼이야!'라는 내면의 목소리가 들릴 때[나-초점] 당신은 어떻게 반응하나요?

내담자: 당신이 그렇게 말하는 것을 들으면 당신에 대해서 이상하게 생각하겠죠[당신-초점]. 이를테면, 저와 어떤 치료 놀이 같은 것을

하는 것은 아닌지 의구심을 갖고 당신이 뭐라고 말하든지 간에 당신도 실제로는 저를 사기꾼이라고 믿고 있을 거다[당신–초점]라고 생각하는 거죠. 저는 당신을 신뢰하지 않아요[당신–초점].

치료자: 고마워요. 저에게 정말로 정직하게 말하는 것으로 들리네요[당신–초점]. 당신이 말한 것이 모두 사기꾼이 말했을 법한 말이었나요[당신–초점]?

내담자: (치료자의 질문에 의해서 영향을 받은 듯한 표정을 보이며, 울먹이며) 당신을 믿지 않는다고 말했을 때 사실은 그런 의미는 아니었어요[당신–초점]. 당신이 말하는 이상한 방식을 위협으로 느꼈던 것 같아요[당신–초점].

치료자: 위협이 되는 느낌이 어떤 것인가요[당신–초점]? 지금 우리 사이에서도 그 느낌이 느껴지나요[우리–초점]?

내담자: 아니요. 하지만 방금 전에 어떤 말을 하고 싶었는지 아세요? '어떻게 감히, 어떻게 감히 거기 앉아서 내가 사기꾼인지 아닌지에 대해서 거들먹거리면서 말할 수가 있지.'라고 말하고 싶었어요[당신–초점]. 대체 자신이 누구라고 생각하는 건지[당신–초점]?

치료자: 그 말을 하니 어떤가요? 방금 말한 거요.

내담자: 똥줄 타는 느낌[나–초점]!

치료자: 그 이유는……

내담자: 그 이유는요, 그 여종업원에게 하고 싶었던 말이라는 것을 깨달았으니까요. 그리고 할머니하고 지미에게도요. (치료자에게서 얼굴을 돌리고, 그의 주먹을 흔들며, 얼굴을 찡그린 채) 어떻게 감히 (다시 치료자를 바라본다). 하지만 저는 하지 못했죠. 우리 관계를 망칠까 봐 겁이 났어요[우리–초점]. 지금 그 말을 여기서 하니까 이 관계에 그것이 어떤 영향을 미칠지, 너무 겁이 나요[우리–초점].

치료자: 그렇군요. 좋아요. 한 가지 의아한 것이 있어요. 제가 만약 지금 당신이라면, 저 자신에게 질문했을 것 같아요. '그것을 말한 것이 나에게 어떤 일을 일으켰는가' [내담자의 자기-초점]?, 어네스토에게는[내담자의 당신-초점]?, 그리고 우리에게는요[우리-초점]?

연습 세 가지 상호 관계적 영역 탐색하기

활동 1

전체 활동 전반에서 진술을 완성하기 전에 잠시 멈추거나 또는 미리 준비하는 것을 최대한 피하라.

나-초점

1. 동료와 함께 번갈아 가면서 다음의 진술을 완성하라.
   '바로 지금 이 순간 나에 대해서 내가 나 자신에게 말하고 있는 것은 나는…….'
2. 당신과 동료 둘 모두가 이 진술을 완성한 후에 이 활동을 반복하고 3분 동안 지속하라.

당신-초점

1. 동료와 함께 번갈아 가면서 다음의 진술을 완성하라.
   '바로 지금 당신에 대해서 내가 나 자신에게 말하고 있는 것은 당신은…….'
2. 당신과 동료 둘 모두가 이 진술을 완성한 후에 이 활동을 반복하고 3분 동안 지속하라.
3. 이어서 동료와 함께 번갈아 가면서 다음의 진술을 완성하라.
   '바로 지금 이 순간 내가 나에게 말하고 있는 것은 나를 당신이 (   )로 경험하고 있다는 것이다.'
4. 당신과 동료 둘 모두가 이 진술을 완성한 후에 이 활동을 반복하고 3분 동안 지속하라.

우리-초점

1. 동료와 함께 번갈아 가면서 다음의 진술을 완성하라.
   '바로 지금 이 순간 우리에 대해서 내가 나 자신에게 말하고 있는 것은 우리는…….'
2. 당신과 동료 둘 모두가 이 진술을 완성한 후에 이 활동을 반복하고 3분 동안 지속하라.

논의

1. 동료와 함께 이 세 가지 활동을 하면서 경험한 것이 당신에게 어땠는지 의견을 나누어 보라.
2. 치료적 만남에 있어서 이 활동의 어떤 측면이 제시할 수 있는 보편적 가치는 무엇인가? 만약 있다면 이야기해 보라.

활동 2

나-초점

1. 동료와 함께 치료자와 내담자의 역할을 번갈아 가며 진행하되 각 회기는 10분 동안 유지하라.
2. 내담자 역할을 맡은 사람은 어떤 이유에서든 당신을 화나게 했던 최근의 만남에 초점을 맞춰 보라. 그 만남에 대해서 묘사하고 당신의 개인적 관점이 만남에 미친 영향에 대해서 논의하는 것으로 회기를 시작하라.
3. 치료자 역할을 맡은 사람은 내담자가 나-초점 영역에 대한 자기개방을 할 수 있도록 치료자의 진술과 개입을 제한함으로써 내담자가 그 만남에 대한 자신의 경험과 그 영향을 잘 탐색할 수 있도록 조력하라.

당신-초점

1. 내담자로서 앞에서 논의했던 당신을 화나게 했던 만남에 10분간 더 주의를 집중하라.
2. 치료자로서 내담자가 당신-초점 영역에 대한 자기개방을 할 수 있도록 치료자 자신의 진술과 개입을 제한함으로써 내담자가 그 만남에 대한 자신의 경험과 그 영향을 잘 탐색할 수 있도록 조력하라.

우리-초점

1. 내담자로서 앞에서 논의했던 당신을 화나게 했던 만남에 10분간 더 주의를 집중하라.
2. 치료자로서 내담자가 우리-초점 영역에 머물 수 있도록 치료자 자신의 진술과 개입을 제한함으로써 내담자가 그 만남에 대한 자신의 경험과 그 영향을 잘 탐색할 수 있도록 조력하라.

논의

1. 동료와 함께 이 세 가지 활동을 하면서 경험한 것에 대한 당신의 느낌과 의견을 나누라.
2. 치료적 만남에 있어서 이 활동이 제시할 수 있는 보편적 가치는 무엇인가? 만약 있다면 이야기해 보라.

친밀감을 활용한 상담

치료자의 자기개방

비록 치료자의 자기개방에 대해서 이론적 기원을 갖고 있는 비교적 단호하게 반대하는 의견들 중 많은 수가 시간이 갈수록 그 강도가 약해지고, 결과적으로 비판과 재구성의 대상이 되고 있지만(Rowan & Jacobs, 2002), 이러한 태도와 규정들의 다수는 대다수의 치료자에게 자신이 지지하는 모형과 상관없이 여러 모양으로 우려하는 영역으로 여전히 남겨져 있다. 내가 알기로 대부분의 실존치료자는 치료자의 자기개방에 대해서 거의 저술하지 않았으며, 이러한 사실은 암묵적으로 이에 대한 입장에 있어서 다른 접근들의 치료자들과 크게 다르지 않다는 사실을 시사해 왔다. 다른 곳에서 내가 주장했던 바를 다시 언급한다면, 자기개방에 대한 찬성과 반대 모두에서 가장 많이 반복되는 주장들은 정작 치료에 대한 실존치료 접근의 핵심에 위치하고 있는 상호 관계적 요소들에 대해서는 놓치고 있다(Spinelli, 2001).

실존치료의 관점에서 치료자의 자기개방과 관련된 이슈는 일반적으로는 치료적 관계의 즉시성과 관련된 이슈로 접근할 수 있으며, 구체적으로는 앞에서 언급한 세 가지 상호 관계적 영역과 관련되는데, 내가 생각하기에 이는 개방적 질문이 중요한 우리-초점 영역에 가장 적절해 보인다. 우리-초점 영역과 관련해서, 실존치료자로서 '나'는 우리 사이에서의 상호작용을 통해서 생겨나거나 드러나는 것을 경험하고 반성한다. 여기에는 지금 이 순간에 서로가 함께 있다는 것이 우리에게 어떤 의미이고, 경험적 수준에서 우리가 공유할 수 있는 것에 대해서 나는 어떻게 인식하고 있으며, 그리고 우리가 함께 존재하는 현재의 방식과 공명하는 간접적이거나 비유적인 방식으로 우리가 표현하고 있는 것이 무엇인지에 대해서 내가 반성한 것들이 포함될 수 있다. 나는 이 지점이 바로 치료자가 자신을 개방할 가장 적절한 순간이라고 생각한다.

하지만 그렇다면 '실존치료자가 자기개방을 통해서 성취하거나 증진시키고자 하는 것은 무엇인가'라는 질문을 생각해 볼 수 있다. 나의 관점에서 치료자의 자기개방은 내담자의 호소문제와 내담자의 세계관 사이에서의 상호작용에 대해서 보다 더 명료화하는 데 치료자의 자기개방이 어떤 역할을 할 때 이루어지는 것이 타당하다. 나는 실존치료자에게는 두 가지 형태의 자기개방이 유용하다고 제안하는데, 그 둘은 암시적 자기개방과 명시적 자기개방이다.

암시적 자기개방은 내담자의 세계관 관련 진술을 명료화하고 이에 도전하기 위해서 실존치료자가 자신의 실제 경험을 이용하는 것을 말한다. 그러나 이 방법은 직접적으로 치료자의 개인적 내용을 내담자의 세계관에 도전하는 자원으로 드러내지는 않는다. 예를 들면, 다음과 같다.

내담자: 그가 결국 저에게 더 이상 결혼생활을 유지하고 싶지 않고 새로운 반려자를 찾았다고 이야기했을 때 정말 역겹고 화가 났어요. 그를 미워하는 것보다 저 자신이 더 싫었죠.

치료자: 그가 그런 말을 하는 것을 들었을 때 어땠는지 좀 더 말해 줄 수 있겠어요? 역겹고 화가 나는 느낌은 어떤 것이었나요, 예를 들면요?

내담자: 그냥 그런 느낌이었어요. 알잖아요. 그걸 말로 표현하기는 어렵네요.

치료자: (거절당하는 그의 경험과 이에 관련해서 그에게 유발되는 감정에 다가가며) 제가 적절한 표현들을 시도해 봐도 괜찮을까요?

내담자: 네.

치료자: 그냥 짐작해 보는 거니까요. 제가 말하는 것이 당신이 느끼는 것과 다를 수 있어요. 다르다면, 저에게 알려 주세요. 그러면 시작해 보죠. 제가 당신과 같은 경험을 한다고 가정한다면, 현기증으로 어쩔 줄 모를 것 같아요. 가슴이 철렁하고, 목메여서 심지어 그에게 어떤 답도 못했을 것 같고요. 함께했던 지난 시간들이 주마등처럼 지나가요. 행복했던 순간들, 슬펐던 일들, 바보 같았던 일들이며, 둘만의 시간들, 이런 순간들에서 그의 목소리가 계속해서 들려요. '이젠 다 끝났어. 끝이야.' 그를 향한 격렬한 분노를 느끼지만 이상하게도 저 자신을 향해서도 화가 나요. 어떤가요? 조금이라도 당신의 경험과 비슷한가요?

내담자: 네, 많이요. 하지만 당신이 말하는 동안 특히 저에게 든 느낌은 주로 실패감이었어요. '내 인생은 실패했고, 가치가 없다.'

치료자: 그렇군요. 잠시 그 느낌에 머물러 봅시다. '어네스토가 한 많은 진술이 다 맞았고 그 말들로 나는 실패감에 압도되었다.' 지금 기분이 그렇군요?

내담자: 네, 완전히요.

치료자: 지금 저와 여기에서 그것을 느끼는 감정은 어떤가요?

내담자: 해리가 저에게 떠난다고 말했을 때 그때 제가 느꼈던 것과 같아요.

명시적 자기개방은 내담자의 세계관 관련 진술을 명료하게 하고 이에 도전하기 위해서 실존치료자가 자신의 개인적인 경험을 이용하는 것을 의미한다. 하지만 암시적 자기개방과 달리 명시적 자기개방은 치료자 자신의 실제 경험이 자기개방의 자원으로서 명백하게 인식된다. 예를 들면 다음과 같다.

내담자: 완선히 바보같이 느껴져요! 제 생각에는 그녀가 저에게 끌렸던 이유는 우리가 함께 잘 지내왔기 때문이에요. 하지만 제가 완전히 틀렸죠. 그녀는 저를 비웃기 시작했어요! 믿을 수 있겠어요? 제 느낌이 어땠겠어요?

치료자: 이야기해 보세요.

내담자: 못하겠어요! 그냥 마음이 너무 아파요. (울기 시작한다.)

치료자: 그렇군요. 뭔가 이야기해 주고 싶네요. 이야기를 들으면서 당신과 비슷한 느낌을 겪었던 일이 생각났어요. 그때의 느낌을 이야기하고, 제가 떠올린 것에 초점을 맞춰 보는 것은 어떨지 모르겠네요. 그렇게 하면서 당신이 한 경험과 제 경험이 공동으로 갖고 있는 것이 무엇인지 알아볼 수 있을 것 같아요. 하지만 그것이 무의미하다고 생각되면, 그렇다고 말해도 괜찮아요. 물론 중간에 이야기해 주셔도 되고요.

내담자: 아니에요. 이야기해 주세요. 고마워요.

(치료자가 거절당했던 자신의 경험을 이야기했고, 그 이야기와 동반된 자신의 실존적 불확실성에 초점을 맞추었다.)

치료자: 조금이라도 당신과 가깝게 다가오는 부분이 있나요?

내담자: 네, 그때 느낌들이 많이 생각났어요.

(내담자는 자신의 이야기와 치료자의 경험 사이에서의 연결점에 대해서 의견을 나누었다.)

치료자: 당신의 이야기가 아닌 저의 이야기를 알게 되니 어떤가요?

내담자: 음. 그것이 당신의 이야기인 것은 알지만, 제 이야기처럼 느껴졌어요. 저 혼자만 어리석은 것이 아니라는 생각이 들어요.

치료자: 그러니까…… 말하자면, '내 치료자도 거절당했었고 그것에 대해서 바보 같다고 느낀 것이 스스로 혼자라는 생각을 그만하게 만들었다'는 거군요?

내담자: (웃음) 이젠 제 생각을 읽으시는군요.

치료자: (웃음) 어쩌면 당신이 제 마음을 읽는 것일 수도 있죠.

2단계에서의 암시적 자기개방과 명시적 자기개방은 치료자가 치료 세계에 시공간적으로 가까이 그리고 실재한다는 사실을 알게 한다. 치료자의 기본 목표가 내담자가 표현하는 세계관을 탐색하고 명료화하고 그 세계관에 도전하는 것에서 벗어나지 않는 것이기는 하지만 자기개방은 이 목적을 추구하기 위한 추가적인 방법으로 치료자 자신의 경험을 활용하는 것이다.

앞의 사례들이 보여 주는 것과 같이 실존치료의 관점에서 자기개방은('지금 정말 지루한 느낌입니다.'와 같이) '일치성' 또는 '진솔성'을 위해서 치료자가 자기 자신을 표현하는 것과는 거의 관련이 없다. 오히려 실존치료자의 자기개방은 내담자의 세계관에 도전하고 이를 명료화하는 또 다른 방법을 제공해 주고, 자기개방의 즉시성을 통해서 만남의 우리-초점 영역에서 자기개방의 치료적 가능성들을 열어 주는 대화를 가능하게 해 준다. 이러한 자기개방은 주로 실존적 불확실성에 대한 설명에 초점을 맞추며 치료자의 개인적인 이야기에 이어서 대화의 즉시성 내에서 치료자의 자기개방에 대한 내담자의 경험적 반응을 내담자가 탐색하도록 제안하는 치료자의 진솔한 권유로 이어진다. 이러한 자기개방은 그 후반부에서 묘사적 명료화와 도전의 형태로서 그 잠재적 가치의 대부분이 나타날 수 있다.

동시에 앞의 사례에서 볼 수 있었던 것과 같이, 나는 실존치료자들이 자기개방의 사용에 있어서 항상 망설이는 태도와 초청하는 자세를 모두 유지하기를 바란다. 내담자에게 진심으로 이러한 초점을 거절할 수 있는 기회를 주는 것은 이 과정에 있어서 필수적이다. 동일하게 자기개방에 대해서 내담자가 자신의 경험과 전혀 관련이 없다고 느끼는 것(또는 실제로 때때로 일어나는 것처럼 이러한 자기개방이 잘못 이해되고 내담자의 경험을 비하 또는 깔보는 것처럼 보임으로써 내담자의 분노를 야기하는 것)을 포함하여 이러한 자기개방으로부터 내담자가 취하는 것이 무엇이든지 이에 대해서 치료자가 언쟁을 하거나 또는 내담자의 반발적 태도를 받아들이지 않는 독점적이고 방어적인 태도로 반응해서는 안 된다.

실존치료자가 자기개방을 하는 것은 항상 실제적 위험을 수반한다. 자기개방은 자칫 그 목적을 놓치게 될 수도 있으며 내담자를 혼란스럽게 하거나 내담자에게 부담을 지울 수 있다. 이와 마찬가지로, 자기개방은 여기에 담겨 있는 감정과 기억들로 치료자를 덮을 수 있으며 이렇게 됨으로써 내담자의 세계관에 맞춰진 초점의 방향을 바꾸는 결과로 이어질 수도 있다. 또한 이와 같은 자기개방은 치료자가 침묵을 지키고 내담자로 하여금 그 문제와 함께 '있게' 하는 것과 같은 대안이 치료적으로 더 유익했을 수도 있을지 여부를 알 수 없게 한다. 하지만 동시에 자기개방은 내담자가 축소했거나 놓쳤을 수도 있는 자신의 경험의 진실에 접근하도록 하는 강력한 방법을 제공해 줄 수도 있다.

암시적 자기개방과 명시적 자기개방은 치료 세계 내의 실존치료자의 실재와 '목소리'가 내담자의 타자됨에 보다 더 분명하게 초점을 두고 있는 2단계에서 가장 효과적이다. 만약 1단계에서 사용된다면, 암시적 자기개방은 내담자에게 보다 이상하게 경험될 가능성이 높으며 (도대체 치료자가 이것을 어떻게 알았지?) 이어서 관계의 파워 측면에서 불필요한 불균형이 더해질 수 있다. 마찬가지로 1단계에서 제공된 명시적 자기개방은 내담자에게 변화에 대한 암묵적 지시로 여겨질 수도 있으며 또는 내담자의 탐색 자체를 압도할 수도 있다. 1단계에서의 암시적 자기개방과 명시적 자기개방 둘 모두 불안을 야기할 뿐만 아니라, 실존치료자와 치료 세계 모두에 대한 의심과 불신을 야기함으로써 자칫 자기개방의 의도에 반하는 결과를 내게 될 수도 있다. 2단계에서 치료자에 의한 모든 도전이 보통 그렇듯이, 치료자가 내담자의 세계관에 도전할 수 있는 권리를 얻은 것과 같이 느껴지는 '분위기'에서만 제공되는 것이 가장 최선일 것이다.

연습 치료자의 자기개방

활동 1

1. 동료와 함께 치료자와 내담자의 역할을 번갈아 가며 각각 15분씩 진행하라.
2. 내담자 역할을 맡은 사람은 당신에게 강한 반발을 일으켰던 최근의 사건에 집중하라.
3. 치료자 역할을 맡은 사람은 내담자가 그 사건과 자신의 관계를 탐색할 수 있도록 조력하되, 다만 암시적 수준의 자기개방만을 사용하라.
4. 두 사람 모두가 암시적 자기개방을 사용하는 경험을 탐색하는 활동을 마쳤다면, 치료적 장면의 전반에서 암시적 자기개방이 가진 가치가 있다면 그것이 무엇인지 생각해 보라.

활동 2

1. 동료와 함께 치료자와 내담자의 역할을 번갈아 가며 각각 15분씩 진행하라.
2. 내담자 역할을 맡은 사람은 당신에게 강한 반발을 일으켰던 최근의 사건에 집중하라.
3. 치료자 역할을 맡은 사람은 내담자가 그 사건과 자신의 관계를 탐색할 수 있도록 조력하되, 다만 명시적 수준의 자기개방만을 사용하라.
4. 두 사람 모두가 명시적 자기개방을 사용하는 경험을 탐색하는 활동을 마쳤다면, 치료적 장면의 전반에서 명시적 자기개방이 가진 가치가 있다면 그것이 무엇인지 생각해 보라.

다니엘 스턴이 말하는 치료 장면에서의 현재의 순간

다니엘 스턴(Daniel Stern)의 『심리치료와 일상생활에서의 현재의 순간(The Present Moment in Psychotherapy and Everyday Life)』(2004)은 '치료자와 내담자가 서로 상대방이 알고 느끼는 것을 알고 느끼는' 만남의 '현재' 또는 '지금'의 순간에 초점을 맞추고 있다(Mearns & Cooper, 2005: 46). 스턴에게 있어서 이는 '의미를 공유하는 여행(shared meaning voyage)'(Stern, 2004: 172)으로서, 한 사람에서 두 사람의 심리학으로의 유의미한 이동(Stern, 2004)으로도 요약될 수 있으며, 또한 고립된 주관성이 아닌 상호 관계성에 그 초점을 두고 있는 것으로 말할 수 있다. 다양한 연구 자료를 탐색하는 것을 통해서 스턴은 이와 같은 현재의 순간에 누구의 목적이 성취되었는지에 대해서 상호 주관적(또는 상호 관계적)으로 이해하는 기본적인 종 기반 시스템이 존재한다는 충분한 근거들이 있음을 주장하였다(Stern, 2004).

현재의 순간에 대한 스턴의 이론은 '우리는 심리적으로 그리고 의식적으로 오직 현재에만 살아 있다.'는 현상학에서 기인한 생각에 기반하고 있다(Stern, 2004: xiv). 이 관점을 취하는데 있어서, 스턴은 현재의 순간이 과거파지(retentive, 바로 직전의 과거)와 미래예지(protentive, 예상되는 미래)의 한계에 영향을 받으며 구성된다는 실존적 현상학이 주창하는 시간성에 대한 사상에 자신이 빚을 지고 있음을 인정한다(Stern, 2004). 현재의 순간의 자연스러움, 예를 들어 웃음을 공유한다거나, 어깨를 터치하는 것, 눈빛이 통하는 것은 어떤 의도적인 방식으로 시작될 수는 없으며, 따라서 어떤 기법에 강조점을 두는 것과는 배치된다.

치료적 관점에서 현재의 순간은 대개 내담자와 치료자 간의 연결이 끊어지거나 서로를 '잃어버리게 될 때' 또는 그렇지 않으면 감정적으로 격한 장면에 함께 있을 때와 같이 치료적 만남의 위기 순간에 일어난다. 이와 같은 상황들은 대개 내담자가 직접적으로 치료자에게 도전하는 형태로 나타날 수 있는데, 이는 치료자에게 '상투적인 역할 중심의 방식'으로 물러서기보다는 자발적으로 자신을 드러내며, 기꺼이 상대방과 만나고자 하는 마음을 드러내는 방식으로 상호 관계적 만남의 즉시성에 따라서 반응할 것을 요구한다(Mearns & Cooper, 2005: 134). 스턴은 현재의 순간의 즉시성에 머무르는 방식으로 치료자가 반응하는 것을 치료자가 더 편안하게 느낄지 모를 특정 학설에 근거해서 설명하는 것보다 치료적 만남의 과정과 결과 모두에 훨씬 더 가치 있으며 유익한 것으로 보았다(Stern, 2004).

하지만 이러한 즉시성에 머무르는 것이 치료자로 하여금 의무적으로 자기개방을 하도록 하는 것은 아니다. 현재의 순간은 내담자가 치료자에게 치료자 개인의 경험의 어떤 부분을 표현해 줄 것을 요청하는 것에 대해서 치료자가 이를 거절할 때에도 동일하게 강력할 수 있다. 중요한 것은 내담자가 치료자의 진술이나 반응을 이론 중심의 비책이나 기법이 아닌 내담자의 앞에 존재하는 치료자의 개인적인 것으로 듣는 것이다. 다음은 이와 관련된 예이다.

내담자: 제가 어젯밤에 한 행동에 대해서 선생님이 어떻게 생각하는지 정말 진짜로 알고 싶어요.

치료자: 네, 그렇군요. 하지만 저는 사실, 그에 대해서 말하고 싶지 않네요.

내담자: 왜 안 되죠? 들으면 아마도 기분이 훨씬 나아질 것 같아요. 선생님이 어떻게 생각했든지 관계없이요.

치료자: 저도 더 나은 답을 드리고 싶으나 쉽지 않네요. 당신에게 제가 생각하는 것을 말하는 것이 이 시점에 그다지 도움이 되지 않을 것 같다는 생각이 들어요. 이 부분에 대해서 저를 믿어 주었으면 해요.

내담자: 그렇군요(몸짓). 그러면 제가 무엇을 하면 될까요?

치료자: 방금 그 몸짓에 머무를 수 있을까요?

2단계가 진행되는 동안 스턴이 현재의 순간으로 강조한 것과 같은 상황은 내담자의 세계관에 대한 탐색에 맞춰진 초점을 만남의 즉시성에 따라서 조정해야 하는 정도를 치료자에게 알려 준다. 우리-초점의 열린 대화에 대한 실존치료자의 개방성은 현재의 순간의 경험에 대해서 동조하는 심리적이고 관계적 조건들을 증진시킬 가능성이 높다. 내가 보기에, 현재의 순간과 관련된 비교적 일반적인 현상은 내담자가 이야기했던 진술들을 치료자가 자연스럽게 완성하는 것인데, 이와 같은 순간은 치료자가 내담자와 연결되어 있거나 또는 친밀한 방식으로 내담자와 함께 내담자를 위해 존재하는 것을 필요로 한다. 이러한 순간들이 친밀감과 신뢰를 만들어 낼 수도 있지만, 마치 '텔레파시와 유사한' 것으로 나타남으로써 내담자는 부조화와 불안을 경험할 수도 있다.

이전에 제공된 여러 예들에서 독자들이 살펴볼 수 있었듯이, 치료자가 내담자의 자기-구조 진술을 반영할 때 치료자의 진술과 반영은 이인칭(당신)보다는 일인칭(나)으로 종종 표현된다. 일인칭의 시점에서 그 진술들의 소유자를 분명히 하는 방식으로 내담자가 자신의 진술을 보다 더 직접적으로 대면하도록 제공하는 것에 더해서, 이러한 반영하기 방식은 현재의 순간의 경험을 가능하게 할 수도 있다. 예를 들면 다음과 같다.

내담자: 선생님이 저를 이해하고 있는지 아닌지 모르겠어요. 그 부분이 불안하게 느껴져요.

치료자: 당신이 말한 것을 제가 이해했는지 봅시다. 어네스토가 나를 이해하고 있는지 아닌지를 확신할 수 없어서 이 부분에 불안감을 느끼는군요.

내담자: 네, 제 느낌이 딱 그래요. 지금은 당신이 저를 너무 잘 알고 있는 것 같다는 생각이 드네요. 저는 당신에 대해서 아무것도 모르는데요!

연습 현재의 순간

1. 치료적 관계와 비치료적 만남에서 당신이 경험했던 현재의 순간의 상황에 대해서 동료와 함께 논의해 보고 이러한 경험에서 느꼈던 것을 탐색해 보라. 그 경험이 일어났던 상대방과의 관계에 이 경험이 미친 영향은 무엇인가?
2. 치료자로서, 내담자에 의해서 표현된 현재의 순간과 관련된 도전에 당신은 어떻게 반응했는가? 치료적 관계에 있어서 당신의 반응으로 인한 결과는 무엇이었는가?
3. 내담자로서, 당신의 치료 과정에서 일어난 이러한 현재의 순간과 관련된 도전에 당신의 치료자는 어떻게 반응했는가? 치료적 관계에 있어서 이러한 반응으로 인한 결과는 무엇이었는가?
4. 치료 장면에서 당신은 현재의 순간에 어떤 가치를 두고 있는가?

일반적인 끌림과 성적 끌림

2단계는 그 전반에서 만남의 즉시성에 때때로 깊이 초점을 맞추기 때문에 실존치료자와 내담자 사이에서 깊은 친밀감과 연대감이 발달할 가능성이 높다는 사실은 그리 놀랄 만한 일은 아니다. 친밀감을 향한 이러한 움직임은 내담자에 대한 치료자의 배려심과 애정으로 나타나거나 아니면 그 반대로 치료자에 대한 내담자의 감정 또는 상호 간에 감정의 증가로 나타날 수 있다. 대개 이런 감정은 우정의 개념과 관련되지만, 드물게는 성적 매력과 관련되기도 한다. 동일하게 이와 같은 친밀감은 치료자를 향한 분노와 공격성 또는 애증이 중심이 된 폭발적이고 매우 격양된 감정 중심의 반응들을 내담자가 경험하고 표현하는 수단을 제공하기도 한다. 이와 같은 경험들은 보통 전이(transference)와 역전이(counter-transference)로 이해된다(Gay, 1988). 나는 다른 저서에서 비판적으로 이 용어들을 탐색한 적이 있지만(Spinelli, 1994, 1995), 현재의 목적에 맞게 간단히 이를 진술하면, 이러한 가정은 현재 만남의 즉시성으로부터 탐색을 일탈하게 만든다. 여기에 추가하여 이 용어들이 가진 설명적 가치가 무엇이든지 이 용어들은 불명료하며, 현재 느끼는 이끌림의 대상과 그 감정 자체 그리고 그것이 가진 내담자의 세계관과의 관련성을 명료화하는 것으로부터 관심을 멀어지게 한다. 무엇보다도 이 용어들은 이 같은 경험에 비현실적이고 부적절한 요소를 부과하는데, 이는 치료적 만남에서 표현된 그 자체로서 표현된 그 자체에 머물고자 하는 실존치료자의 시도를 방해하는 것이 된다.

치료자의 절대 다수가 내담자에게 여러 가지 다양한 끌림을 경험한다는 사실에는 의심의 여지가 없다(Pope, 1990). 그럼에도 불구하고 끌림의 경험은 그것이 구체적으로 성적인 감정이거나 또는 초점이 보다 더 분산되어 있는 것이든 간에 이러한 경험으로 놀랄 수 있고 불안하고 혼란스러울 수 있다. 치료자는 죄책감과 함께 다른 전문가가 알게 될 것 또는 자신의 욕구를 조절하지 못하게 될 것에 대한 두려움을 경험할 수도 있고, 이어서 어떤 이유에서건 이런 감정들을 일으킨 것에 대해서 내담자를 향한 분노나 비난을 표현하거나 경험할 수도 있다(Pope, Sonne, & Holroyd, 1993). 이러한 경험에 대한 가장 일반적인 치료자의 반응은 이를 역전이로 해석하거나 또는 일종의 단호한 '의지력'이라는 수단으로 이를 지우기 위해서 노력하는 것이다(Spinelli, 1994). 이러한 전략들은 이러한 끌림이 자신의 것이라는 직접적인 느낌으로부터 첫 번째는 분리를 통해서, 다음으로는 부인을 통해서 치료자를 보호하기를 시도한다. 내 관점으로 볼 때 두 가지 모두 우리가 우리 자신에게 "무엇을 하든지, 빨간색을 생각하지 마."라고 말하거나 또는 그 말을 들을 때 일어나는 반응과 매우 동일한 반응을 일으킨다. 내가 다른 저서에서 제안했던 내용은 다음과 같다.

> 이와 같은 감정을 부정하거나 억압하려고 노력하거나 또는 그 대신에 '역전이'라는 용어를 들먹이며 그것을 변형시키거나 그것의 영향을 최소화하려고 애쓰기보다 치료자는 이를 내담자와의 경험이나 관계에 실재하는 것으로서 인정하는 것이 더 나을 것이다(Spinelli, 1994: 114).

이와 같이 '나에게 있는 것'에 대해서 인정하는 것은 마치 '평등의 법칙'을 지키기 위해서 노력하는 사례에서와 같이 실존치료자로 하여금 내담자와의 만남의 이러한 측면을 드러난 모든 실존적 요소와 함께 그 옆에 놓을 수 있게 해 준다. 그리고 치료자가 이와 같은 경험들로 인하여 압박을 받지 않고, 내담자의 세계관을 계속해서 명료화하고 이에 도전하는 작업의 일환으로 이러한 경험들을 포함시킬 수도 있으며, 이러한 수용적인 입장을 통해서 이전에는 문제로 경험되었던 것이 치료 과정에 적합하고 이로운 것으로 좋게 변모될 수도 있다.

따라서 이러한 끌림을 먼저 인정하는 방식으로 다루는 것을 통해서 실존치료자들은 치료 세계의 실제 환경 내에 머무를 수 있다. 이러한 태도는 처음에는 끌림을 문제로 받아들이며 원하지 않고 있을 수 없는 일로 생각하는 것으로부터 끌림이 실재한다는 것에 개방적으로 전환하는 것을 필요로 하며 이를 통해서 이러한 경험의 한 가지 특성에 집중함으로써 압도되는 경험을 피하는 것으로의 전환을 요구한다. 이와 같은 방식은 끌리는 경험이 결코 부인되지 않으면서 동시에 그럼에도 불구하고 내담자에 대한 집중력을 잃고 산만해지지 않도록 해 준다. 동일하게 '거기에 있는 것'을 인정하는 선택을 통해서 실존치료자들은 이전에는 고려되지 않았거나 또는 한편에 치워져 있던 내담자의 세계관과 관련 있는 영역을 포착할 수도 있다. 더 나아가 치료 세계 내에서의 끌림을 수용하는 것을 통해서 치료자(그리고 물론 내담자도)는 많은 경우 이와 같은 강렬한 감정이 그야말로 치료 세계의 범위 내에서만 발생되며 그것이 이 세계 너머로 확장되지 않거나 또는 설령 더 넓은 세계로 나가게 된다 하더라도 소멸된다는 사실을 알게 될 수 있다. 그렇지 않았으면 피하거나 외면했을 이러한 개방적이고 수용적인 태도를 채택하고자 하는 시도에 있어서 가장 중요한 것은 실존치료자들이 자신의 이론을 체현할 수 있고 이렇게 함으로써 내담자가 경험하고 고려할 수도 있는 존재 방식의 실제 모습이 될 수 있다는 것이다.

앞에서 주장한 것과 연결해서, 내담자에 대한 영국 심리상담자들의 성적 끌림 경험을 연구한 2001년도의 연구는 내담자를 향한 성적 끌림이 일반적인 경험이라는 사실을 확인해 주었을 뿐만 아니라, 이와 같은 경험이 치료 과정에 반드시 해를 끼치는 것은 아니라는 사실을 분명히 보여 주었다. 실제로 이러한 끌림을 자신의 내담자에게 드러낸 치료자들의 약 50%가 치료적 관계에 긍정적인 영향을 보고했다(Giovazolias & Davis, 2001). 이러한 결과들은 치료자의 입장에서 유의미하게 다른 반응을 요구하는 끌림의 문제에 대한 본질적인 답이 없다는 사실을 시사한다.

연습 끌림 탐색하기

1. 동료와 함께 번갈아 가며 치료자로서 그리고 내담자로서 치료 관계에서 일반적인 끌림을 어떻게 경험했는지, 그때 어떻게 상담을 했는지에 대해서 탐색하라.
2. 동료와 함께 번갈아 가며 치료자로서 그리고 내담자로서 치료 관계에서 성적 끌림을 어떻게 경험했는지, 그때 어떻게 상담을 했는지에 대해서 탐색하라.
3. 방금의 논의에 기반해서, 서로 번갈아 가며 슈퍼바이저로서 내담자와 상호 간의 성적 끌림을 느끼는 문제로 당신을 찾아온 슈퍼바이지를 슈퍼비전하는 연습을 해 보라.

젠더와 성적 지향의 차이점

앨로이시어스 조셉(Aloysius Joseph)은 『어네스토 스피넬리의 심리학에 근거한 성적 차이에 대한 연구: 어네스토 스피넬리의 심리학에 대한 이리가레의 비판과 그 답변(An Inquiry into Sexual Differences in Ernesto Spinelli's Psychology: An Irigarayan Critique and Response to Ernesto Spinelli's Psychology)』에서 '두 가지 주제(감각과 형태)에 있어서 구체적인 성적 차이'(2009: 13)는 치료에서 피할 수 있는 것이 아니라고 주장했다. 조셉의 논지의 대부분은 남성과 여성뿐만 아니라, 남성과 남성 사이 그리고 여성과 여성 사이에서의 모든 담론은 대개 항상 그리고 오직 남성 중심의 한 가지 성에만 국한되어 있다고 주장했던 철학자이자 정신분석학자인 뤼스 이리가레(Luce Irigaray)가 전개해 온 다수의 주장과 맥을 같이하고 있다(Irigaray, 1985; Irigaray, Hirsch, & Olson, 1995). 이 주장들은 나의 '심리학'과 일반적인 실존치료 전반에 대한 조셉의 비평의 근거를 제공하고 있다. 내담자와의 담론을 나누는 치료자로서 우리는 은연중에라도 젠더와 성적 지향의 차이점에 대한 어떠한 편견도 없이 말하고 듣고 생각하고 경험할 수는 없다. 조셉에게 만남에서 나타나는 이러한 문제들을 다루는 다소 교정적 관점은 필수적인 것이었다.

조셉의 주장은 이러한 차이점들을 분리해서 다양한 형태로 범주화하고 과도하게 일반화하는 것에 대한 실존적 신중성을 강조하고 있다. 멕 베이커(Meg Baker)가 지적했던 것과 같이, 이러한 우려는 문화, 계층, 세대, 성별 등과 같은 여러 차원에서 젠더에 따른 역할은 다양할 수 있다는 관점에 기반하고 있으며…… 이러한 메시지가 내담자의 세계에서 어떤 역할을 담당하게 될지에 대한 호기심을 가지고 각 내담자에게 접근하는 것은 가치가 있다(Barker, 2011: 213-214). 그렇다면 문제는 성적 존재로서 젠더의 차이점과 다양성이 경험과 의미에 있어서 차이를 만들어 내는 다양한 방식으로 경험된다는 데 있다. 이러한 차이들은 분명히 실재한다. 오히려 논쟁이 되는 것은 젠더와 성적 지향과 같이 주어진 조건들과 같은 차이점들을 고정적이고 일반화된 카테고리로 범주화하는 것이 적절한지 여부이다. 예를 들어, 현대의 서양 문화의 관점은 젠더를 남성과 여성의 두 개의 성으로 인정하고 있다. 하지만 이와 같은 이분법적 개념은 재고의 여지가 있다. 주디스 버틀러(Judith Butler)는 『젠더 문제(Gender Trouble)』에서 "젠더 정체성은 젠더가 표현되는 방식 이면에 존재하는 것이 아니다. …… 정체성은 그 결과라고 언급된 바로 그 '표현들'에 의해서 수행적으로 구성된 것이다."(Butler, 2006: 25)라고 언급하며 젠더는 주어진 두 개의 고정된 것으로 고려되기보다 상이한 맥락에 대한 반응과 관계로 표현되는 가변적이고 유동적인 관점으로 보는 것이 보다 더 적절할 수 있다고 주장하였다. 이 관점의 연장선에서, 젠더의 차이와 성적 지향에 기반을 둔 실재하는 근거에 의문을 두는 연구들에 대한 메타 분석은 그 결론에 있어서, 논쟁을 일으키는 주장들에도 불구하고 어찌되었건 본질주의자들의 주장은 어떤 증거에 입각한 근거가 부족하다는 결론을 내리고 있다(Fine, 2010; Jordan-Young, 2011; Wilson & Rahman, 2005).

흥미롭게도 버틀러의 가설은 많은 치료자와 내담자가 경험하는 끌림 현상에 대한 새로운 가설을 제공해 준다. 이와 같은 경우에 이전에는 자기 자신을 배타적으로 이성 또는 동성에게 성적으로 끌리는 성향으로서 정의했던 게개인들은 뜻밖에, 혼란스럽고 심지어 경악스럽게도 이 배타성이 치료 세계에 있는 상대방에게 성적 끌림을 경험하는 것을 통해서 도전받게 되는 사실을 발견할 수 있다. 어떻게 이런 경험이 발생할 수 있는지에 대해서 생각해 볼 수 있는 한 가지 가능성은 이를 버틀러의 제안과 같이 맥락과 관계의 변화로 인한 사례로 보는 것이다. 이전 장에서 논의했던 것과 같이, 내담자와 치료자의 더 넓은 세계의 경험과 구별되는 치료 세계 내에서의 공동 창조와 공동 거주는 그것 자체로 현재 유지되고 있는 세계관에 유의미한 영향을 미칠 수 있다. 이 치료 세계의 세계관은 여러 가지 측면에서 치료자와 상담자 각각의 더 넓은 세계의 세계관과 매우 유사할 수도 있으나 경험적으로 젠더 지향적 끌림과 관련 있는 것들 가운데서 주목할 만한 차이점을 드러낼 수도 있다. 더 넓은 세계와 치료 세계가 더 구별될수록 부분적으로 새로운 세계관을 경험할 가능성이 더 높아지고, 두 세계를 구분하는 핵심적 차이는 맥락과 관계적 차이에 달려 있다. 하지만 치료 세계 세계관의 한계에 대한 성적 지향과 끌림과의 관련된 것들을 포함한 순간적이거나 구체적인 전환들은 차이의 문제에 대한 본질주의적 경향에 도전하는 유연성의 실제적인 경험을 제공해 줄 수 있다.

그렇다고 하더라도, 이러한 가변성은 차이와 관련된 이슈들을 둘러싼 다양한 문제를 묵살하거나 또는 무효화하기 위한 어떤 시도들에 의해서 혼동되어서는 안 된다. 이러한 이슈들의 가변성과 관계없이, 다름의 문제는 버틀러가 강조했던 것과 같이, '자연스러운 것'으로 그 문화 내에서 모두에게 언급되고 그로 인하여 대개 일종의 관습으로 모두에게 공유된 사회문화적 차이들에 따라서 매우 완고하게 고정되어 있을 수 있다. 다시 말하지만, 논점은 끌림을 일어나게 하는 것들을 포함한 어떤 것들이 존재하는지 여부에 대한 것은 아니며, 오히려 어떻게 이러한 다름이 이해될 수 있는가에 대한 것이다. 물론 치료 작업에서 다름을 인정하고, 특히 다름을 탐색하는 것이 가능해야 한다는 것은 필수적이다. 그러나 나에게 이와 같은 조정은 내담자와 일상의 타인과의 모든 만남에서 항상 있어야만 하는 것이다. 관계성에 공유된 기반으로부터 발생한 해석적 다양성으로서 다름을 인정하는 대안적인 방식은 제한적이고 억누르며 금지하는 지배적인 생각과 언어 형태의 유의미성을 감소시키지 않으며, '타인의 타자됨'을 부인하도록 장려하지도 않지만, 다만 다른 자신을 정의하거나 또는 다른 자기로 정의된다.

실존치료자로서 우리는 구별된 용어나 표식으로 내담자에게 체현된 것과 관련해서 내담자를 명료하게 설명하기를 추구한다. 이러한 탐색은 젠더 또는 정체성의 다양성만으로는 축소될 수 없는 거대한 차이점들을 가진 실체들 사이에서 시작된다. 이러한 차이점들이 모두 지배와 종속의 이슈들과 매우 깊이 연결되어 있을 가능성이 높다는 점이 우리로 하여금 오직 다름과 힘만이 존재한다는 결론에 이르게 해서는 안 된다. 오히려 다름과 힘에 대한 다양한 경험들이 사람들을 결속하게 한다는 사실에 대한 인정과 함께 이와 매우 유사한 이슈들에 관한 보다 더 복합적이고 불확실하게 보는 관점들이 등장한다. 이러한 계속되는 상호작용을 통해서 어떤 특정 존재의 자신과 타인에 대한 느낌의 경계 내에서와 마찬가지로 존재들 간의 환경과 관계의 패턴의 변화가 드러나듯이 다름과 힘의 문제는 유동적인 것으로 보인다.

연습 젠더와 성적 지향의 차이점 탐색하기

1. 동료와 함께 번갈아 가면서 당신과 동료가 각각 젠더를 어떻게 정의하는지 그리고 그 정의에 대한 느낌을 탐색해 보라. 젠더의 정의에 있어서 당신이 확인한 주요한 차이점은 무엇인가? 그 차이점들이 당신에게 중요한 이유는 무엇인가? 이러한 차이점들을 당신이 더 이상 필요로 하지 않거나 받아들일 수 없다면 당신의 세계관에 어떤 영향을 주겠는가?
2. 동료와 함께 번갈아 가면서 성적 지향에 대한 당신과 동료가 정의한 것과 그 정의에 대한 서로의 느낌을 탐색해 보라. 성적 지향에 대한 정의에 있어서 당신이 확인한 주요한 차이점은 무엇인가? 이 차이점들이 당신에게 중요한 이유는 무엇인가? 당신이 더 이상

이러한 차이점들을 필요로 하지 않거나 받아들일 수 없다면 이는 당신의 세계관에 어떤 영향을 주겠는가?

3. 젠더와 성적 지향점에 있어서 당신과 당신의 동료가 가진 주요 다름 사이에 존재하는 차이점이 무엇인지에 주목하라. 각자가 서로를 바라보는 방식, 그리고 자기 자신을 바라보는 방식에 이러한 서로 다른 경험은 어떻게 영향을 미치는가?

롤로 메이의 다이모닉 가설

미국의 실존치료자 롤로 메이(Rollo May)는 창조적이고 파괴적인 생각과 감정, 행동을 표현하는 것은 인간 실존의 보편적 특성이라고 제안하였다(Hoeller, 1996; May, 1969). 메이는 개인의 세계관으로는 직접 설명되지 않는 어떤 근원으로부터 발생하는 것으로 보이는 제어되지 않는 자기주장, 또는 자기 초월적 요구들과 관련된 경험을 표현하기 위한 묘사적 방법으로서 '다이모닉'이라는 용어를 채택하였다. 다이모닉(daimonic)은 창조적인 것과 파괴적인 것을 '이것이나 저것'으로 구분되거나 나눠지는 성질을 가진 것으로 보기보다, 세계 안에 있으며 세계에 기반하고 있는 자신의 존재를 확고히 하거나 내포하는 단일한 욕구를 나타내는 상호 관련되어 있는 '모두/그리고'의 성질을 가진 양극성으로서 표현한다.

다이모닉이 억압되거나 또는 바람직하지 않은 것이나 금지되고 사악한 것으로 여겨지는 문화권에서 다이모닉은 그 스스로를 표현하는 방식으로 다양한 '숨겨진' 의미들을 발견하게 한다. 메이는 다이모닉은 '사회 변화의 시기에 종종 표면화되며'(May, 1969: 129), 이런 경우에 다이모닉은 그것이 예술적이든 또는 과학적이든지 창조성의 새롭고 도전적인 표현 행동과 어떤 것에 대해서 반발적이고 적극적인 공격성, 적개심과 다른 형태의 파괴적인 행동 모두로 드러난다고 주장하였다. 당연히 개인적 관점에서 다이모닉의 창조적 욕구와 파괴적 욕구는 직접 자기 자신과 타인 또는 세계를 향할 수 있다. 이와 같은 모든 사례에서 다이모닉은 그 의미와 정체성에 있어서 모호성을 수반하고 있음이 드러난다. 다이모닉이 분출되는 과도기적 순간들에 모든 것은 불확실해진다.

메이가 주장하는 것이 문화적으로 나타나는 한 예시는 1990년대의 언더그라운드에서 폭발적으로 증가한 '레이브(rave)' 문화에서 찾아볼 수 있다. 춤이나 음악, 약물의 사용을 통해서 레이브 문화는 '기성' 문화에서의 억제되지 않은 자기중심주의와 개인주의가 증가하는 것에 대한 반대 경험의 역할을 하는 참여자들 사이에서의 집단적 연대감, 신뢰, 애착과 같은 경험을 제공해 주었다. 이렇게 레이브 문화는 기성 문화가 자신을 적절하지 않은 것으로 그리고 실재하지 않는다고 무시하는 것에 대해서 다이모닉의 방식으로 도전했던 것이다. 메이의 주장에 따르면, 이와 같이 다이모닉이 표현되는 것은 단지 반체제적인 광란적인 행동들에서뿐만 아니라, 기성 문화의 태도와 편견들에서도 창조와 파괴가 상호 연결되어 있으며 공존하고 있음을 강조한다. 메이는 다이모닉은 반드시 집중되고 구조화되고 통합되어야 단지 존재하는 것을 파괴하고자 하는 잠재적 특성에 의해서 다시 창조하고자 하는 가능성이 압도되지 않는다고 주장하였다. 이와 같이 되기 위해서 사회는 다이모닉을 기꺼이 받아들이고, 그것의 실재와 표현이 불가피한 일이라는 사실을 인정할 수 있을 만큼 용감해야 한다.

보다 개인적 관점에서, 메이는 치료에 대해서 개인이 구조화된 조건에서 다이모닉의 폭발을 경험하게 하고, 그 결과로 이러한 다이모닉의 폭발을 잘 제어함으로써 그저 파괴적이기만 한 일련의 상황들이 아닌 재건의 가능성을 높이는 방법들 중 서양 문화권에서 허가된 방법의 하나로 바라보았으며 그에게 있어서 치료를 제공한다는 것은 사람들을 행복하게 해 주려는 시도와는 거리가 멀며 오히려 자유로울 가능성을 높이기 위한 것이었다(May, 1981). 모순적이게도 메이는 다이모닉의 지배력에 대한 개인의 직면은 개인이 실존적으로 타고난 자유를 경험할 수 있는 핵심 경험을 제공해 준다고 주장하였다(May, 1969).

메이의 가정은 특히 다이모닉을 독립체이면서 또한 정신분석적 추동 이론과 실존적으로 같은 역할을 하는 생물학적으로 내재된 다소 모호한 힘으로서 제안하는 경향성 때문에 많은 실존치료자에게 논란을 남겨 두었다. 그렇지만 비록 다이모닉의 개념이 인간의 창조와 파괴적 가능성을 비유적으로 표현한 것으로만 간주될지라도, 메이가 제안한 것의 많은 부분이 중요한 의미를 갖는다. 예를 들어, 다이모닉은 세계화(worlding)와 세계관(worldview) 사이에서의 근본적 긴장이 표현된 것으로 이해될 수 있다. 세계관이 침전과 분리로 인한 한계를 드러낼 때, 기존의 세계관을 유지하려고 하는 시도와 이를 재편하려는 시도 사이에서의 갈등은 비인격화된(또는 분리된) 다이모닉과 유사하다. 이 같은 예시들에서 이 갈등의 결과는 여전히 예측할 수 없는 것이다. 세계관을 불안정하게 할 수도 있는데, 이로 인해 야기된 극단적인 형태의 불안은 이어서 자신과 타인 또는 세계에 초점을 맞춘 여러 모양의 공격적이거나 파괴적인 경향성으로 표현된다. 대안적으로 이러한 갈등은 세계관의 창조적 재편성을 일어나게 하거나, 개인의 자기-구조의 지배나 축소, 또는 초월적인 확장 경험을 일으키는 일시적인 창조적 분리를 일으킬 수도 있다. 만약 세계관의 모호함에 대한 개인의 경험이 이를 포용하고 탐색할 수 있고 받아들일 수 있는 적합한 알맞은 구조 내에 있다면, 그 과정과 결과 모두 대개는 파괴적이기보다는 창조적으로 재편성된다. 기도나 명상, 예술적 표현이나 춤, 달리기나 운동 등은 모두 의미 있는, 그리고 삶의 질을 높여 주며 창조적인 결과를 목적으로 하기에 적합한 구조를 통해서 다이모닉을 제어하는 동시에 이를 소유하고자 하는 경험을 돌이켜 주는 활동들의 예에 해당한다. 물론 치료 또한 여기에 해당한다.

치료자와 내담자가 공동으로 창조한 치료 세계는 다이모닉의 출현을 수용하고 제어할 수 있는 기준이 되는 조건을 제공해 준다. 실제로 내담자는 현재 유지하고 있는 세계관에서 불안을 일으키는 모호함을 경험하기 때문에 치료에 도움을 요청할 가능성이 있다. 내담자의 세계관을 탐색하는 것에 맞춰진 실존치료의 분명한 초점은 적어도 부분적인 변화의 상황에서 다이모닉을 표현하도록 격려할 수 있다. 이런 의미에서 실존치료는 다이모닉을 표현할 수 있도록 도움을 줄 수 있고 내담자가 파괴적이기보다는 대개 창조적인 결과로 이어질 가능성이 보다 더 높은 방식으로 다이모닉을 직접적으로 조우할 상호 관계적 가능성을 제공해 줄 수 있다.

2단계의 관점으로 생각해 보면, 다이모닉은 탐색이 시작될 때 맞춰진 초점과 맥락과 관련되어 집중적으로 이루어지는 탐색 내에서의 상호 관계적 친밀감의 결과나 표현으로 일어날 가능성이 높다. 그러므로 2단계가 진행되는 어떤 시점에서 실존치료자는 다이모닉을 향한 내담자의 동향이나 몰입을 암시하는 신호들에 대비해야 하는데, 이러한 신호들은 놀람, 충격, 불안, 흥분, 혐오나 실망과 같은 방식으로 갑자기 생겨나는 강렬한 감정을 통해서 내담자에 의해서 표현될 가능성이 높다. 이러한 감정들은 직접적으로 내담자 자신을 향할 수도 있고, 내담자의 더 넓은 세계에서 도전받는 세계관과 관련된 핵심적 실존 문제와 관련한 타인을 향할 수도 있으며, 이와 마찬가지로 결국, 내담자의 세계관에 대한 도전으로서 이 감정들 전부 혹은 일부와 상응하는 경험들을 하게 될 수 있는 치료자를 향할 수도 있다.

이러한 다이모닉의 폭발을 사라지게 하고 감소시키려 하거나 또는 강화하거나 설명하려고 애쓰기보다 다이모닉이 출현하는 동안 내담자의 '옆에 있기' 위해서 애쓰고 묘사적 명료화와 도전을 통해서 이를 탐색하고자 애쓰는 것이 실존치료자의 역할이라 할 수 있다. 이러한 순간들을 공유하는 것은 매우 강렬한 친밀감을 줄 수 있으며, 이때 언어적 대화의 교환은 최소화된다. 이는 내담자와 치료자가 함께 정한 치료 세계의 한계 내에서 치료자가 존재할 수 있으며 신뢰할 수 있는 진실한 관계에 대한 이러한 특별한 태도가 가능하다는 사실을 받아들이기를 강조하는 실존치료의 주안점이 실제로 표면화되는 것을 직면하는 과정이다.

연습 다이모닉 탐색하기

1. 동료와 함께 번갈아 가면서 다이모닉을 직면한 개인적인 사례를 탐색하라.
2. 현재 유지하고 있는 세계관의 관점에서 다이모닉을 유발하는 상황들이 무엇인지 탐색하라. 현재의 세계관에 다이모닉과의 조우가 미치는 영향은 무엇인가?
3. 다이모닉에 대한 생각이 치료자로서 당신의 작업에 어떤 영향을 미치는지 논의하라.

꿈 작업

내담자의 꿈을 통해서 작업하는 것은 현시대의 수많은 접근의 주요 관심 분야이며 정신분석에 영향을 많이 받은 접근의 경우에서 더욱 그러하다. 꿈에 대해서 내담자는 일반적이지 않으며 터무니없는 그리고 상징적이거나 불안을 유발하기도 하는 사건과 이미지들을 수반하고 있으며, 그래서 이를 변환하여 의미 있는 것이 되도록 해석하는 것이 필요하다고 표현한다. 실존치료는 꿈에 대해서 '해결해야 하는 퍼즐이 아니라, 주의해서 살펴보아야 통로'로 제안한다(Cohn, 1997: 84). 본래 정신분석치료자이자, 융 심리학파의 분석심리학자인 메다드 보스는 꿈을 이해하기 위한 방법으로 그가 알고 있었던 것에 반하여, 무의식에 대한 해석에 강조점을 두는 것이 불필요하다고 주장한 초기 실존적 분석자 중 한 사람이다(Boss, 1957, 1977). 하이데거에 의해서 크게 영향을 받은 보스는 기억에 남은 꿈의 드러난 소재는 다양한 방식으로 위장된 것이며 이제 숨김없이 드러날 필요가 있는 것으로 가정하는 상징과 분석적으로 유래된 꿈의 해석 방식에 집중하는 것 대신에 꿈은 묘사적으로 집중하여 연구해야 마땅한 실제 현실의 모습을 표현한다고 주장하였고, 꿈 세계 또한 마치 깨어 있는 세계와 같이 동일하게 타당하고 복잡하지 않은 것으로 대우받아야 한다고 주장하였다. 꿈은 해석을 요구하기보다 꿈꾼 사람 자신만의 언어를 통해서 표현된, 즉 꿈꾼 사람과의 관련성에 초점을 두지 않는 적나라한 방식으로 나타난 터무니없거나 모호하게 보일 수 있는 체현된 경험의 이슈와 주제를 다룬다. '꿈 세계'와 '깨어 있는 세계' 사이에서의 일반적인 맥락을 인정하는 것에 있어서 보스는 서로가 서로를 설명해 줄 수 있으며, 그러므로 위장된 의미보다 꿈의 내용 자체가 두 세계를 상호 연결해 주는 다리로서 다뤄질 수 있다고 주장하였다.

꿈 분석은 실제로는 중요하게 다뤄졌어야 하지만 치료자에 의해서 간과되었을 수 있는 측면을 다룰 수 있게 해 준다. 꿈을 탐색하는 것은 꿈이 보다 방어적인 깨어 있는 세계에서 우리를 드러내는 것보다 매우 직접적이고 때로는 날 것 그대로의 방식으로 우리를 드러낼 가능성을 가지고 있다는 점에서 매우 사적인 작업이 될 수 있다. 만약에 이러한 사실을 인식하고 있다면, 꿈을 재료로 상담을 진행하는 실존치료자는 그렇지 않았다면 꿈을 다루는 논의가 야기할 수 있는 친밀감을 인정하고 존중하는 것에 주의를 기울이지 않고, 충분한 의미를 부여하지 않았을 수도 있는 꿈 작업을 통한 경험적 가능성의 탐색 기회를 중요하게 잘 다룰 것이다.

보스와 마찬가지로 나도 상담에서 내담자와 꿈을 다루는 데 있어서 꿈을 숨겨진 고민을 치환하여 대신하거나 드러내 주는 것으로 보는 관점을 지양한다. 대신에, 나는 내담자(꿈을 꾼 사람)가 자신을 '꿈 세계' '안에' 두도록 장려하고, 묘사적으로 명료화하고 도전하는 것에 초점을 두고 상담을 진행한다. 일반적으로 실존치료에서의 꿈 작업에 대해서 나는 함께 협력하는 탐색 과정으로 전반적인 치료적 만남과 유사하다고 생각한다. 내가 보기에 꿈은 꿈을 꾸는 사람이 경험하고 탐색하고 자유롭게 만지작거릴 수 있도록 꿈 세계에서의 대안적 세계관을 제공해 주는 것을 통해서, 특히 현재 세계관에서 문제가 되는 침전되고 분리된 영역을 포함하여 현재 유지되고 있는 세계관에 도전할 수 있도록 해 준다.

다음은 나의 내담자였던 톰이 자신이 꾼 꿈에 대해서 이야기한 것으로, 꿈 작업에 대한 나의 접근 방법을 보여 준다.

1. 내담자가 선호하는 방식으로 내담자 자신이 기억하는 꿈 이야기를 하도록 한다.

먼저, 톰은 다음과 같은 방식으로 꿈에 대해서 이야기했다. "책상에 앉아서 보고서를 쓰려고 하고 있었어요. 그런데 갑자기 펜에 들어 있는 잉크를 빨아먹고 싶다는 충동이 들었죠. 잉크는 신기하게도 달았어요. 거울을 보니, 잉크가 온통 제 입이며 셔츠에 묻어 있었죠. 갑자기 이런 생각이 들었어요." '난 이제 엄마한테 죽었다!'

2. 내담자가 기억하고 있는 꿈과 직접적으로 관련이 있다고 생각되는 추가 정보를 내담자에게 요청한다.

톰은 "그 꿈을 꾼 그날 밤에요, 보고서를 쓰는 것이 지겨워서 미루고 있었어요. 그러다가 좀 쉬려고 TV를 봤죠. 잠자리에 드는 것이 싫지는 않았지만 한편으로는 후회도 되고, 결국 내일 해야 한다는 사실에 걱정도 됐어요. 어릴 적에 펜에 있던 잉크를 빨아먹은 적이 있었는데, 그땐 전혀 달지 않았어요! 잠에서 깨어났을 때 슬펐고, 사실 좀 울었어요. 왜냐하면 3년 전에 어머니가 돌아가셨거든요. 그렇게 '나를 혼낼 수 있는 사람은' 이제 저 자신 말고는 없어요."

3. 꿈에서의 장면을 이야기하는 것에 초점을 맞추고 꿈을 탐색하도록 내담자에게 요청하라. 예를 들면, 다음과 같은 방식으로 이를 요청할 수 있다.

- 공간의 맥락과 관련짓기: 꿈 세계에서 톰이 있던 방이나 책상은 현실 세계의 것과 동일한가? 아니면 현재가 아닌 현실 세계의 다른 시기에 있었던 것인가? 또는 자신이 아닌 다른 사람의 것이었는가? 상상 속의 방이었는가?
- 시간의 맥락과 관련짓기: 꿈은 톰의 현실 세계의 현재 시점에서 일어난

것인가? 또는 미래인가? 아니면 과거인가?

- **꿈 세계의 대상의 맥락과 관련짓기:** 그 펜은 어떻게 생겼는가? 그 펜은 톰이 현재 사용하고 있는 것인가? 아니면 그가 기억해 낸 펜인가? 그리고 책상은 어떠한가? 보고서는 어떠했는가? 그 보고서는 그가 현실 세계에서 쓰지 않았던 것과 같은 것인가? 아니면 또 다른 종류의 보고서였는가?
- **꿈 세계에서 꿈꾸는 사람의 맥락과 관련짓기:** 꿈 세계에서 톰은 현실 세계에서의 톰과 동일한 연령인가? 그가 입고 있었던 옷은 꿈꾸기 전날에 입었던 옷과 동일한가? 아니면 다른가? 만약 다르다면, 그 옷은 어떻게 다른가?
- **핵심 행동의 맥락과 관련짓기:** 치료자의 제안에 따라서 톰이 마치 꿈 세계에서처럼 펜을 입으로 가져가서 그 잉크를 빨아먹는 행동을 흉내 낼 때, 이 모습이 어떻게 보이는가? 그 행동이 기억된 꿈과 관련한 어떤 생각이나 느낌을 유발하는가? 톰이 꿈 세계에서와 같이 '난 이제 엄마한테 죽었다!'라는 진술을 큰 소리로 반복할 때, 그가 이 행동을 하는 모습은 어떠한가? 그는 어떻게 소리를 내는가? 이 행동이 기억된 꿈과 관련한 어떤 생각이나 느낌을 유발하는가?

이같이 꿈 장면을 묘사하는 과정에서 일어나는 것은 모두 내담자에 의해서 보다 더 명료화되고 추가되거나 또는 수정될 수 있다.

4. 이러한 초기 단계들을 따라서 내담자에게 기억하고 있는 꿈을 다시 반복해서 이야기해 줄 것을 요청하되 이번에는 현재 시제로 표현하되 행동으로 표현될 수 있을 때는 행동으로 표현해 줄 것을 요청한다. 추가해서 만약 내담자에게 도움이 된다면, 치료자가 현재 시제로 꿈을 반복해서 이야기해 주겠다고 제안할 수도 있는데, 이때에는 일인칭 시제(나)를 사용하며, 가능한 내담자가 사용한 언어와 동

일한 언어를 사용하고, 내담지가 이전에 보인 핵심 행동들을 모방한다.

톰은 "제 책상에 앉아서 보고서를 쓰려고 하고 있었어요(톰은 책상에서 쓰는 모습을 흉내 낸다). 펜을 들고 그것의 잉크를 빨아먹고 있어요(톰은 그의 입에 가상의 펜을 넣고 빨아먹는다). 달아요! 거울을 보고 있어요. 잉크가 입이며 셔츠에 온통 묻어 있는 것을 봐요. '난 이제 엄마한테 죽었다!'"라고 말했다.

5. 현재 시제로 서로 함께 꿈을 반복해서 이야기하는 것이 내담자에게 꿈에 대한 어떤 추가적인 생각이나 기억을 떠오르게 했는지 탐색한다.

   톰은 "이런 방식으로 꿈을 다시 살펴보니까, 제가 마치 매우 어린아이 같이 느껴져요. 심지어 꿈속에서 저는 성인인데도요. 잉크를 빨아먹는 것은 매우 즐거워요. 아마도 조금 에로틱할 수도. 어머니가 계속해서 떠올라요. 어머니가 여전히 살아 있으면 좋겠어요. 어머니가 그리워요. 어머니와는 어머니로서, 또 친구로서 정말 좋은 시간들을 보냈었어요."라고 진술했다.

6. 꿈을 이야기하는 중에 꿈을 꾼 사람과 관련된 다양한 주요 요소들을 확인한다. 톰이 이야기한 꿈에서 톰과 관련 있는 주요 요소들은 다음과 같다.

   ① 방
   ② 톰의 책상
   ③ 톰이 쓰지 않은 보고서
   ④ 톰의 펜
   ⑤ 잉크를 빨아먹는 행동
   ⑥ '달아요.'라는 진술
   ⑦ 거울
   ⑧ 톰의 잉크 묻은 입

⑨ 잉크로 얼룩진 톰의 셔츠

⑩ 톰의 어머니

⑪ '난 이제 엄마한테 죽었다!'라는 톰의 진술

7. 꿈꾼 사람과 앞에서 언급한 각각의 주요 요소들 사이에서의 유의미한 관련성에 대해서 내담자와 묘사적으로 탐색한다. 또는 만약에 너무 많다면, 가장 크게 흥미나 호기심을 불러일으키는 것들을 선택하도록 꿈꾼 사람에게 요청한다.

톰의 사례에서 쓰지 않은 보고서(③ 요소)와 그의 관계는 꿈 세계에서 그가 보고서를 쓰는 행동을 즐기고 있었다는 사실을 알려 주는데, 이러한 경험은 현실 세계에서 보고서를 쓰려고 그가 시도했던 모습과는 완전히 이질적인 것이었다. 이는 그의 꿈 세계의 보고서의 주제 또는 내용이 무엇이었는지에 대해서 톰으로 하여금 궁금하게 하며 그가 생각해 볼 다양한 도전적 가능성을 떠오르게 했다. 이와 마찬가지로 '난 이제 엄마한테 죽었다!'(⑪ 요소)라는 진술과 톰의 관련성에 대한 탐색은 매우 강력하고 고통스럽지만 가치 있는 정서적 반응을 일으켰다. 이 부분은 톰에게 있어서 온갖 종류의 중요하면서 동시에 어떤 두려움의 요소가 섞여 있는 기억을 떠오르게 했고, 이는 어머니에 대한 그의 깊은 사랑과 존경의 표현이었다. 동시에 톰은 꿈 세계 내에서 그 진술이 자신이 혼자라는 두려움이었다는 것을 깨달았다. 이러한 깨달음은 톰에게 어머니와의 관계에 대해서 다시 생각해 보게 도전했고, 그 결과 이 관계에서 두려워하는 측면을 솔직하게 인정할 수 있었다. 이를 통해서 톰은 그가 과거에 생각했던 어머니가 아닌 '한 사람의 인간'으로서 자신의 어머니를 보기 시작했다.

8. 만약에 어떤 하나의 요소와 다른 요소 사이에서의 잠재적 상호 관계에 대해서 고려할 때 드러나는 것이 있다면, 이들 간의 의미 있는 연관성을 탐색한다.

예를 들어, 돔의 '엄마'와 '잉크 빨아먹기'를 함께 두었을 때, 어떤 의미 있는 연관성이 존재하는가? 또는 그가 '달아요'라는 진술과 '난 이제 엄마한테 죽었다!'라는 진술을 함께 연결했을 때, 어떤 새로운 의미가 마음속에 떠올랐는가? 만약에 그렇다면, 전체적으로 볼 때 이는 꿈과 어떻게 관련되어 있는가? 예를 들어, 앞에서 논의했던 관점으로 톰이 쓰지 않은 보고서와 '난 이제 엄마한테 죽었다!'라는 진술 사이에 있을 수 있는 관련성에 대해서 생각했을 때, 그는 즐거운 느낌을 어머니와 관련된 진술에 대한 압도적인 두려움과 연결했다. 두려움과 즐거움을 구성하는 지성적 요소들을 추가한 내용적 요소들에 머물러 있으면서 톰은 어머니와 자신의 관계뿐만 아니라 그 자신을 '보살피는 것'과 여러 여성과 형성해 왔던 관계에서 '어머니를 대신할 사람'을 만나는 일 모두에 대한 자신의 실패에 대해서도 더 탐색할 수 있었다.

9. 가장 최근에 진행했던 상담 회기 또는 치료 전반에서 내담자에게 영향을 준 호소문제나 이슈와 관련하여 앞의 과정들에서 알게 된 것들을 탐색한다. 이 탐색을 통해서 꿈과 호소문제 모두를 설명해 주는 어떤 것이 새롭게 드러났는가?

톰은 삶의 전반에 걸친 무료함과 무관심 때문에 치료를 받기 시작했다. 그는 자살 충동을 느끼지는 않았지만 '살아 있다는 느낌을 느끼지는 못했다'. 일과 관련해서 그가 흥미롭다고 생각해 냈던 것은 그의 사회적이고 로맨틱한 관계들이 단지 얼마간의 시간이 지난 후에 흐지부지되는 것처럼 보인다는 것이었다. 동시에 그의 표현대로라면 그는 인생의 길에 대해서 스스로 방관자처럼 내버려 두는 것에 대해서 불만족스러워했다. 꿈은 그가 비록 그것이 자신의 꿈 세계에서라고 하더라도 여전히 강렬한 즐거움과 두려움을 경험할 수 있음을 톰에게 보여 주었다는 점에서 톰에게 유의미한 것이었음이 밝혀졌다. 비록 그가 돌아가신 어머니와의 문제 있는 관계와 관련된 깊은 이슈들을 가지고 있기는 하지만, 중요한 사실은 그가 이 꿈에 대해서 가장 가치 있게 생각했던 것, 즉 그가 영원히 잃어버렸다고 느꼈던 것을 여전히 경험할 수 있다는 이 다채롭고 의미 있는 느낌이라 할 수 있다.

10. 꿈을 탐색하는 동안에 알게 되었거나 언급되었던 내담자의 침전되고 분리된 세계관과 관련해서 앞선 과정에서의 관점으로 볼 때 드러나게 된 것이 무엇인지 탐색한다. 이러한 침전되고 분리된 세계관과 꿈의 관계가 시사하는 것은 무엇인가?

그의 호소문제와 관련해서 가장 명확하게 확인되는 침전 영역은, 첫째, 모든 것에 대한 그의 무료함, 둘째, 시작한 것을 완성하지 못하는 것에 대한 그의 무력함, 간단히 말하면 권태감(하지만 함축적으로 말하면 일을 끝내지 못한 결과로 나타나는 불만보다 자신이 완성한 것에 대한 판단을 받는 것을 훨씬 더 많이 두려워했기 때문이기도 하다.)과 관련된 실존적 불안정성에 머물러 있었다. 비록 꿈 세계에서의 톰의 보고서도 완성되지 못했지만 유의미하게 달랐던 것은 보고서 쓰는 것을 그가 즐거워했다는 사실을 스스로 인정했다는 부분이었다. 이러한 꿈 세계에서의 경험은 직접적으로 톰의 무료함이라고 침전된 영역에 문제를 제기했다. 동일하게 펜의 잉크를 빨아먹는 것을 즐거워했던 것은 비록 그 행동이 유의미한 두려움으로 이어지기는 했지만 그렇다 하더라도, 이 행동도 이 침전된 부분에 대한 의심을 갖게 했다. 게다가, 톰은 펜의 잉크를 빨아먹는 행동을 완성된 행동으로 보았고, 비록 그것이 ('예상되는' 그의 침전으로 인한) 두려움을 일으키기는 했으나, 그럼에도 그의 즐거움은 부정되거나 묵살되지 않았다. 따라서 이 꿈은 무엇인가를 완료하는 것에 대한 그의 불안정감에 대한 타당성 자체에 의문을 제기하는 것이 아니라, 이러한 타당성이 오직 그의 묘사의 한 부분에 지나지 않는다는 사실을 톰에게 드러내는 방식으로 의문을 제기했다.

앞의 예시가 보여 주려 했던 것처럼 실존치료의 관점으로 진행하는 꿈 작업은 치료적 만남 전반에 걸쳐서 적용되는 것과 동일하게 묘사적으로 초점을 맞추는 방식을 따르며 내담자는 명료화와 묘사적인 도전만으로 도전받게 된다. 꿈의 소재에 관한 상징적 측면을 치료자가 추가하거나 왜곡하거나 변형하거나 또는 가정하는 등의 방식은 전혀 시도되지 않는다.

비록 꿈 작업이 많은 시간과 집중을 필요로 하는 것이기는 하지만 내담자에게 매우 크게 보상적이며 도전이 된다. 개인적으로 나는 꿈이 내담자로 하여금 '꿈 장면 속에서 꿈을 꾼 사람'이라는 제3자의 관점에서 거리를 두고 보다 더 안전하게 어려운 문제와 이슈들을 다룰 수 있게 해 준다고 생각한다. 이러한 부분적으로 분리된 방식이 현실 세계에서 불가능하지는 않았겠지만, 내담자의 세계관에서는 갖기 어려웠을 수 있는 관점, 가치관, 두려움, 신념들이 표현되고 탐색될 수 있다. 실존치료자들과 함께 꿈 작업을 진행하는 과정에서는 꿈의 역침전화는 현실 세계의 세계관에 대해서 탐색하고 고려해 보도록 도전하는 것을 가능하게 해 줄 수도 있다.

많은 사례에서 꿈에 초점을 맞추는 치료 회기는 치료 세계에서 이어 갈 수 있는 탐색 과정을 시작하게 해 줄 수도 있다. 적어도 중요한 것은 내담자와 함께 꿈 작업을 하는 것이 치료 세계와 치료자에 대한 내담자의 신뢰와 치료자와 함께 있는 것에 익숙해지는 경험을 보여 주는 내담자와 치료자 사이의 친밀감을 형성하도록 해 준다는 사실이다. 이러한 친밀감은 치료자로 하여금 내담자의 세계관과 내담자의 고민들과의 관계성에 대해 추가적으로 명료화하고 도전할 수 있게 해 준다.

연습 꿈 작업

1. 동료와 함께 번갈아 가면서 기억나는 꿈을 탐색해 보라. 만약 꿈이 너무 길다면, 가장 흥미롭거나, 뜻밖이었던 부분, 또는 불안감을 주는 부분에 대해서 탐색하라. 각 회기는 30분 동안 진행하라.

2. 내담자 역할을 하는 사람은 먼저 자신이 선호하는 방식으로 꿈(전체 또는 부분)을 이야기한다.
3. 치료자 역할을 하는 사람은 앞에서 살펴보았던 탐구 순서에 따라서 내담자가 꿈을 탐색할 수 있도록 조력한다.
4. 동료와 함께 이 활동을 모두 마쳤다면, 이러한 관점으로 꿈 작업을 하는 것에서 발견한 개인적 유용함과 치료 과정에서의 유용함에 대해서 논의해 보라.

치료적 관계의 환경, 구조 그리고 계약 조건 재조정하기

다음은 환경, 구조 그리고 계약 조건들 중에서 이미 내담자와 치료자가 동의했지만, 내담자나 치료자가 재조정을 요청할 수 있는 것들과 관련된 다양한 사례이다.

1. 2단계에서 내담자나 치료자가 상담 빈도나, 상담 시간의 연장 가능성을 요청하거나 제안하는 것은 관계 강도와 서로 관련된다.
2. 2단계에서 내담자가 현재 진행하고 있는 상담 빈도의 감소나, 상담 시간의 단축을 요청하는 것은 관계 강도와 서로 관련된다.
3. 2단계에서 이미 합의된 계약 조건을 넘어서는 시간에 전화, 이메일 또는 문자로 치료자에게 연락할 수 있기를 요청하는 것은 관계 강도와 서로 관련된다.
4. 편리성이나 삶의 조건에 대한 변화로 내담자나 치료자는 합의한 상담 시간이나 장소, 또는 비용 조건에 대한 변화를 요청할 수 있다.
5. 치료 세계에서 논의해 왔던 이슈와 문제들에 도전하는 데 도움이 될 수 있는 책이나 영화와 같은 다른 자료들을 추천해 주기를 치료자에게 요청한다.

6. 치료 세계에서 내담자가 호소하는 이슈와 문제들의 여러 측면을 치료자가 더 잘 이해하는 데 도움이 될 수 있는 책이나 음악 또는 영화를 접할 기회를 치료자에게 제공한다.
7. 특정 주제를 탐색하는 데 도움이 될 것이라고 생각하는 구체적인 음악이나 소설에서 일부 발췌한 내용이나 또는 그림이나 사진과 같이 내담자의 삶에서 의미 있는 아이템에 초점을 맞춘 1회기 상담이나 정해진 수의 상담 회기를 치료자에게 제안한다. 예를 들어, 동생의 갑작스러운 죽음이 자신의 삶에 미친 영향을 탐색해 오던 한 내담자는 동생과 자신이 모두 어린아이였던 시기부터 동생의 죽음 이후에 그 시신을 찍은 사진에까지 동생과의 관계를 담은 사진을 가져와도 될지에 대해서 치료자에게 허락을 구했다.
8. 치료 세계가 현재의 상담실 이외에도 다른 공간에 존재할 수 있는 가능성을 언급하는 등 치료 세계의 확장에 대한 아이디어를 치료자에게 제안한다. 예를 들어, 한 내담자는 그의 사무실 공간에서는 자신이 '매니저로서 존재하는 방식'에 더 다가갈 수 있고, 자신에게 도움이 될 수 있는 훨씬 더 즉시적인 방법으로 우리가 논의했던 문제들에 접근할 수 있기 때문에 그의 사무실에서 몇 차례의 상담 회기를 가지기를 제안했다. 또 다른 내담자는 나와의 회기를 외부 공간, 즉 나의 사무실을 둘러싸고 있는 공원의 공공장소에서 진행하면 좋겠다는 의견을 표현했는데, 그녀는 비록 왜 그런지를 설명하지는 못했지만 물리적인 움직임이 허용되고 벽으로 막혀 있지 않은 공간에 있다는 느낌은 그녀에게 중요한 문제로 여겨진다고 그 이유를 말했다.
9. 치료 세계 내부로 누군가 다른 사람의 출입을 일시적으로 허용할 수 있는지 여부를 치료자에게 제안한다. 예를 들어, 한 내담자는 첫 회기 때 다음 회기에서 자신의 남자 친구를 나에게 소개해도 되는지를 물어보았다. 내담자는 자신의 남자 친구에게 나에 대한 수많은 이야기를 했는

데, 내가 그를 만난다면 그가 가진 수많은 우려(그리고 아마도 질투심도)가 해결될 수 있을 것 같다고 그 이유를 설명했다. 또 다른 내담자는 자신의 반려견과 함께 있는 상황에서만 자신의 고통스러운 주제에 대해서 구체적인 이야기를 시작할 수 있을 것 같이 느껴진다고 말하며 상담회기에 자신의 반려견을 데리고 와도 되는지 요청했다.

앞의 예시들과 유사한 다른 여러 사례가 실존치료자의 전문가로서의 상담경력 전반에서 다양한 순간에 일어날 수 있다. 내담자는 다양한 방식으로 분리된 치료 세계를 지금까지 구별하고 유지해 온 관계적이고 맥락적인 조건들을 바꾸고자 하는 의도를 표현한다. 앞에서 제안한 일부 변경 요청에 응하거나 또는 거절하는 것에 있어서 그 상대적 타당성이나 타당하지 못함에 대한 질문에 초점을 맞추기보다 실존치료 2단계에서의 이러한 요청이나 또는 이와 비슷한 다른 요청들에 대해서 기계적으로 거절하는 경우는 없다는 사실을 이야기하고 싶다. 또한 기계적으로 동의를 요구하는 것도 실존치료에는 없다. 각각의 사례에서 결정적인 것은 이전에 합의했던 계약 내에서 잠재적으로 가능한 대안으로 지정된 적이 없는 이러한 요구들은 치료자와 상담자 모두 거부할 권리가 있다는 점에서 잠재적인 상황의 변화를 다루는 것이 중요하다. 동시에 내담자에 의해서 제안된 모든 수정 항목은 비록 치료자가 여력이 안 되거나 그것을 실행하는 데 동의하고 싶지 않다고 하더라도 마땅히 고려되고 묘사적으로 초점을 맞추고 탐색되어야 한다.

이전 장에서 논의했던 것과 같이, 현시대의 다른 접근들과 달리 이러한 요청이 전문가의 행동지침과 윤리지침 안에 있기만 한다면, 실존치료의 '규칙'에는 수없이 다양하게 가능하고 적절한 조건들이 포함되고 표현될 수 있다. 이러한 요청에 있어서 한 가지 단서 조건이 있다면 이는 실존치료자와 내담자의 구조적 관계가 치료적 관계로 변하는 그 시기와 여부에 대한 '신비한 믿음'을 적절히 그리고 충분히 유지하고 있기 때문에 나타나는 것이라는 점을 인정해야 한다는 것이다.

그렇다고 하더라도 이러한 상호 관계적 요구사항과 가능성을 충족시키는 데 있어서 신뢰도가 이미 증명된 구조를 재평가하는 것이 어떤 가치가 있는지를 묻는 질문이 여전히 남겨져 있다. 이에 대한 한 가지 답변은 1단계가 진행되는 동안 적절한 치료 세계의 구조를 제공해 주었던 다양한 환경, 구조 그리고 조건들은 2단계에 실재하는 가능성들에 대해서 불필요하고 원하지 않는 한계를 부과할 수도 있다는 점이다. 1단계에서의 조건을(영속적으로든 또는 일시적으로든) 재조정하는 것은 이미 일어난 세계관의 변화를 내담자 스스로 깨닫는 것과 매우 유사할 수 있는데, 이러한 세계관의 변화는 재조정된 조건들과 더 잘 맞을 수도 있고 또한 새로운 조건을 통해서 이 세계관의 변화가 가지는 함의가 보다 잘 탐색되기도 한다.

치료 세계의 경계 밖에서의 예상치 못한 만남

앞에서의 논의는, 예를 들면 슈퍼마켓이나 파티 장면과 같은 치료 세계의 경계 바깥에서 예상치 못하게 내담자를 만나는 상황에 대한 치료자의 두려움을 상기시켜 주는데, 이러한 두려움은 현재 수련 중에 있는 치료자와 활동 중인 치료자 모두에게서 일반적으로 표현된다. 치료자가 내담자와의 모든 접촉을 피하려고 애쓰거나 이런 접촉으로 인해서 이미 정립되어 있는 체계에 작은 위반으로부터 대재앙적 일탈에까지 이르는 위험이 발생할 수도 있다는 생각을 시작으로 치료자 자신이나 내담자의 존재를 일부 부정하는 것은 드문 일이 아니다.

실존치료의 관점으로 이 문제를 생각해 본다면, 치료자가 이와 같은 상황에 반응하기를 회피하는 것은 세계관의 분리 전략과 매우 유사해 보인다. 이 경우에 회피와 부정은 치료자의 치료 세계의 세계관을 안전한 상태로 유지하게 하는 여러 가지 현재의 관계와 맥락적 조건을 가능하게 해 준다. 대안적으로 치료자가 이 사건을 받아들이고 내담자와 더 넓은 세계에서의 관계적 맥락을 형성한다면, 이 새로운 만남은 일부 역침전화하는 방식으로 치료 세계의 세계관에 영향을 미치게 될 수 있다. 각각의 대안은 그것의 한계와 위험성과 더불어 가치 있는 측면도 가지고 있다. 동일하게 각각의 전략에 따른 결과들은 각 대안을 선택하는 것이 치료적 관계에 미치는 영향에 있어서 각각 전략의 결과는 전부 예측될 수는 없다. 다시 말해서, 치료자와 내담자 모두는 불확실성을 직면하게 된다.

이러한 사례들에 관한 나의 가장 일반적인 입장은 치료 세계의 세계관에 도전하기를 허용하고 예상치 못한 결과와 가능성에 개방적인 상태를 유지하기 위해서 노력하는 것이다. (현재 상담을 하고 있거나 또는 과거에 상담을 했던) 내담자와의 예상치 못한 만남에 있어서, 나는, 예를 들면 살짝 고개를 끄덕이거나 미소를 짓는 등의 몇 가지의 비언어적 방식으로 그 또는 그녀의 존재를 인정한다. 그러고 나서 내담자로 하여금 나에게 다가오기를 원하는지는 또는 대신에 공공의 장소 내에서 우리의 관계를 인정하지 않은 채로 지내기를 선호하는지를 내담자가 결정할 수 있도록 둔다. 이는 내담자가 우리 사이의 전문가적 관계를 어떤 방식으로든 공개적으로 인정하기를 원할 수도 있는 가능성에 개방적인 것과 마찬가지로 익명성을 원할 내담자의 권리에 대해서 전문가로서 존중하는 인상을 줄 수 있다. 내담자가 나와의 대화를 선택한다고 하더라도, 나는 내담자와의 전문적 관계에서의 민감한 내용들을 언급하지 않는 수준에서 대화를 진행할 수 있는 것은 언제나 가능하다는 사실을 알게 되었다. 사실, 나의 경험은 내담자는 대개 내가 애쓰는 것만큼이나 이 부분에 대해서 신경 쓰고 책임감을 느낀다는 것이다. 내가 생각하기에, 특히 현재의 내담자라면 더욱 중요한 것은 치료 세계 밖에서 내담자를 만나는 것과 더불어 이 장면에서의 반응들에 대해서 곧 이어 진행되는 치료 회기에서 어떤 방식으로든 다루어야 한다는 것이다.

연습 구조 재조정하기

1. 동료와 함께 2단계 과정에서 1단계의 환경, 구조 그리고 계약 소건들을 재조정하는 것의 장점과 단점을 논의해 보라. 어떤 상황에서 이와 같은 재조정이 적절해 보이는가? 치료자로서 내담자와 이러한 재조정의 문제를 어떻게 다룰지 이야기해 보라.
2. 동료와 함께 앞에서 요약한 치료 세계의 재조정이 가능한 구체적인 사례들에 초점을 맞춰 보라. 이 재조정 사례들에 대해서 당신과 동료는 각각 어떻게 반응할지 이야기해 보라. 앞에서 언급된 가능성들 중 어느 하나에 근거해서 내담자가 재조정을 요청할 때 이에 어떻게 반응하겠는가?
3. 당신이 상담 중인 내담자를 밖에서 만나게 되었던 일이 있었다면, 치료 장면이 아닌 외부에서 내담자를 만났었던 그 상황에 대해서 묘사해 보라. 당신은 어떻게 반응했으며 내담자의 반응은 어땠는가? 이 이슈에 관한 논의들을 따라서, 당시의 반응을 어떻게 평가할 수 있는가? 만약 이런 상황이 또 다시 일어난다면, 당신은 이에 대해서 어떻게 다르게 반응하겠는가?

2단계에서 3단계로의 치료적 이동의 적기를 알려 주는 신호

3단계로의 이동이 가능할지 여부를 실존치료자에게 알려 주는 신호에는 무엇이 있는지를 묻는다면 누가 봐도 타당하게 보이는 다음의 신호들을 제안할 수 있다.

1. 내담자는 치료 작업에서 다룬 내용 대부분을 실행에 옮기기 시작한다. 다시 말해서, 내담자는 세계관에 초점을 맞춘 상담에서의 도전들을 점점 더 채택하고 여러 장면에서 내담자가 자기 자신의 치료자가 되기 시작한다.
2. 1단계와 2단계 전반에 걸쳐 탐색된 침전되고 분리된 영역에 대한 내담자의 태도에 있어서 경험에 의한 변화와 기질적 변화를 보여 주는 명백

한 신호들이 나타난다.

3. 2번 항목과 연관해서 내담자의 세계관에 있어서 불안을 일으키는 모호함이 더 이상 불안감을 주지 않고 내담자가 이를 자신의 것으로 인정할 수 있게 되거나 또는 이러한 모호함의 몇몇 모습들에 이의를 제기하고 내담자의 세계관이 눈에 띄게 변화하고 있다는 강력한 신호들이 나타난다.
4. 내담자의 이야기에서 점점 더 갈수록 새로운 가능성을 고려하고 있다는 신호들이 나타난다. 대개 이는 치료 세계 밖에서의 다양하고 새로운 존재 방식들에 관한 결정을 내려야 하는 지점에 도달함에 따라서 내담자에 의해서 표현된다.
5. 내담자의 이야기가 점점 치료 세계 밖에서의 존재 방식을 '실험하는' 자신의 경험을 설명하고 연구하는 것에 초점을 두게 된다.
6. 내담자의 이야기가 점점 더 갈수록 미래 지향적이 되어 간다.
7. 친밀감의 수준에 있어서 내담자가 치료자와의 관계가 편안해졌다는 근거들이 빈번하게 나타난다.

2단계에서 3단계로의 치료적 이동을 방해하는 요인

치료적 관계의 측면에서 2단계에서 3단계로의 이동의 적기를 알려 주는 다양한 징후가 있는 것과 같이, 2단계에서 형성된 친밀감 그 자체가 내담자에게 미리 예측하지 못했던 이슈나 문제들을 일으키고 있다는 징후들도 있을 수 있다. 다시 말하면, 친밀감이 증가함에 동반하는 불확실성이 내담자의 세계관에 예측하지 못한 뜻밖의 방식들로 영향을 미치게 될 수 있는데, 이로 인해서 비록 내담자의 초기 호소문제가 어떤 면에서 해소되거나 수용되었다고 하더라도 내담자는 이전에는 나타나지 않았던 세계관의 긴장의 측면에서 불안이나 견디기 어려운 경험을 하게 되는 등의 새로운 모호함에 빠지게 되고 세계관의 안정성은 위협받게 된다. 그렇다고 한다면, 이는 3단계로 이동하는 것에 대한 내담자의 불안과 준비 부족의 신호로 볼 수 있을 것이다. 다음은 그 예시들이다.

1. 내담자가 치료 세계 내에서의 관계 경험을 그 경계를 넘어 더 넓은 세계에서의 관계로 확장하는 것에 대해서 내켜 하지 않는 표현을 한다.
2. 내담자가 치료 세계를 넘어서는 새로운 경험과 그 가능성을 시도하는 방법들에 대해서 고민하지만 거의 실행하지 않거나 시도하지 않는다.
3. 내담자는 치료 세계의 특수성을 유지하고자 하는 내적 또는 외적 욕구를 표현하며 더 넓은 세계의 대안들과 비교할 때 치료 세계에 함께 거하는 경험을 매우 재미있고 현저하게 실제적인 것으로 특징짓는다.
4. 친밀감에 대한 내담자의 폭넓은 경험이 치료자의 존재에 의존되어 있거나 이를 탐색하는 과정이 치료자의 결정에 달려 있다.
5. 내담자와 논의하는 사이에 새로운 문제가 등장하거나 또는 이전에 다루었던 문제에서 예측하지 못했던 문제가 발생한다.
6. 내담자가 자신, 치료 세계 너머의 타인이나 치료자를 향한 여러 가지 강렬하고 폭발적인 감정을 표현하고 대면하는 것을 자주 반복하지만, 현재 유지되고 있는 세계관에 대한 도전들에 대한 탐구로 이들을 이용하거나 고려하기는 어려워 보인다.

방금 언급한 경우들은 모두 내담자의 세계관 전반에서 주요 요소나, 주요 구조 사이의 상호 관계성이 파악되지 못했거나 또는 충분히 탐구되지 않았음을 시사한다. 이러한 경우에는 2단계 내에서의 추가적인 탐색이 필요하다. 하지만 동일하게 이와 같은 경우는 내담자의 긴장 또는 내담자와 실존치료자의 관계를 포함한 치료 세계의 불안정한 측면에 대해서 충분하게 탐색하지 못했음을 반영하기도 하며, 이는 1단계에서 치료 세계의 조건들의 새로운 정립이 요구됨과 동시에 아직 2단계로 넘어가기에는 이르다는 점을 시사한다.

요약

2단계 전반에서 실존치료자의 타자됨은 비록 내담자의 '옆에 서 있기' 위해서 애쓰면서도 그 자신을 대변할 수 있고 그렇게 함으로써 경험을 통해 얻은 차이점과 유사성을 통해 내담자에게 도전하는 구별된 존재로서 구분되는 것이다. 이러한 관점에서 보면, 2단계는 실존치료자에게 불확실성을 포용하는 자발적 마음을 요구하는데, 이 불확실성은 치료 세계에서 서로 관계를 형성해 가는 사람들 사이에서 서로의 경험의 유사성과 단절보다는 연결됨의 근원으로서의 차이점 모두를 인정하는 것에서부터 만들어지는 강한 친밀감의 표현과 결과로서 발생된다. 아마도 다음에서 인용하고 있는 바츨라프 하벨(Vaclav Havel)의 인용문은 2단계 전반에서 나타나는 불확실성의 한 측면을 잘 포착하여 표현해 주고 있다.

> 정확한 가이드라인이란 없다. 아마도 어떤 가이드라인도 없을 것이다. 내가 추천할 수 있는 유일한 것은…… 유머, 그것은 터무니없고 우스꽝스러운 차원에서 사물을 보는 능력이며, 타인과 우리 자신을 웃게 하는 능력이고, 이 세계에서 풍자할 수 있는 모든 것에 대한 아이러니…… 자기 자신의 우스꽝스러움, 또는 심지어 의미 없음을 깨달을 수 있는 능력을 보유하고 있는 사람들은 결코 오만할 수 없다(Havel, 2000: 20).

제9장

3단계: 치료 세계 종결하기

소개

3단계는 실존치료자와 내담자 사이에서의 합의된 모든 계약의 종료를 목적으로 하며, 그 결과 치료자와 내담자가 함께 만들었고 내담자의 세계관을 드러내고 이에 문제를 제기하기 위한 구조의 역할을 하던 치료 세계는 공식적으로 종결된다. 하지만 마찬가지로, 3단계는 치료 세계에서 함께 거하던 내담자의 경험이 그 경계를 넘어 더 넓은 세계에서의 관계로 확장이 가능한지 여부와 그 범위를 탐색하는 것을 포함하고 있다. 이런 의미에서 3단계는 내담자의 치료 세계에서의 세계관과 더 넓은 세계의 세계관 사이를 '다리'를 놓는 것의 잠재적 가능성을 탐색하는 것과 관련된다.

3단계가 진행되는 동안 실존치료자들이 채택하는 입장은 **집행인**의 입장에 상응한다(Yalom, 1989). 첫째, 집행인으로서 실존치료자는 치료 세계에 대한 내담자의 경험의 전부 혹은 일부분이 내담자의 더 넓은 세계에서도 적용되고 유지되는지에 대한 연구를 조력한다. 둘째, 실존치료자는 집행인으로서 이 불완전한 다리를 놓아 연결하는 과정과 치료적 관계의 결말 사이에서의 관련성을 명확히 한다. 셋째, 실존치료자는 집행인으로서 상담자와는 다른 더 넓은 세계에 실재하는 '타인들'에게로 초점을 이동시키고 어쩌면 새롭게 포착된 세계관의 가능성을 실험하고자 하는 내담자의 시도에 반하는 것이 될 수 있는 관계적 전략을 채택하는 방식으로 내담자와 관계를 맺는다.

넓은 의미에서 3단계는 내담자로 하여금 실험 중심의 치료 세계의 경계 안에서 더 넓은 세계의 타인들의 목소리를 듣도록 격려하는 것으로 이를 통해서 이 두 세계를 연결하려는 내담자의 노력은 부분적으로 보다 수월하게 달성될 수 있다. 3단계에서 고려해야 할 주요 사항들 대부분을 담고 있는 정신분석가 한스 트뤼브(Hans Trüb)의 말을 인용하면 "분석가는 세상과는 반대로 어느 지점에서는 환자의 특정 부분을 수용하는 위로자로부터 세상의 요구를 환자에게 전달하는 사람으로 변화해야만 한다"(Trüb, 1947; Friedman, 1964: 520에서 인용). 이 관점을 빌린다면, 실존치료는 개인을 분리시키고 기분을 나아지게 하는 현대 서양의 치료 접근의 경향에 대한 지속적인 비판에 대응하고 이를 다루는 것을 통해서 새로운 방법들을 제공한다. 극소수의 접근만이 후자의 역할에 대해서 명확히 진술하고 있기 때문에 나는 먼저 그 부분에 논의의 초점을 맞춘 후, 다시 치료의 종결에 관련된 문제로 돌아가려 한다.

그들-초점

제1부에서의 주장과 같이, 자유, 선택 그리고 책임의 개념은 개인에 대한 것이며 개인에게 속한 것으로 나뉘고 분류될 수 있는 개인화되고 독립된 주관성의 측면에서 다루어지는 경향이 있다. 이와 같은 측면에서 자유, 선택 그리고 책임의 문제 또는 경험을 '나의 소유'로서 간주하는 입장과 이와 반

대로 이들이 다른 사람이나 타자에게 속해 있다고 가정하는 입장 사이에서도 차이가 발생한다. 이러한 입장과는 대조적으로 나는 실존적 현상학의 기본 원리들로부터 제기된 보다 복합적인 불안을 일으키는 결과들이 불가피한 관계성의 기본 토대 위에 선택, 자유 그리고 책임의 문제에 초점을 맞춘 것들을 포함한 모든 개인의 경험의 원천에 자리하고 있다고 주장해 왔다. 이를 통해서 이전에는 내 것 또는 네 것으로 이해되고 제시되었던 모든 것이 구분할 수 없는 우리의 것이 된다.

나는 인습 타파적인 관계 중심의 치료자 레슬리 파버(Farber, 1967, 2000; Gordon, 2000)야말로 이 치료의 전장에서 이러한 이슈들을 가장 유능하게 다루는 사람이라고 생각한다. 치료자로서 파버의 업적은 치료적 관계의 배타성을 파괴하였으며, 내담자와 치료자의 관계와 내담자가 더 넓은 세계에서의 관계 사이에서의 유일한 연결점으로서 치료적 관계의 가능성을 강조한 것이었다. 대부분의 다른 치료자와 달리 파버는 상담실이나 또는 치료적 활동 전반에서 더 넓은 세상을 배제하지 않았다. 파버에게 있어서 치료에서 요구될 가치가 있는 모든 것은 치료 세계의 한계 내에서 격리될 수 없는 것이었으며, 오히려 치료의 결과들이 드러날 수 있는 장소인 내담자가 나아가야 할 더 넓은 세계의 관계들 안에 자리해야 하는 것이었다. 파버의 시도는 치료 세계의 경계 내에서 개인이 이전에 괴로움과 장애를 악화시키던 태도를 버리고 새로운 태도를 간신히 채택할 수 있었다면 하물며 더 넓은 세계에서 이 새로운 태도가 잘 자리 잡을 수 있을 것이라는 보장은 할 수 없다는 점을 강조하고 있다. 이와 마찬가지로, 비록 어떤 개인이 자신의 삶을 개선하기 위한 방법들을 찾을 수 있다고 하더라도, 그 방법들이 더 넓은 세계의 타인들에게 미칠 영향이 여전히 알 수 없고 예측할 수도 없다는 사실을 해소해 줄 수는 없다. 파버의 관점은 치료적 성공에 대한 개념을 복잡하게 만들었는데, 왜냐하면 그의 기준으로 볼 때 성공은 더 이상 개인적인 가치와 유익이라는 조건만으로 고려될 수 있는 것이 아니기 때문이다. 게다가 이 관점은 모든 행동도 진정 그 자체로 독립적으로 고려될 수 없으며 반드시 상호 관계적 맥락 내에 고려해야 한다는 인식을 부과하고 있기 때문에 이는 내담자에게도 거슬리는 것이 되기도 한다. 그러므로 치료적 성공과 실패의 측면에서 치료의 영향과 결과를 평가하는 것은 여간 어려운 일이 아니다.

내 생각에 실존치료자들은 이러한 이슈들에 그리 신경을 많이 쓰지 않았던 것으로 보이는데 어떤 면에서 이는 다소 놀랍기도 하고 사실은 충격적이기까지 하다. 이 부분에 신경 쓰지 않은 이유는, 최소한 내가 보기에는 실존치료가 서 있는 중요한 토대를 훼손한 것이 아니라면 형편에 따라 잊어버린 것으로 보인다. 독자들은 이전 장에서 2단계에 대해서 논의할 때 만남에 있어서 상호 관계적 영역에 관한 주제가 먼저 제기되었다는 사실을 떠올릴 수 있을 것이다. 그 부분에서 **나-초점**(I-focus), **너-초점**(You-focus), **우리-초점**(We-focus)이라고 하는 세 영역이 소개되었으며, 치료 세계에서 이들을 적용할 수 있는 방법의 예시들이 제공되었다. 이 장에서 4번째 영역인, 그들-초점(They-focus) 영역을 다루고 이에 대해서 논의하는 것의 적절성은 명백해 보인다.

그들-초점의 질문은 내담자로 하여금 자신의 치료 세계의 새로운 세계관에 대한 더 넓은 세계의 타인들의 반응을 상상하고 탐색하게 한다. 여기에 추가하여 그들-초점의 질문은 내담자가 타인과의 상호 관계에 자신의 세계관이 미칠 영향에 대해서도 고려하게 한다. 일반적으로 그들-초점의 영역은 다음의 내용과 관련된다.

- 내담자의 세계관이 타인의 자기-구조 개념에 초점을 둔 실존적 불안정성(예: 지속성, 기질적 특성 그리고 정체성과 관련된 불안)에 미칠 것으로 여겨지는 영향에 집중한 묘사적 탐색. 예를 들면, "만약 제가 어머니를 위해서 항상 옆에 있을 것이라고 그녀에게 말한다면, 그녀는 자신의 미래에 대해서 그 정도까지 걱정하는 것을 멈출 거예요." "제가 우울해하는

모습을 딸이 볼 때마다 그 아이는 어떤 방식으로든 그것을 자신의 책임으로 느꼈다는 것을 알게 되었어요." "제가 너무 오랜 시간 멀리 떨어져 있었기 때문에 그는 자기 자신을 저의 배우자로 정의하기는 어려웠을 것 같네요."

- 내담자의 세계관이 타인의 타인-구조 개념에 초점을 둔 실존적 불안정성에 미칠 것으로 여겨지는 영향에 집중한 묘사적 탐색. 예를 들면, "만약 제가 어머니를 위해서 항상 옆에 있을 것이라고 그녀에게 말한다면, 그녀는 이웃과 더 사이좋게 지낼 거예요." "제가 우울해하는 모습을 딸이 볼 때마다, 그 아이는 항상 오빠와 싸우고는 했다는 것을 알게 되었어요." "제가 너무 오랜 시간 멀리 떨어져 있었기 때문에 그는 가족으로부터 과도하게 독립적이 되었던 것 같네요."
- 내담자의 세계관이 타인의 세계-구조 개념에 초점을 둔 실존적 불안정성에 미칠 것으로 여겨지는 영향에 집중한 묘사적 탐색. 예를 들면, "만약 제가 어머니를 위해서 항상 옆에 있을 것이라고 그녀에게 말한다면, 그녀는 자신의 가라앉은 기분 상태에 더 많은 주의를 기울일 거예요." "제가 우울해하는 모습을 딸이 볼 때마다, 그 아이는 식욕을 잃었고, 예상치 못했던 시끄러운 소리에 두려워했다는 것을 알게 되었어요." "제가 너무 오랜 시간 멀리 떨어져 있었기 때문에 그는 교외로 더 많이 나가고, 사람보다 자연과 더 많은 교감을 느낀다고 말한 것 같네요."

내가 보기에 이러한 그들-초점을 공개적으로 인정하는 것을 통해서 실존치료자들은 존재의 상호 관계적 특성에 관한 실존치료의 가정과 일치하는 탁월한 방법을 가지게 되며, 이를 통해서 실존치료자들은 내담자를 별개의 개체로 고려하는 일반적인 치료적 경향을 논박한다. 이 네 번째 관계적 영역에 대한 설명은 치료의 결과로서 내담자가 새롭게 인식한 세계관의 관점으로 변화와 선택을 고려하는 지점에 도달하게 되는 3단계에서 특히 중요하다. 실존치료자는 그들-초점 영역에 관한 질문에 초점을 맞추는 것을 통해서 내담자가 자신이 지목한 더 넓은 세계의 중요한 타인들의 관점으로 내담자가 의도하는 또는 실행하려는 변화의 경험으로 인한 다양한 관계적 영향에 대해서 고려해 보도록 도울 수 있다. 다음에 이어지는 대화는 치료적 관계 내에서 그들-초점에서 변화의 잠재적 영향을 명확히 하는 간단한 방법을 보여 준다.

내담자: 무엇을 해야 할지 마침내 결정했어요.

치료자: 오, 그래요? 무엇인가요?

내담자: 조기 퇴직 제안을 받아들이고 그 상여금을 바이에른(역자 주: 독일 남부에 위치한 주의 명칭)에 집을 사는 데 쓰려고 해요.

치료자: 음…… 들어 보니, 꽤 오랜 시간 망설여 왔던 것 같네요.

내담자: 네, 하지만 이제는 확신이 섰어요.

치료자: 그렇게 결정하면 모두가 행복한건가요[그들-초점]?

내담자: '모두'라면 어떤 의미인가요?

치료자: 글쎄요……. 저는 도리(내담자의 아내), 칼과 올리비아(내담자의 아들과 딸), 그리고 당신의 어머니와 친구들을 염두하고 한 말이었어요. 물론 브루투스(내담자의 반려견)도 생각했고요[그들-초점].

내담자: 아, 브루투스는 너무나 좋아할 거예요. 한참을 산책할 수 있는 곳이지요. 아마도 강아지였을 때처럼 좋아할 것 같네요. 그럴 거예요[그들-초점].

치료자: 좋군요. 다른 사람들은 어떤가요[그들-초점]?

내담자: 음.

치료자: '음'이라고 한 건 어떤 의미인가요?

내담자: 그러니까 모두가 합의한 건 아니라는 의미였어요.

치료자: 그렇군요.

내담자: 도리는 자신과 아이들이 독일어를 배워야만 한다는 사실에 마음을 졸이고 있어요[그들 초점]. 그리고 칼은 그렇게 하면 분명히 친구들과 헤어지게 될 거라고 이야기했죠[그들 초점]. 올리비아는 잘 모르겠네요. 별다른 말을 하지는 않았어요[그들 초점]. 그리고 어머니는…… 글쎄요. 상상하실 수 있을 거예요[그들-초점].

치료자: 당신의 결정에 대해서 어쨌든 대단히 환영하는 분위기는 아니군요[그들-초점].

내담자: 맞아요. 믿을 수 없을 정도로 기운 빠지는 일이죠. 다들 저에게 우울증으로부터 빠져나오기 위해서 무엇이라도 하라고 수개월 동안 계속해서 말해 왔어요[그들-초점]. 그리고 저는 그 말을 듣고, 여러 주 동안 여기에 와서 상담을 했죠. 스스로 해결해 보려고요. 그리고 이제야 제가 무엇을 원하는지, 어떻게 하면 정말 행복할지, 새로운 가능성에 대해서 한창 신나 있는데, 그들이 이렇게 다 망쳐 버리고 있죠[그들-초점]!

치료자: 이렇게라 함은…… 가족들이 그것을 어떻게 망쳤다는 건가요[그들-초점]?

내담자: 정말이지 끝내주게 이기적인 가족들이죠[그들 초점]! 가족들은 무엇이 저에게 좋을지에 대해서 정말로 깊이 생각해 봤다고 말하지만[그들-초점] 결국 자기들이 원하는 거고, 자기들에게 좋은 거라는 걸 알고 있어요[그들-초점]!

치료자: 그렇군요. 같이 한번 들여다보죠. 도리가 당신에게 그 결정에 대해서 보다 신중하게 살펴보는 게 좋겠다고 말했을 때, 당신이 생각하기에 그것은 무엇 때문이었던 것 같나요?

내담자: 아내는 안정적인 삶을 필요로 하고 새로운 것을 시도하는 것에 두려움을 갖고 있기 때문이죠[그들-초점].

치료자: 그렇군요. 그러면 당신이 내린 결정이 도리를 불안하게 하고, 새

로운 것에 대한 그녀의 두려움을 일으킨 것이군요[그들 초점]. 이 부분에 대해서는 어떻게 생각하나요?

내담자: 기분이 좋지는 않죠. 아내가 그렇게 느끼기를 바라지는 않아요. 하지만 아내도 때로는 위험을 감수해야 하는 거잖아요[그들 초점]. 인생은 너무 짧고 그리고…….

치료자: 질문을 하나 해 보죠. 도리가 당신의 계획에 동의했다고 가정해 봅시다. 여전히 불안감과 두려움을 느낀 채로요. 그러면 모두 다 같이 바이에른에서 살겠죠. 그리고 그 모든 새로운 것에 대한 도리의 불안감과 두려움은 계속되겠죠[그들-초점].

내담자: 그러면(한숨), 아이들과 저는 그 지역의 식당이나 호프집 같은 곳에서 대부분의 식사를 해결해야 하겠군요.

치료자: 왜 그렇게 생각하나요?

내담자: 왜냐하면 도리가 그렇다고 하면, 도리는 요리를 하고 싶지 않을 테니까요[그들-초점]. 그리고 도리가 요리를 하고 싶어 하지 않는다면, 저도 굳이 도리의 요리를 먹고 싶지는 않을 거예요!

치료자: 그리고 도리와 아이들의 관계에서 어떤 영향이 있을까요[그들-초점 질문]?

내담자: 칼은 부루퉁해하면서 모두를 괴롭히겠죠[그들-초점]. 그리고 올리비아는 화를 내며 도리에게 자기가 요리를 하겠다고 하며 그렇게 해서라도 우리 모두 굶어 죽지 않도록 해야겠다고 말하겠죠. 그러고 나면 올리비아와 도리의 진짜 대 전쟁이 일어나겠죠[그들-초점]. 그러고 나면 칼은 큰 소리로 누나가 만든 것은 절대로 먹지 않겠다고 말할 거고, 결국에는 개를 누가 산책시킬 거냐며 서로 싸우는 데까지 이르겠죠[그들 초점]. 보통 그렇게 되면 그들 중 누군가에게 개를 좀 돌봐 달라고 간청해야만 하는 상황이 되겠죠. 오, 정말 끔찍하네요.

치료자: 그리고 이 모든 것이 당신이 내리고자 했던 결정과 관련되어 있죠.

내담자: 그렇죠. 그렇지만…… 이건 불공평해요! 여러 해 동안 꿈꿔 왔어요. 그리고 가족들도 그것을 알고 있어요! 그들이 그 꿈에 함께 하기를 원하지 않았다는 것을 알았다면 왜 제가 계속해서 그 꿈을 꾸도록 두었냐고요[그들–초점]?

치료자: 그들이 당신의 꿈의 일부가 되지 않는다면 당신의 꿈을 이룰 수 없다면요?

내담자: 그거 아세요? 정말 그들에게 화가 치밀어 올라요! 저는 어떻게든 그 꿈을 이루고 싶어요! 저는 제가 원하는 것을 가질 권리가 있어요! 수년 동안 노예처럼 일했어요. 자기들에 대해서 그렇게 걱정하기보다 저에게 좀 더 신경을 써야 하는 거잖아요[그들–초점에 대한 내담자의 반응]!

치료자: 이 상황이 그렇게 보이는군요? 도리와 아이들 그리고 어머님과 친구들이 당신이 원하는 것에 대해서 존중해 주기보다는 자신들이 원하는 것에 더 신경을 쓰고 있다고요[그들–초점].

내담자: 음…… 어머니에 대해서는 그렇게 말하지는 않았어요.

치료자: 그렇군요. 그러면 이 부분에 대한 어머님의 생각은 어떤가요?

내담자: 글쎄요. 표면적으로는 제 마음 가는 대로 하라고 말씀하시고 격려해 주시겠죠[그들–초점].

치료자: '표면적으로'라는 표현을 쓰셨네요.

내담자: 네, 제 생각에 마음속 깊이, 어쩌면 그리 깊진 않을 수도 있겠군요. 그녀는 생각해요. 그녀가 하나님이나 어떤 대상으로부터 형벌을 받고 있는 것이라고요. 왜냐하면 그 일이 있고 나서 아버지와 이혼한 후로는 그녀가 계획한 대로 일이 되지 않았죠. 그리고 결국 그녀는 혼자가 되었죠. 이제는 심지어 더욱더 혼자가 되겠죠[그들 초점]. 그건 마치 그녀가 거리 같은 데를 걷고 있을 때 마

치 '가인의 표식' 같은 것을 가지고 있어서 냉혹한 세상이 그 표식을 볼 수 있고 그녀의 남은 인생 동안 사람들이 그녀를 피하게 되는 것과 같죠[그들-초점].

치료자: 그리고…… 그녀는 당신이 마음 가는 대로 하기를 원한다는 거군요.

내담자: 네, 좋은 어머니이시죠[그들-초점].

치료자: 이것이 당신의 결정에 어떤 영향을 미치나요?

내담자: 어떻게 생각하세요? 하지만 여전히 불공평한 것은 여전해요. 저를 그냥 좀 그대로 두라고 말할 수 있었으면 좋겠어요. 그래서 제가 꿈을 이룰 수 있게요.

치료자: 모두에게 그렇게 이야기할 수 있나요?

내담자: 그렇게 하고 싶어요.

치료자: 그렇게 할 수 있나요?

내담자: 멋진 꿈이잖아요!

치료자: 그렇죠. 멋진 꿈이지요. 가족들에게 제가 꿈을 이룰 수 있게 저를 좀 내버려 두라고 말할 수 있나요?

내담자: 잘 모르겠어요. 바이에른으로 가는 것이 저에게는 너무 좋을 것 같은데, 가족들도 그렇게 생각할 거라고 생각했어요. 그런데 아니었죠[그들 초점]. 하지만 그게 그들이 옳다는 건 아니잖아요? 만약 그들이 옳다고 해도, 이 꿈이 저에게 좋지 않다는 것을 의미하는 건 아니잖아요. 아, 정말! 너무 복잡하네요. 어째서 단 하나도 간단한 일이 없는 걸까요?

비관계적이고 개인주의적인 주관적 관점을 채택한 치료적 견해로 이 사례를 고려해 보면, 자신이 원했고 그에게 적절하게 보이는 것을 선택한 내담자의 초기 진술은 유익한 것으로 보였다. 실제로 이러한 관점으로 볼 때 내담자는 '매우 솔직하고 일치성'이 있고, '실제 자신'에게 집중하고 있으며, 더 통합되었다고 주장할 수 있다. 마찬가지로 이후에 논의가 진행된다고 하더라도, 비관계적 관점에서 보면 각 사람은 그 또는 그녀의 특정 경험에 각자 책임을 져야 하며, 고려하고 있는 선택의 타당성은 개별화된 각 개인의 내면의 세계관 내에서 내담자의 선택이 고려되었는지 여부를 통해서 정확히 평가될 수 있으며, 개인의 자율감은 그 선택이 내담자 자신의 구체적인 바람과 열망에 일치하고 충실한 것으로 이해될 수 있다고 가정하는 입장을 채택할 것이다.

하지만 내가 실존치료에서 채택된 기본 원리로서 주장되어 온 상호 관계적 관점으로 볼 때 내담자의 결정은 수없이 많은 탐색을 가능하게 한다. 그들-초점 영역에 대한 질문을 통해서 내담자에게 도전하는 것은 그의 아내, 자녀 그리고 어머니와 반려견, 친구들의 관점으로 자신의 결정을 추측해 보도록 한다. 또한 그들-초점의 관점은 내담자에게 그의 결정이, 예를 들면 아내와 자녀들의 관계, 자녀와 다른 형제(자매)와의 관계, 내담자의 어머니가 가진 세계에 대한 신념이나 가치관들과의 관계에 미치는 영향과 의미에 대해서 깊이 숙고하게 한다.

그들-초점의 관계적 영역에 대한 탐색은 내담자의 결정이 영향을 미치는 수많은 더 넓은 세계의 관계가 있으며, 그래서 최소한 내담자가 중요하다거나 의미 있는 사람들이라고 강조해 왔던 사람들을 돌보지 않으면 상호 관계적으로 무책임한 것이 될 수도 있다는 사실을 명확히 해 준다. 그들-초점을 인정하는 것은 서로에게 미묘하게 또 분명하게 영향을 주고받는 떼어 낼 수 없는 모든 관계망 내에 내담자의 결정을 끼워 넣는다. 또한 이러한 관계들은 개인이 바라는 경험을 공유하지는 않지만 존재하는 세계의 가능성을 떠올리게 한다.

동시에 그들-초점 질문의 뒤에 숨겨진 실존치료자의 의도가 내담자의 결정을 막으려는 것이거나 '그들 친화적' 대안적 옵션을 제안하는 것 또는 치료자나 다른 사람들의 도덕적 입장을 내담자에게 부과하는 것이 아니어야 한다는 점을 분명히 하는 것은 중요하다. 그들-초점에 기반한 탐색의 목적은 내담자의 더 넓은 세계의 사람들 모두의 실제 관점을 드러내는 것에 있지 않다. (물론, 비록 내담자에게는 그 또는 그녀가 이를 자신이 열망하는 가능한 대안이 된다고 여기고 있는지 알아보기 위한 시도가 될 수 있다.) 대신에 3단계에서의 그들-초점은 그야말로 내담자의 새로운 세계관이 경험되는 더 넓은 세계의 맥락을 인정하는 것이다.

몇몇 독자들에게 이 점에 대한 나의 주장은 내담자에게 짐을 지우는 것으로 보일 수도 있을 것이다. 왜 내담자는 자신의 것도 아닌, 어찌되었든 관계에 대한 실존치료자의 태도를 수용하도록 강요를 받아야 하는가? 다시 명확히 하자면, 나는 내담자가 오직 관계적으로만 조정해야 할 필요가 있다고 제안하고 있는 것이 아니다. 내담자는 관계성의 중요성에 대해서 거절하는 방식으로 실존치료자에게 반응할 모든 권리를 가지고 있다. 내담자는 그저 "다른 사람들이 어떻게 생각하든지 전 상관없어요. 제 결정대로 진행하려고 해요."라고 말할 수 있다. 실존적 현상학의 관점에서 이 결정은 여전히 관계성에 기반하고 있으며(심지어 이는 관계성을 최소화하거나 부정하고자 한다는 관계성에 대한 표현이다.), 상호 관계적으로 다른 사람에게 유효한 것이다. 이와 같은 예시에서 실존치료자는 (바라기는) 내담자의 태도를 인정하고 내담자가 가지고 있는 세계관과의 관계를 명료화해 나가는 작업을 지속할 수 있을 것이다. 분명해 보이는 것은 실존치료자가 이러한 상호 관계적 이슈들이 제기되는 것을 피할 수 없다는 사실이다. 왜냐하면 치료 과정 전반은 이러한 이슈에 기반해 왔고, 또 계속해서 기반하고 있기 때문이다. 치료자가 변화에 맞춘 결정에 이르고 있거나 이르렀을 때 이러한 이슈들의 결과를 피하는 것은 이치에 맞지 않으며 실존치료에 이러한 원리가 담겨 있다는 실존치료자의 주장과도 불일치하는 것이다.

연습 그들–초점

활동 1

1. 동료와 함께 치료자와 내담자의 역할을 번갈아 가면서 각각 20분씩 다음의 활동을 진행해 보라.
2. 내담자는 자신이 내릴 결정이나 또는 다른 사람들에게 영향을 미치고 있는 자신의 삶의 변화에 초점을 맞추라.
3. 치료자는 내담자가 그들–초점의 관점으로 이 결정을 탐색하도록 조력하라.
4. 치료자와 내담자 모두 이 활동을 완료한 후에 그들–초점의 탐색이 3단계에서의 치료과정에 있어서 어떻게 가치가 있는지에 대해서 생각해 보라.
5. 그들–초점에 대한 각자의 관점을 논의하고 그들–초점이 치료에 필요하다면, 치료에서 그들–초점이 위치해야 할 부분에 대한 각자의 생각을 논의해 보라.

활동 2

1. 동료와 함께 번갈아 가면서 치료자로서 더 넓은 세계의 관계에 있어서 다른 사람들에게 직접적인 영향을 미칠 수 있는 변화 중심의 결정을 내리는 지점에 있는 내담자와의 상담을 탐색해 보라.
2. 함께 그들–초점 관점으로 내담자가 내린 결정의 영향을 탐색해 보라.
3. 적어도 그들–초점 탐색이 도움이 된다면, 그들–초점 탐색이 어떻게 내담자에게 도움을 줄 수 있는지 생각해 보라.
4. 적어도 그들–초점 탐색이 도움이 된다면, 그들–초점 탐색이 어떻게 치료자인 당신에게 도움을 줄 수 있을지 생각해 보라.

내담자의 치료 세계와 더 넓은 세계 사이를 연결하기 위한 시도

연결하기를 위한 시도의 가능성과 한계

내담자의 치료 세계의 (임시적) 세계관은 더 넓은 세계에서 어느 정도까지 유지될 수 있는가?

몇몇 치료자들의 경우 치료의 적절한 결과는 내담자의 치료 세계와 더 넓은 세계의 세계관의 차이와 구분이 무너져서 그 둘을 구분하여 인식할 수 있는 능력이 효과적으로 실재하지 않게 되는 것이라고 본다. 하지만 바람직한 이 목표는 아마도 이상적일 것이며, 이를 성취하려는 것은 전적으로 과도한 의욕으로 보인다. 우선, 중요한 차이점은 내담자의 치료 세계와 더 넓은 세계의 세계관 사이의 차이점은 반드시 있을 수밖에 없는데, 소위 이를 인정할 필요가 있다. 비록 치료 세계가 내담자의 더 넓은 세계와 비교할 때 인위적이거나 또는 비현실적으로 보일 필요는 없지만, 그렇다고 그들 간의 차이가 과소평가되어서는 안 된다. 보통 오직 두 사람의 직접 참여자들로만 구성된 치료 세계는 어떤 치료 세계도 결코 온전히 복제할 수 없는 방식들로 내담자의 세계관에 영향을 미치고 충격을 주는 서로 다른 관점과 기대와 요구사항을 갖고 있으며 서로 다르게 행동하는 다수의 참여자로 구성된 더 넓은 세계보다 복잡하지 않다. 이와 유사하게, 치료 세계 내에서 일어나는 규칙 설정의 명료함과 동의된 것을 존중하고 따르려는 시도들은 적어도, 내담자의 더 넓은 세계의 관계들에서 쉽게 유지될 수 있는 조건들은 아니다. 왜냐하면 실재하는 다수의 사람은 다양한 이유에서 내담자의 관계적 선호도와 기대에 일치하지 않을 것이기 때문이다.

잠재적으로 더 만족스러운 접근은 치료 세계에서의 내담자의 세계관의 변화가 더 넓은 세계에서 계속해서 구현될 수 있을지 또 구현된다면 어느 정도까지 가능할지에 대해서 탐색하는 것이다. 내담자나 치료자 모두 치료 세계에서의 어떤 변화가 그것의 한계 범위 너머로 연장될 수 있을지를 정확히 예측할 수 없기 때문에 3단계는 내담자가 더 넓은 세계에서의 다양한 상호 관계적 가능성을 실험해 보고 그 후 이 각각의 시도에 대해서 내담자가 알게 되고 결론 내린 것을 치료 세계로 다시 가지고 오는 기간이 될 수 있다. 따라서 실존치료에서 3단계는 내담자가 치료 세계의 한계 너머로 담을 수 있는 자신의 세계관에 대한 1차 조사관이 되는 단계로 볼 수 있다.

이와 같이 조사에 초점을 맞추는 것은 내담자에게 힘을 실어 주는 일이 될 수도 있으며 의기소침하게 하는 일이 될 수도 있다. 내담자는 치료 세계의 세계관이 더 넓은 세계에서 확립되며, 표현되고, 자신의 것이 되는 정도에 따라서 기쁨이 넘치는 것까지는 아니더라도, 놀라워할 수도 있다. 동일하게 내담자는 치료 세계의 세계관이 가진 한계에 직면해야만 할 수도 있고 이어서 내담자가 치료 세계라는 영역 내에서 직접적으로 경험했지만, 더 넓은 세계에서 경험되는 관계적이며 맥락적인 도전들을 이겨 낼 수 없는 임시적인 세계관의 가능성들이 흩어지는 것과 같은 매우 실제적인 괴로움에 직면하게 될 수 있다. 그러므로 내담자에게 있어서 3단계는 치료 세계에서의 경험과 단지 부분적으로만 공명하는 더 넓은 세계의 세계관을 자신이 어느 정도까지 확립시킬 수 있고 유지할 수 있는지를 발견하는 기간이기도 하다. 그렇다면 치료 세계에서의 경험과 전적으로 공명하는 더 넓은 세계의 세계관을 확립하고 유지하는 것이 결국 자신에게는 불가능하다는 고통스러운 깨달음을 내담자는 어떻게 직면해야 하는가?

연결하기의 가능성과 한계의 탐색에 초점을 맞춘 과제

바로 앞부분에서 다룬 주제에 초점을 맞춘 조사는 어떻게 시작하는 것이 좋겠는가? 본 저자를 비롯한 많은 실존치료자는 내담자에게 회기들 사이에

숙제나 구체적인 과제를 제공하는 것에 대해서 불편한 마음을 갖고 있다. 하지만 생각해 보면, 이러한 불편감은 이와 같은 과제들이 부과되는 방식에 더 초점을 두고 있으며, 따라서 이는 이러한 과제들이 더 높은 권위가 있는 누군가에 의해서 내담자에게 부과된다는 것을 시사한다. 좀 더 생각해 보면, 많은 경우 내담자는 치료자에게 자신의 실행 의도를 논의하지 않고 그들 스스로 실제적인 지침을 요청하거나 또는 새로운 세계관의 가능성을 '시험해 볼' 의도를 알리고, 아니면 그저 탐색을 시작한다는 것을 알 수 있다. 비록 내담자가 먼저 탐색을 시작한다면 더 좋겠지만, 최소한 실존치료자가 이를 고려하고 있다면, 치료자가 먼저 과제를 제안한다고 해서 그 과제의 잠재적 가치가 완전히 사라지는 것은 아니다. 보통, 치료자가 주도적으로 제공하는 과제의 필요성은 내담자에게 다음의 내용이 명확하기만 하다면 실존치료에 있어서 생경한 것은 아니다.

- 제안된 과업이나 과제가 제안 그 이상의 의미를 갖지 않는다.
- 내담자는 그 과제를 실행하는 것을 거절하는데 자유롭다.
- 내담자는 더 적절하다고 생각되는 것으로 과제를 자유롭게 조정할 수 있다.
- 내담자는 어떤 이유에서라도 과제를 중단할 자유를 가진다.
- 다음 회기에서 과제에 대한 내담자의 경험을 논의한다.

회기 간에 주어지는 과제에 추가하여 3단계에서 진행하는 내담자의 치료 세계와 더 넓은 세계에서의 세계관 사이의 잠재적 연결에 대한 탐색에는 (치료자와 내담자가 교대로 내담자의 새로운 세계관에 대한 가상의 더 넓은 세계의 반응을 대변하면서 진행하는) **구조화된 역할극**과 내담자가 다양한 사람들이나 다른 환경 내에서 이를 적용하고자 하는 시도와 관련된 자신의 기대, 우려, 희망 그리고 두려움에 접촉하고 묘사하도록 돕기 위해 고안된 **유도된 상상적**

이야기 접근(guided imaginary narratives)과 같은 방법들을 포함할 수 있다. 아마도 (최소한 몇몇 실존치료자들에게는) 논쟁의 여지가 있을 수 있겠지만, 이러한 탐색은 치료자와 내담자가 함께 치료 세계가 가진 기존의 한계를 넘어서서, 그리고 더 넓은 세계의 실제 상황에서 이러한 가능성들을 '시험해 보는 것'을 포함할 수도 있을 것이다. 일반적으로 3단계에서의 이러한 모든 탐색은 내담자의 치료 세계와 더 넓은 세계의 세계관 사이의 경계가 내담자에게 이익이 되고 바람직하다고 판단될 수 있는 방식으로 흐려지거나 심지어 무너지는 것을 내담자가 어느 정도까지 받아들일 수 있는지 드러내 주는 역할을 한다.

치료 세계의 세계관이 내담자의 더 넓은 세계에 영향을 미치기 시작하는 것과 같이, 새로운 세계관을 더 넓은 세계에서 확립시키고 유지하려고 하는 내담자의 시도 또한 치료 세계 내에서 공명하기 시작한다. 이러한 시도들 중 어떤 결과들은 내담자에게 치료 세계를 그다지 특별하지 않고 더 넓은 세계와 차이가 없으며 중요하지 않게 보이도록 할 수도 있다. 하지만 마찬가지로, 어떤 결과들은 내담자에게 치료 세계가 얼마나 특별했고 차별적이었으며 중요했었는지 그리고 지금도 여전히 어느 정도는 그렇다는 점을 강조하는 것이 될 수도 있다. 그러므로 실존치료의 3단계는 내담자에게 흥미진진하고 모험적이기도 하지만 동시에 상담이 종결된다는 이유와 함께 임시적인 치료 세계의 세계관 내에서 탐색되고 이해된 모든 상호 관계적 가능성이, 적어도 내담자의 더 넓은 세계의 관계들에서는 동일한 방식으로 전달될 수 없다는 사실에 대한 깨달음으로 인한 슬픔과 후회의 빛을 띠기도 한다. 이 마지막 지점은 다시 한번 치료적 결과가 대개 말없이 집행되는 것과 같은 측면을 강조해 준다. 얼마나 치료를 성공적으로 경험했는지와 관계없이, 실제로는 더 성공적이었을수록 내담자는 자신이 경험한 타인과 연결되는 진정한 상호 관계적 경험이 치료 세계 내에서 경험된 것이며, 이는 더 넓은 세계에서의 만남으로 전부 이전되지 않을 것이라는 원하지 않는 깨달음에 직면하게 될 공산이 더 높아진다. 실제로, 이 후자의 깨달음에 대한 내담자의 반응은 내담자가 치료적 만남을 종결할 준비가 되었는지를 보여 주는 매우 중요한 지표가 될 수 있다.

연습 치료 세계와 더 넓은 세계의 세계관 연결하기의 가능성과 한계 알기

1. 동료와 함께 교대로 진행하면서, 먼저 내담자로서 관계에서 가치 있게 생각하고 얻게 된 것을 다른 더 넓은 세계의 관계로 도입하고자 했던 시도들에 대해서 이야기해 보라. 만약 성공적이었다면 그것은 어떤 부분이었는가? 만약 결국 실패하게 되었다면 그것은 어떤 부분이었는가? 이러한 성공과 실패의 사례를 당신은 어떻게 경험했는가? 이 성공과 실패는 당신이 진행해 온 치료를 평가하는 데 어떤 영향을 미치는가?
2. 동료와 함께 교대로 진행하면서 종결했거나 또는 종결을 앞두고 있는 내담자 중 한 명에게 초점을 맞춰 보라. 그 또는 그녀가 치료적 관계에서 가치 있게 생각하고 얻게 된 것을 더 넓은 세계의 관계로 도입하고자 했던 시도들에 대해서 이야기해 보라. 만약 성공적이었다면 그것은 어떤 부분이었는가? 만약 결국 실패하게 되었다면 그것은 어떤 부분이었는가? 이러한 성공과 실패의 경험을 당신의 내담자는 어떻게 경험했는가? 이 성공과 실패는 당신의 내담자가 진행해 온 치료를 평가하는 데 어떤 영향을 미쳤는가?
3. 상담 회기 사이에 주어지는 구조화된 과제에 대한 당신의 생각을 이야기해 보라. 내담자로서 과제를 요청받은 적이 있었는가? 만약 그렇다면, 당신은 이에 어떻게 반응했는가? 과제를 하려고 시도하는 경험은 어땠는가? 그 과제를 완료했는가? 아니면 그것을 완료하지 못했는가? 치료자에게 그에 대해서 보고했는가? 치료자 또는 수련생으로서 구조화된 과제나 숙제를 활용하겠는가? 만약 그렇다면 내담자에게 과제를 어떻게 소개하겠는가? 만약 활용하지 않겠다면, 과제에 대한 내담자의 요청에 어떻게 응답하겠는가?

종결

더 넓은 세계의 여러 비치료적 관계가 다양한 결말을 맞이한다는 사실에 대해서 생각해 보면, 우리는 이러한 관계의 결말이 상상할 수 있는 모든 상황 속에서 수없이 많은 형태로 일어날 수 있고, 일어나고 있음을 깨닫게 된다. 결말은 계획되기도 하고, 일종의 공유된 형식이나 절차를 통해서 확인되기도 하며, 때로는 상대방이나 상대편에 대한 사전 동의나 알림 없이 한쪽 편에 의해서 일방적으로 일어나기도 한다. 그리고 양편 모두가 사전에 생각해 보지 않았으나 예측하지 못한 뜻밖의 상황이나 사건의 결과로서 기대하지 않았던 결말에 이르기도 한다. 왜 어떤 종결은 다른 종결들보다 더 필연적인 것으로 또는 덜 필연적인 것으로 보여야만 하는가? 모습을 드러낸 종결이 상대방이나 관련된 모든 사람이 원했던 모습이 아니라고 해서 이 사실이 그 종결을 부적절한 것이 되게 하지 않으며, 이는 종결이 아니라는 주장으로 이어지게 하지도 않는다. 따라서 이는 치료 장면에서의 결말에 있어서도 동일하다. 모든 접근과 치료자 그리고 내담자는 더 나은 종결이 어떠해야 하며, 어떻게 일어나야만 하는지에 대한 그림을 갖고 있다. 때때로 없는 것보다는 잦은 것이 낫고, 더 나은 결말은 이미 일어난 결말일 수도 있고 때로는 아닐 수도 있다. 그리고 더 나은 결말이라고 하더라도 이는 여전히 결말이다. 고려하고 있는 구조적인 접근과 관련된 주장들을 고민하며 따라온 독자들은 지금쯤 실존치료가 본질적으로 다른 종결들보다 더 나은 또는 보다 더 우월한 것으로서 한 가지 형태의 종결을 공인하지 않는다는 나의 견해를 읽고 다소 놀란 기색을 보일 가능성이 높다.

다른 상담 접근들과 체계에 속해 있는 다른 많은 치료자와 같이 대다수의 실존치료자는 함께 논의하고 공유된 실행 계획에 따른 종결을 선호하는 경향이 있다. 가장 일반적으로 이와 같은 계획은 치료자와 내담자가 치료적 관계의 단계적인 정리를 위해서 구체적인 일정 동안 상담을 진행할 것에 대한 합의를 포함한다. 이와 같은 종결과 관련된 실행 계획이 실존치료자들과 내담자 모두에게 납득된다는 점에서 바람직하다고 하더라도 여전히 실존치료의 관점으로 볼 때 치료적 관계를 단계적으로 정리해 나갈 필요성에 대해서 어떻게 생각하는지 질문해야만 한다. 오랜 시간 이 질문을 나 자신과 동료들에게 던지면서, 내가 할 수 있는 유일한 합리적 답변은 다시금 치료자에게 있어서 그리고 아마도 치료자와 내담자에게 동일하게, 덤보 효과(Dumbo Effect)가 중요하다는 사실을 반영한다는 결론에 다다르게 되었다는 것이다.

이와 같이 실존치료의 관점으로 볼 때 종결의 문제는 종결 그 자체에 초점을 두고 있지 않으며 오히려 종결이 실제로 이루어지는 형태가 무엇이든지 종결이 존재한다는 사실에 대한 개방성 정도에 더 집중한다. 이 특정한 관계가 종결을 적절한 것으로 받아들이는 것을 가능하게 하거나 또는 방해하는 구체적인 종결 방법은 무엇인가에 대한 것이야말로 실존치료자들이 던져야 할 중요한 질문이다.

30년 남짓 실존치료자로서 상담을 진행해 오면서 나는 미리 계획한 대로 종결을 하기도 했고 또는 회기를 진행하는 중 치료의 종결에 대한 내담자의 즉흥적인 결정의 결과로서 종결을 하기도 했다. 후자의 경우 중 한 사례에서 내가 내담자의 이러한 결정에 기꺼이 따르고자 하는 것이 우리가 함께한 전체 치료 전반 가운데에서 매우 중요한 순간으로 보였는데, 왜냐하면 그녀가 자신의 인생 문제에 있어서 타당하고 적절한 결정을 내릴 수 있다는 사실이 다른 사람들에게도 수용될 수 있다는 현실을 다시 그녀에게 되돌려주는 순간이었기 때문이다. …… 그리고 그 결과, 그녀는 삶의 선택에 대한 자신의 권한과 적절한 선택을 할 수 있는 자신의 능력을 받아들일 수 있었다.

어떤 종결은 이미 초기 치료 과정에서 합의된 계약 내용에 포함되어 있는 경우도 있다. 내담자와 실존치료자가 구체적인 회기 수를 정해 두었을 수도 있고 또는 상담자가 속해 있는 기관을 통해서 정부기관(예: 보험사나 국민건

강보험공단 등)에서 부과한 조건에 따라 제한된 횟수의 상담이 제공되는 경우도 있다. 그렇지 않으면 실존치료자가 개인 자격으로 내담자를 만나서 상담을 진행하고 있지만 다양한 이유로 제한된 횟수만을 만나야 할 수도 있다. 혹은 실존치료자들은 치료 기간에 대해서 유연하지만, 반면에 내담자가 구체적인 상담 회기 수를 스스로 제한하고 있을 수도 있다. 이와 같은 상황에서 모든 것을 변경해야 하는 원치 않는 사건이 일어날 일정한 가능성을 제외하고 종결에 접근하는 방법은 상당히 명확하다. 실제로 프레디(Freddie)와 앨리슨 슈트라서(Alison Strasser)는『시간제한이 있는 실존치료(Existential Time-Limited Therapy)』에서 종결까지 남아 있는 회기 수를 내담자에게 다시 명확하게 상기시키는 것의 중요성을 보여 주는 전형적인 사례를 제공하였고 종결을 인간 실존의 '시간제한적' 조건과 유사한 것으로서 활용하였다(Strasser & Strasser, 1997).

하지만 개인 자격으로 상담을 하는 대다수의 실존치료자는 내담자에 따라서 회기 수를 자유롭게 사용하는 열린 종결 접근을 채택하는 경향이 있다. 이와 같은 예에서 치료의 종결은 종종 모호한 채로 남겨지게 되고 종결에 대한 문제는 종결에 대한 어떤 기운이 감돌며 종결이 요구될 때에 이르러서만 일어나게 된다. 그렇다면 실존치료자들이 종결의 가능성으로 인식해야 하는 요소들은 무엇인가?

내 관점으로 볼 때 다음과 같은 때에는 종결 문제를 다루는 것이 적절해 보인다.

- 내담자의 이야기 속에 새로운 치료 세계의 세계관을 더 넓은 세계에서 실험해 보는 것의 결과에 대한 관심이 점점 증가한다.
- 치료 세계에서 논의하는 내용이 점점 갈수록 더 넓은 세계에서의 내담자의 경험과 만남에 초점이 집중된다. 대개 이에 대해서 내담자가 말하는 방식은 새롭게 채택된 더 넓은 세계관에 대한 소유권과 연결점을 드

러내 주는데, 이는 종결에 대한 논의를 시작하는 것과 관련하여 유용한 지표의 역할을 한다.

- 상담이 시작될 때 내담자가 호소했던 이슈들과 문제들에 대한 내담자의 진술과 참여도를 볼 때 이러한 주제들이 더 이상 상담의 핵심 주제로 고려되지 않거나 또는 실제로 그 이슈들의 문제적 측면이 상실(또는 감소)되었다고 추정된다.
- 상담에서 이야기하는 주제와 관심사를 통해서 내담자가 치료 이후의 대안이나 활동들에 초점을 두고 있다는 것이 표현된다.
- 치료자를 주요 협력자나 친구, '특별한 타인'으로 의지하던 모습이 감소하는 방식으로 내담자가 직접적으로 치료자와의 관계하는 방식에 변화가 나타난다.

그렇지만 이러한 예시들이 종결의 예고가 될 수 있는 반면에, 때로는 종결의 예시가 아니라 오히려 치료적 동맹 관계를 연장해야 할 수 있는 새로운 탐색을 시작해야 하는 행동일 수도 있다. 이와 같은 상황은 내담자가 종결 문제를 제기하거나 또는 치료를 끝내기 원한다는 표현에 대해서 이 진술이 암묵적이거나 암시적인 수준에서 말해졌을 가능성에 대해서 충분히 탐색하여 명료화하지 않은 채 반응하여 내담자가 전달하고자 하는 중요한 측면을 놓치게 될 때 일어나기 쉽다. 예를 들어, 어떤 이유에서든 치료자와 직접적으로 자신의 문제를 다룰 수 없겠다는 생각에 이르거나 치료자가 자신 때문에 애타하거나 또는 따분해할지도 모른다는 불안이나 두려움이 커지는 경험을 하게 될 때 내담자는 종결의 가능성을 언급할 수도 있다. 마찬가지로 실존치료자가 종결에 대한 이슈를 제기하는 것이 내담자에게 강한 불안이나, 분노, 상처, 배신감 등의 반응을 불러일으킬 수도 있다.

하지만 종결을 언급하는 것이 불확실성과 불안을 유발할 수 있다는 것은 치료자와 내담자에게 동일하지만 **알지 못함**의 태도를 채택하는 치료자는 종결을 언급하는 것과 같은 도전들에 내담자가 어떻게 반응하는지와 관계없이 이 반응을 타당하고 진솔한 것으로 수용할 가능성이 더 높다. 종결 제안으로 내담자가 매우 불안해하는 반응을 보이는 경우 치료자의 알지 못함의 태도는 어떤 세계관의 불안정한 부분이 이러한 불안을 야기했는지를 명료화하는 데 있어서 치료자가 방어적이지 않게 반응하는 데 도움이 된다. 이를 통해서 치료자와 내담자 모두 이전에 충분히 다루지 못했거나 놓치고 지나갔을지도 모를 내담자의 세계관의 중요한 구조를 발견하게 될 수도 있다.

때로, 내담자도 치료를 끝내고자 하는 바람을 표현하며 종결에 대해서 방어적이지 않은 방식으로 기꺼이 논의하고 자신의 세계관과 관련하여 이를 고려하고자 할 수도 있다. 반면, 동일한 시점에 치료자는 모든 가능한 선택안을 포함하여 내담자와 탐색해야 할 것이 훨씬 더 많이 남겨져 있다고 여전히 강하게 확신하고 있을 수도 있다. 이와 같은 순간들은 치료자의 **명시적 자기개방**(overt self-disclosure)을 활용할 수 있는 좋은 예가 될 수 있으며, 이를 통해서 치료자는 내담자에게 대안이 될 수 있는 관점에 대해서 생각해 볼 수 있는 기회를 제공할 수 있다. 대개 내담자는 이러한 초대에 솔직하게 반응하겠지만 만약 내담자가 이 제안을 거절한다면, 비록 내담자가 어떤 의혹들에 대해서 말하지 않음에도 불구하고 내담자의 결정을 수용하는 것이 치료자에게는 가장 적절한 반응이라고 생각한다.

일부 극단적인 사례의 경우, 내담자는 미리 약속된 회기에 참석하지 않는 방식으로 상담을 종결하는 방법을 선택한다. 어떤 경우에는 출석하지 않은 상담 회기 전 또는 후로 치료자에게 알리기도 하지만 대부분의 경우 그들은 단순히 어떠한 내용을 전달하는 것마저 중단한다. 이와 같은 형태의 종결은 이전의 치료적 만남의 어떤 장면 또는 장면들에서 인식되지 않았던 중대한 좌절을 반영하고 있을 가능성이 높다. 어쩌면 치료자는 상담의 주요 접근 방식을 너무 성급히 1단계에서 2단계로 전환했을 수도 있고, 그렇게 함으로써 내담자에게 견디기 어려운 불안을 야기했을 수 있다. 치료자가 내담자의 세계관에 충분히 문제를 제기하지 않았을 가능성도 있고 또는 문제를 제기하되 치료자에 대한 불신을 일으키거나, 더 넓은 세계에서 내담자에게 공격적인 경향을 가졌던 사람들과 일치하는 느낌을 주는 방식으로 했을 가능성도 있다. 하지만 이는 치료자가 최선을 다해 실제적인 문제를 제기했고 그 반응으로 내담자는 자신이 원하지 않았던 것으로 또는 지금으로서는 견디기 어려운 것이라고 결정했기 때문에 내담자가 이러한 종결 방식을 선택한 것일 수도 있다. 이러한 형태의 종결들은 있는 그대로 의미가 있으나 또한 매우 충격적일 가능성이 높은데, 이러한 내담자의 결정이 치료자에게 전혀 예상치 못한 놀랄 일일 수도 있으며, 치료자의 전문성 그리고/또는 개인적 불안감들을 유발시키기도 한다. 오히려 이와 같은 상황이라고 하더라도 이러한 모든 가능성을 종결의 또 다른 형태로 수용하는 것이 실존치료자들에게는 여전히 타당하다. 이를 통해서 실존치료자는 내담자가 선택한 종결 방식을 불안으로서 경험하는 것에 접근할 수 있고 이러한 불안감 속에 내재되어 있을 수 있는 가정들에 도전할 가능성도 보다 더 높아진다. 이러한 태도는 내담자가 나중에 만약 마음을 바꿔서 어느 시점에 다시 치료 장면으로 돌아오기를 요청하는 상황이 되면 예방적 단계로 채택할 가치가 있다. 동일하게 실존치료자들은 다양한 이유로 내담자가 상담에 다시 올지 여부를 확인하기 위해서 우편, 이메일, 또는 문자를 통해서 연락하는 것을 선택하기도 한다. 이와 같은 경우, 이러한 의사를 확인하고자 하는 것은 치료자를 위한 것이며, 이때 이렇게 연락을 하는 것이 내담자로 하여금 치료 장면으로 돌아오도록 하는 숨겨진 요구를 담고 있지 않다는 점을 명백히 하는 것은 매우 중요해 보인다. 비록 이러한 시도가 내담자로부터 어떠한 반응도 이끌어 내지 못할 수도 있지만, 내담자로 하여금 자신의 결정을 고수하기를 주장하거나 또는 치료를 다시 시작할 가능성을 높이는 기회를 제공할 수 있다.

선물 주고받기는 내담자가 상담의 종결 의사를 표현하기 위해 선택한 방법이라는 점에서 종결 이슈와 매우 밀접하게 관련될 수 있다. 치료자가 내담자에게 마지막 회기에 선물을 제공하는 것이 일반적이라고는 할 수 없지만 그렇다고 결코 이상하다고 할 수도 없다. 어느 경우이든, 선물은 (대개는 신중하게 고려된) 물질적인 선물의 형태일 수도 있고 안아 주는 것과 같이 마음을 표현하는 행동일 수도 있으며 물론 둘 다일 수도 있다. 경우에 따라서 어떠한 선물도 허용하지 않는다는 내담자와의 합의사항이 계약에 포함되기도 하지만 실존치료에서 이와 같은 결정은 전적으로 각 치료자에게 달려 있다. 항상 그런 것은 아니지만, 대개 선물을 주고받는 일은 오랜 시간 상담을 진행해 온 내담자와 치료자 사이에서 일어난다. 비록 누군가는 항상 내담자의 의도(또는 실제로는 자신의 의도)가 수상쩍다는 그럴듯한 이유들을 찾아내겠지만, 이에 대해서 나는 비록 숨겨진 동기가 있을 수도 있다는 인식이 무시되어서도 안 되겠지만, 동시에 치료에 대한 감사를 표현하고 선물 주기라는 의식으로 기념하고자 하는 명백한 동기를 인정하는 것을 부정해서도 안 된다고 생각한다.

앞에서의 논의는 모든 실행 가능성은 그 함의를 가지며 필연적으로 한때 존재했으나, 실제로 실행으로 옮겨지지 않았다는 점에서 더 이상 존재하지 않는 가능성들을 제거한다는 사실을 다시금 분명히 해 준다. 이러한 깨달음은 물론, 종결의 문제 너머로 확장될 수 있으며 실존적인 치료적 만남의 전반에 걸쳐 있는 근본적인 주제가 될 수 있어 보인다. 상담의 종결 시 제기되는 구체적인 문제들에 대한 나의 결론은 가다머(Gadamer)의 다음의 같은 말로 대신할 수 있을 것이다. “만약 대화가 그것 스스로의 방향을 찾고 이를 추구하는 것을 허용한다면, 마찬가지로 그 대화는 스스로 종결하는 방법을 찾아낼 것이다”(Gadamer, 2004).

연습 종결하기

동료와 함께 번갈아 가면서 다음에 이어지는 종결 관련 이슈들을 논의해 보라.

- 내담자로서 어떻게 상담을 종결했는가?
- 치료자 혹은 수련자로서 당신은 보통 어떻게 종결을 진행하는가?
- 당신이 진행했던 상담에서 당신을 놀라게 하거나 또는 불안하게 했던 종결에 대해서 이야기해 보라.
- 당신이 바람직하다고 생각하는 치료의 종결은 어떤 것인가?
- 당신이 받아들일 수 있는 치료의 종결은 어떤 것인가?
- 당신이 받아들이기 어려운 치료의 종결은 어떤 것인가?
- 당신이 경험한 더 넓은 세계에서의 관계 결말에 초점을 두고 위의 세 가지 질문에 답해 보라. 위의 세 가지 질문에서 했던 답과 유사한가? 만약 다르다면, 어떤 이유에서 서로 다른가?

치료 이후의 삶

관계적 측면에서 치료를 종결한 이후에 내담자와 치료자에게 가능한 것은 무엇인가? 예를 들어, 내담자와 치료자는 그 만남을 유지해도 되는가? 그리고 만약 그렇다면 그 만남의 적절한 형태는 무엇이고, 부적절한 형태는 무엇인가? 이와 같은 질문들은 최소한 다른 접근들만큼 오랫동안 실존치료를 몹시 괴롭혀 왔는데, 이는 아마도 실존치료가 가지는 불확실성에 대한 개방성 때문에 더욱 그러했던 것으로 보인다. 게다가, 이와 같은 질문은 치료적 관계 이후에 허용되는 것과 직업적인 이유 없이는 허용되지 않는 것을 구체적으로 명시한 전문가 행동강령의 현사실성을 부인할 수도 없으며 부인해서도 안 된다.

실존치료는 대개 내담자와 치료자가 미래의 어느 시점에 새로운 치료적 관계를 수립할 가능성에 열려 있다. 하지만 여기에서 반드시 이해해야 하는 것은 어떤 궁극적인 치료적 관계도 막 종결된 상담의 지속으로 보일 수는 없다는 사실이다. 그보다는 과거의 내담자와 새로운 치료적 관계를 시작하고자 하는 실존치료자는 가능한 그 내담자를 마치 처음으로 알게 된 관계와 같이 대하려고 노력해야 한다. 이러한 관계의 어려움은 그것이 분명한 만큼이나 수없이 많으며 만약 치료자와 내담자 중 어느 한 사람이 현재의 관계에 과거의 관계를 도입하려고 애쓴다면 이는 더욱 악화된다. 그렇기는 하지만 이전의 내담자와 새로운 치료적 관계의 가능성은 여전히 선택지로 남아있다. 이러한 시도들에 대해서 나는 만약 미래의 어느 시점에 나와 다시 치료를 시작하기를 원한다면, 이는 환영받을 일이지만, 단 상담을 시작하기 전 상당한 시간 간격, 대개는 적어도 6개월 정도의 간격을 두는 것이 내담자에게 유익이 된다는 사실을 제한조건으로 내담자에게 명확히 하는 결론에 다다르게 되었다.

동일하게, 치료 이후의 만남과 관련된 선택지에 있어서 또 다른 문제는 우정 또는 덜 공식적인 관계를 수립하는 것이 가능할지 여부를 확인하기 위해서 비공식적으로 다시 만나자고 하는 내담자의 요청이다. 전문가협회들은 대개 이 주제와 관련된 협회의 구체적인 지침들을 가지고 있으므로 독자들에게 추천하는 것은 이러한 지침들이 자격증이나 전문가 역할에 대한 헌장을 인가하고 있는 협회 규정을 따르고 있는지 확인해 보기를 강력히 권고한다. 나의 경험이 전형적인 예가 될 수도 있고 아닐 수도 있겠지만, 나의 개인적 경험에 의하면 내담자가 치료 사후의 만남을 원하거나 요청하는 경우는 매우 적다. 이는 어쩌면 치료자로서 나의 모습이나 나의 상담 방식을 나타내는 것일 수도 있지만, 동일하게 이는 치료적 만남과 다른 여느 의미 있는 만남과는 뭔가 다르고 특별한 그 관계 속에서 드러난 고통스러운 정직함을 진정성 있게 다루고자 하는 열망의 표현이기도 하다.

그렇다고 하더라도, 가끔 우정으로 발달할 수도 있는 상담 사후의 만남의 가능성은 나타날 수 있으며 비록 이러한 도전을 무마시키기 위한 방법으로서 치료자가 전문가협회에서 정한 규정들을 내담자에게 다시 상기시킬 수 있다고 하더라도, 그 순간의 영향을 따라 다른 방식들로 이 딜레마를 고려하는 것 또한 적절할 수 있다. 실존치료자로서 나의 경험은(단, 이것이 다른 치료 접근에도 동일한지에 대해서는 확신할 수 없다.) 이전의 내담자와 가까운 우정을 발달시키는 것을 찬성할 가능성은 대단히 낮다는 것이다. 매우 드물게 있는 일이었으나 마지막 상담을 마친 후 적절한 시간이 지난 후에 이전 내담자와 사회적 상황에서의 만남에 대한 나의 경험은 다소 처참했었는데, 우리는 서로 거의 대화를 하지 않았고, 서로에 대해서 말하는 것이나 방식은 일상적인 대화라기보다 이전 상담 회기에서의 대화와 더 닮아 있었다.

수년간 이 현상에 대해서 생각해 보면서 그리고 비슷한 것을 시도했었던 다른 치료자들로부터 유사한 이야기를 들으면서 나의 이전 내담자와 내가 치료 세계를 정의했던 구조적 환경 조건들이 그 자체로 얼마나 중요했는지를 충분히 고려하지 않았던 것이 원인이었다고 생각하게 되었다. 이러한 구조적 환경 조건들은 상호 간의 가까워짐을 허용하고, 상호 연대감과 친밀감을 경험하는 데 있어서 그 중심에 있는 것으로 점점 중요해졌다. 만약 반대라고 하더라도, 마찬가지로 구조적 환경 조건의 부재(또는 부적합함)는 우리의 다소 처참했던 사회적 만남에 있어서 그 부재가 미친 영향으로 볼 때 여전히 중심에 위치하고 있다. 치료 세계에서 경험했던 깊은 수준의 유대감과 친밀감은 우리가 이제 함께 살아가고 있는 충분히 협의되지 않은 사회적 구조 내에서는 간단히 말해서 소용이 없었다. 실제로, 비록 우리가 만나는 목적에 반한다고 하더라도, 이전 치료 세계의 구조를 재정립하기 위해서 노력했다면, 우리는 그때의 친밀감을 일부 다시 되찾을 수 있었을 것이다. 어쩌면 만약 우리가 인내하고 계속 노력했다면…… 그러나 다시 말하지만 이는 그렇게 노력했던 사례는 아니었다.

이 내용에 추가하여, 이전 내담자와 우정을 세우는 것이 치료자와 내담자 모두가 바라고 또 가능한 일이라고 하더라도, 이를 위한 비용, 특히 내담자가 지불해야 하는 비용은 미래의 치료적 관계가 될 가능성을 포기하는 것이라는 사실이 수년이 지나는 동안 나에게는 보다 더 분명해졌다. 그러므로 치료적 관계의 종결을 향하고 있는 내담자로부터 우정의 가능성을 탐색해 보고자 하는 요청들이 있을 때 나는 다음과 같은 대안을 제안한다. 만약 치료자가 내담자에게 진실하다면, 그래서 이 치료자의 냉정한 선택이 내담자에게 내려졌을 때 내담자가 할 수 있는 가장 일반적인 선택은 내담자 중 한 명이 했던 다음의 말로 가장 잘 요약된다. “그래요. 저는 당신이 언젠가 다시 제 치료자가 될 수도 있다는 가능성에 머무르겠어요. 진짜 친구를 찾기는 어렵지만, 좋은 치료자를 만나는 건 훨씬 더 어렵거든요.”

앞의 내용에도 불구하고, 만약 과거의 내담자와 친밀하고 지속적인 우정을 맺는 것이 그저 불가능하다고만 주장한다면 이는 정직하지 못한 것이 될 것이다. 이런 경우가 매우 드물고 내담자가 이에 수반되는 희생을 인정하는 경우도 드물기는 하지만, 이와 같은 일은 일어날 수 있으며 나 또한 이런 관계에 대한 개인적인 경험을 가지고 있다. 흥미롭게도, 우리는 치료자와 내담자로서 우리의 최초 관계에 대해서 논의하는 일은 거의 없는데, 나는 이러한 회피가 ‘과거를 속이려는’ 욕구만큼 우리가 잃어버린 것에 대해서 말해 준다고 생각한다. 그리고 내가 이와 같이 생각하기 때문에 나는 나의 과거의 내담자였던 친구가 얻었을 수도 있는 친구가 좋다고 하더라도, 내담자가 잃어버린 것과 동등하지는 않을 것이라는 반복되는 죄책감을 또한 인정해야만 한다.

연습 내담자와의 치료 이후의 관계 탐색하기

1. 동료와 함께 당신이 상담 이후에 원했던 또는 원하지 않았던 과거 치료자와의 사회적 관계 또는 우정에 대해서 논의해 보라. 무엇이 이러한 각 반응을 일으키는가?
2. 치료적 관계의 종결 이후 적절한 때가 되었을 때 사회적 관계 또는 우정을 가질 수도 있겠다고 상상해 보았던 내담자와의 경험(만약 있다면)에 대해서 이야기해 보라. 당신에게 이러한 열망을 불러일으키는 이 내담자의 특성은 무엇이었는가? 당신은 이를 어떻게 다루었는가?
3. 치료적 관계의 종결 이후 적절한 때가 된다면 사회적 관계 또는 우정을 갖고자 하는 열망을 당신에게 표현했던 내담자와의 경험(만약 있다면)에 대해서 이야기해 보라. 이러한 내담자의 요청을 어떻게 다루었는가? 이러한 요청을 다루었던 것과 관련하여 적절했을 수 있는 다른 방법들(만약 있다면)에는 무엇이 있었는가?

요약

치료의 종결을 둘러싼 다양한 이슈를 고려하는 것에 추가하여 3단계는 치료 세계와 내담자의(그리고 실제로, 치료자의) 더 넓은 세계의 관계를 이어 줄 수 있는 연결점을 탐색하는 데 중요한 역할을 수행한다. 이 부분에 있어서 내가 주장했던 것과 같이 3단계는 실존적 현상학의 기본 원리, 즉 관계성, 불확실성, 실존적 불안의 원리가 다루고 있는 주제들이 이 원리의 가능성과 결과의 직접적인 표현으로 보일 수 있다는 점에서 이 원리들을 표면화한다. 이렇게 함으로써 3단계는 실존치료의 실제가 직업적 전문성의 문제일 뿐만 아니라, 이러한 필수 원리들에 기반한 윤리적인 것이라는 사실을 강조한다. 분명한 사실은 실존치료의 이러한 측면이 내담자가 자신의 새로운 치료 이후의 세계관이 최소한 부분적으로 유지되도록 하기 위해서 반드시 착수해야만 하는 더 넓은 세계와의 필수적인 관계적 협상을 다루는 직접적인 시도가 이루어지는 3단계에서 표현된다는 점이다.

실존치료의 종결은 내담자에게 자신이 성취한 것과 새롭게 시작한 삶의 가능성, 그리고 이와 동반한 참된 선택, 자유, 책임감으로 큰 기쁨을 제공해 줄 수 있으며 대개는 그러하다. 동시에, 실존치료의 종결은 내담자와 치료자 모두에게 냉정하게 상담을 돌아보고, 다소 후회하는 시간이 될 수도 있다. 내담자는 치료 세계의 안전과 치료자의 돌봄에 대한 확실성이 포함되지 않은 새로운 시작에 대한 불확실성을 직면하고 이를 감수해야 하고, 치료자는 훨씬 더 분산된 방식으로 상실과 희생의 느낌을 느낄 수 있다. 치료적 관계의 끝은 그 관계가 어떤 것이었고, 어떤 관계가 되었을 수도 있었으며, 어떤 관계가 될지에 대한 체현된 깨달음으로 치료자와 내담자 모두를 감싸 안는 것이 아닌가라고 나는 생각한다.

맺음말

이 책의 목적은 독자들에게 실존치료에 대한 상세한 설명을 제공하는 것이다.

제1부는 치료 실무와 관련된 실존적 현상학의 개요를 제시하였다. 이는 다양한 실존적 문제에 관련된 주제들을 통해서 세 가지 기본 원리, 즉 관계성, 불확실성, 그리고 실존적 불안의 원리를 강조하는 것으로 시작된다. 이와 같은 방식으로 나는 실존적 주제들을 해석하는 다양한 방식들을 강조하는 것보다는 실존적 현상학의 기본 원리의 영향과 함의에 따라 존재하는 경험과 타인과 함께 존재하는 경험에 대한 설명을 제공하고자 했다.

제2부는 실존치료를 실행하는 세 단계의 구조적 모형으로 세분화되어 있다. 이는 제1부에서 정의된 것과 같이, 치료의 전문적 맥락에서 적용될 수 있는 것으로 흥미를 보이는 독자들과 실무 상담자들에게 존재하는 것과 타인과 함께 존재하는 것을 경험하는 방식을 제공하기 위해서 의도된 묘사적으로 초점을 맞추고 관계적으로 조정된 다양한 특성과 기술로 정의된다.

여기에서 논의하고 있는 구조적 모형은 내가 치료 세계라고 부른 것의 공동 창조, 공동 거주 그리고 종결에 중심을 둔 일반적인 순서를 따른다. 이렇게 함으로써 각 단계는 치료 세계의 경계 내에서 다루어지는 다양한 관련된 초점들을 제시한다. 그 결과, 각 단계들의 상호 관계적 가능성은 공동 거주자가 허용하는 만큼 전적으로 그리고 개방적으로 식별되고 경험될 수 있다.

비록 구조적 모형이 내담자의 실제 세계를 드러내고자 하는 탐색의 목적을 최우선으로 한다는 점에서 가혹해 보일 수 있지만 이와 같은 탐색을 위한 준비가 되어 있는 치료 세계 내에서와 같이 내담자와 치료자에게 허락된 자유에 대한 참된 느낌을 독자들 또한 얻을 수 있을 것으로 기대된다. 부분적으로 이런 점을 염두에 두고 제기되는 각각의 주요 논점에 따라서 다양한 연습 활동을 추가하기로 결정하였다. 비록 이러한 활동이 독자에게 주요 논점을 실험해 보고, 그에 대한 자신의 반응을 알아볼 수 있는 방법들을 제공하기 위한 교육적 목적으로 고안되었지만, 이 활동에 참여하는 것은 매우 가치 있는 결정적 통찰에 대한 경험적 자극과 촉매제로서 작용할 가능성 또한 가지고 있다.

모든 형태의 치료는 그 치료를 수행하는 치료자들에게 '경외감으로 가득찬' 책임을 위탁한다. 이 책임은 단지 전문성뿐만 아니라, 윤리적 행동 강령과 적절하고 주의 깊은 방식으로 배운 기술을 적용하는 능력을 포함한다. 더 나아가 이와 같은 책임은 현재의 내담자와 함께 존재하고, 내담자를 위해서 존재하는 그 또는 그녀의 방식을 통해서 체현된 방식으로 전달하고자 각각의 치료자가 추구하는 도덕적 원리들에 자리한다. 비록 구조적 모형은 이러한 도덕적 태도를 일부 전달할 수 있을 뿐이지만, 제2부 전체를 통해서 전달했던 그 어떤 것이 바로 이것이기를 희망한다. 나는 기술 너머 그리고 규정과 규칙 너머에, 치료자가 중요한 영향을 미치는 내담자인, 타인의 실재에 반응하는 방식이 있다고 생각한다.

필연적으로 제시된 구조적 모형은 실존치료가 뜻하는 것과 실행되는 방식에 대한 나의 개인적인 이해를 반영한다. 30여 년을 이 접근을 배우는 학생이자 지지자로서 지내면서, 내가 이 책에서 수집하고 전달하려고 애쓴 것이 개인적으로든, 일반적으로든 '최종적 진술'을 닮은 어떤 것에 근접했다고 전혀 생각하지는 않는다. 많은 경우 근접하지 못했음을 계속해서 경험하면서 미칠 듯이 좌절스럽지만, 그렇다고 하더라도 그 시도는 내가 이 접근의 입문자로서 경험했던 흥분과 놀람을 다시 불러일으키는 것과 같은 어떤 것을 유지하도록 해 준다. 나는 이러한 일종의 충격적인 전율이 독자들에게도 전달되었기를 바란다.

이 책을 저술하면서, 나는 다음과 같은 실존적 관점으로 치료를 수행하는 방식을 보이고자 하는 나의 의도를 담아 구조적 모형을 기술하였다.

- 설명이 충분히 가능한
- 구조적으로 일관된
- 실존적 현상학의 핵심적 기본 원리와 일치하는
- 치료의 목적, 주요 관심사 및 그 실제에 있어서 다른 동시대의 치료 모형 및 체계들과 비교하고 대조해서 구별되는

이 의도가 성공했는지 여부는 이 책의 독자들이 결정할 몫이다.

하지만 그 결정이 무엇이든, 나는 모든 다른 구조적 모형과 마찬가지로, 여기에는 한계가 있다는 사실을 잘 알고 있으며, 다만 규정하기 어려운 실존치료의 실제에 대한 경험을 '포착해서 담아' 전달하는 측면에 있어서 그 한계가 오직 그것이 구조이기 때문이기를 바란다. 이 부분에 있어서, 이는 과정 같은 세계화 경험이 세계관으로 구조적으로 상황에 맞게 설명될 때 맞닥뜨리게 되는 것과 같은 가능성과 한계를 드러내 준다. 비록 후자가 그 경험을 전달하고 표현하기 위한 진실한 시도를 표현할 수 있다고 하더라도, 이 시도는 세계화를 정확히 복제하기를 희망하거나 또는 더 심각하게는 정확히 복제했

다고 주장하기보다 세계관의 상대적 적절성의 측면에서 오직 평가될 수 있을 뿐이다. 실존치료는 아마도 현대의 다른 접근들보다 더 그 과제의 핵심에 이러한 이해를 담고 있다. 한계점이 무엇이든, 방금 설명된 구조는 이 목적을 수행하는 것을 추구해 왔다.

이와 같은 필연적이고 불가피한 제한이 있다고 하더라도, 독자들과 실무자들, 그리고 특히 자기 스스로를 실존치료자로서 인식하고 있는 사람들이 이 책에서 제시한 내용들로 자극받고 도전받았기를 바라며, 더 중요하게는, 그들이 이와 같은 자극과 도전을 자신의 상담 모형을 점검하는 데 사용하고 자신의 결론을 전달하는 위험을 무릅쓰기를 바란다.

독자들이 제공하고자 하는 지적과 비판, 대안적 관점에 나는 관심이 있을 뿐만 아니라, 감사한 마음을 가지고 있다는 사실을 알리며, 관련해서 다음의 주소(esa@plexworld.com)로 이메일로 보내면 내가 확인할 수 있을 것이다.

지금으로부터 여러 해 전, 나는 우연히 커밍스(E. E. Cummings)의 시를 접했고 그의 시는 내 마음에 남아 안내등의 역할을 해 왔다(안내등을 가지고 있다고 하더라도 어둠 속에서 우리는 모두 너무 자주 넘어진다). 내가 이 책을 쓰기 시작한 이래로, 내가 아직 표현하고자 하는 나의 말을 찾아내지 못했다는 사실을 진술하는 방법으로서 이를 사용할 것이라는 것을 알고 있었다. 이 책의 초안을 마치면서, 나는 이 시를 다시 기억해 냈다. 그리고 나는 확신할 수 있었다. 이 시야말로 내가 표현하고자 애썼던 것을 틀림없이 가장 잘 요약한 말이라는 사실을, 그리고 이 책의 가장 적절한 마무리로도 말이다.

> 진리를 구하는 사람은 어떤 길도 따르지 않는다.
>
> 모든 길은 어딘가로 이어지며, 여기에 바로 진리가 있다.
>
> – E. E. 커밍스 –

부록

이 책의 앞부분은 제한된 조건이 없는 일대일 상담의 관점에서 실존치료의 실제에 초점을 맞추고 있다. 이러한 실존치료의 형태가 가장 일반적인 것이기는 하지만 이를 이 상담 접근의 유일한 방법이라고 추정하는 것은 적절하지 않다. 실존치료자는 부부와 집단을 대상으로 상담을 할 수도 있고 단기상담 또는 시간이 제한된 환경과 상황에서 상담을 진행하기도 한다. 이러한 형태의 상담은 각각마다 추가적인 설명이 있어야 하는 것이 당연하겠지만 이 책에서는 각각의 특성에 대해서 간단히 요약하여 다루는 것 정도가 적절하다고 보인다. 마찬가지로 치료적 슈퍼비전에 대한 전문가적 중요성이 증가함에 따라서 실존치료가 기본 원리와의 충돌 없이 어떻게 슈퍼비전을 잘 해석하고 활용할 수 있을지에 관한 수없이 많은 질문과 우려가 제기된다. 이 책은 상담 실제와 초점에 있어서 이러한 주요 주제들로부터 제기된 가장 시급한 문제들만을 언급하고 다루고 있지만 그럼에도 불구하고 여기서 제시하는 요점들이 독자들로 하여금 이러한 주제들에 대해서 보다 더 깊이 찾아보도록 격려하기를 희망한다.

부부를 위한 실존치료

부부를 위한 실존치료는 개인상담과 비교할 때 많은 부분에서 묘사적 명료화와 도전의 초점 및 상담의 전반적인 목적에 있어서 유사하다. 예를 들면, 이 책 전반에서 설명한 내용의 상당 부분은 부부상담에서도 동일하게 적용될 수 있다. 그렇다고 하더라도, 부부상담에서 언급되고 명시되어야 하는 구체적인 주요 강조점들은 여전히 존재한다. 내가 볼 때 다음의 내용은 그중에서도 특히 중요한 부분들이다.

1. 서로 교감하고, 다양한 방식으로 연관되어 있는 두 사람의 구성으로만 부부를 인식하는 것은 부부를 적절히 이해하지 못한 것이다. 각 배우자의 세계관을 인정하는 것에 더하여 반드시 인식되어야 하는 것은 등가적인 것은 아니지만, 각 배우자의 세계관의 서로 독립되고 결합된 측면들로 구성된 구조로서 부부의 존재 그 자체이다. 다른 말로 하면, 이는 명료화와 문제를 제기할 필요가 있는 그것 자체의 세계관을 갖고 있는 구별된 구조로서 부부-구조를 의미한다.
2. 이러한 관점으로 볼 때 실존 부부치료에서 탐색의 초점은 각각의 배우자, A와 B의 접점에 위치하고 있다. 보다 더 분명하게 표현한다면 이는 부부-구조에 적응하는 것으로, 부부-구조는 부부가 공동으로 구성해 온 (즉, 부부 사이에 존재하는) 상호 관계의 특정 방식을 표현해 준다. 만약 실존치료자가 부부-구조를 충분히 탐색하지 못한다면, 그 또는 그녀는 배우자 한 명의 세계관에 훨씬 더 편중됨으로써 결국 다른 배우자의 세계관에 손상을 입힐 가능성이 높다.

3. 갈등을 중심으로 볼 때 부부–구조는 초기에는 대개 그것의 중요한 본질적 의미를 규정하는 구조적 구성 요소로서 강조되는 역기능적 부분들과 함께 각각 배우자들에 의해서 표현되고 고려되기 쉽다. 하지만 부부–구조의 토대가 되고 이를 규정해 주는 요소인, 세계관을 이루는 다수의 구조와 실존적 불안정성은 어느 배우자에 의해서도 충분히 솔직히 표현된 적이 없을 가능성 또한 높다. 이러한 시도는, ① 부부 사이에서 대립되는 측면들과 달리 각 배우자는 자신의 특정 세계관과 부부–구조 사이의 차이가 거의 없다는 사실을 드러내 주고, ② 좀 더 깊이 생각해 보면, 부부–구조는 양 배우자 모두가 중요하게 생각하고 계속 유지하기를 원하는 다수의 구조를 드러나게 해 줄 가능성이 높다. 이 두 번째 포인트는 갈등 중에 있는 부부에게 그들도 어느 정도는 조화를 이루는 부분이 있다는 통찰을 제공해 주는 역할을 하고, 그렇게 함으로써 분리됨에 대한 경험과 인식뿐만 아니라 유대감에 대한 경험과 인식도 가능하게 해 준다.
4. 부부–구조에서 나타나는 갈등은 처음에는 각 배우자가 가진 세계관의 관점에서 각자에게 인식된다. 이러한 관점은 일반적으로 배우자와의 충분하지 않거나 또는 싸우려고만 하는 직접적인 의사소통으로 유지된다. 부부–구조를 위협하는 갈등은 지속성, 기질적 태도 그리고 정체성과 관련된 의문들에 초점을 두고 있는 실존적 불안정성을 드러낸다. 이러한 실존적 불안정성은 일반적으로 다음과 같은 방식으로 한 명의 배우자 또는 두 배우자 모두에 의해서 표현된다.
   - 다른 배우자의 행동, 진술 또는 부부–구조에 대한 전체적인 태도 등을 근거로 그 또는 그녀가 부부–구조의 지속성, 기질적 태도(예: 가치관, 신념, 또는 열망) 그리고/또는 이미 정해진 정체성을 어떤 면에서 위협한다고 표현한다. 예를 들어, 한 명의 배우자가 다른 배우자에 대해서 그 또는 그녀는 더 이상 관계를 유지하고 싶어 하지 않는

다고 말하거나 혹은 부부–구조의 뼈대를 바꾸고 싶다는 열망을 표현한다거나 혹은 그 또는 그녀가 그동안의 관계 속에서 보였던 모습들과는 다르다는 관점을 고집한다.

- 부부–구조의 지속성, 기질적 태도 그리고 정체성이 위협받고 있음을 인정하는 방식으로 상대방 배우자가 변했다거나 변하고 있다는 관점을 표현한다. 부부–구조가 한 배우자의 현재 세계관 또는 두 배우자 모두의 세계관적 입장과 '관련이 없어' 보이는 등 더 이상 연관되어 있지 않거나 또는 충돌하는 것으로 보이는 모습이 두드러져 나타난다. 예를 들어, 한 배우자가 부부관계를 유지하는 것에 더 이상 가치를 두고 있지 않거나, 또는 부부관계를 유지하는 것이 자신의 의욕이나 열망을 제한할 것이라고 주장하거나, 상대 배우자가 변해서 부부–구조를 수용하지 않는다고 주장한다.
- 두 명의 배우자 모두 현재의 부부–구조의 특정 측면(들)에 대해서 불만족을 표현하고 이를 바꾸고 싶어 하지만 그 방법을 모르거나 또는 이를 바꾸게 되면 어쩌면 자신의 세계관을 유지할 수 없거나 세계관이 위협받을 수도 있다는 걱정을 표현한다. 예를 들어, 두 배우자 모두 둘 중 어느 한 사람도 현재 상태에 머물고자 한 것은 아니지만, 어떤 새로운 부부–구조라도 문제를 해결할 수 없을 것이라는 걱정을 하고 있다는 관점을 표현한다. 종종 부부는 '병든' 부부–구조, 부부–구조의 '죽음', 그리고 '부부–구조의 죽음 이후의 삶'이 어느 한 배우자 또는 두 배우자 모두에게 어떨지와 관련된 두려움과 고민을 비유를 통해서 표현한다. 두 배우자 모두가 일상의 모든 다른 이슈에 실제로 서로 일치하지 않는다고 주장하면서 부부–구조가 '병들었음'에 대해서 동의하는 것은 드문 일은 아니다. 대부분 둘 사이에서 공유된 이러한 가정들에 대해서 단지 알려 주는 것만으로도 실존치료자는 부부가 당장이라도 싸울 것 같은 태도를 가라앉히

고 이러한 문제들을 다루고자 하는 자발적 가능성을 높일 수 있다.

5. 개인상담의 경우 내담자가 가진 세계관의 주요 구조와 체현된 실존적 불안정성을 명료화하고 이에 대해서 문제를 제기하는 것을 통해서 세계관 및 실존적 불안정성과 현재 호소문제들을 관련지어 고려할 수 있게 된다. 부부상담 또한 이 과정에 집중하는데, 이는 부부-구조를 유지시키고 규명하는 구조들과 실존적 불안정성을 명료화하고 이에 대해서 문제를 제기하는 것과 관련한 탐색을 가능하게 하며, 이를 통해서 부부의 호소문제를 생각해 보도록 한다. 상담의 실제 장면에서 실존치료자는 각 배우자 개인의 세계관에 대한 진술에 집중하기보다는 한 명 혹은 두 배우자 모두가 언급한 부부-구조의 특정 측면에 관한 진술에 초점을 맞추는데, 부부가 함께 이러한 문제들을 탐색하는 것은 그 자신과 상대 배우자의, 그리고 부부로서 그들이 가진 열망과 필요, 욕구에 대한 부부-구조의 한계점들과 모호함들, 그리고 모순점들을 명료화하는 것을 용이하게 해 준다.
6. 실존적 관점에서 개인상담은 오직 내담자의 타인-구조에만 초점을 두지만, 부부와 함께 진행하는 상담에서는 사실 거의 인식되지는 못하지만 복잡성이 중요하게 부각된다. 타인과 조우하는 점에 있어서 개인상담은 치료자(타인)와의 직접적인 관계로만 타인과의 만남이 한정된다. 하지만 부부상담의 경우 각 배우자는 치료자와 타인으로서 관계 맺을 뿐만 아니라, 치료 세계에서 상대 배우자의 존재를 직접 경험할 수 있다. 이러한 실재함은 관계적 복잡성을 치료 세계로 가져오게 하는데, 이는 차례로 각 배우자 자신의 세계관뿐만 아니라 다른 배우자의 세계관도 함께 조율하고, 그렇게 함으로써 부부가 함께 만든 부부-구조의 탐색을 가능하게 하고, 따라서 부부-구조를 좀 더 잘 이해하고 설명할 수 있게 해 준다.
7. 부부상담 전반에 걸쳐서 실존치료자들은 주로 1단계에 초점을 두고 머

무르며 부부-구조에 대하여 각 배우자가 갖고 있는 관점들이 부부-구조와 조화를 이루는 것이나, 상충하는 것 그리고 모순되는 것이 무엇인지 등을 묘사적으로 명료화하는 것에 집중한다. 이러한 각각의 관점들은 동일하게 경험적으로 타당한 것으로 간주되며, 이때 치료자는 현재 말하고 있는 배우자뿐만 아니라, 침묵하고 있는 다른 배우자에게도 적극적으로 주의를 기울일 것이 요구된다. 이렇게 함으로써 두 명의 배우자가 주장하고 있는 입장들을 유지함으로써 나타나는 부부-구조에 보다 더 충분히 접근할 수 있는데, 이러한 입장들의 모호함과 갈등, 모순들은 부부가 호소하는 문제의 이유가 된다.

8. 이러한 탐색적 방법을 상담에서 활용하는 데 있어서 내가 생각하는 부부상담을 위한 구체적 절차는 다섯 가지 형태의 회기를 반복하여 진행하는 것으로 그 내용은 다음과 같다.
   - 1회기와 2회기에서 실존치료자는 두 배우자를 함께 만난다.
   - 3회기와 4회기에서 실존치료자는 각각의 배우자를 개별로 만난다.
   - 5회기에서 실존치료자는 두 배우자를 모두 함께 만난다. 그 후 부부치료가 종결할 때까지 이 순서를 반복한다.

이와 같은 순서로 진행하는 것의 근본적 이유는 상대 배우자의 앞에서와 개인상담과 유사한 환경 아래에서 공존하는 부부-구조에 대한 각 배우자 자신의 경험을 드러내고, 또 명료화하고 깊이 생각할 수 있게 한다는 것에 있다. 이러한 탐색은 대부분 두 배우자 모두가 있을 때 실행되며, 비록 중요하지만 상대 배우자가 있는 자리에서 다루기는 너무 위협적이거나 힘들 것으로 여겨지는 부분들에 대해서는 각 배우자가 설명할 수 있도록 개인 회기에서 다룬다. 그렇다고 하더라도 개인 회기가 진행되는 동안에 몇몇 포인트에 대해서는 설명하는 것이 무엇이든지 이는 다른 배우자가 앞에 있다는 가능성을 상정하고 이야기된다. 대개 이렇게 진행된 회기는 최소한 회기와 회기 사이 또는 다음 회기 중에 상대 배우자를 탐색하는 어느 정도의 의사소통을 가능하게 해 준다.

특히, 이러한 접근은 배우자 각자가 표현하고자 했던 것의 정확성에 대해서 상호 검증이 가능하게 하는 만남의 상호 관계 영역에 실존치료자들이 초점을 맞춤으로써 크게 지원받을 수 있다. 다음의 대화는 이를 잘 보여 준다.

치료자: 질, 언젠가 잭이 당신을 여전히 사랑하는지 모르겠다며 의문을 표현했을 때 그게 얼마나 상처가 되었는지 이야기했었죠. 그 말을 들었을 때 어땠는지 가능한 직접적이고 명확하게 잭에게 다시 말할 수 있을까요?

질: 잭, 당신이 마치 나를 작은 상자에 억지로 밀어 넣는 것같이 느껴졌어요[나-초점]. 어쨌든 우리가 그동안 수년 동안 노력해 왔는데, 당신은 너무 쉽게 우리의 관계를 포기하려고 했어요[우리-초점]! 도저히 당신을 이해할 수 없어요[나-초점]! 당신이 이런 식으로 나에게 상처를 준다고 생각하는 것에 대해서 당신이 어떻게 생각하는지도 모르겠어요[당신-초점]!

잭: 아니 그게 아니고…….

치료자: 잭, 질이 한 말에 대해서 대답하기 전에, 방금 질이 한 말을 다시 말해 볼 수 있을까요?

잭: 물론이죠. 그녀는 기본적으로 제가 싫다고 말했어요[당신-초점].

치료자: 당신은 질이 '나는 당신이 싫어요.'라고 말한 것으로 들었군요.

잭: 그렇죠.

치료자: 질, 잭이 들은 말이 당신이 그에게 원래 하고자 했던 말인가요?

질: 아니요! 저는…….

치료자: (질에게) 잠시만요, 원래 하려고 했던 말을 잭에게 다시 말해 줄 수 있을까요?

질: 당신을 미워하는 것이 아니에요[당신-초점]. 만약 내가 당신을 미워한다면, 여기에 있지도 않았을 거예요[나-초점]. 하지만 당신이 나를 여전히 사랑하는지 모르겠다고 말할 때 당신은 나에게 정말 큰 상처를 주는 거예요[당신-초점].

치료자: 잭, 지금 질의 말을 어떻게 들었나요?

잭: 나를 미워하지 않는다고요. 하지만 내가 큰 상처를 줬다고요[당신-초점].

치료자: 질, 지금 잭이 들은 것이 당신이 원래 하려고 했던 말인가요?

질: 네, 하지만 그게 전부는 아니에요. 제가 여전히 그를 사랑하고 있다는 말은 알아듣지 못했어요[나-초점].

치료자: 잭, 당신도 질이 하고자 했었던 메시지를 들었죠?

잭: 네.

치료자: 좋아요. 그러면 질에게 하고 싶은 말이 있나요?

잭: 미안해요, 이런 것을 원한 건 아니었어요. 어떻게 해야 할지 모르겠어요[나-초점].

치료자: 질, 잭이 방금 한 말을 어떻게 들었나요?

질: 미안하다고 했고, 이런 것을 원한 건 아니었다고요. 그리고 무엇을 해야 할지 모르겠다고 말했어요[당신-초점].

치료자: 잭? 질이 당신의 말을 정확히 들었나요?

잭: 네.

치료자: 좋아요. 그러면 질, 잭이 한 말을 생각해 볼 때 그에게 뭐라고 하고 싶은 말이 있나요?

질: 그를 믿는다고 말하고 싶어요[당신-초점]. 뭔가 해결된 것 같지는 않아요[나-초점]. 저는 이보다 더 나은 대우를 받아야 한다고 생각해요[나-초점]. 우리 둘 다 이보다는 더 대우받아야 하죠[우리-초점].

잭: 저도 그렇게 생각해요[우리-초점].

치료자: 좋아요. 두 분 모두 서로가 표현한 것에 전적으로 동의하는 것은 아니지만, 두 분 모두 더 나은 대우를 받아야 한다는 것에 있어서는 동의한다고 말한 것은 맞을까요?

잭: 네.

질: 맞아요.

치료자: 그렇군요. 많은 이견이 있지만, 두 분 모두 이 부분에서는 동의한 것이군요. 이 부분에 좀 더 머물러 봅시다. 당신이 마땅히 받아야 한다는 '더 좋은' 대우는 무엇인가요?

9. 부부-구조를 묘사적으로 탐색하는 것에 초점을 두는 실존치료자가 보기에 이와 같은 탐색을 통해서 얻을 수 있는 최선의 결과는 다음과 같다.
   - 한 배우자의 세계관이 변하여 그 배우자가 가진 세계관과 부부-구조 사이에서 격렬했던 긴장들이 감소하거나 완화된다.
   - 두 배우자 모두의 세계관이 변하여 두 배우자가 가진 세계관과 부부-구조 사이에서 격렬했던 긴장들이 감소하거나 완화된다.
   - 부부-구조에서 유의미하게 공유되었던 측면이 변하여 한 배우자 또는 두 배우자 모두의 세계관의 의미 있는 측면을 보다 충분히 더 반영한다.
   - 부부-구조는 한 명의 배우자 또는 두 배우자 모두의 세계관과 유지되거나 변화하지 못하고 소멸될 정도의 강한 갈등에 남겨지게 된다.

비록 부부를 위한 실존치료에 대한 지금까지의 간략한 설명이 개인 치료와 여러 점에서 유사성을 가지고 있다고 하더라도, 바라기는 문제 제기와 명료화에 있어서 부부를 위한 실존치료에 추가로 부과된 복잡성에 대한 기본적인 감각을 얻게 되었으면 한다. 일반적으로 부부치료의 경우 부부가 서로의 말을 정확히 들었는지 여부와 이 정확성이 어떻게 부부 중 한 명 혹은 둘 모두에게 매우 큰 세계관적 갈등을 일으킬 수도 있는 부부-구조의 특정 부분을 추가로 드러낼 수 있을지를 명료하게 하기 위한 부부간의 자발적인 대화를 억제하는 방식으로 치료자의 개입을 방해하는 특성이 보다 더 나타난다. 이와 같은 부부치료가 실존치료자에게 대단히 흥미를 일으킬 수도 있겠지만 나는 이러한 부부치료는 이미 내담자와 일대일로 진행하는 상담에 대한 상당량의 실제적인 경험을 얻은 치료자에게 맡겨질 때 가장 효과적일 것이라는 사실을 권고한다.

실존집단치료

실존집단치료는 집단치료라는 일반적인 주제에 대한 두루 인정받는 현대의 고전 중 하나에서 현대의 북미 실존치료의 대표 주자인, 세계적으로 유명한 저자에 의해서 잘 설명되고 있다. 어빈 얄롬(Irvin Yalom)의 『집단치료의 이론과 실제(Theory and Practice of Group Psychotherapy)』(Yalom & Leszcz, 2005) 5판은 실존치료에 대한 그의 이론과 실제에 직접적으로 영향을 받은 다양한 관점과 생각들을 포함하고 있다. 동일하게, 좋은 평가를 받는 얄롬의 소설 『쇼펜하우어, 집단심리치료(The Schopenhauer Cure)』(2006)는 광범위한 실존치료의 관점으로 본 집단치료에 대한 이해하기 쉬운 설명을 포함하고 있다. 나는 이 주제에 관심이 있는 모든 독자에게 이 책들을 모두 추천하겠지만, 집단치료에 대한 얄롬의 설명은 집단치료의 과정에서 등장할 가능성이 높은 실존의 문제와 관련된 주제들(예를 들면, 의미/무의미, 외로움 그리고 죽음에 관한 불안)에 초점을 두었다는 점에서 매우 훌륭하면서도 엄밀히 말해서 실존치료의 방식으로 집단과 작업하는 방법에 대해서는 명확하게 논의하고 있지 않다(Cohn, 1997)는 한스 콘(Hans Cohn)의 판단에 동의한다. 안타깝게도, 이와 같은 비판은 이 주제에 대해 논의한 다른 대다수의 학자에 의해서도 여전히 유지되고 있다(Tantam, 2005).

집단치료에서 실존의 문제와 관련된 주제들을 탐색하는 것이 아닌 실존집단치료 자체의 실제에 대해서 다루고 있는 문헌은 매우 드물다. 실제로, 내가 알기로 이에 대한 콘의 간략한 설명(Cohn, 1997)은 내가 읽었던 다른 어떤 문헌에서보다도 이 주제에 대해서 더 많이 다루고 있다.

콘은 관계의 원리를 독자들에게 상기시킴으로써 그의 주장을 시작하고 있다. 집단치료의 관점에서 각각의 집단 구성원은 완전하게 분리된 독립체로 고려되기보다는 구체화된 관계적 맥락과 (집단)조건 내에 함께 존재하는 중심점으로 고려된다. 콘에게 실존집단치료의 초점은 구별되고 분리된 개인의 내재화된 문제가 아닌 집단에 의해서 집단 내에서 표현된 것들을 통해서 알게 된 관계적 문제들을 탐색하는 것에 있다. 이러한 문제들이 나타나는 특정 상황들을 제공하고, 이를 통해서 이러한 문제들이 관찰되고 명료화되고 도전받을 수 있도록 하는 집단의 존재와 관계 맺는 방식이 곧 집단 그 자체라 할 수 있으며, 집단은 그 자신이 서술의 주체가 된다. 즉, 집단 구성원들에 의해서 집단 내에서 일어나는 일과 외부로부터 집단으로 가지고 오는 것은 집단에서 이야기할 수 있는 내용과 맥락이 된다.

비록 실존치료자가 '집단의 관계적, 의사소통적 불안과 잠재성들을 명료화하는 과정을 지원'하는(Cohn, 1997: 55) 등 수행해야 할 특정 과제를 가지고 있다고 하더라도, 콘은 실존치료집단이 가진 구별되는 특성은 치료자를 정당한 자격이 있는 적극적인 집단 구성원의 일원으로 고려하는 것에 있다고 주장한다. 콘의 관점으로 볼 때, 실존치료자는 중요한 사람이 아닌 여러 해설자 중 한 명인 셈이다. 추가로 치료자는 자신의 관점이나 생각 또는 고민들을 전달하는 것을 통해서 집단 논의에 기여하는 것으로부터 배제되거나 금지되지 않는다. 넓은 의미에서 실존치료집단의 치료자에 대한 콘의 설명은 집단을 통한 치료가 일어날 수 있는 구조적 조건들을 만들고 유지하는 것에 있어서 치료자의 특수한 역할을 인정하는 것이기도 하지만 동시에, 콘은 집단 과정의 방향을 결정하는 데 주요한 영향을 미치는 권위를 가지는 사람으로 실존치료자를 지목하여 이를 부과하는 것을 바람직하게 생각하지는 않았다. 그 또는 그녀에게 개방할 가치가 있어 보이는 내용을 치료자가 제시하는 것이 추천되어서는 안 되겠지만, 그렇다고 하더라도 치료자는 집단 내에서 이러한 자기노출을 수용할 수 있는 사람이 누구인지, 이러한 자기노출이 일으킬 수 있는 반응은 무엇인지, 그리고 적어도 한 명이라도 이러한 자기노출로부터 도움을 받을 수 있는 사람이 누구인지에 관한 의견을 가질 수 있다. 실제로 실존치료 집단에서 치료자의 전형적인 역할과 관련해서, 콘은 단호하게 '집단의 치료자는 집단이다'라고 주장한다(Cohn, 1997: 46).

나는 실존집단치료에 대한 콘의 설명은 간단하지만 실존집단치료의 가능성에 관한 최초의 윤곽을 제공해 주었으며, 게다가 실존치료적 접근이 다른 동시대의 접근들과 어떻게 다른지에 대해서도 보여 주고 있다고 생각한다. 그는 비록 이 용어를 사용하지는 않았지만, 나는 콘이 내가 **집단-구조**라고 명명하는 것에 근거한 주요 초점을 제안하고 있다고 생각한다. 이러한 초점을 강조하는 데 있어서 실존집단치료의 주요 과제는 다음과 같다.

- 집단 내의 다양한 집단 구성원들 사이의 상호작용을 통해 드러나는 집단-구조에 대한 묘사적 탐구
- 집단 구성원 개개인이 집단 밖에서 집단 내로 가져온 것에 반응하는 것에 있어서 집단 구성원들 사이에서의 상호작용을 통해 드러나는 집단-구조에 대한 묘사적 탐구
- 각 집단 구성원의 세계관의 유의미한 특성과 집단-구조 사이에서의 관계적 긴장에 대한 묘사적 탐구
- 집단-구조에 의해서 제시된 이러한 문제 제기가 집단 구성원 개인의 세계관에 미치는 영향에 대한 묘사적 탐구
- 각 집단 구성원의 세계관에 의해서 제기된 문제들이 집단-구조에 미치

는 영향에 대한 묘사적 탐구

실존집단치료에 대한 마지막 당부를 함에 있어서, 독자들은 이 책의 앞부분에서 치료 세계의 인위성과 비현실성에 대해서 다루었던 것을 기억하고 있을 것이다. 거기에서는 대개 2명의 참여자에 의해서 만들어지는 치료 세계는 더 넓은 세계보다 상호 관계적으로 덜 복잡하다고 주장하였다. 여러 관점과 기대를 갖고 다양한 요구와 행동을 하는 다수의 참여자에 의해서 만들어진다는 점에서 내담자의 세계관에 영향을 미치는 더 넓은 세계는 치료 세계로 온전히 복제될 수는 없다. 실존집단치료의 관점에서 이러한 결론을 고려해 보면, 함께 집단을 구성하는 실존치료자와 내담자들 모두에게 가장 유의미할 뿐만 아니라 가장 부담이 되는 도전이 될 수 있는 것은 바로 그것의 **상호 관계적 복잡성**이라는 사실을 알 수 있다. 의심할 바 없이 이러한 복잡성을 만들어 내는 것은 자신의 그리고/또는 집단의 지속성, 기질적 특성, 정체성과 관련된 상이한 불안정성으로 서로가 서로에게 영향을 주고받는 다수의 집단 구성원이다. 동시에 집단이 만들어 낸 이러한 복잡성은 명시적으로 상호 간에 동의된 조건, 틀 그리고 계약 조건들로 구조화되고 구별된 치료 세계 내에서 만들어진다. 엄밀히 말해서, 실존집단치료의 치료 세계는 일대일로 진행되는 치료에서 제공하고자 하는 것보다 집단 구성원의 더 넓은 세계의 관계들에 유사한 구조를 제공해 준다. 하지만 그와 동시에 이 유사한 구조는 각 집단 구성원이 현재 유지하고 있는 세계관을 개방하고 이에 대한 문제를 제기하도록 하기에는 각 집단 구성원이 가진 더 넓은 세계의 관계들에 크게 미치지 못한다. 치료 세계와 더 넓은 세계 사이의 '긴장을 유지하는' 것은 실존집단치료가 의도하는 것이며, 그 결과 치료 세계 내에서 만들어지는 집단-구조는 집단 구성원의 다양한 더 넓은 세계의 상호 관계들과 너무 생경하지도 않고, 그렇다고 너무 불분명한 것도 아니다.

시간제한 상황에서의 실존치료

실존치료는 종종 오랜 시간이 필요하거나 또는 끝이 정해지지 않은 상담으로 인식되는 경우가 있다. 물론 그럴 수도 있지만 이러한 조건이 필수적이라는 이 가정은 아마도 관념적 '고차원적' 사상과 염려에 따른 고찰에 중심을 둔 지적 활동으로 실존치료를 바라보는 풍자적 해석에 기반하고 있는 잘못된 것이다. 독자들이 지금쯤은 실존치료의 실제에 대한 이와 관련된 관점을 갖지 않도록 충분히 설득되었기를 바란다. 점점 더 갈수록 국가나 보험금으로 운영되는 치료 서비스 제공자들 모두가 환자와 내담자를 위해서 단기집중치료를 고집하고 있기 때문에 시간이 제한된 조건에서도 타당한 접근으로 실존치료가 묵살되거나, 또는 열외로 취급되지 않도록 하는 것은 매우 중요하다.

이러한 문제 제기는 대단히 오래전인 1997년, 프레디 슈트라서(Freddie Strasser)와 앨리슨 슈트라서(Alison Strasser)가 『시간제한이 있는 실존치료: 실존의 수레바퀴(Existential Time-Limited Therapy: The Wheel of Existence)』(1997)에서 언급하였다. 이들은 단기 접근을 실존치료의 제한점으로 보기보다는 다양한 이점을 포함하는 상담의 방식이라고 주장하였다. 첫째, '많은 점에서 시간이 제한된 치료는 시간이 제한된 인간 실존의 특성을 거울과 같이 반영하며…… (이를 통해서) 내담자는 매우 직접적이고 즉각적인 방식으로 유한성과 일시성의 주제들을 마주하게 된다(Cooper, 2003: 130). 둘째, 이들은 치료적 만남이 시간제한하에 있다는 사실을 내담자에게 명백하게 상기시키는 것은 내담자로 하여금 치료 과정에 전념하고, 시간 압박이 덜한 환경에서는 밝히지 않으려고 할 수 있는 불안이나 걱정을 이야기하도록 촉진하고 강화할 가능성이 높다고 제안하였다(Cooper, 2003: 131).

프레디와 앨리슨에 의해서 설명된 시간제한이 있는 실존치료는 이 책에서 논의된 구조적 모형에 따라서 열거되어 왔던 여러 핵심 포인트와 실제에 매우 근접한 형태를 갖고 있으며, 내담자의 전체적인 세계관과 관련된 호소문제에 대한 묘사적 명료화와 문제 제기는 이 접근의 핵심 특성으로 여전히 남아 있다. 내담자에게 질문하고 반영하는 것에 있어서도 치료자가 초점을 맞추는 정도, 적극적인 정도, 그리고 직접적으로 도전하는 정도에 따라서 그 다양성의 정도가 달라진다. 보다 역동적인 이들 개입은 내담자의 호소문제가 어떻게 표현되고 관계성, 불확실성과 정체성의 기본 원리와 추가로 시간성과 선택과 같은 다양한 실존적 주제, 그리고 지속성, 기질적 상태와 정체성에 대한 내담자의 경험과 관련된 의문들에 초점을 둔 실존적 불안정성에 영향을 미치는지에 명시적으로 집중한다.

슈트라서와 슈트라서가 주창한 이 구조적 모형은 역동적 '실존의 수레바퀴'로 시각화되었는데, 각각의 특정 영역에 대한 실존적 초점이 수레바퀴의 다양한 바퀴살 하나씩을 형성하였고, 그것의 중심을 내담자의 '움직이는 자아'(이 책에서는 내담자의 세계관으로 확장되어 표현되었다)로 명명하였다. 이러한 방식으로 움직이는 자아와 제시된 실존의 문제들 사이에서의 상호 연결성은 명백하게 표현되었다(Strasser & Strasser, 1997). 더 나아가 슈트라서와 슈트라서는 이러한 실존의 수레바퀴를 시각화한 도표를 통해서 치료적 관계의 최초 시작부터 즉각적이고 뚜렷이 구별되는 상호 관계적 초점이 수립되고, 내담자가 가진 현재의 호소문제의 묘사적 명료화가 가속화될 수 있다고 주장하였다. 이러한 관점에서 이들의 모형은 경직되고 제한적인 세계관의 침전을 확인하고 이에 문제를 제기하는 집약적 '온실' 환경과 유사한 경험을 할 수 있는 구조적 맥락을 제공한다.

하지만 오히려 이 집중적 접근은 내담자에게 충분히 반성되지 않았거나 또는 내담자가 은밀한 방식으로 유지해 왔던 고정되고 종종 모순되는 의미, 가치 그리고 신념을 매우 급격히 명시적으로 드러낼 수 있다는 점에서 내담자에게 지나친 문제 제기로 경험될 수도 있다. 이에 대한 균형을 잡기 위해서 슈트라서와 슈트라서는 내담자를 향한 치료자의 배려와 존중, 그리고 수용적 태도의 가치와 중요성을 강조하였으며, 이러한 관계적 맥락 속에서 탐색이 이루어질 때 내담자는 일어날 수 있는 강렬한 감정으로 채워진 통찰을 충분히 안전하게 경험한다고 기술하였다.

시간제한이 있는 단기 실존치료에 있어서 슈트라서와 슈트라서의 선구자적 업적은, 특히 앨리슨 슈트라서가 여전히 살아 있고 활동하는 호주에서 다른 실무자들을 통해서 점점 더 갈수록 확장되고 있다. 동시에 다양한 단기, 집중적 실존치료들이 현재 몇몇 실무 전문가들에 의해서 개발되고 있으며 그들의 모형에 대한 세부적인 설명은 향후 몇 년 사이에 출판될 가능성이 높아 보인다(Rayner & Vitali, 2014; Stephenson, 준비 중). 비록 이들은 서로 많은 부분에서 유사함을 갖고 있지만, 이러한 접근들 간의 한 가지 중요한 차별점은 목표 설정과 목표 초점에서 나타난다. 슈트라서와 슈트라서는 미리 어떤 희망하는 결과 목표를 정해 놓는 것에 대해서 경고하며, 내담자의 호소문제가 명확해질 때가 그 방향과 목표를 찾기 위한 적절한 순간이며, 이를 통해서 확인된 모든 목표는 상담의 조건과 같이 미리 정해진 것이 아니라, 내담자와의 만남으로부터 모습을 드러낸다고 주장하였다. 이러한 점에 있어서 이 접근은 마치 이 책에서 제시했던 구조적 모형과 같이 실존치료에 대한 제한적이지 않고 개방적인 접근과 그 맥을 같이하고 있다. 반면에, 주로 영국의 국가의료제도(UK National Health Service: NHS)에서 승인한 조건하에서 상담을 하는, 다른 실무 상담자들은 현재의 본문에서 논의하는 것들과 매우 유사한 태도를 갖는 묘사적 탐구에 초점을 두는 미리 확인된 정해진 목표에 집중하는 접근들을 발달시켜 왔다(Rayner & Vitali, 2014; Stephenson, 준비 중).

어떤 접근을 취하든지, 단기 실존치료에 관해서 알려지기 시작한 것은 이 접근이 치료자와 내담자가 실제로 실현할 수 있는 상담 방식일 뿐만 아니라, 다른 접근들에 비해서 너무 장황하지도 않으며, 그렇다고 너무 '어려운' 접근도 아니라는 사실이다. 실제로 오히려 그것의 빠르고 명료한 탐색의 효과는 이를 적용함에 있어서 어떤 주의를 요구하며, 항상 내담자와의 관계에 있어서 치료자의 세심한 속도 조절이 필요하다.

실존적 슈퍼비전

동료들에 의한 슈퍼비전은 전문가적 상담 역량을 유지하는 데 필요한 주요 요건 중 하나가 되었다. 치료와 관련된 거의 모든 전문가 단체는 슈퍼비전의 중요성을 강조해 왔으며, 대개 단체에 소속된 회원들은 정기적으로 그리고 지속적으로 인증된 조건하에서 슈퍼비전에 참여해야 한다. 이러한 관리 방식을 고수한다는 점에서는 실존치료도 다르지 않지만, 슈퍼비전의 구성개념과, 특히 그것이 존재하는 목적과 의미는 지속적으로 논의해야 할 주제로 남아 있다.

실존적 슈퍼비전에 대한 부분도 역시 여러 문헌들에 다소 제한적으로 기술되어 있다. 그럼에도 불구하고 자료의 부족함은 기여자들에 의해서 제시된 논의의 질에 의해서 균형이 맞춰진다. 실존치료를 구성하는 것이 무엇이며 이를 상담 장면에서 적용하는 데 있어서 차별점이 될 수 있는 것이 무엇인지 대한 폭넓은 논쟁을 다룸으로써 슈퍼비전을 둘러싼 이슈들은 여러 가지 측면에서 실존치료자들에게 슈퍼비전의 목표를 제공해 주었다. 실존적 슈퍼비전에 관한 대부분의 논문들이 '실존적 슈퍼비전이란 무엇인가'라는 기본 질문을 다루고 있다는 사실은 그리 놀랄 만한 일은 아니다. 보다 중요한 것은, '실존적 슈퍼비전'이라는 것이 정말 존재하는지, 그리고 그 특성은 무엇인지에 관한 것이다(Pett, 1995: 117). 이와 동일하게, 순환적으로 반복되는 질문은 실존적 슈퍼비전이 제공된 탐구의 과정에 실존적으로 초점을 맞춰야 할지 또는 실존적 현상학과 관련된 이론가들과 실무자들로부터 얻어진 상이한 이론적 관점들로 치료적 이슈들에 대해서 논의하고 그 근거를 제공해야 하는지 여부에 집중되어 있다(Pett, 1995; Wright, 1996).

현재, 이 주제에 대해서 다뤄온 학자들 사이에서의 불일치는 최소한 그들이 동의하는 것만큼 일반적이다. 예를 들어, 레지나 라이트(Regina Wright)는 슈퍼비전에 대한 실존적 접근에서 가장 차별적인 점은 '교리의 부재(lack of doctrine)'(Wright, 1996: 154)이며, 기대하고 바라는 것 또는 찾는 것이라고 예상되는 가정과 반대로 나타날 수 있는 것에 대한 개방성이라고 저술하였다. 반면에, 다이아나 미첼(Diana Mitchell)은 '치료적 관계에서 나타날 수 있는 주제와 이슈와 관련된 특정 종류의 탐색'에 대한 슈퍼비전의 요구(Mitchell, 2002: 91)와 실존치료 장면에서 논의를 통해서 내담자가 정한 주제에 대해서 함께 합의하여 진행하는 탐색이 서로 극명하게 대조된다는 점에서 실존적 슈퍼비전의 가능성에 대한 의문을 제기하였다. 라이트와 미첼은 모두 실존치료자이지만 슈퍼비전에 대한 관점에 있어서 유의미한 차이를 보이고 있으며, 이는 슈퍼비전에 대한 접근에 있어서 의견의 다양한 정도와 그 깊이를 분명하게 보여 준다. 일반적으로 나는 어떤 형태의 실존적 슈퍼비전이라고 하더라도 이를 착수함에 있어서는 "이미 존재하는 슈퍼비전의 형태를 취해야만 하는데…… 그 부분에 있어서 이러한 형태의 슈퍼비전과 실존치료 이론과 실제가 서로 상충한다."(Mitchell, 2002: 96)는 미첼의 결론에 동의한다. 그럼에도 불구하고 나는 실존적 슈퍼비전이라고 불릴 수 있는 것은 슈퍼비전의 목적에 있어서 '이론과 신념에 대한 태도에 의문을 제기하도록'(Mitchell, 2002: 93) 활성화시키는 것이어야 한다는 라이트와 미첼의 인식에 뜻을 같이 한다.

실존적 슈퍼비전을 둘러싼 논쟁에 있어서 내가 보기에 시몬 듀 플록(Simon du Plock, 2007, 2009)이 발표한 논문에서 언급된 내용은 중요한 기여점을 제공해 주고 있다. 첫 번째 논문에서 듀 플록은 '슈퍼비전'의 개념 그 자체를 촉진하기 위해서 실존치료의 일부 측면을 이용하는 경험적 접근을 제안하였다(du Plock, 2007: 31). 듀 플록은 슈퍼비전을 위한 또 다른 모형을 제공하기보다 치료적 관계를 슈퍼비전의 주요 초점으로 택하는 방식에 대한 설명을 시도했는데, 그는 실존치료자에게 '실무자로서 우리가 원하는 실존적, 현상학적 슈퍼비전이 무엇인지'를 명확히 하기를 도전하고 있다(du Plock, 2007: 34). 슈퍼비전에 대해서 관계적으로 조율한 접근에 초점을 두면서 (실제적 예시를 통한 몇몇 경험적 활동들의 사용을 통해서 그가 명확히 했던 바와 같이) 듀 플록은 내담자와의 관계 내에 있음에 대한 개방성과 한계에 대한 실무적 연구의 한 부분으로서 슈퍼비전을 개념화했다. 이와 같은 접근에서 슈퍼바이저와 슈퍼바이지는 '관계'라는 현상의 공동 연구자가 된다(du Plock, 2007: 38).

두 번째 논문(2009)에서 그는 자신과 18명의 실존치료전문가들이 공동 연구자로 참여하여 실행한 슈퍼비전의 의미에 초점을 맞춘 현상학적 연구의 분석에 초점을 두었는데, 그는 세 가지의 상호 연결된 서술들에 초점을 둔 관계성의 유의미함을 강조하였다.

- 슈퍼바이지가 보고하는 내담자의 존재 경험에 대한 서술
- 슈퍼바이지가 보고하는 내담자와의 관계 내에 존재하는 경험에 대한 서술
- 슈퍼비전이 이루어지는 공간에서 드러나고 내포된 그대로의 슈퍼바이저와 슈퍼바이지 사이에서의 관계에 대한 현재의 실제 경험(Du Plock, 2009: 302)

그럼에도 불구하고, 듀 플록에 의해서 지적된 유의미한 문제들 중 분명한 한 가지는 슈퍼비전이 이루어지는 만남에서 초점이 되는 내담자는 정작 그 공간에 실재하지 않는다는 사실로, 이는 슈퍼비전에서 자주 놓치게 되는 부분이다. 그는 오히려 슈퍼비전 장면에 있는 '내담자를 만나는 치료자'(Du Plock, 2009: 302) 그리고 치료적 만남의 경험에 대한 치료자(슈퍼바이지)의 이야기에 슈퍼비전의 초점을 맞춘다.

지면상 듀 플록의 연구 결과를 간단히 요약하였지만, 나는 독자들이 이 논문을 주의 깊게 살펴보기를 강하게 추천한다. 이 논문의 결론을 요약하면 다음과 같다.

- 실존적 슈퍼비전은 인간으로 존재하는 것의 특징들에 대한 '비판단적 그리고 비지시적인 명료화를 통한 추론적 시작을 함께 만드는 것에 중심을 두고 있는데, 그 이유는 치료 장면에서 일어나는 일들'(Du Plock, 2009: 313)은 설명을 통해서 명료화될 수 있기 때문이다.
- 실존적 슈퍼비전은 '알지 못하는 장소에 머물고' 이에 수반하는 불안을 견디며 심지어 이들과 친분을 가지도록 슈퍼바이지를 격려한다(Du Plock, 2009).
- 실존적 슈퍼비전은 '민주적이고 비위계적인 관계' 형성을 시도한다(Du Plock, 2009).
- 실존적 슈퍼비전은 '내담자의 존재 방식을 해석하거나 또는 그 진가를 제한하는 병리적 분류를 사용하기보다는' 실존의 모호함과 역설성을 다룬다(Du Plock, 2009).
- 내담자가 호소하지 않는 문제를 탐색하는 것에 관심을 가지기보다, 실존적 슈퍼비전은 주로 슈퍼바이지가 시간이 갈수록 내담자와 적절한 관계를 형성하고 이를 유지해 갈 수 있고 기꺼이 그러고자 하는 정도에 초점을 맞춘다.
- 실존적 슈퍼비전은 슈퍼바이저와 슈퍼바이지가 어떻게 서로와 관계를 맺는지를 탐색하고, 그들의 관계에 대한 탐색이 어떻게 슈퍼바이저와 내담자의 만남의 질을 향상시키는 역할을 하는지를 탐색한다.

종합적으로 생각해 보면, 실존적 슈퍼비전에 대해서 서술한 대다수의 실존치료자는 슈퍼비전의 의미와 기능에 관련한 지배적 관점에 대한 문제를 제기한다. 밖으로 드러난 문제들은 용어 그 자체 안에 어느 정도 포함되어 있다고 볼 수 있는데, 슈퍼비전은 위에서 보는(over-seeing) 행위를 암시하며, 이러한 관점에서 슈퍼비전은 우월한 견해, 판단 그리고/또는 해석의 개념을 제안하는 것이다. 그리고 이러한 이유로 전문성, 지위 그리고 힘에 있어서 슈퍼바이저의 우월성에 대한 암시된 가정을 포함하게 된다. 이러한 특성들 중 어느 것 하나도 실존적 현상학 이론과 한자리에 있기는 쉽지 않다.

이러한 감독의 관점에서 슈퍼비전은 주로 발달적, 규범적 그리고 회복적 기능과 관련되며 이 각각의 기능은 이론에 대한 슈퍼바이지의 이해, 기술과 기법 적용의 강화와 발전(발달적 기능), 슈퍼바이지의 전문가적 행동에 대한 슈퍼바이저의 감시를 통한 내담자 보호(규범적 기능), 그리고 슈퍼바이저 또는 슈퍼바이지가 선호하는 모형의 '렌즈'를 통해서 이해되고 명료화된 내담자의 호소문제의 개선(회복적 기능)에 초점을 맞추고 있다.

하지만 슈퍼비전과 관련하여 존재하는 또 다른 의미를 고려해야 할 필요가 있다. 이 대안적 관점으로 볼 때 슈퍼비전은 너머로 보는(seeing-over) 행동을 시사한다. 이러한 관점에서 슈퍼비전은 내담자와의 만남에서 일어난 일들과 추가로 슈퍼바이지의 관점으로 다시 생각해 보고, 진실한 대화를 촉진하는 관계적 조건하에서의 슈퍼바이저의 탐구적 도전을 통해 명료화된 것으로서 그 만남에 대해서 놓쳤거나 충분히 생각해 보지 못한 것 모두를 슈퍼바이지에게 다시 둘러보고 생각해 볼 수 있는 기회를 제공해 준다. 구체적으로 말하면, 이 관점은 슈퍼바이지가 치료자나 인간으로서, 혹은 둘 모두로 존재하는 느낌에 지속적으로 현저히 영향을 미치는 것에 대해서 이야기되는 상담의 과정 중 그 또는 그녀에게 일어났던 일들을 다시 고려하고 해석할 수 있도록 이끈다. 슈퍼비전에 대한 이러한 너머로 보는 접근은 주로 슈퍼바이지의 치료자로서 존재하는 실제 경험과 특정한 내담자 또는 일반적인 내담자와 관련된 실제 치료에 초점을 두기 때문에, 그 결과 치료자로 존재하는 것과 실제 치료에 대한 슈퍼바이지의 가정, 신념, 가치와 이를 비교할 수 있다.

전문가 규정들을 만족시키는 슈퍼비전의 모든 형태는 어떤 식으로든 슈퍼비전이 가진 발달적, 규범적 그리고 회복적 기능에 주의해야 하는 반면에, 실존적 슈퍼비전과 가장 많이 공명하는 슈퍼비전은 두 번째 해석에 해당된다. 그렇다고 하더라도, 이러한 이중 초점이 '이것 또는 저것'의 대안들의 또 다른 사례로 보여서는 안 된다. 슈퍼비전의 발달적, 규범적 그리고 회복적 기능을 둘러싼 이슈들이 항상 묵살될 수는 없으며, 또한 그래서도 안 된다. 예를 들어, 때때로 특정한 철학자나 치료자에게 초점을 둔 방법을 포함하여 내담자의 고민이나 행동을 이해하기 위한 다양한 방법에 슈퍼비전의 초점을 맞추는 것은 매우 유용하다. 동시에 슈퍼비전의 과정이 오직 배타적으로 '철학자 X 또는 치료자 X가 어떻게 생각했을까 또는 어떻게 했을까'에만 집중한다면 이는 실존적 탐색과는 상반된다. 동일하게, 실존적 슈퍼비전의 주요 고려사항이 실존적 원리를 밝히거나 또는 실존적 주제들을 이해하기 위해서 실존적 현상학의 방법들을 다루기 위한 치료적 만남의 다양한 측면을 해석하는 것이라는 주장도 나에게 거의 의미가 없다. 이론을 강조하는 이런 종류의 고려는 이내 내용이 없는 힘의 불균형이 심한 방식이 되기 쉽다. 그리고 슈퍼바이지가 이로부터 많은 도움을 받는 모습이나 혹은 실존적 슈퍼바이저가 이를 촉진하는데 흥미를 가지는 모습을 상상할 수 없다. 분명히 이론적 그리고/또는 실제적 관점으로 내담자의 문제를 고려하는 방식들은 항상 슈퍼비전에서 논의되기 쉽다. 하지만 만약 실존적 슈퍼비전의 초점을 여기에 둘 때 실존적 슈퍼비전의 초점은 구체적인 만남에서 치료자로서 슈퍼바이지의 경험과 그 경험과 관련된 문제들만을 다시 살펴보는 것에 머무를 수 있다. 실존적 슈퍼비전에 있어서 이러한 두 가지 해석 사이에서의 균형을 유지하기 위한 방법을 찾고 두 가지 해석 사이에서 공유된 합의를 통해서 길을 찾아내는 것은 여전히 과제로 남아 있다.

모두/그리고의 관점을 채택한다고 하더라도 실존적 슈퍼비전의 주요 관심사는 슈퍼바이지가 내담자와 함께 머물고 내담자의 존재 방식을 수용하는 자신의 능력을 방해하거나 문제가 있다고 여기는 것을 탐색하고, 이어서 이를 묘사적으로 설명하고 도전하는 데 있어서 슈퍼비전 세계의 공간을 이용할 수 있도록 함께 노력하는 데 있다는 것은 분명해 보인다. 주로 슈퍼바이지와 그/그녀의 내담자 사이의 만남에 있어서 관계적이고 맥락적인 조건과 어떤 이슈들이나 장애물이 존재하는지에 초점을 맞추는 것은 슈퍼바이지가 자신의 내담자와 가능한 개방적이고, 도전적으로 그리고 비방어적으로 관계를 유지하는 것을 통해서 만들어지거나 유발된다.

이러한 주요 초점을 따라서 나는 실존적 슈퍼비전은 실존치료와 마찬가지로 그 자체로서 슈퍼바이지가 치료자가 되기 위한 필수 조건과 슈퍼바이지가 추구하거나 원하는 치료적 실제에 있어서 요구되는 것 그리고 이러한 것들이 내담자와의 구체적인 상담 장면이나 만남을 통해서 향상되거나 도전될 수 있는지에 관한 슈퍼바이지의 세계관적 태도에 중심을 두고 묘사적으로 초점을 맞춘 탐구 과정에 대한 것임을 제안한다. 이어서, 치료자로서의 전문가적 정체성으로 간주된 슈퍼바이지의 세계관에 초점을 맞춘 이러한 설명은 일반적으로 슈퍼바이지의 세계관을 규정해 주고 유지하도록 하는 관계적 긴장과 이슈 또는 슈퍼바이지의 전반적인 존재 방식에 대한 깨달음을 가져다 줄 가능성이 높다. 슈퍼비전에 대한 이러한 이해는 실존적 슈퍼비전과 실존치료 과정 사이에서의 연결점을 드러내 준다. 비록 그 자체로서 슈퍼비전은 치료는 아니지만, 이는 치료적으로 경험되기도 한다. 그렇다고 하더라도 전문성을 넘어서 개인에게까지 확장되는 더 넓은 영향을 가진 것으로서 슈퍼바이지에 의해서 경험되는 실존적 슈퍼비전의 과정에서 다뤄질 수 있는 모든 것은 항상 슈퍼비전에서 논의되고 있는 특정 내담자와 착수한 치료 작업과 그것의 관계 또는 그것에 미치는 영향으로 되돌아가야 한다.

예를 들어, 나의 슈퍼바이지인 조나스는 자신의 내담자 멜라니와의 상담 회기마다 유발되는 반복적으로 집중력이 흩어지는 느낌과 씨름해 왔다. 조나스는 멜라니가 말하기 시작하자마자 자신이 그녀의 말을 간신히 소환해 내는 등 물러서는 것처럼 보인다는 점에 주목했다. 우리가 이 책에서 논의했던 구조적 모형에서 자세히 설명된 다양한 묘사적 도전하기를 이용하여 조나스의 반응을 설명했을 때 조나스는 멜라니의 존재 방식, 특히 그녀가 상담 장면에 가져온 구체적인 문제 영역에 대해서 자신이 문제를 제기할 때면 그녀가 습관적으로 무시하듯 손을 흔드는 것을 통해서 표현되는 그녀의 존재 방식을 자신이 어떻게 경험했는지에 초점을 맞추기 시작했다. 그는 살아오면서 실패했던 과거의 이성관계들과 관련하여 무시하는 듯이 손을 흔드는 이러한 행위가 자신에게는 일반적인 상황보다 훨씬 더 함축적인 의미를 가진 것으로 해석되고 이해되고 있었다는 사실을 깨달았다. 이것이 만약 치료 회기였다면 초점은 더 나아가 보다 더 넓은 관계에서 조나스가 과거에 경험한 실패를 묘사적으로 명료화하는 것에 좀 더 머물러 있었을 것이다. 하지만 슈퍼비전으로서 우선순위에 있는 것은 이러한 개인의 삶에서의 통찰과 멜라니와의 상담 장면에서 나타나는 조나스의 물러섬 사이에서의 관계를 설명하는 것이었고, 이어서 그와 연결된 통찰이 어떻게 조나스가 멜라니의 진술에 대한 집중을 유지할 수 있게 할 뿐만 아니라, 그의 실패한 관계 경험과 멜라니와의 연결이 어떻게 멜라니의 문제에 대해서 묘사적으로 설명하는 참신한 치료적 방법을 가속화하는 데 도움이 될 수 있는지를 설명하는 것이었다.

이어서 멜라니의 손짓이 그에게 미친 영향에 대한 조나스의 명료화는 그로 하여금 치료자로서 그리고 한 사람으로서 내가 그를 어떻게 바라보는지에 대한 그의 상상과 멜라니와의 치료적 실패가 나로 하여금 그를 향한 무시하는 태도를 어느 정도 갖게 했을지에 관한 고민들을 다룰 수 있도록 했다. 다시 말해서, 슈퍼비전 장면의 즉시성 내에서 조나스에 의해서 제기된 문제들은 조나스의 전문가적 그리고 개인적 정체성 모두에 의미 있는 탐구 가능성을 열어 주었던 것이다. 그의 슈퍼바이저로서, 나는 둘 다에 미친 영향을 탐색하는 것의 타당성을 지적할 수 있었지만 그의 우려들이 가진 전문가적 함의에 대해서 진솔하게 탐색할 것을 권유했다. 하지만 이는 나로 하여금 그의 슈퍼바이저로서 조나스에 대해서 채택한 태도가 내가 인식했을 수 있는 것을 무시한 것은 아니었는지, 만일 그렇다면 슈퍼바이저로서 그리고 보다 더 일반적으로는 한 명의 인간으로서 나 자신을 어떻게 보는지, 그리고 어떻게 보이기를 희망하는지에 대한 나의 답변은 무엇인지에 대한 의문을 갖게 했다. 다시 말하지만, 실존치료로서 실존적 슈퍼비전에서 사용되는 주요 방법은 슈퍼비전 장면에서의 만남 그 자체이다. 이러한 만남의 즉시성 내에서 드러나고 탐색된 것은 슈퍼바이지에게 바로 와닿는 의미와 영향을 줄 가능성이 높지만, 실존치료와 마찬가지로 그것은 때때로 또는 심지어 주로 슈퍼바이저에게 영향을 미치기도 한다.

최종적으로 지금까지 제시된 관점에 따르면 실존적 슈퍼비전은 실존적으로 조정된 슈퍼바이저와 슈퍼바이지 간의 슈퍼비전을 통한 만남으로 제한될 필요는 없다. 슈퍼바이지가 치료자로서 존재하는 방식과 치료를 실행하는 방식에 대한 묘사적 탐색에 자리한 주된 문제들과, 이러한 태도를 표현하기 위해 착수된 시도들을 통해 경험된 도전과 장애물의 범위까지 실존적 슈퍼비전은 '감시(over-seeing)' 모드의 슈퍼비전에 대한 흥미진진하고 가치 있는 경험적 대안이 될 수 있다. 실존적 슈퍼비전은 슈퍼바이지를 보다 나은 실존치료자로 훈련시키는 것과는 덜 관련되며, 오히려 치료자로 존재하는 경험과 치료를 실행하는 경험을 슈퍼바이지 스스로 체현하도록 조정하는 방법들에 있어서 그들이 옹호하는 모형을 인정하도록 촉진하는 것과 관련된다.

참고문헌

Ablon, J. S., & Jones, E. E. (2002). Validity of controlled clinical trials of psychotherapy: findings from the NIMH Treatment of Depression Collaborative Research Program. *American Journal of Psychiatry, 159*, 775-783.

Adams, M. (2013). *A Concise Introduction to Existential Counselling*. London: Sage.

Al-Khalili, J. (2009). *The Secret Life of Chaos*. Documentary film directed by N. Stacey and produced by Furnace Ltd for BBC Television.

Al-Khalili, J. (2012). *Paradox: The Nine Greatest Enigmas in physics*. London: Transworld.

Alexander, R. (1995). *Folie à Deux: An Experience of One-to-one Therapy*. London: Free Association Books.

Alvarez, A. (2006). The man who rowed away. *The New Review of Books, 53*(13), 39-42.

Amiel, H. F. (189?). Journal Intimé of Henri-Frédéric Amiel. University of California Libraries. Available from: https://archive.org/details/amielsjournaljou00amieiala.

Anderson, H., & Goolishian, H. (1992). The client is the expert: A not-knowing approach to therapy. In S. McNamee & K. J. Gergen (Eds.), *Theraphy as Social Construction* (pp. 25-39). London: Sage.

Arendt, H. (1999). *The Human Conditon* (2nd ed.). Chicago: University of Chicago Press.

Barker, M. (2011). De Beauvoir, Bridget Jones' pants and vaginismus. *Existential Analysis, 22*(2), 203-216.

Barnett, L., & Madison, G. (Eds.) (2012). *Existential Therapy: Legacy, Vibrancy and*

Dialogue. London: Routledge.

Bates, Y. (Ed.) (2004). *Shouldn't I Be Feeling Better Now? Client Views of Therapy*. London: Palgrave Macmillan.

Berlin, I. (2006). *Political Ideas in the Romantic Age: Their Rise and Influence on Modern Thought*. Princetion, NJ: Princeton University Press.

Binswanger, L. (1963). *Being-in-the-World: Selected Papers of Ludwig Binswanger*. New York: Harper Torchbooks.

Bohm, D., & Hiley, B. (1995). *The Undivided Universe: An Ontological Interpretation of Quantum Theory*. London: Routledge.

Boss, M. (1957). *The Analysis of Dreams* (A. J. Pomerans, Trans.). London: rider.

Boss, M. (1963). *Psychoanalysis and Daseinsanalysis*. New York: Basic Books.

Boss, M. (1977). *I Dreamt Last Night ……* (S. Conway, Trans.). New York: Wiley.

Boss, M. (1979). *Existential Foundations of Medicine and Psychology*. Northvale, NJ: Jason Aronson.

Buber, M. (1970). *I and Thou* (2nd ed.) (R. G. Smith, Trans.). Edinburgh: T. & T. Clark.

Buber, M. (2002). *Between Man and Man* (R. G. Smith, Trans.). London: Routledge.

Bugenthal, J. F. T. (1981). *The Search for Authenticity: An Existential-Analytic Approach to Psychotherapy*. New York: Irvington.

Bugenthal, J. F. T. (1987). *The Art the Psychotherapist*. New York: W. W. Norton.

Burman, E. (2008). *Deconstructing Developmental Psychology* (2nd ed.). London: Routledge.

Burston, D. (2000). *The Crucible of Experience: R. D. Laing and the Crisis of psychotherapy*. Cambridge, MA: Harvard University Press.

Butler, J. (2006). *Gender Trouble: Feminism and the Subversion of Identity*. London: Routledge.

Cannon, B. (1991). *Sartre and Psychoanalysis: An Existentialist Challenge to Clinical Metatheory*. Lawrence, KS: University Press of Kansas.

Cherniss, J. (2006). Introduction. In I. Berlin, *Political Ideas in the Romantic Age: Their Rise and Influence on Modern Thought* (H. Hardy, Ed.) (pp. xxi-xxx) Princeton, NJ: Princeton University Press.

Claessens, M. (2010). Mindfulness based-third wave CBT therapies and existential-phenomenology. Friends or foes? *Existential Analysis*, *21*(2), 295-308.

Cohn, H. W. (1997). *Existential Thought and Therapeutic Practice: An Introduction to Existential Psychotherapy*. London: Sage.

Cohn, H. W. (2002). *Heidegger and the Roots of Existential Therapy*. London: Continuum.

Colaizzi, P. F. (2002). Psychotherapy and existential therapy. *Journal of Phenonmenological Psychology, 33*(1), 73-112.

Condrau, G. (1998). *Martin Heidegger's Impact on Psychotherapy*. Vienna: Mosaic.

Cooper, M. (2003). *Existential Therapies*. London: Sage.

Cooper, M. (2008). *Essential Research Findings in Counselling & Psychotherapy: The Facts are Friendly*. London: Sage.

Cooper, M., & McLeod, J. (2011). *Pluralistic Counselling and Psychotherapy*. London: Sage.

Correia, E. A., Cooper, M., & Berdondini, L. (2014). Existential psychotherapy: An international survey of the key authors and texts influencing practice. *Journal of Contemporary Psychotherapy (Special Issue)*.

Crotty, M. (1996). *Phenomenology and Nursing Research*. Melbourne: Churchill Livingstone.

cummings, e. e. (1965). *A Selection of poems*. New York: Harvest.

De Beauvoir, S. (1986). *Ethics of Ambiguity* (B. Fechtman, Trans.). New York: Citadel Press.

Disney, W. (1941). *Dumbo*. Animated motion picture produced by the Walt Disney Studio and directed by B. Sharpsteen.

Du Plock, S. (2007). A relational approach to supervision: Some reflections on supervision from an existential-phenomenological perspective. *Existential*

Analysis, 18(1), 31-38.

Du Plock, S. (2009). An existential-phenomenological inquiry into the meaning of clinical supervision: What do we mean when we talk about existential-phenomenological supervision? *Existential Analysis, 20*(2), 299-318.

Duncan, B. L., Miller, D. S., Wampold, B. E., & Hubble, M. A. (Eds.) (2010). *The Heart and Soul of Change: What Works in Therapy*. Washington DC: APA Books.

Dyson, F. J. (1958). Innovation in Physics. *Scientific American, 199*(3), 74-82.

Einstein, A. (2001). *Relativity: The Special and General Theory. London: Routledge.*

Einstein, A., Lorentz, H. A., Weyl, H., & Minkowsli, H. (2000). *The Principle of Relativity*. New York: Dover.

Ellenberger, H. F. (1970). *The Discovery of the Unconscious: The History and Evolution of Dynamic Psychiatry*. New York: Basic Books.

Ellis, A., & Ellis, D. J. (2011). *Rational Emotive Behavior Therapy*. Washington, DC: Amercian Psychological Associartion.

Evans, D. (2003). *Placebo: Mind over Matter in Modern Medicine*. London: Harper Collins.

Evans, R. I. (1981). *Dialogue with R. D. Laing*. New York: Praeger.

Eze, M. O. (2010). *Intellectual History in Contemporary South Africa*. London: Palgrave Macmillan.

Farber, L. (1967). Martin Buber and psychotherapy, In P. A. Schilpp & M. Friedman (Eds.), *The Philosophy of Martin Buber* (pp. 577-602). LaSalle, IL: Open Court.

Farber, L. (2000). *The Ways of the Will: Selected Essays*. New York: Basic Books.

Feldman, D. P. (2012). *Chaos and Fractals: An Elementary Introduction*. Oxford: Oxford University Press.

Fine, C. (2010). *Delusions of Gender*. London: Icon Books.

Foucault, M. (1979). *A History of Sexuality Vol. 1: An Introduction*. London: Allen Lane.

Foucault, M. (1989). *The Order of Things*. London: Routledge.

Frankl, V. (1988). *The Will to Meaning: Foundations and Applications to Logotherapy*. London: Meridian.

Freedman, J., & Combs, G. (1996). *Narrative Therapy: The Social Construction of Preferred Realities*. London: W. W. Norton.

Friedman, M. (Ed.) (1964). *Worlds of Existentialism: A Critical Reader*. Chicago: University of Chicago Press.

Fromm, E. (2003). *Man for Himself: An Inquiry into the Psychology of Ethics*. London: Routledge.

Frosh, S. (2012). *A Brief Introduction to Psychoanalytic Theory*. London: Palgrave Macmillan.

Gadamer, H. G. (2004). *Truth and Method*. London: Continuum.

Gade, C. B. N. (2012). What is ubuntu? Different interpretations among South Africans of African descent. *South African Journal of Philosophy, 31*(3), 480-503.

Gay, P. (1988). *Freud: A Life for Our Time*. London: J. M. Dent & Sons.

Gendlin, E. T. (2003). *Focusing: How to Gain Direct Access to your Body's Knowledge*. London: Rider.

Gergen, K. J. (2009). *Relational Being: Beyond Self and Community*. Oxford: Oxford University Press.

Gillett, G. (1995). The philosophical foundations of qualitative psychology. *The Psychologist, 8*(3), 111-114.

Gilliot (2009). *True dialogue for transformation and peace*. Available from: http://aidscompetence.ning.com/profiles/blogs/true-dialogue-for.

Giovazolias, T., & Davis, P. (2001). How common is sexual attraction towards clients? The experiences of sexual attraction of counselling psychologists toward their clients and its impact on the therapeutic process. *Counselling Psychology Quarterly, 14*(4), 281-286.

Gordon, E. F. (2000). *Mockingbird Years: A Life in and out of Therapy*. New York: Basic Books.

Gray, J. (2006). The case for decency. *The New York Review of Books, 53*(12), 20-22.

Havel, V. (2000). The first laugh. *The New York Review of Books, 46*(2), 20.

Hayes, S. C., Stroshal, K. D., & Wilson, K. G. (2011). *Acceptance and Commitment Therapy: The process and Practice of Mindful Change* (2nd ed.). London: Guilford Press.

Heidegger, M. (1962). *Being and Time* (J. Maquarrie & E. H. Freund, Trans.). New York: Harper & Row.

Heidegger, M. (1976). *What Is Called Thinking?* (F. D. Wieck & J. G. Gray, Trans.). New York: Harper Perennial.

Heidegger, M. (1977). *The Question Concerning Technology and Other Essays* (W. Lovitt, Trans.). New York: Harper & Row.

Heidegger, M. (2001). Zollikon Seminars: Protocols-Conversations-Letters (F. Mayr & R. Askay, Trans.). Evanston, IL: Northwestern University Press.

Hills, J. (2012). *Introduction to Systemic and Family Therapy*. London: Palgrave Macmillan.

Hodges, H. A. (1952). *The Philosophy of Wilhelm Dilthey*. London: Routledge & Kengan Paul.

Hoeller, K. (1996). The tragedy of psychology: Rollo May's Daimonic and Friedrich Nietzshe's Dionysian. *Journal of the Society for Existential Analysis, 7*(1), 39-55.

Horney, K. (1991). *Neurosis and Human Growth*. New York: Norton.

Howard, K. I., Moras, K., Brill, P. L., Martinovich, Z., & Lutz, W. (1996). Evaluation of psychotherapy: Efficacy, effectives, and patient progress. *Amercian Psychologist, 51*(10), 1059-1064.

Howard, K. I., Orlinsky, D. E., & Lueger, R. J. (1994). Clinically relevant outcome research in individual psychotherapy: New models guide the researcher and Clinician. *British Journal of Psychiatry, 165*(1), 4-8.

Howe, D. (1993). *On Being a Client: Understanding the Process of Counselling and Psychotherapy*. London: Sage.

Howe, D. (2013). *Empathy: What it is and Why it Matters*. London: Palgrve Macmillan.

Hughes, R. (1991). *The Shock of the New: Art and the Century of Change*. London: Thames and Hudson.

Humphrey, N. (2002). Great expectations: The evolutionary psychology of faith-healing and the placebo response. In N. Humphrey (Ed.), *Mind Made Flesh: Essays from the Frontier of Evolution and Psychology* (pp.255-285). Oxford: Oxford University Press.

Husserl, E. (1965). *Phenomenology and the Crisis of Philosophy* (Q. Lauer, Trans. & Introduction). New York: Harper Torchbooks.

Husserl, E. (1977). *Cartesian Meditations: An Introduction to Phenomenology* (D. Cairns, Trans.). The Hague: Nijhoff.

Husserl, E. (2012). *Ideas: General Introduction to Pure Phenomenology*, vol.1 (D. Moran, Trans.). London: Routledge.

Iacovou, S. (2013). The existential review-a presentation by Mick Cooper. *Hermenenutic Circular: The Newsletter of the Society for Existential Analysis, July*, 15-16.

Ihde, D. (1986a). *Experimental phenomenology: An Introduction*. Albany: State University of New York.

Ihde, D. (1986b). *Consequences of Phenomenology*. Albany: State University of New York.

Irigaray, L. (1985). *This Sex Which is Not One* (C. Porter, Trans.). New York: Cornell University Press.

Irigaray, L., Hirsch, E., & Olson, G. A. (1995). Je—Luce Irigaray: a meeting with Luce Irigaray. *Hypatia, 10*(2), 93-114.

Jacobsen, B. (2007). *Invitation to Existential Psychology*. London: Wiley.

Jaspers, K. (1963). *General Psychopathology*, vol. 1 (J. Hoening & M. W. Hamilton, Trans.). London: Johns Hopkins University Press.

Jaspers, K. (2009). *Man in the Modern Age*. London: Routledge.

Johnstone, L. (2013). *UK Clinical Psychologists Call for the Abandonment of Psychiatric Diagnosis and the 'Disease' Model*. Available from: www.

madinamerica.com/2013/05.

Jordan-Young, R. (2011). *Brain Storm: The Flaws in the Science of Brain Differences*. London: Harvard University Press.

Joseph, A. (2009). *An Inquiry into sexual difference in Ernesto Spinelli's Psychology: An Irigarayan critique and response to Ernesto Spinelli's psycholgy*. VDM Verlag: Saarbrücken, Germany.

Kagan, J. (2000). *Three Seductive Ideas. Cambridge, MA: Harvard University Press*.

Kahneman, D. (2012). *Thinking, Fast and Slow*. London: Penguin.

Karlsson, G. (1993). *Psychological Qualitative Research from a Phenomenologicla Perspective*. Stockholm: Almqvist and Wiksell Inernational.

Kaye, J. (1995). Postfoundationalism and the language of psychotherapy research. In J. Siegfried (Ed.), *Therapeutic and Everyday Discourse as Behavior Change* (pp. 29-60). Norwood, NJ: Ablex.

Kennedy, J. F. (1962). Commencement Address at Yale University, June 11, 1962. The American Presidency Project. Available from: www.presidency.ucsb.edu/ws/?pid=29661.

Kirschenbaum, H., & Henderson, V. L. (1990). *Carl Rogers Dialogues*. London: Constable.

Korzybski, A. (1995). *Science and Sanity: An Introduction to Non-Aristotelian Systems and General Semantics*, 5th ed. Englewood, NJ: Institute of General Semantics.

Kvale, S. (1994). Ten standard objections to qualitative research interviews. *Journal of Phenomenologicla Psychology, 25*(2), 147-173.

Laing, R. D. (1960). *The Divided Self*. Harmondsworth: Penguin.

Laing, R. D. (1967). *The Politics of Experience and the Bird of Paradise*. Harmondsworth: Penguin.

Laing, R. D. (1982). *The Voice of Experience*. Harmondsworth: Penguin.

Laing, R. D., & Cooper, D. G. (1964). *Reason and Violence: A Decade of Sartre's Philosophy*. Harlmondsworth: Penguin.

Laing, R. D., & Esterson, A. (1964). *Sanity, Madness and the Family*. Harmondsworth: Penguin.

Langdridge, D. (2013). *Existential Counselling & Psychotherapy*. London: Sage.

Längle, A. (2005). The search for meaning in life and the existential fundamental motivations. *Existential Analysis, 16*(1), 2-14.

Levinas, I. (1987). *Time and the Other* (R. A. Cohen, Trans.). Pittsburgh, PA: Duquesne University Press.

Levinas, I. (1999). *Totality and Infinity* (A. Lingis, Trans.). Pittsburgh, PA: Duquesne University Press.

Longmore, R. J., & Worrell, M. (2007). Do we need to challenge thoughts in cognitive behaviour therapy? *Clinical Psychology Review, 27*, 173-187.

Luborsky, L., Diguer, L., Seligman, D. A., Rosenthal, R., Krause, E. D., Johnson, S., Halperin, G., Bishop, M., Berman, J. S., & Schweizer, E. (1999). The researcher's own therapy allegience: A 'Wild card' in comparisons of treatment efficacy. *Clinical Psychology: Science and Practice, 6*, 95-106.

Luborsky, L., Rosenthal, R., Diguer, L., Andrusyna, T. P., Berman, J. S., & Levitt, J. T. (2002). The dodo bird verdict is alive and well-mostly. *Clinical Psychology: Science and Practice*, 9, 2-12.

Luca, M. (2004). *The Therapeutic Frame in the Clinical Context: Integrative Perspectives*. London: Brunner-Routledge.

Lundin, R. W., & Bohart, A. (1996). *The Theories and Systems of Psychology*, 5th ed. New York: Houghton Mifflin.

Macfarlane, A. (2006). Some reflections on John Ziman's 'No man is an island'. *Journal of Consciousness Studies, 13*(5), 43-52.

Madison, G. (2002). 'Illness'…… and its human values. *Existential Analysis, 13*(1), 10-30.

Madison, G. (2014). Palpable existentialism: A focusing-oriented therapy. *Psychotherapy in Australia, 20*(2), 36-42.

Mahrer, A. R. (2000). Philosophy of science and the foundations of psychotherapy.

Amercian Psychologist, 55(10), 117-125.

Mahrer, A. R. (2004). *Theories of Truth, Models of Usefulness*. London: Whurr.

Mahrer, A. R. (2006). *The Creation of New Ideas: A Guide Book*. Hay-on-Wye: PCCS Books.

Mankell, H. (2002). *The Fifth Woman*. London: Vintage.

May, R. (1969). *Love and Will*. New York: W. W. Norton.

May, R. (1981). Freedom and Destiny. New York: Dell Books.

May, R. (1983). *The Discovery of being*. London: W. W. Norton.

May, R. (1990). An open letter to Carl Rogers. In H. Kirschenbaum & V. L. Henderson (Eds.), *Carl Rogers Dialogues* (pp.229-255). London: Constable.

McGartland, M., & Polgar, S. (1994). Paradigm collapse in psychology: The necessity for a 'two methods' approach. *Australian Psychologist, 29*(1), 21-28.

Mearns, D., & Cooper, M. (2005). *Working at Relational Depth in Counselling and Psychotherapy*. London: Sage.

Mencken, H. L.(1917). The Divine Afflatus. *New York Evening Mail* (16 November).

Merleau-Ponty, M. (1962). *The Phenomenology of Perception* (C. Smithm Trans.). London: Routledge & Kengan Paul.

Merleau-ponty, M. (1964a). *The Primacy of Perception* (C. W. Cobb, Trans.). Evanston, IL: Northwestern University Press.

Merleau-ponty, M. (1964b). *Sense and Non-sense* (H. Dreyfus & P. Dreyfus, Trans.). Evanston, IL: Northwestern University Press.

Messer, S. B., & Wampold, B. E. (2002). Common factors are more potent than specific therapy ingredients. *Clinical Psychology: Science and Practice, 6*, 21-25.

Midgley, D. (2006). Intersubjectivity and collective consciousness. *Journal of Consciousness Studies, 13*(5), 99-109.

Milgram, S. (1974). *Obedience to Authority: An Experimental View*. New York: Harper and Row.

Miller, F. G., & Kaptchuk, T. J. (2008). The power of context: Reconceptualizing the placebo effect. *Journal of the Royal Society of Medicine, 101*(5), 222-225.

Misiak, H., & Sexxton, V. S. (1973). *Phenomenological, Existential, and Humanistic Psychologies: An Historical Survey*. New York: Grune and Stratton.

Mitchell, D. (2002). Is the concept of supervision at odds with existential thinking and therapeutic practice? *Existential Analysis, 13*(1), 91-97.

Moerman, D. E., & Jones, W. B. (2002). Deconstructing the placebo effect and finding the meaning response. *Annals of Internal Medicine, 136*(6), 471-476.

Moss, D. (Ed.) (1999). *Humanistic and Transpersonal Psychology: A Historical and Biographical Sourcebook*. London: Greenwood Press.

Nishida, K. (1990). *An Enquiry into the Good*. (Masao Abe & Christopher Ives, Trans.) New Haven, Connecticut: Yale University Press.

Norcross, J. C. (Ed.) (2002). *Psychotherapy Relationships That Work: Therapist Contributions and Responsiveness to Patients*. Oxford: Oxford University Press.

Norcross, J. C., & Wampold, B. E. (2011). Evidence-based therapy relationships: Research conclusions and clinical practices. *Psychotherapy, 48*(1), 98-102.

Parks, T. (2006). *Rapids*. London: Vintage.

Peavey, F.(1997). *Strategic Questioning Manual*. Available from: www.thechangeagency.org/_dbase_upl/strat_questioning_man.pdf.

Pett, J. (1995). A personal approach to existential supervison. *Journal of the Society for Existential Analysis, 6*(2), 117-126.

Pilgrim, D. (2000). Psychiatric diagnosis: More questions than answers. *The Psychologist, 13*(6), 302-305.

Piper, W. E. (2004). Implications of psychotherapy research for psychotherapy training. *Canadian Journal of Psychiatry, 49*, 221-229.

Pope, K. S. (1990). Therapist-client sexual involvement: A review of the research. *Clinical Psychology Review, 10*, 477-490.

Pope, K. S., Sonne, J., & Holroyd, J. (1993). *Sexual Feelings in Psychotherapy: Explorations for Therapists and Therapists-in-Training*. Washington, DC: American Psychological Association.

Rasmussen, S. (2004). The imperfection of perfection. *The Psychologist, 17*(7), 398-400.

Rayner, M., & Vitali, D. (2014). CORE Blimey! Existential therapy scores GOALS! *Existential Analysis, 25*(2), 296-312.

Rennie, S. (2006). THE end …… or is it? *Existential Analysis, 17*(2), 330-342.

Rogers, C. (1990). This is me. In H. Kirschenbaum & V. L. Henderson (Eds.), *The Carl Rogers Reader* (pp. 6-28). London: Constable.

Røine, E. (1997). *Group Psychotherapy as Experimental Theatre*. London: Jessica Kingsley.

Rothko, M.(2006). *The Artist's Reality: Philosophies of art*. New Haven, Connecticut: Yale University Press.

Rowan, J. (2001). Existential analysis and humanistic psychotherapy. In K. J. Schneider, J. F. T. Bugenthal & J. Fraser Pierson (Eds.), *The Handbook of Humanistic Psychology* (pp. 447-464). London: Sage.

Rowan, J., & Jacobs, M. (2002). *The Therapist's Use of self*. Maidenhead: Open University Press.

Russell, B. (1913). On the Notion of Cause. *Proceedings of the Aristotelian Society 13*, 1-26.

Russell, B. (1946). Philosophy for Laymen. Universities Quarterly 1, Bertrand Russell Society. Available from: www.users.drew.edu/~jlenz/br-lay-philosophy.html.

Salkovskis, P. M. (2002). Empirically grounded clinical interventions: Cognitive-behavioural therapy progresses through a multi-dimensional approach to clinical science. *Behavioural and Cognitive Psychotherapy, 30*(1), 3-11.

Sands, A. (2000). *Falling for Therapy: Psychotherapy from a Client's Point of view*. London: Macmillan.

Sartre, J. P. (1973). *Existentialism and Humanism* (P. Mairet, Trans.). London: Methuen.

Sartre, J. P. (1985). *Existentialism and Humanism Emotions* (B. Frexhtman, Trans.).

London: Citadel Press.

Sartre, J. P. (1991). Being and Nothingness: An Essay on Phenomenological Ontology (H. Barnes, Trans.). London: Routledge.

Sears, T. (2010). *A Phenomenological Critique of How Sexuality is Understood in Existential Thought*. Unpublished MA Disseratation, London School of Psychotherapy and Counselling Psychology, Regent's College.

Shanon, B. (2003). Hallucinations. *Journal of Consciousness Studies 10*(2), 3-31.

Sherwood, P. (2001). The client experience of psychotherapy: What heals and what harms? *Indo-Pacific Journal of Phenomenology, 1*(2), 24. Avilable from: www.ipjp.org.

Selleri, F. (Ed.) (2013). *Wave-Particle Duality*. New York: Plenem.

Siderits, M. (2003). *Empty Persons: Personal Identity and Buddhist Philosophy*. Burlington, VT: Ashgate Publishing.

Siegelman, E.Y. (1993). *Metaphor and Meaning in Psychotherapy*. London: Guilford Press.

Smith, D. L. (1991). *Hidden Conversations: An Introduction to Communicative Psychoanalysis*. London: Routledge.

Smythies, J. (2014). The nature of consciousness and its relation to the brain. *Journal of Consciousness Studies, 21*(1-2), 183-202.

Spiegel, D. (Ed.) (1999). *Efficacy and Cost-Effectiveness of Psychotherapy*. Washington, DC: American Paychiatric Publishing.

Spinelli, E. (1994). *Demystifying Therapy*. London: Constable.

Spinelli, E. (1995). Afterword. In R. Alexander, *Folie à Deux: an Experience of One-to-one Therapy*. London: Free Association Books.

Spinelli, E. (1997). *Tales of Un-Knowing: Therapeutic Encounters from an Existential Perspective*. London: Duckworth.

Spinelli, E. (2001). *The Mirror and the Hammer: Challenges to Therapeutic Orthodoxy*. London: Continuum.

Spinelli, E. (2005). *The Interpreted World: An Introduction to Phenomenological*

Psychology (2nd ed.). London: Sage.

Spinelli, E. (2006). The value of relatedness in existential psychotherapy and phenomenological enquiry. *Indo-pacific Journal of Phenomenology*, Special Edition on Methodology, 6, 15. Available from: www.ipjp.org.

Spinelli, E. (2007). Existential psychotherapy, *The Yalom-Spinelli Seminars* (DVD 1). Danish Psychotherapeutic Society for Psychologists (DPSP). Distribution: www.yseps.com.

Spinelli, E. (2008). The existential approach. In S. Haugh & S. Paul (Eds.), *The Therapeutic Relationship: Perspectives and Themes* (pp. 51-64). Hay-on-Wye: PCCS Books.

Spinelli, E. (2013). Being sexual: Human sexuality revisited, Part 1. *Existential Analysis, 24*(2), 297-317.

Spinelli, E. (2014a). Being sexual: Human sexuality revisited, Part 2. *Existential Analysis, 25*(1), 17-42.

Spinelli, E. (2014b). Existential coaching. In E. Cox, T. Bachkirova & D. Clutterbuck (Eds.), *The Complete Handbook of coaching* (2nd ed., pp.91-103). London: Sage.

Spinelli, E. (2014c). Being sexual: reconfiguring human sexuality. In M. Miten (Ed.), *Sexuality: existential perspectives* (21-60). Ross-onWye: PCCS.

Spinelli, E., & Horner, C. (2007). The existential-phenomenological paradigm. In S. Palmer & A. Whybrow (Eds.), *The Handbook of Coaching Psychology: A Guide for Practitioners* (pp. 118-132). London: Routledge.

Spinelli, E., Coleman, C., Coleman, S., & Strasser, F. (2000). Caught in the middle: Training MPs in dispute resolution. *In Hansard Society Reports: Under Pressure - Are we Getting the Most from our MPs?* (pp. 37-44). London: House of Commons Publishing.

Stadlen, N., & Stadlen, A. (2005). Families. In E. van Deurzen & C. Arnold-Baker (Eds.), *Existential Perspectives on Human Issues: A Handbook for Therapeutic Practice* (pp. 133-142). Basingstoke: Palgrave Macmillan.

Stern, D. N. (2004). *The Present Moment in Psychotherapy and Everyday Life*. New York: W. W. Norton.

Stephenson, L. (in preparation).

Strasser, F., & Randolph, P. (2004). *Mediation: A Psychological Insight into Conflict Resolution*. London: Contionuum.

Strasser, F., & Strasser, A. (1997). *Existential Time-limited Therapy: The Wheel of Existence*. Chichester: Wiley.

Tantam, D. (2005). Groups. In E. van Deurzen & C. Arnold-Baker (Eds.), *Existential Perspectives on Human Issues: A Handbook for Therapeutic Practice* (pp. 143-154). Basingstoke: Palgrave Macmillan.

Tetsurô, W. (2009). *Stanford Encyclopedia of Philosophy*. Available at: http://plato.stanford.edu/entries/watsuji-tetsuro.

The Age (2005). Life is about compromise. Available from: www.theage.com.au/news/hugh-mackay/life-is-about-compromise/2005/06/26/1119724522651.html.

Thelen, E. (2005). Dynamic systems theory and the complexity of change. *Psychoanalytic Dialogues, 15*, 255-283.

Thorne, B. M., & Henley, T. B. (2004). *Connections in the History and Systems of Psychology* (3rd ed.). New York: Houghton Mifflin.

Tillich, P. (1980). *The Courage to Be* (2nd ed.). New Haven, CT: Yale University Press.

Trüb, H. (1947). Von selbst zur welt. *Psyche I*, 41-45.

United States Institute for Peace. Youth and Violent Conflict: Study guide for teachers and students. Available at www.usip.org/sites/default/files/Youth-and-Conflict-Study-Guide.pdf.

Valle, R. S., & King, M. (1978). *Existential-Phenmenological Alternatives for Psychology*. Oxford: Oxford University Press.

Van Deurzen, E., & Adams, M. (2011). *Skills in Existential Counselling & Psychotherapy*. London: Sage.

Van Deurzen, E., & Arnold-Baker, C. (Eds.) (2005). *Existential Perspectives on Human Issues: A Handbook for Therapeutic Practice*. Basingstoke: Palgrave Macmillan.

Van Deurzen-Smith, E. (1988). *Existential Counselling in Practice*. London: Sage.

Van Deurzen-Smith, E. (1994). Courting death: Mortal ambitions of existential analysis. *Journal of the Society for Existential Analysis, 5*, 2-22.

Van Deurzen-Smith, E. (1997). *Everyday Mysteries*. London: Routledge.

Wade, J. (1996). *Changes of Mind*. Albany, NY: SUNY press.

Wahl, B. (2003). Working with 'existence tension' as a basis for therapeutic pratice. *Existential Analysis, 4*(2), 265-278.

What is critical reflection? A resource for teachers seeking to constantly improve their skills. Posted by Sacha. Available at: http: //ehlt.flinders.edu.au/education/DLiT/2008/CriticalReflection/index.html.

Whitehead, A. N. (1999). Quotes by Alfred North Whitehead. *Oxford Dictionary of Quotations* (p. 814). Oxford: Oxford University Press.

Wilson, G. D., & Rahman, Q. (2005). *Born Gay: The Biology of Sex Orientation*. London: Peter Owen.

Wittgenstein, L. (2001). *Tractatus Logico-Philosophicus*. London: Routledge.

Wong, P. T. P. (Ed.) (2012). *The Human Quest for Meaning: Theories, Research and Applications* (2nd ed.). London: Routeldge.

Wright, R. (1996). Another personal approach to existential supervision. *Journal of the Society for Existential Analysis, 7*(1), 149-158.

Yalom, I. (1980). *Existential Psychotherapy*. New York: Basic Books.

Yalom, I. (1989). *Love's Executioner and Other Tales of Psychotherapy*. Harmondsworth: Penguin.

Yalom, I. (2001). *The Gift of Therapy*. New York: HarperCollins.

Yalom, I. (2006). *The Schopenhauer Cure*. London: Harper Perennial.

Yalom, I. (2007). Existential psychotherapy: Facing death anxiety. *The Yalm-Spinelli Seminars* (DVD 2). Danish Psychotherapeutic Society for Psychologists

(DPSP). Distribution: www.yseps.com.

Yalom, I., & Leszcz, M. (2005). *Theory and Practice of Group Psychotherapy*, 5th ed. New York: Basic Books.

Yalom, I., & Spinelli, E. (2007). *The Yalom-Spinelli Seminars*. 2 DVDs by the Danish Psychotherapeutic Society for Psychologists (DPSP). Distribution: www.yseps.com.

Ziman, J. (2006). No man is an island. *Journal of Consciousness Studies, 13*(5), 17-42.

Zimbardo, P. (1969). The human choice: Individuation, reason, and order versus deindividuation, impulse and chaos. In W. J. Arnold & D. Levine (Eds.), *Nebraska Symposium on Motivation, 17* (pp. 237-307). Lincoln, NB: University of Nebraska Press.

찾아보기

인명

내용

저자 소개

어네스토 스피넬리(Ernesto Spinelli) 교수는 심리학과 심리치료에 실존 분석을 접목한 현대의 주요 실존 분석 교육자이자 이론가로서 국제적인 명성을 얻고 있으며, 최근에는 코칭 영역과 갈등 중재 영역에서도 명성을 얻고 있다. 그는 영국심리치료위원회(United Kingdom Council for Psychotherapy: UKCP)에 소속된 실존치료자이고, 영국심리학회(British Psychological Society: BPS)와 영국심리치료상담협회(British Association for Counselling Psychotherapy: BACP)의 회원이며, 공인된 경영 코칭과 코칭 슈퍼바이저이기도 하다. 1999년에는 Personal Chair as Professor of psychotherapy, counselling and counselling psychology를 수상하였으며, 2000년에는 BPS Division of Counselling Psychology Award for Outstanding Contributions to the Advancement of the Profession을 수상하였다. 그는 현재 전문가를 위한 세미나와 교육프로그램을 통한 심리치료, 코칭, 슈퍼비전의 발전에 공헌하고 있는 기관인 ES Associates의 책임자로 있다.

역자 소개

이상훈(Lee Sanghoon)

현재 강서인터넷중독예방상담센터에서 청소년의 인터넷·스마트폰 과의존 문제 해소를 돕기 위한 상담 및 프로그램을 운영, 지도하고 있다. 한동대학교에서 중독 및 상담심리를 전공하였고, 동 대학교 상담센터에서 상담전문가로서의 실무 경험을 쌓았으며, 헬스케어 기업에서 동기강화상담을 활용한 생활 습관 변화를 위한 프로그램 기획 및 교육을 한 바 있다. 현상학적 실존치료에 관심을 갖고 이를 상담현장에 알리고 교육 및 적용하는 등의 활동을 하고 있다. 역서로는『실존 심리치료와 상담』(공역, 학지사, 2020),『건강관리전문가를 위한 동기강화상담』(공역, 박학사, 2017),『동기강화상담』(공역, 시그마프레스, 2015) 등이 있다.

김예인(Kim Yein)

현재 미시시피대학교 임상심리학 박사과정에 재학 중이며, 스테픈 슐렌버그(Stefan Schulenberg) 교수의 지도를 받고 있다. 한동대학교에서 상담심리학 및 영어 학사학위, 동 대학원에서 심리학 석사학위를 받았다. 한동대학교 상담센터에서 전임연구원으로 일하며 심리치료사로서의 여정을 시작하였다. 삶의 의미, 실존치료, 로고테라피, 긍정심리 등의 영역에 관심을 갖고 연구를 수행하고 있다.

신성만(Shin Sungman)

현재 한동대학교 상담심리사회복지학부 상담심리전공 교수로 재직 중이고, 동 대학교 상담대학원장 및 생명윤리위원회 위원장이며, 한국심리학회, 한국상담학회, 한국중독심리학회 등에서 활동하고 있다. 미국 위스콘신대학교에서 심리학 석사학위, 보스턴대학교에서 재활상담학 박사학위를 받았다. 심리치료 전문가로 일했으며, 특히 하버드 의과대학 정신과 병원에서 교수요원으로 일했다. 실존치료, 동기와 정서, 중독상담, 정신재활에 관심을 두고 연구하고 있다. 저서 및 역서로는『당신의 상담을 돌아보라』(공역, 생명의말씀사, 2022),『용서치료』(공역, 유원북스, 2021),『실존 심리치료와 상담』(공역, 학지사, 2020),『중독상담학개론』(공저, 학지사, 2018),『정신재활』(공역, 양성원, 2018),『실존적 인간 중심 치료』(공역, 유원북스, 2017),『동기강화상담』(공역, 시그마프레스, 2015),『실존치료』(공역, 학지사, 2014) 등이 있다.

실존치료의 실제

Practising Existential Therapy: The Relational World (2nd ed.)

2023년 4월 10일 1판 1쇄 인쇄
2023년 4월 20일 1판 1쇄 발행

지은이 • Ernesto Spinelli
옮긴이 • 이상훈 · 김예인 · 신성만
펴낸이 • 김진환
펴낸곳 • (주)학지사
04031 서울특별시 마포구 양화로 15길 20 마인드월드빌딩
대표전화 • 02-330-5114 팩스 • 02-324-2345
등록번호 • 제313-2006-000265호

홈페이지 • http://www.hakjisa.co.kr
페이스북 • https://www.facebook.com/hakjisa

ISBN 978-89-997-2898-3 93180

정가 25,000원

역자와의 협약으로 인지는 생략합니다.
파본은 구입처에서 교환해 드립니다.